W0393926

Orientalische Bibliothek

Literarische, historische
und philosophische Texte der
Völker Asiens und Nordafrikas
von den Anfängen bis
zur Gegenwart

Wu Jingzi

Der Weg zu den weißen Wolken

Geschichten aus dem Gelehrtenwald

Band 2

Verlag C. H. Beck
München

Originaltitel: Rulin Waishi

Aus dem Chinesischen übertragen von
Yang Enlin und Gerhard Schmitt
Stilistisch überarbeitet von
Noa Kiepenheuer und Friedrich Minckwitz
Mit einem Nachwort von Eva Müller
und Anmerkungen unter Mitarbeit von
Eva Müller und Ralf Moritz

An der Herausgabe der ›Orientalischen Bibliothek‹
sind beteiligt: Verlag C. H. Beck, München,
Verlagsgruppe Kiepenheuer, Leipzig und Weimar,
Verlag Volk und Welt, Berlin.

ISBN für die zweibändige Ausgabe 3 406 33593 4
Ausgabe für die Bundesrepublik Deutschland,
Berlin-West, Österreich, Schweiz:
Verlag C. H. Beck, München 1990
© 1962 Gustav Kiepenheuer Verlag Weimar
(für die Übersetzung)
© 1989 Gustav Kiepenheuer Verlag Leipzig und Weimar
(für das Nachwort und die Anmerkungen)
Gesamtherstellung: Offizin Andersen Nexö,
Graphischer Großbetrieb, Leipzig
Schrift: Timeless
Gestaltung: Dietmar Kunz/Bruno Schachtner
Printed in the German Democratic Republic

Dreissigstes Kapitel

Im Tempel des Freudengottes will ein Liebhaber des Schönen einen Jüngling aufsuchen und findet statt dessen einen bärtigen Mann · Berühmte Gelehrte erfreuen sich im Inselpavillon auf dem Mochou-See an einem Schauspielerwettbewerb

Als Du Shenqing und Ji Weixiao sich näher kennenlernten, faßten sie eine große Zuneigung zueinander. Da Ji Weixiao sich in einem Kloster in der Stadt einquartiert hatte, mußte er sich schon bei Anbruch der Dunkelheit auf den Weg machen. Auch der Siebzehnte Herr Du ging heim, und Bao Tingxi schloß sich ihm an. Unterwegs kaufte Herr Du noch Wein, und als sie zu Hause bei einem Schälchen zusammensaßen, fragte er seinen Gast:

»Was für ein Mensch ist eigentlich dieser Ji Weixiao?«

Daraufhin erzählte Bao Tingxi alles, was er von ihm wußte, wie er als Jüngling unter dem Präfekten Xiang als Bester in der Bakkalaureusprüfung abschnitt, wie er später die Enkeltochter des Hausmeisters Wang, also seine, Baos, Nichte, ehelichte, wie er durch die Gunst des Verwalters des Salztransportwesens Xun einige hundert Silberunzen erhielt und wie er schließlich nochmals heiratete, und zwar eine Tochter der in Yangzhou ansässigen Familie You. Der Siebzehnte Herr Du hörte aufmerksam zu und prägte sich alles fest ein. Dann forderte er Bao Tingxi auf, bei ihm zu übernachten. Sie plauderten noch lange miteinander, und als ihm Bao Tingxi von den vielen Gnadenerweisen des Präfekten Xiang gegenüber seinem Vater und ihm berichtete, entlockte dies Du Shenqing manchen Seufzer der Bewunderung. Doch in lautes Gelächter brach er aus, als ihm Bao Tingxi seine so unglücklich verlaufene Hochzeit mit der geborenen Wang schilderte. Mit solchen Gesprächen brachten sie fast die ganze Nacht hin.

Am nächsten Morgen machte Ji Weixiao in Begleitung

des Herrn Zong Mu'an, der im Prinzenpalast Erzieher gewesen war, bei dem Siebzehnten Herrn Du seine Aufwartung. Nachdem sie sich verneigt und Platz genommen hatten, begann Herr Zong zu erzählen, wie er im Hause des Prinzen Zhao in Beijing mit den sieben berühmtesten Gelehrten Wechselgesänge vorgetragen habe. Dann kam die Rede auf den Gelehrten Zong Zixiang.

»Dieser Herr Zong«, bemerkte Herr Du, »hat gemeinsam mit meinem verstorbenen Vater die Prüfung bestanden.«

Als Herr Zong erwähnte, daß der große Gelehrte mit ihm verwandt sei, nahm Du Shenqing davon überhaupt keine Notiz. Ein Diener brachte Tee herein. Danach verabschiedete sich Herr Zong und ließ die beiden allein.

»Bruder Wei«, begann der Siebzehnte Herr Du die Unterhaltung, »Menschen, die mit vornehmen Beziehungen prahlen, sobald sie den Mund auftun, sind mir ein Greuel. Wie abstoßend war die Art und Weise, in der dieser Herr Zong von dem Prüfungsfreund meines verstorbenen Vaters sprach und sich damit brüstete, mit ihm verwandt zu sein! Ich bin davon überzeugt, daß der Prüfungsfreund meines Vaters gern auf solche Verwandtschaft verzichtet.«

Das Essen wurde aufgetragen, und sie wollten gerade mit der Mahlzeit beginnen, da kam ein Diener und meldete:

»Die Heiratsvermittlerin Shen ist da und möchte dem gnädigen Herrn etwas ausrichten.«

»Laß sie ruhig hereinkommen!«

Nachdem der Diener Frau Shen ins Zimmer geführt hatte, ließ Herr Du eine Bank hereintragen, auf die sie sich niederließ. Auf ihre Frage nach dem Namen des unbekannten Gastes stellte ihn Herr Du mit den Worten vor:

»Das ist Herr Ji aus Anqing. Wie steht es mit meinem Auftrag?«

»Gerade deswegen bin ich ja gekommen. Als mir der gnädige Herr den Auftrag erteilt hatte, suchte ich fast ganz Nanjing ab. Da Ihr, Herr, von solch vollkommener Schönheit seid, war es mir klar, daß ein x-beliebiges hübsches Mädchen für Euch nicht passen würde, traute mir aber nicht, es Euch zu sagen. Dank meiner sorgfältigen Nachforschungen habe ich aber nun ein geeignetes Mädchen ausfindig gemacht. Es heißt mit Familiennamen Wang und wohnt an der Blumenpforte. Die Familie besitzt eine Weberei. Das Mädchen ist sehr begabt, weit über den Durchschnitt, und zählt jetzt siebzehn Jahre. Von ihrer Lieblichkeit brauche ich gar nicht erst zu sprechen. Aber sie hat noch einen Bruder, der ein Jahr jünger ist als sie; wenn dieser sich richtig kostümieren würde, so liefe ihm kein einziger Schauspieler von Frauenrollen in ganz Nanjing den Rang ab. Er kann auch Lieder singen und Theater spielen. Von dem Mädchen ist weiter nichts zu berichten. Ich möchte den gnädigen Herrn bitten, sie sich einmal anzusehen.«

»Nun gut«, entschied Du Shenqing, »sie soll sich morgen auf meinen Besuch vorbereiten.«

»Ich gratuliere zur Wahl einer Nebenfrau«, beglückwünschte ihn Ji Weixiao, nachdem sich Frau Shen entfernt hatte.

Herr Du runzelte die Stirn.

»Mein Herr, es geht hier nur um die ›Beschaffung eines Nachfolgers‹. Was bleibt mir denn anderes übrig? Weshalb sollte ich mich sonst auf so etwas einlassen?«

»Ein kluger Mann und ein liebliches Mädchen vermögen einander die Freuden des Lebens zu schenken«, sagte Ji Weixiao. »Wie könnt Ihr nur so geringschätzig davon sprechen?«

»Bruder Wei«, entgegnete Herr Du, »Ihre Worte verraten, daß Ihr mich überhaupt nicht kennt. Der Stammvater unserer Dynastie, Song Taizu, hat einmal gesagt: ›Wäre ich nicht von einem Weibe geboren, würde ich alle Frauen in der Welt töten.‹ Wo in aller Welt gibt es auch nur eine einzige gute Frau? Mag ein Weib auch durch drei Wände von mir getrennt sein, nehme ich doch ihren ekelhaften Gestank wahr.«

Als Ji Weixiao noch weitere Fragen stellen wollte, erschien der Diener mit einer roten Besuchskarte in der Hand und meldete:

»Ein Herr Guo aus Wuhu möchte Euch seine Aufwartung machen.«

»Ein Herr Guo ist mir nicht bekannt«, meinte der Siebzehnte Herr Du.

Ji Weixiao las die Besuchskarte und sagte:

»Es handelt sich um Herrn Guo Tiebi, der eine Stempelschnitzerwerkstatt in der Nähe des Klosters besitzt. Er hat sicherlich zwei Stempel geschnitzt, die er Euch überreichen möchte. Laßt ihn nur hereinkommen!«

Du Shenqing gab seinem Diener einen Wink. Guo Tiebi wurde hereingeführt, verneigte sich und sagte nach mancherlei Beteuerungen seiner großen Verehrung:

»Eurem hochberühmten Geschlecht entstammen in einer Generation drei Gelehrte, die mit Auszeichnung ihre Prüfungen bestanden haben, in vier Generationen sechs Minister; die Schüler und einstigen Untergebenen Eures hohen Hauses kann man in ganz China finden und sind als Vizekönige, Gouverneure und Oberpräfekten tätig. Selbst die bei Euch tätigen Hausverwalter wurden, wenn sie aus Euren Diensten schieden, sehr oft Beamte neunten Ranges. Schon als Kind wurde von Euch gesagt: ›Der gnädige Herr, dem die gnädige Frau Du in Tianchang das Leben schenkte, wird Chinas größter Gelehrter werden und einmal als Bester das Palastexamen bestehen.‹«

Mit diesen Worten zog er aus seinem Ärmel ein mit Brokat bespanntes Kästchen, auf dem geschrieben stand: ›Euer Siegel‹ und in dem zwei Stempel lagen. Mit beiden Händen überreichte er es Herrn Du. Dieser nahm es entgegen. Und nachdem man ein paar belanglose Worte gewechselt hatte, erhob sich der Hausherr und geleitete den Gast hinaus. Als er wieder zurückkam, sagte er zu Ji Weixiao:

»Warum mußte mich dieser Dummkopf mit seinem öden Geschwätz langweilen? Er scheint sich ja sehr genau über mich erkundigt zu haben.«

»Wer ist denn nicht in den Angelegenheiten Eures hohen Hauses unterrichtet?« versetzte Ji Weixiao.

Als das Essen abgeräumt worden war, bat Herr Du seinen Gast, noch ein wenig bei ihm zu bleiben. Er ließ Wein bringen, und die beiden begannen sich nun vertraulicher zu unterhalten.

»Habt Ihr Freude am Wandern?« fragte Ji Weixiao.

»Mein Gesundheitszustand läßt es leider nicht zu. Berge zu besteigen und Seen zu besuchen strengt mich zu sehr an.«

»Habt Ihr Freude an der Musik?«

»Hie und da höre ich sie ganz gern. Doch allzu lange halte ich sie nicht aus, da mir dann die Ohren weh tun.«

Nach einer weiteren Schale Wein war Herr Du sichtlich angeheitert und stieß mit einem tiefen Seufzer hervor:

»Bruder Wei, vom grauen Altertum bis zum heutigen Tag vermochte nichts die Liebe zu zerstören.«

»Aber die größte Liebe ist doch jene zwischen Mann und Frau«, wandte Ji Weixiao ein, »von der mein Bruder allerdings nicht viel zu halten scheint.«

Herr Du lächelte:

»Verehrter Bruder, gibt es denn nur Liebe zwischen Mann und Frau? Steht denn Freundesliebe nicht noch viel höher? Hat nicht Kaiser Ai der Han-Dynastie zugunsten seines Freundes auf den Thron verzichtet? So etwas nenne ich wahre Liebe. Leider bringt dafür niemand das rechte Verständnis auf.«

»So ist es«, bestätigte Ji Weixiao. »Seid Ihr schon jemals einem Menschen begegnet, der Eure geheimsten Gedanken versteht?«

»Ach, gäbe es doch auf der Welt solch einen Mann, und könnte ich mit ihm immer zusammen leben, dann würde mein Herz nicht so traurig und krank sein. Aber weil das Schicksal mir nicht wohl gesonnen ist und mir keinen solchen Freund beschert hat, muß ich meine klagende Stimme zum Mond erheben und meine Tränen mir vom Winde trocknen lassen«, seufzte der Siebzehnte Herr Du.

»Solch einen Mann könnt Ihr wohl am ehesten unter den Schauspielern finden«, bemerkte Ji Weixiao.

»Bruder Wei, wie sehr greift Ihr daneben! Unter Schauspielern einen wahren Freund suchen zu wollen ist dasselbe, als wenn man im Bordell die echte Liebe einer Frau zu finden erhoffte. Wie töricht wäre doch ein solcher Versuch! Wirkliche Freundschaft fordert, daß man einander im Herzen begegnet und sich über alle Entfernungen hinweg verbunden fühlt.« Verzweifelt schlug er sich auf die Knie. »Auf der ganzen Welt werde ich nie einen solchen Menschen finden. Dem Himmel scheint es zu gefallen, meinen grenzenlosen Kummer, mein geduldiges Harren zu mißachten!« Und er brach in Tränen aus.

›Den hat's aber tüchtig gepackt‹, dachte Ji Weixiao bei sich. ›Wie wär's, wenn ich ihm einen kleinen Streich spielte?‹

Laut sagte er:

»Oh, Herr Du, wie könnt Ihr behaupten, daß es auf der ganzen Welt nicht einen solchen Menschen gäbe? Ich habe kürzlich einen Jüngling kennengelernt, der weder ein Schauspieler noch ein Gelehrter, sondern ein daoistischer Mönch ist, vornehm und anmutig, in der Tat ein schöner Mann, der nicht im mindesten an eine Frau erinnert. Ich ärgere mich immer, wenn man zum Lob eines schönen Mannes behauptet, er gleiche einer Frau. Wie lächerlich! Wenn er nur einem Weibe gliche, dann wäre es doch besser, sich eine richtige Frau anzuschauen. Daß es aber eine ausgesprochene männliche Schönheit gibt, davon hat niemand eine Ahnung.«

»Diese Worte verdienen rot umrandet zu werden«, rief Du Shenqing und schlug mit der Faust auf den Tisch. »Schildert mir diesen Mann noch genauer!«

»Sein Wesen ist in jeder Hinsicht außergewöhnlich, und manch einer würde sich ihm gerne nähern, doch er verachtet alle und hat kein Lächeln für sie übrig. Dennoch sehnt er sich nach einem Menschen mit einem erhabenen Geist. Da ich einige Jahre älter bin als er und mich ihm gegenüber klein und häßlich fühle, habe ich nie die Kühnheit aufgebracht, ihm meine Freundschaft anzubieten. Verehrter Bruder, Ihr könnt ihn von Angesicht zu Angesicht sehen! Habt Ihr Lust dazu?«

»Wann bringt Ihr ihn zu mir?« fragte Du Shenqing.

»Glaubt Ihr, man könnte einen solch außerordentlichen Mann einfach hierher bestellen?« versetzte Ji Weixiao. »Ihr müßt ihn schon selbst aufsuchen.«

»Wo wohnt er denn?«

»Im Tempel des Freudengottes.«

»Und wie heißt er?«

»Seinen Namen darf ich jetzt noch nicht verraten«, sagte Ji Weixiao. »Sollte ihm nämlich unsere Absicht zu Ohren kommen, würde er sich verbergen, und Ihr bekämt ihn nie zu Gesicht. Ich werde seinen Namen auf einen Zettel schreiben, den Zettel in einen Umschlag stecken, den Umschlag verschließen und Euch übergeben. Erst am Eingang des Tempels des Freudengottes dürft Ihr ihn öffnen. Habt Ihr den Namen gelesen, dann geht hinein und erkundigt Euch nach ihm. Man wird nicht lange nach ihm zu suchen brauchen.«

»Es ist gut«, lächelte Du Shenqing.

Darauf begab sich Ji Weixiao sofort in ein Nebenzimmer, verriegelte die Tür, schrieb etwas auf ein Stück Papier, steckte den Zettel in einen Umschlag, den er sorgfältig versiegelte und kritzelte darauf: ›Heiliger Befehl.‹ Draußen übergab er den Umschlag dem Siebzehnten Herrn Du mit den Worten:

»Ich empfehle mich nun bis auf weiteres. Morgen, wenn Ihr die Bekanntschaft des schönen Mannes gemacht habt, komme ich wieder, um Euch meine Glückwünsche auszusprechen.« Damit verabschiedete er sich.

Nachdem ihn Herr Du hinausgeleitet hatte, sagte dieser zu seinem alten Diener:

»Morgen früh gehst du zu Frau Shen und teilst ihr mit,

ich hätte keine Zeit, mir das junge Mädchen am Blumentor anzusehen. Ich würde den Besuch auf übermorgen verschieben. Bestelle mir für morgen früh eine Sänfte. Ich möchte im Tempel des Freudengottes einen Freund besuchen.«

Nachdem er seine Anordnungen gegeben hatte, verbrachte Herr Du den Abend in müßigen Träumereien. Als er am nächsten Morgen aufgestanden war, wusch er sich gründlich mit Seife, zog neue Kleider an, parfümierte sich ausgiebig und begab sich schließlich mit dem von Ji Weixiao beschrifteten Umschlag im Rockärmel mit der bestellten Sänfte zum Tempel des Freudengottes. Er hieß die Sänftenträger, ihn vor dem Eingang des Tempels abzusetzen. Nachdem er das Tor durchschritten hatte, zog er den Umschlag aus seinem Ärmel, öffnete ihn und las:

›Fragt im Daoistenheim ‚Zimmetblüte' am Ende des nördlichen Säulengangs nach dem kürzlich aus Yangzhou eingetroffenen Laozi-Jünger Lai Xiashi. Das ist der Mann.‹

Herr Du ließ die Sänftenträger warten und gelangte nach vielen Zickzackwegen ins Innere des Tempelbezirks, wo ihm aus einem Gebäude Musik entgegenklang. Das Tor des Gebäudes war weit geöffnet, und so konnte Du Shenqing einen großen dreigeteilten Saal überblicken. In der Mitte hockte ein die Kaisergräber beaufsichtigender Eunuche, der ein mit einem Drachen besticktes Festgewand trug. Auf der linken Bankreihe saßen ein Dutzend Schauspieler in Männer- und Frauenkostümen und auf der rechten Bankreihe hatten sich ungefähr acht daoistische Mönche niedergelassen, die sich an Musik und Gesang erfreuten.

›Sollte sich etwa Lai Xiashi unter ihnen befinden?‹ fragte sich Herr Du und betrachtete sich die Daoisten der Reihe nach, konnte aber an keinem einzigen besondere Vorzüge entdecken. Darauf wandte er sich den Schauspielern zu. Doch auch hier sah er niemanden durch Schönheit oder Geist herausragen. Schließlich kam ihm der Gedanke: ›Wenn Lai Xiashi so eine hohe Meinung von sich hat, wird er sich bestimmt nicht im Kreis solcher Leute aufhalten. Ich werde mich doch zunächst einmal in der ‚Zimmetblüte' erkundigen.‹

Beim Heim angelangt, öffnete ihm ein Daoist auf sein Klopfen hin die Tür und bat ihn, im Erdgeschoß Platz zu nehmen.

»Ich möchte Herrn Lai, der kürzlich aus Yangzhou hier eintraf, meine Aufwartung machen«, erklärte Du Shenqing.

»Herr Lai hält sich gerade im oberen Stockwerk auf«, sagte der Daoist. »Behaltet bitte Platz, ich werde ihn bitten herunterzukommen.«

Nach einer Weile sah Du Shenqing einen beleibten daoistischen Priester schweratmend die Treppe herabwatscheln. Er war in ein dunkelbraunes Gewand gehüllt und trug auf dem Kopf den Daoistenhut, unter dem ein dunkles fettglänzendes Gesicht mit buschigen Augenbrauen, einer Knollennase und einem dichten Backenbart zum Vorschein kam. Er mochte gut fünfzig Jahre alt sein. Nachdem der Priester sich verneigt, Platz genommen und sich nach Herkunft und Namen seines Gastes erkundigt hatte, stellte sich Du Shenqing vor:

»Ich stamme aus Tianchang. Mein Name ist Du.«

»Gehören Sie etwa der verehrten Familie Du von Tianchang an, die unserer Pagode Geld gestiftet hat?«

Als Du Shenqing dies bejahte, strahlte der Priester übers ganze Gesicht, machte eine tiefe Verbeugung und sagte:

»Ich wußte nicht, daß sich der Herr nach Nanjing begeben hat, sonst hätte ich dem Herrn schon längst einen Besuch abgestattet. Nun habt Ihr Euch die Mühe gemacht, mich aufzusuchen.«

Sofort befahl er einem Daoisten, frischen Tee aufzubrühen und eine Erfrischung zu bringen.

›Das ist gewiß Lai Xiashis Lehrer‹, dachte Du Shenqing.

Und so fragte er:

»Nicht wahr, Herr Lai ist doch Euer Schüler?«

»Ich selbst bin Lai Xiashi.«

»Oh, Ihr seid Herr Lai!« rief Du Shenqing ganz erstaunt.

Er konnte sich nicht länger beherrschen; er hob seinen weiten Ärmel, um sein Lachen dahinter zu verbergen. Der daoistische Gelehrte, der nicht ahnte, was die Ursache von Herrn Dus seltsamen Gebarem war, stellte die Desserttellerchen auf den Tisch und bot seinem Gast auf das freundlichste Tee an. Sodann zog er aus seinem Ärmel eine Papierrolle, auf der ein Gedicht stand, und bat Du Shenqing um sein Urteil. Dieser mußte wohl oder übel das Gedicht lesen, trank dann noch zwei Tassen Tee und verabschiedete sich. Der daoistische Priester ließ es sich nicht nehmen, ihn an der Hand zu nehmen und zum Tempeltor hinauszugeleiten. Als er erfahren hatte, daß Herr Du im Tempel der Vergoltenen Güte wohnte, versprach er, ihn am nächsten Tage aufzusuchen und dort einige Tage zu verweilen. Erst als er Du Shenqing die Sänfte besteigen sah, ging er wieder in den Tempel hinein.

Du Shenqing saß in der Sänfte und wollte sich den ganzen Heimweg über vor Lachen ausschütten. ›Ist das ein Gauner, dieser Ji Weixiao! Der versteht aber zu schwindeln!‹ dachte er bei sich.

Zu Hause angelangt, meldete ihm der Diener:

»Es sind einige Herren gekommen!«

Als er in die Halle trat, erkannte er Xiao Jinxuan, der mit Xin Dongzhi, Jin Yuliu und Jin Dongya zu Besuch gekommen war. Xin Dongzhi überbrachte ein mit großen, kunstvoll ausgeführten Schriftzeichen bedecktes Blatt, Jin Yuliu ein ähnlich beschriftetes Blatt und Jin Dongya ein von ihm selber verfaßtes Werk, ›Untersuchungen über die Vier Klassischen Bücher‹, das er Herrn Du zur Beurteilung vorlegen wollte. Kaum daß sie nach der Begrüßung Platz genommen hatten, begann auch jeder schon den Grund seines Kommens zu erzählen. Nach dem Tee verabschiedeten sich die Herren. Du Shenqing schnaubte verächtlich durch die Nase und sagte zu seinem alten Diener:

»Ein hergelaufener Schreiber stellt Untersuchungen über die Vier Klassischen Bücher an, als ob die großen Weisen von Leuten, wie er einer ist, ausgelegt werden könnten!«

In diesem Augenblick kam ein Diener des Herrn Zong mit einem Brief und einem Gemälde an, das Du Shenqing mit einer Widmung versehen sollte. Obgleich ihn all diese Dinge anwiderten, konnte er sich ihnen nicht entziehen. Er schrieb ein paar Zeilen als Antwort und schickte den Diener wieder fort.

Am nächsten Tag besah er sich das zur Nebenfrau bestimmte Mädchen, übergab das Verlobungsgeschenk und vereinbarte, daß sie binnen dreier Tage zu ihm ziehen sollte. Nachdem er in das Flußhaus umgezogen war, fand dort die Hochzeit statt.

Einen Tag danach kam Ji Weixiao, um zu gratulieren. Du Shenqing begab sich hinaus, um ihn zu empfangen.

»Entschuldigt, daß ich gestern abend, als Eure Nebenfrau hier ihren Einzug hielt, nicht zur Gratulation erschienen bin und erst heute mein Versäumnis nachhole«, sagte Ji Weixiao.

»Für gestern abend hatte ich sowieso kein Festmahl vorbereitet und keine Gäste geladen«, entgegnete Du Shenqing.

»Und wie war's mit dem schönen Mann? Habt Ihr ihn angetroffen?« fragte lachend Ji Weixiao.

»Ihr verflixter Halunke«, schalt ihn Herr Du aus, »eine tüchtige Tracht Prügel hättet Ihr verdient! Aber da es wahrlich kein alltäglicher Scherz war, verzeihe ich Euch!«

»Wieso verdiene ich Prügel? Ich habe doch nur gesagt, er sei zwar ein schöner Mann, gliche aber ganz und gar nicht einem Weibe. Habt Ihr das als einen Fehler empfunden?«

»Ihr hättet wirklich eine Tracht Prügel verdient!«

Und wieder mußten sie herzlich lachen.

Wie aber lachten sie erst, als Lai Xiashi und Bao Tingxi gemeinsam eintraten, um ihre Glückwünsche zu überbringen. Du Shenqing gab Ji Weixiao, der von einem regelrechten Lachkrampf geschüttelt wurde, einen Wink, sich zu beherrschen. Nachdem sich die vier Herren voreinander verbeugt und ihre Plätze eingenommen hatten, lud Herr Du seine Gäste zu einem kleinen Essen ein. Nach dem Mahl erzählte Du Shenqing, wie er bei seinem Besuch im Tempel des Freudengottes einen Eunuchen gesehen habe, zu dessen Linken Schauspieler und zu dessen Rechten Daoisten gesessen und für ihn musiziert und gesungen hätten.

»Ich finde es abscheulich, wenn ein solcher Mensch mit derartigen Lustbarkeiten erfreut wird!« meinte Ji Weixiao.

»Bruder Wei«, sagte der Siebzehnte Herr Du, »ich habe einen ungewöhnlichen Plan, den ich jetzt mit Euch besprechen möchte.«

»Um was für einen Plan handelt es sich denn?« fragte Ji Weixiao voller Neugier.

Du Shenqing wandte sich an Bao Tingxi:

»Wie viele Schauspielertruppen stehen uns in Nanjing insgesamt zur Verfügung?«

»Mehr als hundertdreißig«, antwortete Bao Tingxi.

Herr Du fuhr fort:

»Ich trage mich nämlich mit dem Gedanken, einen Wettbewerb zu veranstalten. Wir müssen dazu einen günstigen Tag auswählen und einen großen Platz ausfindig machen, so daß wir die Frauendarsteller sämtlicher Truppen einladen können, damit jeder eine Szene aufführt. Bruder Wei und ich schauen uns das alles an, machen uns Notizen über die Bewegungen und über die Mimik der Bewerber, stellen Regeln für deren Beurteilung auf und legen einige Tage später eine Liste an, in der wir die hübschesten und talentiertesten unter den Schauspielern in der ersten Reihe aufführen. Diese Liste lassen wir dann in den Hauptstraßen aushängen. Damit aber die Schauspieler sich nicht umsonst so viel Mühe machen müssen, soll dann jeder mit etwas Silbergeld, einem gestickten Beutel und einem Fächer mit einem Gedicht darauf bedacht werden. Würde dies nicht eine vergnügliche Abwechslung bedeuten?«

Ji Weixiao machte vor Begeisterung einen Luftsprung.

»Warum habt Ihr diesen trefflichen Plan uns nicht schon früher mitgeteilt? Ich bin ja ganz außer mir vor Freude!«

Bao Tingxi brachte mit einem Lächeln die Bitte vor:

»Laßt mich die Leute benachrichtigen. Es soll also jeder etwas Silbergeld bekommen, und wen die verehrten Herren für gut befinden und dessen Namen sie oben auf die Liste setzen, der wird sogar noch berühmt werden. Welcher Schauspieler würde sich nicht, wenn er davon hört, sofort zu diesem Wettbewerb drängen?«

Lai Xiashi klatschte in die Hände:

»Wunderbar, ganz wunderbar! Auch ein daoistischer Priester nimmt gern einmal an einem weltlichen Vergnügen teil, nur weiß ich nicht, ob meine Anwesenheit den Herren erwünscht ist.«

»Aber wieso denn nicht?« meinte Herr Du. »Alle unsere Freunde sind herzlich zu der Veranstaltung eingeladen.«

»Wir müssen uns jetzt darüber schlüssig werden«, sagte Ji Weixiao, »wo sie stattfinden soll.«

»Ich wohne in der Nähe des Westwassertors«, erklärte Bao Tingxi, »und die Gegend vor dem Tor ist mir deshalb am meisten vertraut. Ich werde den Inselpavillon auf dem Mochou-See bei Nanjing mieten. Dort haben wir genügend Platz, und die Luft ist angenehm kühl.«

»Onkel Bao wird also die Leute benachrichtigen, aber natürlich müssen wir es noch in besonderer Weise ankündigen«, bemerkte Ji Weixiao.

»Und welchen Tag wollen wir dafür festsetzen?« ließ sich der daoistische Priester vernehmen. »Heute ist der zwanzigste Tag des Vierten Monats. Bis Herr Bao sämtliche Schauspieler benachrichtigt hat, werden wohl zehn Tage vergehen. Ich würde darum den dritten Tag des nächsten Monats vorschlagen.«

»Bruder Wei«, bat Du Shenqing, »holt bitte ein rotes Plakat, damit ich Euch den Text diktieren kann.«

Ji Weixiao brachte das Plakat und nahm den Pinsel zur Hand, und Du Shenqing begann sofort mit seinem Diktat:

»Ji Weixiao aus Anqing und Du Shenqing aus Tianchang planen eine Großveranstaltung am dritten Tag des Fünften Monats im Inselpavillon auf dem Mochou-See. Schauspieler aller Nanjinger Truppen, die hieran teilzunehmen wünschen, werden gebeten, ihren Namen und ihre Adresse anzugeben und sich zum obigen Termin im Inselpavillon einzufinden. Jeder soll eine Szene nach eigener Wahl spielen. Jeder Teilnehmer erhält etwas Silbergeld, einen gestickten Beutel und einen Fächer mit einem Gedicht darauf. Wer sich durch Schönheit und Geschicklichkeit besonders auszeichnet, wird außerdem noch mit einer Prämie bedacht. Schlechtes Wetter ist kein Hinderungsgrund.«

Als alles geschrieben war, überreichte der Dreizehnte Herr Du das Plakat Bao Tingxi und befahl einem Diener, aus dem nächsten Laden hundertzehn Fächer zu besorgen. Nachdem Ji Weixiao, Du Shenqing und Lai Xiashi die Fächer untereinander verteilt hatten, um sie später mit Gedichten zu beschreiben, beratschlagten sie, wen man alles einladen solle. Ji Weixiao breitete einen Bogen roten Papiers vor sich aus und notierte sich folgende Namen:

Herr Zong, Herr Xin, Herr Jin Dongya, Herr Jin Yuliu, Herr Xiao Jinxuan, Herr Zhuge Tianshen, Herr Ji Tianyi, Herr Guo Tiebi, der Herr Prior, der daoistische Priester Herr Lai Xiashi und Herr Bao. Mit den beiden Gastgebern waren es insgesamt dreizehn Personen. Also füllte er elf Einladungskarten aus und setzte seinen wie Du Shenqings Namen darunter.

Diese Vorbereitungen hatten einige Stunden in Anspruch genommen, da betrat plötzlich Wang Liuge, der jüngere Bruder von Herrn Dus Nebenfrau, das Haus, um seine Schwester zu besuchen. Ihm folgte ein Diener mit zwei Tragkörben, in denen sich zwei Enten, zwei Hühner, eine Gans, ein Stück gebratenes Fleisch, verschiedene Süßigkeiten und eine Flasche Wein befanden.

»Du kommst mir wie gerufen«, begrüßte ihn Du Shenqing. Nachdem sich der Ankömmling vor ihm verneigt hatte, zog ihn Herr Du näher zu sich heran und betrachtete ihn genau. ›Er ist wirklich ein hübscher Junge; seine Schwester gleicht ihm nicht im entferntesten‹, dachte Du Shenqing. Er forderte ihn auf, sich ins hintere Gemach zu begeben, um seine Schwester zu begrüßen und sich danach zu ihnen zu setzen. Das mitgebrachte Geflügel sollte zubereitet und samt dem Wein aufgetragen werden. Nachdem Wang Liuge von seiner Schwester zurückgekehrt war und Platz genommen hatte, erzählte ihm Du Shenqing von seinem Plan, im Inselpavillon einen Wettbewerb für Schauspieler zu veranstalten.

»Herrlich!« rief Wang Liuge. »Ich werde mich auch daran beteiligen.«

»Sehr schön«, sagte Ji Weixiao, »aber dann möchten wir schon heute um eine Probe bitten.«

Wang Liuge lächelte beglückt. Gegen Abend wurde der Wein aufgetragen, und die Gäste begannen zu trinken. Bao Tingxi blies die Flöte, Lai Xiashi schlug mit der Klapper den Takt dazu, und Wang Liuge sang das Lied ›Azurblaue Wolken ziehen am Himmel auf; im Pavillon reicht man den Abschiedstrunk.‹ Die Verse erklangen bald leiser, bald lauter, und der Gesang wollte schier kein Ende nehmen. Nachdem sich alle Anwesenden betrunken hatten, suchten sie ihr Nachtlager auf.

Am dritten Tag des folgenden Monats wurden zwei Koffer mit Theaterkostümen zum Mochou-See geschafft. Nach den beiden Veranstaltern, die selbstverständlich zuerst eingetroffen waren, stellten sich nach und nach auch die übrigen Gäste ein. Bao Tingxi, gefolgt von ungefähr siebzig Frauendarstellern, die sich alle in die Liste eingetragen hatten, näherte sich und machte vor Herrn Du den Kotau. Dieser lud die Schauspieler, ehe sie sich umkleideten, erst zu einem kleinen Imbiß ein. Dann gab er die Anweisung, ein Schauspieler nach dem anderen sollte am Pavillon vorüberschreiten, damit man sie alle eingehend in Augenschein nehmen könne. Anschließend habe dann jeder auf der Bühne seine Szene vorzuführen. Die Komödianten versprachen, seine Anordnungen genauestens zu befolgen. Der Pavillon war rings von einer Galerie umgeben, so daß der Blick ungehindert nach allen vier Himmelsrichtungen hin über den See schweifen konnte. Ein leichter Südwind kräuselte den Wasserspiegel. Vom Ufer schwang sich eine Holzbrücke über den See, auf der sich die Schauspieler, nachdem sie sich kostümiert hatten, zum Pavillon begaben. Du Shenqing bat die Komödianten, den Pavillon durch das östliche Gittertor zu betreten, um die ganze Galerie zu schreiten und dann durch das westliche Gittertor den Pavillon zu verlassen, so daß man die Anmut ihrer Bewegungen genau studieren konnte.

Nach dem Essen legten die Schauspieler einen neuen Kopfputz und neue Gewänder an. Einer nach dem andern gingen sie über die Brücke durch den Pavillon. Du Shenqing und Ji Weixiao hatten jeder eine Papierrolle vor sich liegen und machten sich mit dem Pinsel Notizen. Kurze Zeit später wurde Wein aufgetragen; Trommeln und Gongs ertönten; einer der Darsteller machte den Anfang und spielte eine Szene; die anderen folgten. Zur Aufführung kamen die verschiedenartigsten Themen: ›Einladung zum Bankett‹, ›In der Trunkenheit‹, ›Sich bei der Nachbarin Tee borgen‹, ›Tötung eines Tigers‹. Keine einzige Szene wiederholte sich. Auch Wang Liuge trug eine Szene vor, die ›Sehnsucht nach der Welt‹ hieß.

Nach Einbruch der Dunkelheit wurden Hunderte von Laternen angezündet. Sie schwankten sachte hin und her und übergossen alles mit einer Lichterflut. Weithin hallte der Gesang, und die Stimmen schwangen sich bis zu den Wolken empor. Als die Beamten der Yamen, die Kaufleute und die reichen Ladenbesitzer in der Stadt den festlichen Lärm vernahmen, eilten sie zum Mochou-See, mieteten sich Barken, über die sie Planen spannten, hängten Lampions ringsherum und ließen sich von den Fischern in den See hinausstaken. Dort scharten sie sich um den Pavillon und sahen dem bunten Treiben zu. Waren sie von etwas besonders entzückt, brachen sie in Beifallsrufe aus. Erst im Morgengrauen – die Stadttore waren schon geöffnet –, kehrten sie nach Nanjing zurück.

Einen Tag nach dem Wettstreit hing am Westwassertor eine Liste aus, auf der zu lesen war:

›Erster Preisträger: Zheng Kuiguan von der Fanglin-Truppe, Darsteller von Mädchenrollen. Zweiter Preisträger: Ge Laiguan von der Linghe-Truppe, Darsteller für Mädchenrollen. Dritter Preisträger: Wang Liuge.‹

Auch die übrigen Teilnehmer, über sechzig an der Zahl, waren namentlich aufgeführt. Bao Tingxi begab sich mit Zheng Kuiguan zu Du Shenqings Quartier, damit sich der Schauspieler persönlich bei diesem Herrn bedanke. Du Shenqing wog zwei Unzen Gold ab und erteilte Bao Tingxi den Auftrag, es zu einem Goldschmied zu bringen, damit dieser einen goldenen Becher mit der Inschrift: ›Schönheit erringt den Sieg‹ daraus anfertige. Dies sollte die für den ersten Preisträger Zheng Kuiguan bestimmte Prämie sein. Die übrigen erhielten gestickte Beutel, etwas Silbergeld und Fächer mit Gedichten darauf.

Die zu den zehn Besten zählenden Schauspieler jubelten, wenn ihre Gönner kamen und sich die Liste anschauten. Einige von ihnen luden ihre Freunde zu einem Festmahl daheim ein, andere wieder feierten ihren Erfolg in den Weinstuben. Mal trank man bei diesem, mal bei jenem, und so zogen sich die Freudenfeiern über vier Tage hin. In der Gegend um das Westwassertor herum gingen die Wogen der Begeisterung hoch und erfaßten auch die Menschen der benachbarten Viertel. Im ganzen Lande südlich des Chang Jiang erscholl laut das Lob des Siebzehnten Herrn Du.

Was Du Shenqing und seine Freunde weiterhin unternahmen, wird uns erst das nächste Kapitel verraten.

Einunddreissigstes Kapitel

Bao Tingxi sucht einen vornehmen, gebildeten und sehr freigebigen Herrn in Tianchang auf · Auf der Veranda wird ein Trinkgelage mit einem über neun Jahre alten Reiswein veranstaltet

Das viele Silbergeld, das Du Shenqing für den Wettbewerb ausgegeben hatte, ließ den darüber sehr verwunderten Bao Tingxi auf den Gedanken kommen: ›Wenn dieser Mann so großzügig ist, warum sollte ich ihn nicht darum bitten, mir einige hundert Unzen Silber zu leihen, damit ich mir wie früher eine Truppe zusammenstellen und mir damit meinen Lebensunterhalt verdienen kann?‹ Seit er dies bei sich erwogen hatte, bot er täglich in der Villa am Fluß seine Dienste an, was schließlich Herrn Du auffallen mußte. Eines Abends, als sie sich im vertraulichen Gespräch befanden – die Nacht war schon weit vorgerückt, und keiner der Diener ließ sich mehr blicken –, fragte er Bao Tingxi:

»Meister Bao, wie verbringt Ihr eigentlich zu Hause Eure Tage? Ihr müßtet eine richtige Beschäftigung haben.«

Als Bao Tingxi diese Worte vernahm, ließ er sich vor Herrn Du auf die Knie nieder. Ganz erschrocken richtete ihn dieser auf und fragte:

»Was soll das?«

»Mir, dem Schüler des gnädigen Herrn«, begann Bao Tingxi, »will es, wenn mich der gnädige Herr mit einer solchen Frage beehrt, wahrlich als eine Gnade vorkommen, hoch wie der Himmel und erhaben wie die Erde. Doch für mich, der früher eine Truppe leitete und außerdem noch durch den Verleih von Theaterkostümen sich sein tägliches Brot verdiente, kommt außer diesem Beruf kein anderer in Betracht. Da sich nun der gnädige Herr so freundlich seines Schülers annimmt, möchte ich ihn inständig um die Gnade bitten, mir einige hundert Unzen Silber zu leihen, damit ich wieder meinen Beruf ausüben kann. Wenn ich genug verdient habe, werde ich es dem gnädigen Herrn wiedererstatten.«

»Nichts ist leichter als das«, erwiderte Du Shenqing, »aber nehmt bitte wieder Platz, damit ich mich mit Euch darüber beraten kann. Für die Aufstellung einer Theatertruppe und die Errichtung eines Kostümverleihs dürften wohl einige hundert Unzen Silber nicht ausreichen. Dazu sind mindestens tausend Unzen erforderlich. Da Ihr mir ja kein Fremder seid, möchte ich Euch nicht verschweigen, daß ich zwar ein Barvermögen von mehreren tausend Unzen Silber besitze, dieses Vermögen aber nicht anzugreifen wage. Und warum nicht? Einfach deshalb, weil ich im Laufe der nächsten zwei Jahre gern die Prüfung machen möchte, was stets allerlei Verpflichtungen nach sich zieht. Dafür möchte ich das Geld aufheben. Was nun Euren Wunsch betrifft, eine Theatertruppe aufzustellen, so werde ich Euch an einen Mann weiterempfehlen, der Euch statt meiner sicher helfen wird. Ihr dürft jedoch nicht verraten, daß ich es war, der Euch auf ihn hingewiesen hat.«

»Wo gäbe es auf der Welt noch einen so hochherzigen Menschen wie unsern gnädigen Herrn?« rief Bao Tingxi.

»Kein voreiliges Gerede!« bat Du Shenqing. »Hört mich einmal ruhig an. Unsere Familie besteht insgesamt aus sieben großen Häusern. Einer meiner Verwandten aus dem fünften Haus war Minister für Riten und Zeremonien; ein anderer aus dem siebenten Haus hatte als Bester die Palastprüfung bestanden; sein Sohn war Präfekt von Ganzhou in der Provinz Jiangxi; das war mein Oheim väterlicherseits. Der Sohn des Präfekten von Ganzhou ist mein Fünfundzwanzigster Vetter; er heißt Du Shaoqing. Er ist nur zwei Jahre jünger als ich und hat auch die Prüfung zum Bakkalaureus bestanden. Mein Oheim war ein ehrlicher Beamter und hatte von seinen Vorfahren einen kleinen Grundbesitz geerbt. Als er starb, hinterließ er daher nur ein Vermögen von knapp zehntausend Unzen, doch mein Vetter, dieser Dummkopf, glaubt, es seien mehr als hunderttausend; er hat keine Ahnung vom Wert des Geldes. Darüber hinaus liebt er es, den Mäzen zu spielen. Klagt ihm jemand sein Leid, spart er nicht mit seinem Silber. Geht mir nur noch ein Weilchen zur Hand; sobald es Herbst ist und die Tage kühler werden, schicke ich Euch mit etwas Reisegeld zu ihm, und ich bin gewiß, daß Ihr von ihm die tausend Unzen Silber erhalten werdet.«

»Wenn es soweit ist, möchte ich den gnädigen Herrn bitten, mir einen Brief mitzugeben.«

»Das ist völlig ausgeschlossen«, versetzte Du Shenqing. »Einen Brief schreibe ich unter keinen Umständen. Er will seine Rolle als Mäzen ganz allein spielen, will ganz aus eigenem Antrieb einem Menschen helfen und duldet es nicht, wenn man sich da hineinmischt. Schriebe ich einen Brief, so würde er annehmen, daß Ihr wohl schon von mir unterstützt worden seid. Darüber würde er in Wut geraten, und Ihr hättet überhaupt nichts von ihm zu erwarten. Vorher könnt Ihr Euch aber noch an eine andere Person wenden.«

»An wen denn?« fragte Bao Tingxi.

»Mein Vetter hatte früher einen alten Hausmeister namens Shao, der Euch bekannt sein dürfte.«

»Ach ja«, sagte Bao Tingxi nach kurzer Überlegung. »Ich bin ihm damals, als mein Vater noch lebte, begegnet; er richtete uns aus, daß wir mit unserer Truppe anläßlich des Geburtstages der alten gnädigen Frau zum Theaterspielen kommen sollten. Auch den gnädigen Herrn, den Präfekten von Ganzhou, sah ich bei dieser Gelegenheit.«

»Ausgezeichnet«, bemerkte Du Shenqing. »Dieser Shao ist nun inzwischen gestorben, und mein Vetter hat jetzt einen Hausmeister namens Wang Huzi, einen ganz durchtriebenen Burschen, der aber sein uneingeschränktes Vertrauen genießt. Mein Vetter hat nämlich die Angewohnheit, jeden, der behauptet, er habe den alten Herrn gekannt, mit Wohltaten zu überhäufen, selbst wenn er ein Schurke ist. Sucht also zuerst die Bekanntschaft Wang Huzis zu machen. Da dieser Kerl ein Trinker ist, traktiert ihn zunächst mit

Wein und bittet ihn dann, vor seinen Herrn zu treten und zu sagen, daß Ihr ein Mensch seid, auf den der alte Herr große Stücke gehalten habe. Wenn er das hört, wird er Euch bestimmt Geld geben. Er hat es übrigens nicht gern, wenn man ›gnädiger Herr‹ zu ihm sagt, sprecht ihn also nur mit ›junger Herr‹ an. Und noch eine Eigenart hat er: Er liebt es nicht, wenn ihm jemand erzählt, er sei ein Beamter und habe ein großes Vermögen. Daß Ihr von dem gnädigen Herrn Xiang begünstigt worden seid, dürft Ihr ihm gegenüber mit keinem Wort erwähnen. Immer wieder müßt Ihr betonen, er sei auf der ganzen Welt der einzige Mäzen, der sich der Menschen hilfreich annehme. Falls er Euch fragen sollte, ob Ihr mich kennt, so müßt Ihr dies verneinen.«

Diese Worte erfüllten Bao Tingxi mit unsäglicher Freude. Nachdem er dem Siebzehnten Herrn Du noch zwei Monate behilflich gewesen war, bat er ihn gegen Ende des Siebenten Monats, als die Tage bereits kühler wurden, er möchte ihm ein paar Unzen Silber leihen, schnürte sein Bündel und richtete seine Kleider, ließ sich über den Fluß setzen, um von dort nach Tianchang aufzubrechen. Zuerst machte er im Kreis Liuhe Rast. Am nächsten Tag stand er früh auf, legte etwa zehn Meilen zu Fuß zurück und erreichte einen Ort, der Sihaodun hieß.

Bao Tingxi kehrte in ein Gasthaus ein und ließ sich dort nieder. Während er noch auf heißes Wasser wartete, um sich das Gesicht zu waschen, wurde am Toreingang eine Sänfte abgesetzt. Der Sänfte entstieg ein Greis mit einer Akademikerkappe und in einem weißseidenen Gewand. Seine Füße steckten in rotseidenen Schuhen. Er hatte eine große, rot angelaufene Hakennase und einen langen silberweißen Bart. Als der Alte eintrat, nahm ihm der Wirt diensteifrig das Gepäck ab und rief:

»Oh, da kommt ja der Vierte gnädige Herr Wei! Nehmt doch bitte Platz!«

Als der gnädige Herr Wei das Gastzimmer betrat, erhob sich Bao Tingxi und verneigte sich vor dem Fremden, der den Gruß erwiderte. Darauf räumte ihm Bao Tingxi den Ehrenplatz ein, während er sich selbst an das untere Ende der Tafel setzte. Hierauf fragte er:

»Wei ist doch der Name des gnädigen Herrn? Dürfte ich mir die Frage erlauben, woher der gnädige Herr stammt?«

»Mein Name ist Wei«, bestätigte der Greis, »und meine Heimat ist Wuyizhen im Kreise Chuzhou. Und darf ich nun auch den Namen und die Heimat meines verehrten Bruders wissen? Wohin geht Eure Reise?«

Bao Tingxi stellte sich vor:

»Ich heiße Bao und stamme aus Nanjing. Ich befinde mich auf dem Wege zu dem Hause Du in Tianchang, um den jungen Herrn Du zu besuchen.«

»Welchen jungen Herrn Du?« erkundigte sich Herr Wei. »Herrn Shenqing oder Herrn Shaoqing?«

»Herrn Shaoqing«, erwiderte Bao Tingxi.

»Obgleich es in der Familie Du nahezu siebzig Vettern gibt«, berichtete Herr Wei, »pflegen nur Herr Shenqing und Herr Shaoqing von überallher Gäste zu sich einzuladen, die übrigen hocken zu Hause hinter verschlossenen Toren, wachen über ihre Äcker und Gärten und verbringen die Zeit mit Vorbereitungen zu den Prüfungen. Deshalb fragte ich Euch gleich nach diesen beiden Herren. Sie sind nördlich und südlich des Chang Jiang gleichermaßen berühmt. Obgleich Shenqing ein vornehmer und hochgebildeter Mensch ist, mißfällt mir an ihm sein etwas weibisches Gebaren. Shaoqing jedoch ist ein ganzer Mann. Da ich mich ebenfalls auf dem Wege zu ihm befinde, werde ich nach dem Essen meinen verehrten Bruder dorthin begleiten.«

»Ist der gnädige Herr mit dem Hause Du verwandt?« erkundigte sich Bao Tingxi.

Herr Wei entgegnete:

»Nein, wohl aber bin ich von klein auf ein Mitschüler und Blutsbruder des gnädigen Herrn Präfekten von Ganzhou, und wir sind sehr eng befreundet.«

Als Bao Tingxi diese Worte vernahm, stieg seine Achtung

vor dem Fremden noch um ein Beträchtliches. Nachdem sie gemeinsam gegessen hatten, bestieg Herr Wei die Sänfte, während sich Bao Tingxi einen Esel mietete und hinterdrein ritt. Als sie das Stadttor von Tianchang erreicht hatten, ließ Herr Wei die Sänfte absetzen und sagte:

»Bruder Bao, wir werden miteinander das Haus betreten.«

»Ich möchte den gnädigen Herrn bitten, sich allein zu Herrn Du Shaoqing zu begeben«, bat Bao Tingxi, »ich möchte zunächst seinen Hausmeister aufsuchen und dann erst dem jungen Herrn meine Aufwartung machen.«

»Nun gut«, meinte Herr Wei, bestieg wieder seine Sänfte und ließ sich geradenwegs zu dem Wohnsitz der Familie Du tragen, wo der Türhüter ihn unverzüglich anmeldete.

Du Shaoqing kam eiligst zur Begrüßung heraus, bat ihn in die Halle, verneigte sich dort vor ihm und sagte:

»Ach, Onkel, seit einem halben Jahr haben wir uns nicht mehr gesehen! Ich hatte seither leider keine Gelegenheit, mich in Wuyizhen nach dem Befinden des verehrten Onkels und der verehrten Tante zu erkundigen. Wie geht es meinem Onkel?«

»Ich danke Euch sehr«, erwiderte Herr Wei.

»Da ich im Frühherbst zu Hause nichts besonderes zu tun habe und mich die Sehnsucht nach Eurem schönen Garten überkam, wo sicher die Zimtbäume schon in voller Blüte stehen, machte ich mich auf den Weg, um den verehrten Bruder zu besuchen und mit ihm eine Schale Wein zu trinken.«

»Ich lasse gleich Tee bringen«, sagte Du Shaoqing. »Alsdann möchte ich meinen Onkel bitten, sich in das Bibliothekszimmer zu setzen.«

Dem Diener, der den Tee servierte, befahl Du Shaoqing:

»Bring Herrn Weis Gepäck herein und schaffe es sofort in das Bibliothekszimmer. Entlohne die Sänftenträger und schicke sie fort!«

Dann führte er Herrn Wei durch einen sich hinter der Halle befindenden Gang ins Innere des Anwesens, und nach mancherlei Umwegen langten sie vor einem Garten an. Im Hintergrund dieses Gartens stand ein kleineres, drei Zimmer fassendes Gebäude. Zur Linken erhob sich ein Turm, in dem sich die Bibliothek befand; er war von dem Ersten Herrn Du, dem berühmten Gelehrten, der als Bester die Hanlin-Prüfung bestanden hatte, erbaut worden. Vor dem Turm erstreckte sich ein großer Hof mit einer Terrasse voller Baumpäonien und Pfingstrosen. Zwei hohe Zimtbäume standen in schönster Blüte. Gegenüber dieser Terrasse befand sich ein geräumiger Pavillon, und hinter der schräg nach Süden schauenden Bibliothek schimmerte ein großer Lotosteich, über den eine Brücke führte. Ein Stückchen weiter erblickte man ein Haus mit einem flachen Dach. Dorthin zog sich Du Shaoqing zurück, wenn er sich seinen Studien widmen wollte. Alsdann bat er Herrn Wei, in dem nach Süden gelegenen Bibliothekszimmer Platz zu nehmen, vor dessen Fenster sich die beiden Zimtbäume erhoben. Nachdem Herr Wei sich niedergelassen hatte, fragte er:

»Befindet sich Herr Lou noch in Eurem Haus?«

»Mein Onkel Lou? Natürlich. Aber er kränkelt seit einiger Zeit, und so habe ich ihm eines der inneren Gemächer zum Aufenthalt angewiesen. Da er gerade Medizin eingenommen und sich zur Ruhe gelegt hat, kann er Euch leider nicht begrüßen.«

»Warum schickt mein verehrter Bruder den alten Mann, wenn er so unpäßlich ist, nicht lieber nach Hause?«

»Ich habe schon seine Söhne und Enkel bei mir aufgenommen, damit sie ihn pflegen. Auch erkundige ich mich des Morgens wie des Abends nach seinem Befinden.«

»Der alte Mann muß doch nun schon mehr als dreißig Jahre in Eurem Hause leben. Hat er während dieser Zeit Ersparnisse machen und sich ein Vermögen erwerben können?«

»Seit mein verstorbener Vater zum Präfekten von Ganzhou ernannt wurde, vertraute er Onkel Lou die Abrechnung über unsere sämtlichen Äcker und Liegenschaften an. Jeder

Käsch an Einnahmen oder Ausgaben ist durch Onkel Lous Hände gegangen, ohne daß mein verstorbener Vater jemals von ihm Rechenschaft gefordert hätte. Außer einem jährlichen Entgelt von vierzig Unzen Silber hat Onkel Lou nicht einen einzigen Käsch angenommen. Galt es die Pacht zu erheben, ging er jedesmal persönlich zu den Pächtern in die Dörfer. Setzte ihm einer der Pächter zwei Gerichte zur Bewirtung vor, aß der alte Mann stets nur ein einziges und lehnte das andere ab. Kamen Söhne und Enkel zu Besuch, gestattete er ihnen nur, zwei Tage zu bleiben. Außer dem Reisegeld durften sie keinen Käsch bei sich haben. Weil er fürchtete, die Verwalter könnten seinen Angehörigen noch etwas Geld zugesteckt haben, nahm er vor der Abreise noch Leibesvisitationen vor. Begegnete er jedoch einem Verwandten oder Freund unserer Familie, der in Not geraten war, so unterstützte ihn Onkel Lou nach Kräften, und zwar aus den Mitteln, die uns durch Einziehen der Pachtzinsen zur Verfügung standen. Mein verstorbener Vater wußte zwar darum, fragte aber niemals danach. Hatte jemand bei uns Schulden und merkte Onkel Lou, daß er sie nicht zurückzahlen konnte, verbrannte er die Schuldscheine. Wenn auch der alte Mann zwei Söhne und vier Enkel hat, ist seine Familie dennoch bettelarm. So fühle ich mich ihm gegenüber verpflichtet.«

Herr Wei seufzte:

»Ihr dürft wahrlich im Sinn der Alten ein edler Mann genannt werden.« Und dann fragte er: »Wie geht es Bruder Shenqing?«

»Ich hoffe, gut«, erwiderte Du Shaoqing. »Mein Vetter hat sich vor längerer Zeit von mir verabschiedet und ist nach Nanjing gegangen.«

In diesem Augenblick tauchte der Hausmeister Wang Huzi, eine rote Visitenkarte in der Hand, vor dem Fenster auf; offensichtlich wagte er nicht, das Zimmer zu betreten. Als ihn Du Shaoqing erblickte, fragte er seinen Verwalter:

»Was möchtest du denn, Wang Huzi? Was hältst du da in der Hand?«

Wang Huzi kam herein, überreichte die Visitenkarte und sagte:

»Ein Herr Bao aus Nanjing möchte Euch sprechen. Er war der Leiter einer Schauspielertruppe. Während der letzten Jahre hat er sich in der Fremde sein Brot verdient und kehrt nun in die Heimat zurück. Er ist über den Chang Jiang gekommen, um dem Jungen Herrn seine Aufwartung zu machen.«

»Da er mit Schauspielern zu tun hat, kannst du ihm ausrichten, daß ich Gäste bei mir habe und ihn deshalb nicht empfangen kann. Die Visitenkarte kannst du aufheben, ihm aber richte aus, er möge bitte wieder gehen.« Der Hausmeister zögerte noch etwas und wagte schließlich vorzubringen:

»Er hat mir gesagt, daß der verstorbene gnädige Herr sehr edelmütig an ihm gehandelt habe und daß er deshalb dem Jungen Herrn persönlich seinen ergebensten Dank aussprechen möchte.«

»Diesem Mann soll mein verstorbener Vater seine Gunst geschenkt haben?« rief Du Shaoqing.

»So ist es in der Tat«, entgegnete der Hausmeister. »Als seinerzeit der Hausmeister Shao eine Schauspielertruppe aus Nanjing hierher bestellte, fand der gnädige Herr so großen Gefallen an diesem Bao Tingxi, daß er versprach, sich seiner anzunehmen.«

»Wenn es sich so verhält«, entschied Du Shaoqing, »dann führt ihn nur herein.«

»Falls es Bruder Bao aus Nanjing ist«, ließ sich Herr Wei vernehmen, »so bin ich diesem Mann unterwegs begegnet.«

Der Hausmeister entfernte sich und kam bald darauf mit Bao Tingxi, der kaum aufzutreten wagte, herein. Weit erstreckte sich der Garten und schien sich ins Grenzenlose zu verlieren. Als Bao Tingxi am Eingang der Bibliothek anlangte, sah er dort in Gesellschaft eines Gastes Du Shaoqing sitzen, der eine Akademikerkappe trug und in ein gefüttertes, jadefarbenes Seidengewand gehüllt war. Seine Füße steckten in perlenbestickten Schuhen. Sein Gesicht schimmerte in einem tiefen Gelb; seine Augenbrauen standen aufrecht wie Schwerter gleich den Augenbrauen des Kriegsgottes Guan Yu.

»Dort ist der Junge Herr«, sagte der Hausmeister. »Tretet ein und macht Euren Kotau!«

Bao Tingxi tat, wie ihm geheißen, und berührte mit seiner Stirn den Boden. Du Shaoqing richtete ihn auf und sagte:

»Ihr und ich, wir sind alte Freunde. Wozu braucht es dann solche Förmlichkeiten?«

Also stand Bao Tingxi auf und verneigte sich. Nachdem er auch Herrn Wei begrüßt hatte, forderte ihn Du Shaoqing auf, sich ans untere Ende des Tisches zu setzen.

»Der verstorbene gnädige Herr hat mir so viel Gnade erwiesen, daß ich sie niemals entgelten könnte, und gäbe ich selbst mein Leben dahin. Da ich jedoch in den letzten Jahren stark beschäftigt war und meinen Beruf in der Fremde ausüben mußte, fand ich bisher nie Gelegenheit, dem Jungen Herrn meine Aufwartung zu machen. Erst heute komme ich hierher, um mich nach dem Wohlergehen des jungen Herrn zu erkundigen und ihn wegen meines Versäumnisses um Verzeihung zu bitten.«

»Mein Hausmeister hat mir soeben erzählt, der verstorbene gnädige Herr habe so großen Gefallen an Euch gefunden, so daß er gewillt war, sich weiterhin Eurer anzunehmen«, sagte Du Shaoqing. »Da Ihr nun zu mir gekommen seid, bitte ich Euch, vorläufig hierzubleiben. Ich will sehen, was ich für Euch tun kann.«

Der Hausmeister meldete:

»Das Essen ist fertig; wo belieben der Junge Herr zu speisen?«

Doch Du Shaoqing zögerte:

»Ich möchte noch einen Gast einladen.«

Darauf befahl er einem im Bibliothekszimmer aufwartenden Diener:

»Geh in die hinteren Räumlichkeiten und bitte Herrn Zhang zu mir!«

Der Diener ging, um den Befehl auszuführen. Kurz darauf kam ein Mann mit großen Augen und einem gelben Schnurrbart herein. Er trug eine ziegelförmige Mütze und weite Baumwollkleider. Er hatte ein geziertes Benehmen und bemühte sich krampfhaft, die Gebärden eines vornehmen Mannes nachzuahmen. Er machte den Kotau, ließ sich dann nieder und fragte Herrn Wei nach seinem Namen. Nachdem sich dieser vorgestellt hatte, erkundigte er sich seinerseits:

»Wie heißt mein hochverehrter Bruder?«

»Ich heiße Zhang Junmin. Ich wohne schon des längeren hier im Hause als ein Schüler des Jungen Herrn Du«, erwiderte dieser. »Da ich etwas in der Medizin bewandert bin, beehrt mich der Junge Herr täglich mit dem Auftrag, den gnädigen Herrn Lou zu behandeln.« Dann fragte er noch: »Wie ist übrigens dem gnädigen Herrn Lou heute die Arznei bekommen?«

Du Shaoqing befahl dem Diener, sich danach zu erkundigen. Dieser kam nach einer Weile wieder und meldete:

»Der gnädige Herr Lou war nach der Arznei für kurze Zeit eingeschlummert und ist jetzt wieder munter. Er sagt, daß er sich etwas besser fühlt.«

Zhang Junmin stellte dann noch die Frage:

»Und wie ist der Name dieses Herrn dort?«

»Es ist ein Herr Bao aus Nanjing«, antwortete Du Shaoqing.

Die Tafel wurde gedeckt, und die Herren begaben sich zu Tisch. Herr Wei erhielt den Ehrenplatz, Zhang Junmin setzte sich ihm gegenüber; Du Shaoqing nahm den Sitz des Gastgebers ein, während sich Bao Tingxi am anderen Ende der Tafel niederließ. Sodann wurde Wein eingeschenkt, und man trank sich zu. Die sehr leckeren Speisen waren alle im Hause zubereitet worden. Unter anderem gab es dreijährigen geräucherten Schinken sowie Taschenkrebse von jeweils einem halben Pfund Gewicht, deren Fleisch man zu einem pikanten Gericht verarbeitet hatte.

Während des Essens wandte sich Herr Wei an Zhang Junmin:

»Eure Kunst ist doch wirklich etwas Großes!«

»Am Krankenbett zu praktizieren ist besser, als sämtliche medizinischen Bücher der großen Ärzte des Altertums zu lesen«, erwiderte Zhang Junmin. »Ich möchte es dem gnädigen Herrn nicht verschweigen, daß ich, der schon überall herumgekommen ist, noch nie ein medizinisches Werk gelesen, dafür aber um so mehr Kranke behandelt habe. Erst kürzlich belehrte mich der Junge Herr, daß man auch Bücher studieren muß. Deshalb führe ich meinen Sohn vorläufig nicht in die Heilkunst ein, sondern habe ihm Bücher verschafft, die er nun unter der Anleitung eines Lehrers liest. Danach fertigt er Aufsätze an und zeigt sie dem jungen Herrn Du. Da der Junge Herr immer kritische Randbemerkungen macht, nehme ich die Aufsätze mit nach Hause und studiere sie, um mich literarisch zu bilden. In zwei Jahren soll sich mein Sohn an Kreis- und Bezirksprüfungen beteiligen, damit er später ein Schild aushängen und sich ›gelehrter Arzt‹ nennen kann.«

Herr Wei brach in schallendes Gelächter aus. In diesem Augenblick trat der Hausmeister mit einer roten Visitenkarte ins Zimmer und meldete:

»Der Salzhändler Wang vom Nordtor feiert morgen seinen Geburtstag, zu dem er den Herrn Unterpräfekten eingeladen hat. Er möchte den Jungen Herrn bitten, dem Herrn Kreisamtmann Gesellschaft zu leisten. Er ersucht Euch sehr dringend, an den Festlichkeiten teilzunehmen.«

»Richte ihm aus, daß ich nicht kommen kann, weil ich selbst Gäste im Hause habe!« befahl Du Shaoqing. »Dieser lächerliche Tropf! Wenn er sich mit einer glänzenden Gesellschaft brüsten will, warum ladet er sich dann nicht irgendwelche reich gewordene Magister und Doktoren ein? Mir ist meine Zeit zu kostbar, um einem Beamten Gesellschaft zu leisten.«

Der Hausmeister pflichtete ihm bei und ging. Nachdem

sich Wang Huzi wieder entfernt hatte, meinte Du Shaoqing, zu Herrn Wei gewandt:

»Mein Onkel ist doch ein starker Zecher? Mit meinem Vater habt Ihr doch oft die halbe Nacht beim Wein zugebracht? So wollen wir es auch heute halten und trinken, bis uns der Rausch übermannt.«

»Sehr richtig, verehrter Bruder«, bemerkte Herr Wei. »Aber hierzu muß ich Euch leider etwas Unangenehmes sagen: Die Speisen sind zwar von bester Qualität, aber der sicher auf dem Markt gekaufte Wein taugt nicht viel. Soviel ich weiß, befindet sich in Eurem Haus noch ein Tongefäß mit Wein, der jetzt mindestens acht Jahre alt sein dürfte.«

»Davon ist mir ja gar nichts bekannt!« rief Du Shaoqing erstaunt.

»Davon könnt Ihr auch keine Ahnung haben«, fuhr Herr Wei fort. »Als ich Euren hochverehrten Vater in jenem Jahr, da er in Jiangxi sein Amt antrat, zum Schiff begleitete, sagte er zu mir: ›Bei mir zu Hause im Keller ist ein Gefäß mit Wein vergraben. Wenn ich zurückkomme, veranstalten wir beide ein fröhliches Gelage.‹ Deshalb kann ich mich noch genau darauf besinnen. Erkundigt Euch doch bei dem Gesinde.«

Zhang Junmin sagte lachend: »Sollte davon der junge Herr wirklich nichts wissen?«

Als Du Shaoqing sich ins Innere des Hauses begeben hatte, sagte Herr Wei:

»Trotz seiner Jugend gilt der junge Herr Du in unserer ganzen Gegend als ein vornehmer, gebildeter Mann.«

»Der junge Herr ist ein ungewöhnlich gütiger Mensch«, stellte Zhang Junmin fest. »Doch sitzt ihm das Geld allzu locker. Wer ihn um etwas bittet, dem gibt er mit vollen Händen, ohne viel zu fragen, wer es ist.«

»Auch mir ist noch niemals ein großzügigerer Mensch begegnet als der junge Herr Du«, erklärte Bao Tingxi.

Du Shaoqing erkundigte sich inzwischen bei seiner Frau, ob sie etwas von dem vergrabenen Wein wüßte. Sie verneinte jedoch. Darauf fragte er seine Dienerschaft, aber auch diese konnte ihm keine Auskunft geben. Schließlich wandte er sich noch an die alte Amme, und sie erinnerte sich:

»Ja, es stimmt. In jenem Jahr, als der gnädige Herr sein Amt antrat, ließ er ein Tongefäß mit Wein füllen und in dem kleinen Raum hinter dem siebenten Eingang vergraben. Wie er sagte, wolle er es aufbewahren, um es später mit dem gnädigen Herrn Wei zu leeren. Dieser Wein ist aus zwanzig Scheffel Klebreis, zwanzig Scheffel gegorenem Reis und zwanzig Liter Branntwein bereitet worden, ohne daß man ihn nur mit einem Tropfen Wasser verdünnt hätte. Schon neun Jahre und sieben Monate liegt das Gefäß unter der Erde vergraben. Dieser Wein würde selbst Tote betrunken machen. Ich rate Euch sehr davon ab, ihn zu trinken.«

»Das kann ich mir denken«, sagte Du Shaoqing. Darauf befahl er der Amme, den Schlüssel zu holen und die Tür zu dem Weinkeller zu öffnen. Er ging mit zwei Dienern hinunter, die das Gefäß ausgruben und es ins Bibliothekszimmer schafften.

»Onkel, da ist der Wein!« rief er eintretend.

Herr Wei, der sich mit den beiden anderen Gästen erhoben hatte, um alles in Augenschein zu nehmen, sagte befriedigt:

»Er ist es in der Tat!«

Er hob den Deckel und schöpfte ein Glas Wein heraus. Dieser war wie Sirup und strömte einen betäubenden Geruch aus.

»Köstlich«, lobte Herr Wei. »Aber so, wie er jetzt ist, kann man ihn nicht trinken, verehrter Bruder. Laßt einen Diener zehn Liter Wein holen, um ihn damit zu mischen. Dann wird er genießbar sein. Heute können wir uns ihn noch nicht zu Gemüte führen. Wir lassen ihn einstweilen stehen und wollen morgen dann den ganzen Tag lang zechen. Die beiden Herren machen doch hoffentlich mit?«

»Selbstverständlich werde ich Euch Gesellschaft leisten«, rief Zhang Junmin.

Und Bao Tingxi sagte:

»Für einen Menschen wie mich ist es ein unbeschreibliches Glück, von diesem Wein, der aus der Hinterlassenschaft des gnädigen Herrn stammt, trinken zu dürfen.«

Der Hausmeister erhielt den Befehl, Zhang Junmin mit einer Laterne nach Hause zu bringen, während Bao Tingxi für sich und Herrn Wei im Bibliothekszimmer ein Nachtlager herrichtete. Du Shaoqing wartete, bis Herr Wei eingeschlafen war; dann erst begab er sich ins Haus.

Am nächsten Morgen stand Bao Tingxi frühzeitig auf und eilte zu Wang Huzi, in dessen Zimmer bereits zwei Diener saßen.

»Ist der gnädige Herr Wei schon aufgestanden?« fragte der Hausmeister.

Der eine der Diener bejahte und setzte hinzu, daß sich der gnädige Herr Wei gerade das Gesicht wasche. Darauf wandte sich der Hausmeister zu dem anderen Diener:

»Ist der junge Herr auch schon munter?«

»Der junge Herr ist schon lange auf. Er weilt im Zimmer des gnädigen Herrn Lou und achtet darauf, daß die Medizin richtig zubereitet wird.«

»Unser junger Herr ist wirklich ein außergewöhnlicher Mensch«, sagte der Hausmeister. »Vater Lou war schließlich nichts anderes als ein Angestellter des gnädigen Herrn. Da er nun krank ist, wäre es das beste, ihn mit ein paar Unzen Silber nach Hause zu schicken. Weshalb ihn hier hegen und pflegen, als sei er ein Urahn, und ihn gar noch von früh bis abends selbst bedienen?«

»Onkel Hausmeister«, warnte ihn der ältere Diener. »Wie könnt Ihr so etwas sagen! Obwohl Sohn und Enkel sämtliche Reissuppen und Speisen, die wir für den gnädigen Herrn Lou bereiten, vorher kosten, dürfen wir dem gnädigen Herrn Lou nicht eher das Essen bringen, bis nicht auch der junge Herr davon versucht hat. Der Topf mit dem Ginseng steht im Zimmer der jungen Frau. Sie selbst brüht die Wurzeln auf. Ist der junge Herr daran verhindert, morgens oder abends die Ginsengarznei zu Herrn Lou zu schaffen, so besorgt dies die junge Frau persönlich und gibt sie ihm auch ein. Wenn der junge Herr Euch so sprechen hörte, könntet Ihr Euch auf ein schönes Donnerwetter gefaßt machen.«

In diesem Augenblick trat der Türhüter ein und rief:

»Onkel Wang, geht schnell zum jungen Herrn und sagt ihm Bescheid, daß der Dritte Herr Zang gekommen ist. Er sitzt in der Halle und will dem jungen Herrn einen Besuch machen!«

Der Hausmeister befahl dem älteren Diener:

»Geh sofort in Vater Lous Zimmer und bitte den jungen Herrn heraus. Ich habe keine Lust, mich nach Vater Lous Befinden zu erkundigen.«

Der Diener tat, wie ihm geheißen. Darauf begab sich Du Shaoqing sofort in die Empfangshalle. Nachdem sich beide Herren begrüßt und Platz genommen hatten, begann Du Shaoqing mit folgenden Worten das Gespräch:

»Werter Bruder, wir haben uns lange nicht gesehen. Ging es bei Eurem letzten Dichtertreffen fröhlich zu?«

Der Dritte Herr Zang bejahte.

»Übrigens habe ich von Eurem Türhüter gehört, daß ein Gast aus der Ferne eingetroffen sei. Du Shenqing scheint es ja in Nanjing gut zu gefallen, da er gar nicht daran denkt, nach Hause zurückzukehren.«

»Onkel Wei aus Wuyizhen weilt bei mir zu Besuch«, bestätigte Du Shaoqing. »Ich habe ihn heute zu einem Weingelage gebeten, und nun seid auch Ihr noch gekommen. Wir wollen uns gleich in das Bibliothekszimmer begeben.«

»Wartet noch ein wenig«, bat der Dritte Herr Zang. »Ich habe mit Euch noch etwas zu besprechen. Mein Lehrer, der Unterpräfekt Wang, hat oft zu mir gesagt, daß er Euer großes Genie bewundert und sich erkundigt, wann ich ihn denn endlich mit Euch besuchen käme.«

»Solche Gepflogenheiten, wie einen Unterpräfekten als seinen Lehrer verehren, kann ich leider nicht mitmachen, verehrter Bruder«, sagte Du Shaoqing. »Nicht zu reden von meinem verstorbenen Urgroßvater und Großvater, hat auch mein verstorbener Vater zu seinen Lebzeiten wer weiß wie viele solcher Beamte zu Gesicht bekommen. Wenn er mich wirklich bewundert, warum besucht er mich dann nicht zuerst, sondern bittet mich, ihn zu besuchen? Ich, dem das Mißgeschick widerfuhr, Bakkalaureus zu werden, müßte ihn bei meinem Besuch notgedrungenermaßen ›verehrter Lehrer‹ nennen. Und selbst wenn dieser aus einem Misthaufen emporgewachsene Doktor Wang mich als seinen ›verehrten Lehrer‹ titulierte, könnte ich diese Ehre nicht annehmen. Weshalb soll ich ihn dann besuchen? Aus diesem Grunde habe ich auch dankend abgelehnt, als mich der Salzhändler Wang vom Nordtor einlud, dem Herrn Unterpräfekten Gesellschaft zu leisten.«

»Ach so«, versetzte Herr Zang. »Gestern teilte der Salzhändler Wang meinem verehrten Lehrer Wang mit, daß er Euch ebenfalls eingeladen habe, und nur deshalb entschloß sich mein verehrter Lehrer, zu ihm zu gehen, will er Euch doch kennenlernen. Er wäre sehr enttäuscht, wenn Ihr nicht kämt. Außerdem wohnen ja Eure Gäste bei Euch im Haus; wenn es Euch heute nicht möglich ist, sie zu bewirten, so könnt Ihr es morgen nachholen. Andernfalls würde ich mich statt Eurer der Gäste annehmen, damit Ihr Euch zu dem Herrn Salzhändler begeben könnt.«

»Schwatzt nicht so dummes Zeug daher«, wies ihn Du Shaoqing ärgerlich zurecht. »Euer verehrter Lehrer empfindet alles andere als Hochachtung vor der Weisheit und Bewunderung für das Genie. Er ist darauf erpicht, daß man ihn verehrt und seine Schüler ihm Geschenke machen. Dieser Herr soll sich nach mir sehnen? Reißt ihn aus seinen Illusionen! Heute habe ich Gäste bei mir. Siebenpfündige Enten werden gebraten; neunundeinhalb Jahre alter Wein wurde im Keller aufgefunden. Solch leckere Dinge dürfte es bei Herrn Wang nicht geben. Genug der Worte! Kommt, laßt uns im Bibliothekszimmer ein wenig plaudern!«

Damit zog er Herrn Zang mit sich fort.

»Einen Augenblick!« rief Herr Zang. »Nicht so eilig. Ich habe ja bisher noch nicht die Bekanntschaft von Herrn Wei gemacht. Ich muß erst eine Visitenkarte schreiben.«

»Daran tut Ihr recht«, stimmte Du Shaoqing zu, und er befahl einem Diener, Pinsel, Tuschplatte und eine Visitenkarte zu holen. Auf die Karte schrieb Herr Zang folgendes: ›Zang Tu, Freund und Mitschüler‹ und ließ sie den Diener in die Bibliothek bringen. Dann begab er sich mit Du Shaoqing in das Innere des Anwesens. Herr Wei empfing ihn an der Tür der Bibliothek. Man verbeugte sich voreinander und nahm Platz. Die beiden dort schon anwesenden Herren setzten sich zu ihnen. Als Herr Wei sich nach dem Rufnamen des Herrn Zang erkundigte, erwiderte Du Shaoqing: »Bruder Zang heißt mit Literatennamen Liaozhai und war einer der Koryphäen an meiner Schule. Außerdem ist er ein guter Freund meines Vetters Du Shenqing.«

»Seid versichert, daß ich schon längst den Wunsch hegte, Eure werte Bekanntschaft zu machen«, sagte Herr Wei.

»Ich schätze mich überaus glücklich«, entgegnete Herr Zang, »den ehrwürdigen Herrn kennenlernen zu dürfen.«

Zhang Junmin war ihm schon von früher her bekannt.

»Und darf ich auch noch den Namen dieses Herrn hier erfahren«, fragte Zang Liaozhai und wies auf Bao Tingxi.

»Ich heiße Bao Tingxi«, erwiderte dieser, »und bin gerade aus Nanjing zurückgekehrt.«

»Da Ihr von Nanjing gekommen seid«, sagte Herr Zang, »kennt Ihr vielleicht auch Du Shenqing.«

»O ja, dem Siebzehnten Herrn Du bin ich schon begegnet«, antwortete Bao Tingxi.

Nach dem Frühstück ließ Herr Wei das Tongefäß hinaustragen und zehn Liter neuen Wein hinzugießen. Darauf befahl er, reichlich Holzkohle zum Glühen zu bringen und sie neben den Zimtbäumen anzuhäufen. Dann wurde das Gefäß daraufgesetzt. Innerhalb einer Frist, solange eine Mahlzeit dauert, hatte sich der Wein erwärmt. Mit Hilfe eines Dieners nahm Zhang Junmin die Fenstergitter ab und schleppte einen Tisch auf die Veranda. Alle nahmen Platz, und die Tafel wurde aufs neue gedeckt. Du Shaoqing ließ seinen Diener einen Goldpokal und vier Jadeschalen bringen und sie mit Wein aus dem Tongefäß füllen. Mit beiden Händen den Goldpokal umfassend, rief Herr Wei nach jedem Schluck lobend: »Welch köstlicher Wein!«

Als sie schon mehrere Stunden tüchtig gezecht hatten, erschien der Hausmeister, gefolgt von vier Dienern, die eine große Truhe herbeischleppten. Auf Du Shaoqings Frage, was sich denn darinnen befände, antwortete er:

»Die neuen Herbstgewänder für den gnädigen Herrn, die junge Frau und den Herrn Sohn. Sie sind soeben fertig geworden. Wir bringen die Kleider her, damit der gnädige Herr nachprüfen kann, ob alles in Ordnung ist. Der Schneider hat seinen Lohn schon bekommen.«

»Laßt die Truhe so lange hier stehen, bis ich den Wein getrunken habe; ich schaue mir später alles an«, befahl Du Shaoqing.

Kaum daß die Diener die Truhe abgesetzt hatten, da erschien in großer Eile der Schneider. Der Hausmeister meldete:

»Schneider Yang möchte den Jungen Herrn sprechen!«

»Was will er denn von mir?« fragte Du Shaoqing und erhob sich.

Als der Schneider den Innenhof betreten hatte, machte er sogleich den Kotau und brach in lautes Wehklagen aus.

»Meister Yang, was ist denn los?« rief Du Shaoqing erschrocken.

Der Schneider berichtete:

»Heute früh bekam ich für die Arbeit, die ich in letzter Zeit für den jungen Herrn geleistet hatte, meinen Lohn ausgezahlt und ging heim. Wie hätte ich ahnen sollen, daß meine Mutter, von einer jähen Krankheit befallen, am Herzschlag sterben würde? Als ich heimgekehrt war, bezahlte ich von dem Lohn gleich meine Holz- und Reisschulden. Konnte ich denn ein solches Unglück voraussehen? Nun habe ich keinen Sarg für meine Mutter und auch keine Trauerkleidung. Ich weiß mir keinen anderen Rat, als den jungen Herrn zu bitten, mir ein paar Unzen Silber zu leihen, die ich nach und nach bei Euch abarbeiten werde.«

»Wieviel Geld brauchst du?«

»Ein kleiner Mann wie ich darf keine großen Ansprüche stellen. Ich brauche höchstens sechs und mindestens vier Unzen Silber. Dies Geld könnt Ihr mir dann gelegentlich vom Lohn abziehen.«

»Du brauchst mir nichts zurückzuzahlen«, sagte Du Shaoqing gerührt. »Bist du auch nur ein einfacher Handwerker, so mußt du doch deiner Mutter ein anständiges Begräbnis bereiten. Sonst bereust du es dein ganzes Leben lang. Was nützen dir aber diese paar Unzen? Du mußt einen Sarg kaufen, der mindestens sechzehn Unzen kostet. Für Kleider und andere Ausgaben mußt du weitere vier Unzen veranschlagen. Leider habe ich zur Zeit kein Geld im Hause. Aber was macht das schon? Für diese Truhe voller Kleider bekommt man auf der Pfandleihe sicherlich mehr als zwanzig Unzen Silber. Wang Huzi, geh ins Leihhaus und verpfände die Truhe und gib Meister Yang den gesamten Erlös.« Nach einer Weile fuhr er fort: »Meister Yang, denke nicht mehr an diese Geschichte, sondern tilge sie aus deinem Gedächtnis. Du nimmst ja das Geld nicht, um es zu vertrinken und zu verspielen, vielmehr willst du es für das Begräbnis deiner Mutter verwenden. Jeder weiß ja, was die Mutter einem bedeutet, und deshalb ist es meine Pflicht, dir zu helfen.«

Unter Weinen und Klagen trug Meister Yang mit dem Hausmeister die Truhe fort. Als sich Du Shaoqing wieder an den Tisch setzte, sagte Herr Wei: »So etwas wie Euch gibt es nicht ein zweites Mal in der Welt!«

»Beim heiligen Buddha«, stammelte Bao Tingxi, »ja, wo findet man noch einen so guten Menschen auf der Welt!«

Danach tranken sie weiter. Herr Zang, der nicht viel Wein vertrug, mußte sich nachmittags übergeben und wurde von Dienern nach Hause geführt. Herr Wei und die anderen zechten bis zur dritten Nachtwache. Erst als sie das Tongefäß bis zum letzten Tropfen geleert hatten, begaben sie sich zur Ruhe.

Was hernach geschah, ist noch nicht bekannt; man lese daher das folgende Kapitel.

Zweiunddreissigstes Kapitel

Du Shaoqing zeigt sich sehr gebefreudig ·
Der alte Herr Lou gibt, als er Abschied nimmt,
letzte Ermahnungen

Da das Gelage so lange gewährt hatte, schlief Herr Wei bis tief in den Vormittag hinein. Als er aufgestanden war und von Du Shaoqing Abschied nehmen wollte, meinte er:

»Ich möchte Euren Onkel und Euren Vetter besuchen. Das Gelage, das mein verehrter Bruder gestern veranstaltet hat, war so schön, daß es mir heute noch ganz froh zumute ist. Anderswo findet man sicher keine so köstliche Unterhaltung. Aber nun muß ich fort. Verehrter Bruder, grüßt Freund Zang von mir; ich kann ihn leider nicht mehr besuchen.«

Du Shaoqing bat ihn, noch einen Tag zu bleiben. Am nächsten Tag mietete er Sänftenträger und brachte persönlich einen Jadebecher und zwei Gewänder des Präfekten von Ganzhou in Herrn Weis Zimmer.

»Mein verehrter Onkel, einziger Schwurbruder meines verstorbenen Vaters«, sagte Du Shaoqing, »wird von nun an, da ich ihn herzlich darum bitte, öfters zu mir kommen. Auch ich werde mich, so oft ich nur kann, in Wuyizhen nach dem Befinden meines verehrten Onkels erkundigen. Diesen Jadebecher schenke ich meinem Onkel, damit er seinen Wein daraus trinken möge, und hier sind zwei Gewänder meines verstorbenen Vaters, die mein Onkel bitte tragen soll, damit es mir vorkommt, als sähe ich meinen verstorbenen Vater vor mir.«

Hocherfreut nahm Herr Wei die Geschenke in Empfang. Bao Tingxi gesellte sich zu den beiden. Du Shaoqing ließ eine Kanne Wein bringen und ein Abschiedsmahl auftragen. Nachdem man gegessen und getrunken hatte, geleiteten Du Shaoqing und Bao Tingxi Herrn Wei vor das Stadttor und verneigten sich tief vor seiner Sänfte. Darauf ließ sich Herr Wei von dannen tragen. Nachdem die beiden zurückgekehrt waren, begab sich Du Shaoqing in Herrn Lous Zimmer, um nach dem Kranken zu schauen. Herr Lou sagte, es gehe ihm schon weit besser; so könne er seinen Enkel nach Hause schicken und wolle nur noch seinen Sohn zur Pflege hierbehalten. Du Shaoqing war damit einverstanden. Indessen fiel ihm ein, daß er kein Geld mehr hatte. Deshalb rief er seinen Hausmeister zu sich und trug ihm folgendes auf:

»Die paar Reisfelder, die ich geerbt habe, kannst du nun an den Interessenten verkaufen.«

»Dieser Bauer will aber nicht viel dafür bezahlen«, entgegnete der Hausmeister. »Statt der vom jungen Herrn geforderten eintausendfünfhundert Unzen Silber will er bloß eintausenddreihundert Unzen herausrücken. Deshalb habe ich noch nicht gewagt, das Geschäft abzuschließen.«

»Eintausenddreihundert Unzen genügen mir auch«, entschied Du Shaoqing.

»Ich wollte den jungen Herrn nur vorher davon in Kenntnis setzen«, erklärte Wang Huzi. »Wenn ich zu billig verkaufe, würde mich der junge Herr vielleicht schelten.«

»Ich und schelten?« rief Du Shaoqing. »Bring das Geschäft so schnell wie möglich zum Abschluß. Ich brauche Geld.«

»Ich möchte den jungen Herrn noch um etwas ersuchen«, fuhr Wang Huzi fort. »Wenn das Geld aufgetrieben ist, sollte der junge Herr zwei gute Taten vollbringen. Es wäre doch ein Jammer, so schönes Land zu veräußern, wenn dann das Geld für nichts und wieder nichts hinausgeworfen wird.«

»Hast du schon einmal erlebt, daß ich jemandem ohne guten Grund Geld gegeben hätte?« fragte Du Shaoqing. »Du willst dir wohl selber etwas ergaunern? Wozu sonst diese heuchlerischen Reden? Mach, daß du fortkommst, und entledige dich deines Auftrags.«

»Ich wollte dem jungen Herrn nur einen Hinweis geben«, sagte der Hausmeister. Beim Hinausgehen flüsterte er Bao Tingxi zu:

»Es steht gut; Eure Aussichten sind günstig. Ich fahre jetzt aufs Land, um die Reisfelder zu verkaufen. Wenn ich zurückkomme, werde ich für Euch einen Plan aushecken.«

Einige Tage später kam Wang Huzi mit eintausend und einigen hundert Unzen Silber, die er in einen Sack verpackt hatte, wieder nach Hause und berichtete seinem Herrn folgendes:

»Das Silber ist minderwertig und außerdem schlecht gewogen. Ferner mußten noch dreiundzwanzig Unzen an den Vermittler und dreißig Unzen Schreibgebühr gezahlt werden, und alles ging auf unsere Kosten. Ich werde eine Waage holen und den jungen Herrn bitten, das Silber an Ort und Stelle abzuwiegen.«

»Mir fehlt die Geduld für deine schäbige Rechnerei!« rief Du Shaoqing. »Das Geld ist ja bereits hier, was hat es da für Sinn, es noch zu wiegen? Schaff es hinein, und der Fall ist erledigt.«

»Ich wollte dem jungen Herrn nur die Sache darlegen«, entschuldigte sich der Hausmeister.

Nachdem Du Shaoqing das Silber an sich genommen hatte, bat er Herrn Lous Enkel ins Bibliothekszimmer.

»Ihr wollt morgen nach Hause fahren?«

Der junge Mann bejahte:

»Mein Großvater schickt mich heim.«

»Ich habe für Euch hier hundert Unzen Silber«, sagte Du Shaoqing. »Doch laßt Eurem Großvater gegenüber nichts davon verlauten. Eure Mutter ist Witwe. Nehmt das Geld und fangt zu Hause damit einen kleinen Handel an, von dem ihr beide leben könnt. Wenn es Eurem Großvater wieder besser geht und Euer Onkel auch wieder heimkehren kann, wird er gleichfalls hundert Unzen Silber mit auf den Weg bekommen.«

Herrn Lous Enkel freute sich sehr, barg das Geld unter seinem Gewand und dankte dem jungen Herrn vielmals. Am nächsten Tag verabschiedete er sich. Herr Lou ließ ihm nur drei Unzen Silber als Reisegeld abwiegen. Als ihn Du Shaoqing zur Stadt hinausgeleitet hatte und wieder zurückgekehrt war, sah er in der Halle einen Bauern stehen, der sogleich, wie er ihn erblickte, den Kotau machte.

»Bist du nicht Huang Da, der Wächter des Ahnentempels unserer Familie?« fragte ihn Du Shaoqing. »Was führt dich hierher?«

»Das Haus neben dem Tempel, das ich bewohne, hatte einst der alte gnädige Herr für mich gekauft«, erzählte der Bauer. »Nun ist dieses Haus, das schon so alt ist, eingestürzt. Da schleppte ich ein paar abgestorbene Baumstämme vom Grabhügel heim, um sie als Balken und Pfeiler zu benutzen. Als aber einige Herren aus Eurer Familie das erfuhren, beschuldigten sie mich, ich hätte die Bäume gestohlen, und schlugen mich halbtot. Dann befahlen sie ihren Dienern, die Stämme wieder fortzuschaffen, wobei auch noch der unversehrt gebliebene Teil des Hauses zum Einsturz kam. Da ich nun keine Bleibe mehr habe, möchte ich den jungen Herrn ersuchen, sich bei den Herren aus seiner Verwandtschaft dafür einzusetzen, daß sie etwas Geld flüssig machen, um das Haus wieder herrichten zu lassen, damit ich darin wohnen kann.«

»Meine Verwandtschaft, sagst du? Wo findet sich da auch nur einer, mit dem man sprechen könnte? Da dir der alte gnädige Herr das Haus gekauft hat, bin ich natürlich verpflichtet, es ausbessern zu lassen. Wieviel brauchst du, um es wieder aufzubauen?«

»Um es ganz wieder aufzubauen, sind hundert Unzen erforderlich. Soll es wieder einigermaßen wohnlich hergerichtet werden, sind etwa fünfzig Unzen Silber nötig.«

»Gut«, sagte Du Shaoqing, »da ich augenblicklich nicht

viel Geld bei mir habe, werde ich dir vorerst fünfzig Unzen mitgeben. Wenn du sie aufgebraucht hast, kommst du wieder hierher und wendest dich an mich.«

Damit übergab er Huang Da fünfzig Unzen Silber. Dieser nahm das Geld und ging seines Weges.

Nach einer Weile trat der Türhüter mit zwei Visitenkarten ein und meldete:

»Der Dritte Herr Zang bittet den jungen Herrn morgen zu einem Bankett. Auf dieser Karte steht, daß auch Meister Bao mit eingeladen ist.«

Du Shaoqing befahl:

»Richte dem Dritten Herrn Zang meinen ergebensten Dank aus und sage ihm, daß ich morgen auf jeden Fall kommen werde.«

Am nächsten Tage begab er sich mit Bao Tingxi zum Hause Zang. Zang Liaozhai, der auserlesene Speisen auftragen ließ, bot seinen Gästen überaus zuvorkommend an der Tafel die Ehrenplätze an. Er forderte sie zum Trinken auf und unterhielt sich mit ihnen über alle möglichen Dinge. Kurz vor Beendigung des Mahls schenkte sich Herr Zang eine Schale Wein ein, schritt, die Schale mit beiden Händen emporhaltend, um die Tafel und reichte den Wein mit einer Verneigung dem jungen Herrn Du; darauf kniete er nieder und sagte: »Bruder, ich habe eine Bitte an Euch!«

Du Shaoqing, der erschrocken aufgesprungen war und den Wein hastig auf den Tisch gestellt hatte, kniete ebenfalls nieder und bemühte sich, Herrn Zang aufzurichten.

»Bruder«, rief er, »seid Ihr ganz von Sinnen?«

Zang Liaozhai entgegnete jedoch:

»Ich werde nicht eher aufstehen, ehe Ihr nicht diese Schale ausgetrunken und versprochen habt, mich anzuhören.«

»Ich weiß doch nicht, worum Ihr mich bitten wollt. Steht doch auf und sprecht!«

Auch Bao Tingxi eilte herbei, um den Knienden mit aufzurichten.

»Versprecht Ihr mir, mich anzuhören?« fragte Zang Liaozhai.

Du Shaoqing rief:

»Was gäbe es wohl in der Welt, was ich Euch nicht versprechen würde?«

»Dann trinkt diese Schale Wein aus«, bat Zang Liaozhai.

»Ich werde die Schale leeren«, sagte Du Shaoqing bereitwillig.

Zang Liaozhai kniete so lange auf dem Boden, bis sein Freund ausgetrunken hatte. Dann erst erhob er sich und nahm wieder Platz.

»Sprecht, was wollt Ihr denn von mir«, forderte ihn Du Shaoqing auf, und Zang Liaozhai hub an:

»Zur Zeit prüft der kaiserliche Kommissar den Bezirk Luzhou. Als nächster Bezirk kommen wir an die Reihe. Nun hatte ich unlängst für jemanden einen Bakkalaureustitel kaufen sollen. Ein Untergebener des Prüfungskommissars kannte nämlich jemanden, der diese Sache in die Hand nehmen wollte. Ich hatte dem Mann bereits dreihundert Unzen Silber gezahlt, als er plötzlich wieder bei mir erschien und mir mitteilte, die Obrigkeit sei äußerst streng, und so wage er es diesmal nicht, einen Bakkalaureustitel zu verkaufen, aber dafür wollte er mir ein staatliches Stipendium verschaffen. Nun wird jener, der den Titel kaufen wollte, seine dreihundert Unzen Silber zurückverlangen. Kann ich es ihm nicht wiedergeben, so bin ich verloren. Da es für mich um Kopf und Kragen geht, möchte ich Euch inständig bitten, mir von dem Geld, das Ihr kürzlich durch Landverkauf erworben habt, dreihundert Unzen zu leihen, damit die leidige Angelegenheit aus der Welt geschafft wird. Ich werde Euch später das Geld in Raten zurückzahlen.«

»Pah!« rief Du Shaoqing. »Ich hatte wer weiß was erwartet, und nun handelt es sich um eine solche Lappalie. Mußtet Ihr deshalb ein derartiges Theater aufführen, den Kotau vor mir machen und so flehentliche Bitten an mich richten? Morgen schicke ich Euch das Geld.«

Bao Tingxi klatschte in die Hände und rief fröhlich:

»Herrlich! Ganz herrlich! Laßt uns hierauf noch einige große Schalen leeren.«

Und das taten sie dann auch. Nicht lange währte es, und Du Shaoqing war betrunken.

»Bruder Zang«, lallte er, »ich möchte Euch etwas fragen. Warum seid Ihr denn gar so sehr auf ein staatliches Stipendium bedacht?«

»Wißt Ihr denn nicht, daß Kandidaten mit staatlicher Unterstützung größtenteils die Prüfung bestehen und daß ihnen dann sofort ein Beamtenposten zugewiesen wird? Fallen sie durch, nun, dann lassen sie sich eben ein Dutzend Jahre immer wieder als Kandidaten aufstellen, und bestehen sie schließlich das Palastexamen, erhalten sie gewiß einen Posten als Kreisamtmann und halten dann im Gerichtssaal in Stiefeln mit Schneckenmuster und dicker Sohle Sitzung, fällen Urteile und können nach Belieben über Menschen Prügelstrafen verhängen. Kommt da ein so hoher Herr wie Ihr des Wegs daher und will aus jemandem Geld herausschinden, so werde ich ihn einsperren und einen Monat lang mit Bohnenquark füttern, bis er das Zeitliche segnet!«

»So ein Halunke!« lachte Du Shaoqing. »Das ist der Gipfel der Unverschämtheit.«

Bao Tingxi grölte laut:

»Das sind ja nette Späßchen! Zur Strafe müssen die beiden Herren noch eine Schale leeren.«

Erst spät in der Nacht beendeten sie das Gelage. Am nächsten Morgen schickte Du Shaoqing seinen Hausmeister mit einem Kästchen voll Silber zu Herrn Zang. Wang Huzi, der sich als Botenlohn sechs Unzen erbettelt hatte, begab sich auf dem Rückweg in eine Imbißstube, um sich ein Gericht von Nudeln und Fisch zu Gemüte zu führen. Dort traf er den Arzt Zhang Junmin, der ihm zurief, er möge zu ihm kommen und sich an seinen Tisch setzen. Wang Huzi kam dieser Aufforderung nach, und als das Nudelgericht aufgetragen wurde, stürzte er sich sofort darauf.

»Ich habe einen Auftrag für Euch«, begann Zhang Junmin die Unterhaltung.

»Worum handelt es sich denn?« fragte der Hausmeister. »Wollt Ihr etwa noch eine besondere Belohnung für Eure so erfolgreiche Behandlung von Herrn Lou?«

»Ach, darum handelt es sich nicht«, versetzte der Arzt. »Vater Lou wird sowieso nicht mehr gesund.«

»Wieviel Zeit gebt Ihr ihm noch?«

»Höchstens hundert Tage, aber davon dürft Ihr nichts verlauten lassen. Ich habe einen ganz anderen Auftrag für Euch.«

»Nun, dann rückt damit heraus«, ermunterte ihn der Hausmeister.

»Der kaiserliche Kommissar wird bald zu uns kommen, und mein Sohn möchte sich zur Prüfung melden«, ließ sich Zhang Junmin vernehmen. »Und nun fürchte ich, die Herren von der Prüfungskommission könnten sagen, ich hätte ihn unter falschen Angaben in die Prüfungsliste eintragen lassen. Deshalb möchte ich Euren jungen Herrn bitten, bei der Prüfungskommission ein gutes Wort für mich einzulegen.«

»Völlig zwecklos!« rief Wang Huzi mit einer abwehrenden Handbewegung. »Mein junger Herr hat noch nie mit jemandem von der Prüfungskommission ein Wörtchen gewechselt. Außerdem mag er es gar nicht leiden, wenn sich einer zur Prüfung meldet. Er wird Euch bestimmt abraten, wenn Ihr mit ihm darüber sprecht.«

»Was soll ich dann tun?« wollte Zhang Junmin wissen.

»Ich habe eine Idee«, meinte schließlich der Hausmeister. »Habt Geduld, bis ich Euch vom jungen Herrn einen Bescheid überbringe. Ich werde ihm sagen, Eure Familie würde unrechtmäßigerweise nicht zu den Prüfungen zugelassen. Übrigens wurde die Prüfungshalle des Bezirks Fengyang mit Spenden meines verstorbenen Herrn erbaut. Sollte sich da jemand widersetzen, wenn der junge Herr von sich aus einen Kandidaten zur Prüfung schickt? Sobald ich ihm die Sache recht schmackhaft mache, wird er sich für Euch mit allen Kräften einsetzen. An Unterstützungen seinerseits wird es dann nicht fehlen.«

»Meister, ich lege also alles in Eure Hände«, sagte Zhang Junmin. »Klappt die Sache, werde ich mich Euch schon erkenntlich zeigen.«

»Eines Danks bedarf es nicht«, erwiderte der Hausmeister. »Ihr Sohn ist mir wert wie ein leiblicher Neffe. Wenn er später einmal als Bakkalaureus ein blaues Gewand und eine funkelnagelneue Akademikerkappe trägt, wünsche ich mir nichts anderes, als daß er sich vor seinem alten Onkel einige Male bis zur Erde verneigt.«

Nachdem sie gegessen hatten, beglich Zhang Junmin die Zeche, und sie verließen die Imbißstube. Zu Hause wieder angelangt, fragte der Hausmeister einen Diener:

»Wo ist der Herr?«

»Der junge Herr ist im Bibliothekszimmer«, bekam er zur Antwort.

Unverzüglich begab er sich dorthin und meldete Du Shaoqing:

»Ich habe das Geld Herrn Zang übergeben, der dem Jungen Herrn von ganzem Herzen dafür danken läßt. Er sagte, der junge Herr habe ihn vor einem Gerichtsprozeß gerettet und ihn vor Entehrung bewahrt. Niemand sonst hätte so gehandelt wie der junge Herr.«

»Ist denn das so wichtig, daß du hier zu mir kommst und so viele Worte darüber verlierst?« fuhr ihn Du Shaoqing an.

»Ich habe dem jungen Herrn noch etwas anderes zu berichten«, hub der Hausmeister von neuem an. »Da der junge Herr dem Herrn Zang das Stipendium gesichert und dem Ahnentempelwächter Eurer hohen Vorfahren Geld für seinen Hausbau gegeben hat, wird er auch sicher nicht das Ersuchen abschlagen, die Prüfungshalle, in der in wenigen Tagen Prüfungen stattfinden sollen, herrichten zu lassen. Unser gnädiger Herr hat ein paar tausend Unzen Silber zum Bau der Prüfungshalle gestiftet. Wird sich demzufolge irgend jemand zu widersetzen wagen, wenn der junge Herr einen Kandidaten zur Prüfung schickt?«

»So ein Kandidat kann doch von ganz alleine zur Prüfung gehen? Warum soll ich ihn denn extra hinschicken?«

Wang Huzi ließ sich nicht beirren:

»Angenommen, ich hätte einen Sohn, den der Junge Herr zur Prüfung schickt, könnte dagegen jemand etwas einzuwenden haben?«

»Natürlich nicht!« rief Du Shaoqing.

»Warum läßt dann nicht der junge Herr den Sohn von Zhang Junmin zur Prüfung gehen? Er hat doch eifrig studiert.«

»Will er sich denn prüfen lassen?«

»Ja. Aber er müßte dann falsche Angaben machen, und deshalb wagt er es nicht.«

»Du wirst mit ihm reden«, befahl Du Shaoqing, »und ihn zur Prüfung schicken. Sollte sich ein Stipendiat darüber aufregen, so machst du diesem Mann klar, daß ich diesen Kandidaten zur Prüfung geschickt habe.«

»Gut«, sagte Wang Huzi und ging von hinnen, um den Befehl auszuführen.

Da sich Herrn Lous Zustand während der nächsten Tage wieder verschlechterte, ließ Du Shaoqing einen anderen Arzt kommen. Sein Herz war von tiefer Trauer erfüllt.

Eines Tages erschien plötzlich Herr Zang, der, noch ehe er Platz genommen hatte, hervorsprudelte:

»Habt Ihr schon die Neuigkeit vernommen, daß den Unterpräfekten Wang sein Schicksal ereilt hat? Gestern abend wurde ihm das Amtssiegel entzogen. Sein Nachfolger wollte ihn sogleich aus dem Yamen hinauswerfen, und niemand in der Stadt ist bereit, ihm ein Zimmer zu vermieten. Alle sagen, er sei ein betrügerischer Beamter. Und so ist er in arge Bedrängnis geraten.«

»Was will er denn nun tun?« erkundigte sich Du Shaoqing.

»Die Nacht darf er noch im Yamen bleiben. Wenn er morgen nichts findet, wird er mit Schimpf und Schande hinausgejagt werden. Schließlich wird das Altersheim seine einzige Zuflucht sein.«

»Beruht das alles auf Wahrheit?« fragte Du Shaoqing. Darauf befahl er einem Diener, seinen Hausmeister zu rufen, dem er folgenden Auftrag erteilte:

»Du gehst jetzt sofort zu den Yamendienern und bittest, man möge dem gnädigen Herrn Wang mitteilen, daß ich ihn ersuche, falls er keine andere Bleibe hat, bei mir im Gartenhaus zu wohnen. Geh, es hat Eile!«

Unverzüglich machte sich Wang Huzi auf den Weg.

»Früher wolltet Ihr ihn nie besuchen«, sagte Zang Liaozhai verwundert. »Warum stellt Ihr ihm ausgerechnet jetzt ein Zimmer zur Verfügung? Zudem ist er in eine sehr schlimme Sache verwickelt, und wenn es zu Unruhen in der Bevölkerung kommt, wird unter Umständen Euer ganzer schöner Garten zertrampelt werden.«

»Jedermann weiß hier, daß sich mein verstorbener Vater bei den einfachen Leuten in dieser Gegend große Verdienste erworben hat. Selbst wenn ich einem Verbrecher Asyl gewährte, würde gewiß niemand in mein Haus eindringen. Deswegen braucht Ihr Euch, Bruder, keine Sorgen zu machen. Was diesen Herrn Wang betrifft, so gereicht es nun zu seinem Glück, daß er mir immer Achtung erwiesen hat. Hätte ich ihm seinerzeit meine Aufwartung gemacht, so wäre dies Liebedienerei vor dem Unterpräfekten meines Bezirkes gewesen. Heute aber, wo man ihn seines Postens enthoben und er kein Zuhause mehr hat, ist es meine Pflicht, ihm zu helfen. Er wird bestimmt meiner Aufforderung nachkommen. Bleibt doch noch ein Weilchen hier, damit er sich mit Euch unterhalten kann.«

In diesem Augenblick trat der Türhüter ein und meldete:

»Herr Zhang ist da.«

Und schon erschien Zhang Junmin und kniete zum Kotau nieder.

»Was möchtet Ihr von mir?« fragte Du Shaoqing.

»Es handelt sich um die Prüfung meines Sohnes, den der junge Herr mit so großer Gnade bedacht hat«, erwiderte Zhang Junmin.

»Darüber wollen wir kein Wort mehr verlieren.«

»Als die Herren Stipendiaten hörten, mein Sohn sei vom jungen Herrn geschickt, hatte niemand etwas dagegen«, berichtete Zhang Junmin. »Sie verlangten aber, daß ich einhundertzwanzig Unzen Silber zur Ausbesserung der Prüfungshalle beisteuere. Wie soll ich das Geld auftreiben? So bin ich hierhergekommen, um den jungen Herrn um Rat zu bitten.«

»Es handelt sich also nur um hundertundzwanzig Unzen Silber!« rief Du Shaoqing. »Und das ist wirklich alles?«

Als Zhang Junmin bejahte, sagte Du Shaoqing:

»Nun, dann ist ja dem leicht abzuhelfen. Ich werde für Euch bezahlen. Schreibt nur einen Brief, daß Ihr Geld zur Renovierung der Prüfungshalle spenden wollt und um Eintragung in die Spendenliste bittet. Bruder Zang, Ihr seid so freundlich und übergebt den Antrag der Prüfungskommission. Das Geld kann bei mir abgeholt werden.«

»Heute habe ich anderes zu tun«, erklärte Herr Zang, »aber morgen werde ich mit Euch gehen.«

Zhang Junmin bedankte sich vielmals und ging davon. Kaum daß er fort war, kam schon der Hausmeister hereingestürzt und meldete:

»Der gnädige Herr Wang möchte Euch seine Aufwartung machen. Er steigt bereits aus der Sänfte.«

Du Shaoqing und Zang Liaozhai eilten dem Ankömmling zur Begrüßung entgegen. Unterpräfekt Wang, im Alltagsgewand und mit einem hohen Hut auf dem Kopf, trat ein, verneigte sich mehrmals und sagte:

»Schon lange habe ich gewünscht, die Bekanntschaft des gnädigen Herrn zu machen, doch hatte ich bisher nie Gelegenheit dazu. Ich fühle mich tief beschämt, daß mir nun in meiner Not der gnädige Herr so großmütig beisteht und mir sogar sein Studierzimmer zum Aufenthalt anbietet. So bin ich zunächst einmal gekommen, Euch meinen heißen Dank auszusprechen. Es trifft sich sehr günstig, daß auch mein Studienfreund Herr Zang zugegen ist.«

»Euer Hochwohlgeboren, über solche Kleinigkeiten lohnt es sich gar nicht zu reden. Da mein bescheidenes Zimmer schon seit längerem leer steht, möchte ich Euch bitten, zu mir zu ziehen, sobald es Euch genehm ist.«

»Eben wollte ich mit meinem Freund den verehrten Lehrer abholen, nun aber ist uns der verehrte Lehrer zuvorgekommen.«

»Zuviel der Ehre!« rief Unterpräfekt Wang, verneigte sich, bestieg die Sänfte und ließ sich davontragen.

Du Shaoqing bat seinen Freund Zang, noch ein Weilchen dazubleiben. Er holte einhundertzwanzig Silberunzen herbei, überreichte sie Zang Liaozhai und ersuchte ihn, mit diesem Geld Zhang Junmins Angelegenheit am nächsten Tag zu regeln. Zang Liaozhai nahm das Silber und ging fort. Tags darauf zog Unterpräfekt Wang ein. Wieder einen Tag später gab Zhang Junmin ein Bankett im Hause Du, zu dem auch Herr Zang nebst Meister Bao eingeladen wurden. Wang Huzi flüsterte Bao Tingxi heimlich zu:

»Ihr müßt Eure Bitte unbedingt jetzt vorbringen. Nach meinen Berechnungen könnte es sonst bald zu spät sein. Wenn wieder jemand mit einem Bittgesuch kommt, habt Ihr das Nachsehen. Noch heute abend müßt Ihr Euch ein Herz fassen.«

Nachdem sämtliche Gäste eingetroffen waren, wurde im Bibliothekszimmer die Tafel gerichtet, und die vier Herren nahmen Platz. Zhang Junmin stand auf, reichte Du Shaoqing eine Schale Wein und bedankte sich, schenkte noch eine Schale ein und verneigte sich dankend vor Herrn Zang. Dann ging er wieder um die Tafel herum zu seinem Platz. Als man während des Mahles sich über die vielen Ereignisse der letzten Zeit unterhielt, wandte sich plötzlich Bao Tingxi an Herrn Du:

»Ich weile nun schon seit über einem halben Jahr hier und habe erlebt, wie der junge Herr das Geld, als sei es Wasser, nach allen Seiten ausschüttete, ja sogar einen Schneider reichlich damit bedachte. Aber ich, der nun fast acht Monate hier zu Gast bin, habe zwar Wein und Fleisch umsonst bekommen, doch noch mit keinem einzigen Käsch Bekanntschaft gemacht. Dies ist eine recht peinliche Lage, die ich nicht länger mehr ertragen kann. So ist es besser, ich trockne meine Tränen und weine mich anderswo aus. Ich möchte morgen von hier Abschied nehmen.«

»Meister Bao«, rief Du Shaoqing ganz erschrocken, »woher sollte ich denn wissen, was Euch bedrückt, habt Ihr Euch doch mir gegenüber niemals ausgesprochen? Aber nun sprecht Euch endlich aus.«

Bao Tingxi schenkte hastig eine Schale Wein ein, reichte sie Herrn Du und sagte:

»Mein Vater und ich haben beide als Leiter von Schauspielertruppen unsern Lebensunterhalt verdient. Unglückseligerweise starb mein Vater. Da unser ganzes Vermögen aufgezehrt ist, kann ich meinem toten Vater nicht die gebührende Ehre erweisen. Auch ist es mir nicht möglich, meine in Nanjing lebende Mutter zu ernähren. Ich hätte schon längst den Tod verdient. Wenn mir der junge Herr doch so viel Geld zur Verfügung stellte, damit ich für meine Mutter sorgen kann!«

»Es verdient alle Achtung, daß auch ein Komödiant seines Vaters gedenkt und seine Mutter in Ehren hält. Selbstverständlich werde ich Euch helfen.«

Voller Freude erhob sich Bao Tingxi und rief:

»Die Güte des jungen Herrn steht einzigartig da!«

»Nehmt doch bitte wieder Platz«, bat Du Shaoqing. »Wieviel benötigt Ihr?«

Als Bao Tingxi am Ende des Tisches Wang Huzi entdeckte, warf er diesem einen Blick zu. Der Hausmeister trat näher und sagte:

»Meister Bao, wenn Ihr viel Geld braucht, so doch höchstens sechshundert Unzen. Von diesem Geld könntet Ihr eine Truppe zusammenstellen und Bühnenkostüme kaufen. Da der junge Herr aber nicht soviel geben kann, müßt Ihr Euch schon mit ein paar Dutzend Unzen zufriedengeben, mit denen Ihr wieder nach Nanjing reisen und dann einige Affen zum Tanzen abrichten könnt.«

»Ach, mit ein paar Dutzend Unzen ist Euch nicht geholfen«, meinte Du Shaoqing. »Ich gebe Euch vorerst hundert Unzen, die werden reichen, um eine Truppe auszubilden. Wenn das Geld aufgebraucht ist, so kommt Ihr eben wieder zu mir.«

Als Bao Tingxi sich zum Zeichen seiner Dankbarkeit niederkniete, richtete ihn Du Shaoqing wieder empor:

»Ich würde Euch gern noch etwas mehr geben, aber wegen der schweren Krankheit des gnädigen Herrn Lou bin ich nicht dazu imstande. Ihr werdet Euch bald auf den Heimweg machen können.«

Herr Zhang und Herr Zang priesen an diesem Abend noch lange die Großmut Du Shaoqings.

Nachdem man das Gelage beendet hatte, begaben sich alle zur Ruhe.

Von nun an verschlechterte sich Herrn Lous Gesundheitszustand mehr und mehr. Eines Tages, als Du Shaoqing wieder einmal am Krankenbett saß, sagte Herr Lou:

»Ich habe bisher bei all meinen Leiden immer gehofft, daß ich wieder gesund würde. Jetzt aber, da meine Krankheit nicht mehr geheilt werden kann, wäre es das beste, Ihr schicktet mich nach Hause.«

»Ich habe meinem verehrten Onkel noch längst nicht all die Güte entgolten, die er mir erwiesen hat«, versetzte Du Shaoqing. »Wie kann mein Onkel da von Heimkehr sprechen?«

»Ihr seid noch zu jung, um dies zu verstehen«, versetzte Herr Lou. »Seht, ich habe doch Söhne und Enkel. Da ich mein ganzes Leben in der Fremde verbracht habe, möchte ich gern im Schoße meiner Familie sterben. Das heißt aber keineswegs, daß ich nicht auch gern hierbleiben würde.«

Du Shaoqings Augen füllten sich mit Tränen.

»Wenn es sich so verhält, will ich natürlich meinen Onkel nicht zurückhalten. Der Sarg, den ich für meinen Onkel machen ließ, kann nun keine Verwendung finden, da er zu schwer ist, um mitgenommen zu werden. Statt dessen werde ich meinem Onkel einige Dutzend Unzen Silber zur Anfertigung eines neuen Sarges mitgeben. Auch Decken und Gewänder liegen zum Mitnehmen bereit.«

»Das Geld für den Sarg wie auch die Kleider nehme ich an«, sagte Herr Lou. »Aber gebt keineswegs noch etwas für meine Söhne und Enkel mit. In spätestens drei Tagen will ich die Heimreise antreten. Da ich nicht gehen kann, muß man mich auf einer Bahre tragen. Betet morgen vor der Ahnentafel Eures verstorbenen gnädigen Herrn Vaters und sagt ihm, daß Herr Lou Abschied nehmen will. Ich lebte dreißig Jahre lang in Eurem Hause und war ein vertrauter Freund Eures verstorbenen Vaters. Wie könnte ich dafür genug Worte finden, daß mich der junge Herr seit dem Tode seines Vaters so aufopfernd gepflegt hat! Ihr seid heute an Wissen und Betragen allen anderen weit überlegen. Euer kleiner Sohn ist ein Kind von besonderer Art. Erzieht ihn zu einem rechtschaffenen Menschen. Doch eines versteht Ihr nicht: hauszuhalten. Auch wählt Ihr Euch nicht die rechten Freunde. Wenn Ihr so weitermacht, werdet Ihr Euern Besitz nicht mehr lange halten können. Zwar freue ich mich, daß Ihr stets so edel und großmütig handelt, doch müßt Ihr auch darauf achten, mit welchen Menschen Ihr es zu tun habt. Wie Ihr es jetzt haltet, werdet Ihr nur betrogen, und keiner lohnt es Euch. Wenn es auch heißt: ›Tue Gutes, ohne auf Dankbarkeit zu hoffen‹, solltet Ihr doch zwischen redlichen und unredlichen Menschen einen Unterschied machen. Dieser Herr Zang wie auch dieser Herr Zhang, denen Ihr so viel Vertrauen entgegenbringt, sind gewissenlose Menschen. Zu ihnen gesellte sich in letzter Zeit noch Bao Tingxi. Hat es je einen ehrlichen Schauspieler gegeben? Aber auch ihm wollt Ihr helfen. Und der Schlimmste von allen ist Euer Hausmeister Wang Huzi.

Aber letzten Endes ist ja das Geld Nebensache. Wenn ich einst tot bin, denkt mit Eurem Sohn immer daran, dem tugendhaften Lebenswandel Eures gnädigen Herrn Vaters nachzueifern. Es spielt keine Rolle, ob man etwas zu essen hat, wenn man sich nur befleißigt, in allem das Gute und Rechte zu tun. Euer bester Freund ist Euer Vetter Du Shenqing. Wiewohl er ein reichbegabter Mann ist, kann man ihn keineswegs großmütig und freigebig nennen. Eifert nur Eurem gnädigen Herrn Vater nach, und Ihr werdet auch in Zukunft niemals Not leiden. Diese Gegend ist nicht der rechte Wohnort für Euch, da Ihr hier weder gute Beziehungen zu Beamten besitzt noch irgendwelche Verwandten in der Nähe habt. Nanjing jedoch ist eine große Stadt. Wenn Ihr dorthin zieht, lernt Ihr vielleicht einen wahren Freund kennen, durch den Ihr auch zu einer Beschäftigung kommt. Von dem Rest Eures Vermögens könnt Ihr schwerlich noch lange leben. Ach, nehmt Euch meine Worte zu Herzen, dann kann ich ruhig die Augen schließen.«

Du Shaoqing vergoß bittere Tränen.

»Ich werde die guten Ratschläge meines Onkels nie vergessen.«

Er eilte hinaus und befahl, mehrere Träger zu mieten, die Herrn Lou über Nanjing nach Taohongzhen transportieren sollten. Dann holte er hundertundzehn Unzen Silber hervor und gab sie Herrn Lous Sohn, damit er davon alle Begräbniskosten bestreiten könne. Zwei Tage später trat Herr Lou die Reise in seine Heimat an.

Ob sich Du Shaoqing die letzten Worte des Herrn Lou wirklich zu Herzen genommen hat, wird erst das folgende Kapitel zeigen.

Dreiunddreissigstes Kapitel

Du Shaoqing und seine Frau machen einen Ausflug auf den Qingliang-Berg· Chi Hengshan führt mit Du Shaoqing ein Gespräch über Riten und den Bau eines Wu-Taibo-Tempels

Nachdem Herr Lou für immer von ihm Abschied genommen hatte, besaß Du Shaoqing keinen Menschen mehr, der ihm mit Rat und Tat zur Seite stand, und er ging mit seinem Geld noch verschwenderischer um als ehedem. Als er kein Silber mehr hatte, ließ er durch Wang Huzi ein Stück Ackerland verkaufen, wofür er mehr als zweitausend Unzen Silber erhielt. Aber auch dieses Geld zerrann ihm zwischen den Fingern. Mit einhundert Unzen Silber wurde Bao Tingxi nach Hause geschickt. Unterpräfekt Wang, dessen Fall inzwischen niedergeschlagen worden war, räumte das Studierzimmer und kehrte in den Yamen zurück.

Nachdem Du Shaoqing noch ein halbes Jahr so dahingelebt und das letzte Silber verbraucht hatte, faßte er den Entschluß, die von ihm bewohnten Häuser an Verwandte abzugeben und nach Nanjing überzusiedeln. Er beriet sich mit seiner Frau, und sie war damit einverstanden. Den Ratschlägen anderer verschloß er sein Ohr. Es verging noch ein halbes Jahr, bis alle Dinge geregelt waren. Nach Rückzahlung aller Schulden und nach Einlösung aller verpfändeten Sachen blieben ihm noch etwa tausend Unzen Silber.

Eines Tages sagte er zu seiner Frau:

»Ich werde erst einmal nach Nanjing reisen und meinen Neffen Lu besuchen, und wenn ich dort eine Wohnung gefunden habe, komme ich wieder hierher und hole dich.«

Als er sein Bündel geschnürt hatte, trat er in Begleitung Wang Huzis und eines Dieners die Reise über den Chang Jiang an. Da Wang Huzi auf dem Weg merkte, daß er künftig kaum noch etwas aus seinem Herrn würde herausholen können, ergaunerte er sich noch von Du Shaoqing zwanzig Unzen Silber und suchte dann das Weite. Du Shaoqing nahm es mit einem Lächeln hin und überquerte mit seinem Diener den Chang Jiang. Als er vor dem Hause der Familie seines Großvaters mütterlicherseits, der Familie Lu, in der Cang-Gasse eintraf, kam sein Neffe Lu Huashi zur Begrüßung heraus, geleitete den Onkel in die Halle und verneigte sich vor ihm. Anschließend begab sich Du Shaoqing in das obere Stockwerk, verrichtete vor der Ahnentafel der Großeltern seine Andacht und stellte sich der Mutter seines Neffen vor. Dann befahl er seinem Diener, geräucherten Schinken, Teeblätter und noch manch andere Geschenke hereinzuschaffen. Lu Huashi ließ im Bibliothekszimmer ein Mahl auftragen, zu dem er auch seinen Lehrer einlud. Dieser Herr kam herein und verneigte sich. Du Shaoqing bot ihm den Ehrenplatz an und fragte ihn dann höflich nach seinem Namen.

»Ich heiße Chi Hengshan«, stellte sich der Lehrer vor. »Dürfte ich nun auch den Namen des werten Herrn erfahren?«

»Dies ist mein Onkel Du aus Tianchang«, sagte Lu Huashi.

»Vielleicht gar Herr Du Shaoqing?« rief Herr Chi. »Ein Genie, von dem man überall spricht, ein Gelehrter, dessen Ruhm tausend Herbste überdauern wird! Ich hörte wohl schon öfters von Euch, bin Euch jedoch noch nie begegnet. Wer hätte gedacht, daß ich heute so unverhofft die Bekanntschaft dieses ungewöhnlichen Mannes machen darf?«

Er stand auf und verneigte sich nochmals tief vor dem Gast.

Als Du Shaoqing den Lehrer mit seinem hageren Gesicht, den zusammengewachsenen Brauen, den langen Fingernägeln und den feurigen Augen näher betrachtete, erkannte er sofort, daß er keinen gewöhnlichen Menschen vor sich hatte, und es kam ihm vor, als wären sie seit Urzeiten miteinander bekannt. Nach dem Essen kam er darauf zu sprechen, daß er eine Wohnung mieten wollte.

Freudig rief Chi Hengshan:

»Wie wäre es, wenn sich der Herr in einem Haus am Fluß ein paar Zimmer mieten würde?«

»Das würde mir gefallen«, entgegnete Du Shaoqing.

»Dann würde ich vorschlagen, wir sehen uns zunächst in der Qinhuai-Gegend nach einem geeigneten Quartier um«, meinte der Lehrer.

Nachdem Chi Hengshan den jungen Lu ermahnt hatte, im Hause brav auf seine Rückkehr zu warten, machte er sich mit Du Shaoqing auf den Weg. Als sie den Vorort Zhuangyuanjing erreichten, sahen sie in einem der dortigen Buchläden viele neue Buchanzeigen ausgehängt. Auf einer von ihnen war zu lesen: ›Ausgewählte Prüfungsarbeiten, zusammengestellt von Ma Chunshang aus Chuzhou und Qu Shenfu aus Jiaxing.‹

»Dieser Qu ist ein Enkel des Präfekten von Nanchang, eines guten Freundes meines Großvaters«, erklärte Du Shaoqing. »Da er sich vielleicht in der Buchhandlung aufhält, könnte ich ihn eigentlich besuchen.«

Und schon betrat er mit Herrn Chi den Laden. Qu Shenfu kam herbei und verneigte sich vor den beiden Herren. Nachdem man die üblichen Höflichkeiten ausgetauscht hatte, erschien auch Ma Chunshang, verneigte sich ebenfalls und erkundigte sich nach den Namen der Herren.

Qu Shenfu stellte sie vor:

»Dies ist Herr Du Shaoqing, ein Enkel des berühmtesten Gelehrten aus Tianchang, und dies ist Herr Chi Hengshan aus Jurong. Beide sind im Lande südlich des Chang Jiang berühmte Gelehrte. Ich werde es mein ganzes Leben lang bedauern, daß ich die beiden Herren so spät erst kennenlerne.«

Als sie Tee getrunken hatten, sagte Chi Hengshan: »Wir können leider nicht mehr länger miteinander plaudern, denn wir müssen für Bruder Shaoqing eine Bleibe suchen. Gestattet, daß wir uns von Euch verabschieden.«

Sie wollten gerade die Buchhandlung verlassen, als sie

einen über den Ladentisch gebeugten Mann erblickten, der Gedichte las. Plötzlich tippte er mit dem Finger auf die aufgeschlagene Seite und sagte:

»Dieses Gedicht stammt von mir!«

Als die vier sich zu dem Mann begaben, entdeckten sie neben dem Unbekannten einen mit einem Gedicht beschriebenen weißen Papierfächer. Qu Shenfu öffnete ihn und las: »Lanjiang.«

»Ach, das ist ja Jing Lanjiang«, lachte Qu Shenfu.

Jing Lanjiang hob den Kopf, und als er der zwei fremden Herren gewahr wurde, verneigte er sich und erkundigte sich nach ihren Namen. Doch Du Shaoqing faßte Chi Hengshan an der Hand und sagte zu ihm: »Erst wollen wir uns ein Haus ansehen, danach können wir ja wieder herkommen und die Bekanntschaft dieses Herrn machen.«

Alsdann überquerten sie die Huaiqing-Brücke. Chi Hengshan kannte sich in dieser Gegend gut aus. Nachdem sie einen Makler aufgetrieben hatten, besichtigten sie mehrere Häuser am Fluß, von denen ihnen jedoch die meisten nicht gefielen. So gelangten sie bis nach Dongshuiguan, einem anderen Vorort. Wegen der diesjährigen Provinzialprüfungen war die Miete für die Flußhäuser ungewöhnlich hoch, und man verlangte eine Monatsmiete von acht Unzen Silber.

»Nun gut«, beschloß Du Shaoqing, »so werde ich eben dieses hier mieten. Später kann ich mir ein solches Häuschen kaufen.«

In Nanjing ist es gang und gäbe, daß man das Einzugsgeld und eine Monatsmiete vorausbezahlt. Nachdem Makler und Hausbesitzer im Hause der Familie Lu den Pachtvertrag unterzeichnet hatten, mußte Du Shaoqing sechzehn Unzen Silber herausrücken. Die Familie gab sodann ein Essen, zu dem Chi Hengshan und Du Shaoqing eingeladen wurden. Erst zu später Stunde suchte Du Shaoqing sein Lager auf; auch Chi Hengshan blieb im Hause über Nacht.

Am nächsten Morgen, als sie sich kaum das Gesicht gewaschen hatten, hörten sie jemand vor der Tür rufen:

»Wo ist Herr Du Shaoqing?«

Noch ehe Du Shaoqing einen Blick hinauswerfen konnte, trat jener, der gerufen hatte, schon ins Zimmer und sagte:

»Sagt mir nicht, wer hier Herr Du Shaoqing ist; ich möchte raten!«

Nachdem er eine Weile dagestanden und die Anwesenden aufmerksam betrachtet hatte, trat er an Du Shaoqing heran, packte ihn am Arm und rief:

»Ihr seid Herr Du Shaoqing!«

»Das stimmt in der Tat«, sagte dieser lächelnd. »Und darf ich auch noch Chi Hengshan und meinen Neffen Lu vorstellen? Wie aber ist Euer werter Name?«

Der Unbekannte versetzte:

»Du Shaoqing, der Geistesheros unseres Landes, hat ein gebieterisches Aussehen, während Herr Chi einen ehrwürdigen Eindruck macht. So konnte ich mich unmöglich irren. Mein Name ist Ji Weixiao.«

»Ach, Ihr seid Herr Ji Weixiao, der die Liste der Besten aus dem Schauspielerwettbewerb ausgehängt hat!« rief Chi Hengshan. »Schon lange habe ich gewünscht, Eure Bekanntschaft zu machen.«

Nachdem Ji Weixiao Platz genommen hatte, wandte er sich an Du Shaoqing:

»Euer Vetter befindet sich bereits auf der Reise nach Norden.«

Du Shaoqing war sichtlich erschrocken.

»Seit wann ist er fort?«

»Erst vor drei oder vier Tagen«, antwortete Ji Weixiao. »Ich habe ihn ein Stück Wegs begleitet; er will sich an den Prüfungen in Beijing beteiligen. Warum hat Bruder Shaoqing, der, wie man sagt, das Geld zum Fenster hinauswirft, es zu Hause vergeudet, statt es hierher zu bringen, wo wir uns alle daran hätten erfreuen können?«

»Nun bin ich ja hierhergekommen und habe mir ein Flußhaus gemietet, um mich hier niederzulassen.«

»Herrlich, herrlich!« rief Ji Weixiao und klatschte in die

Hände. »Ich werde mir in Eurer Nachbarschaft ein Flußhaus mieten und meine Frau zu mir nehmen, damit Eure verehrte Frau ein wenig Gesellschaft hat. Ihr werdet doch sicher so freundlich sein, mir das Flußhaus zu bezahlen.«

»Selbstverständlich«, sagte Du Shaoqing. In diesem Augenblick wurde die Mahlzeit aufgetragen, zu der man Ji Weixiao einlud. Als er während des Essens erzählte, wie er Du Shenqing mit dem daoistischen Gelehrten zum besten gehalten hatte, brachen seine Zuhörer in solch schallendes Gelächter aus, daß sie den Reis wieder ausspucken mußten. Kaum hatten sie das Mahl beendet, da erschienen schon Ma Chunshang, Qu Shenfu und Jing Lanjiang, um einen Besuch zu machen. Diese hatten sich gerade wieder verabschiedet, da stellten sich Xiao Jinxuan, Zhuge Tianshen und Ji Tianyi ein. Nachdem man ein Weilchen miteinander geplaudert hatte, begaben sich die Herren, denen sich auch Ji Weixiao anschloß, wieder fort. Du Shaoqing schrieb darauf einen Brief und schickte einen Boten nach Tianchang, der seine Angehörigen abholen sollte.

Als er am nächsten Tag frühmorgens aufbrechen wollte, um Ji Weixiao und den anderen Herren einen Gegenbesuch abzustatten, meldeten sich Guo Tiebi und der daoistische Gelehrte Lai zur Visite an. Du Shaoqing begrüßte sie und führte sie in die Halle. Beim Anblick des Daoisten mußte er an die gestrige Erzählung denken und konnte sich das Lachen kaum verbeißen. Nach einigen höflichen Verbeugungen zog der Daoist eine Papierrolle, auf der ein Gedicht stand, hervor. Guo Tiebi schenkte zwei Stempel. Du Shaoqing nahm dankend die Geschenke entgegen. Nach dem Tee verabschiedeten sich die Gäste. Jetzt endlich konnte Du Shaoqing zu seinen Gegenbesuchen aufbrechen. Während der acht Tage, die er bei der Familie Lu verbrachte, unterhielt er sich mit Chi Hengshan über Musik und Riten, wobei ihre Anschauungen in großem Maße harmonierten. Als Du Shaoqings Angehörige in vier Dschunken, die vor dem Flußhaus vor Anker gingen, eintrafen, nahm er Abschied von der

Familie Lu und zog mit seinem Gepäck in die neue Wohnung. Am nächsten Tag kam die ganze Freundesschar zum Gratulieren. Man befand sich im ersten Drittel des Dritten Monats, und das Wohnen im Flußhaus wurde immer angenehmer. Auch Flötenspiel erfreute ab und zu. Eines Tages veranstaltete Du Shaoqing ein Gastmahl, zu dem er vier Tafeln aufstellen ließ. Alle Freunde waren zugegen, auch der im benachbarten Flußhaus wohnende Ji Weixiao. Die Teeköche waren schon frühzeitig eingetroffen. Bao Tingxi schickte junge Schauspieler aus seiner neugebildeten Truppe. Sie begrüßten den jungen Herrn und seine Frau mit Kotaus und bekamen Früchte und Zuckerwerk geschenkt. Auf Veranlassung des Hauseigentümers erschien eine Blumenverkäuferin namens Yao. Frau Du bat sie, Platz zu nehmen.

Als sich sämtliche Gäste eingefunden hatten, wurden am späten Vormittag die Fenster des Flußhauses geöffnet. Die Gäste verteilten sich, ließen sich nieder oder lehnten sich über die Brüstung und schauten ins Wasser, schlürften Tee und plauderten oder saßen mit aufgestützten Armen über Bücher gebeugt oder hockten, in Selbstbetrachtung versunken, mit untergeschlagenen Beinen auf dem Boden. Jeder konnte tun, was ihm beliebte. Plötzlich tauchte vor dem Tor eine Sänfte auf. Bao Tingxi ging hinterdrein. Er brachte die gnädige Frau Wang aus seiner Familie mit, die sich nach dem Befinden der Herrschaften erkundigen wollte. Als sie aus der Sänfte stieg und hereintrat, konnte Frau Yao bei ihrem Anblick das Lachen nicht unterdrücken und sagte zu Frau Du:

»Das ist unsere in Nanjing hochberühmte gnädige Frau Wang. Nein, daß sie sich auch hierher bemüht!«

Angesichts Frau Dus wagte Frau Wang nicht wie sonst die guten Sitten zu verletzen. Frau Du bat sie, Platz zu nehmen. Beim Eintritt Du Shaoqings verneigten sich Frau Yao und Frau Wang vor dem jungen Herrn. Bao Tingxi gesellte sich zu den Gästen und unterhielt sie mit Possenreißen und Witzeerzählen. Nachdem die Tafeln gedeckt waren, kam Du

Shaoqing herein und lud alle zu Tisch. Bis in die Nacht hinein wurde getrunken, und recht beschwingt traten die Gratulanten den Heimweg an. Mit einer Laterne in der Hand begleitete Bao Tingxi die Sänfte, in der sich die gnädige Frau Wang nach Hause tragen ließ.

Wiederum vergingen einige Tage, da wünschte die junge Frau Du, die zum erstenmal in Nanjing weilte, einen Ausflug ins Grüne zu unternehmen, um die landschaftlichen Schönheiten der näheren Umgebung kennenzulernen.

»Das läßt sich leicht machen«, sagte Du Shaoqing.

Sofort mietete er ein paar Sänften und verpflichtete Frau Yao als Gesellschafterin. Einige Dienerinnen folgten ebenfalls in Sänften. Der Koch eilte mit Wein und Speisen voraus und mietete einen Garten am Fuß des Qingliang-Berges. Den riesigen Garten betrat man durch ein Tor aus Bambusgeflecht. Dahinter zog sich ein mit Kieselsteinen und mit einem rotem Geländer versehener Weg, der durch grüne Weiden von beiden Seiten vor der Sonne geschützt war. Vor einer dreigeteilten Halle befand sich ein Weinausschank, jedoch hatte man an diesem Tag die sonst dort aufgestellten Tische alle fortgeschafft. Jenseits der Halle klomm ein Pfad den Berg hinan, auf dessen Gipfel man einen achteckigen Pavillon erblickte. Dort wurde die Tafel gedeckt. Frau Du, Frau Yao und die Dienerinnen setzten sich in den Pavillon und betrachteten die Landschaft. Auf der einen Seite, am Abhang des Qingliang-Berges, wuchsen hohe und niedrige Bambussträucher, auf der anderen Seite bot sich der malerische Anblick des Lingyin-Tempels dar, dessen rotes Gemäuer aus einem Dickicht grüner Bäume hervorlugte, was ungewöhnlich schön anzusehen war.

Nachdem sie eine Weile dort gesessen hatten, kam auch Du Shaoqing in einer Sänfte an. Er hatte eine goldene Schale mitgebracht, die er mit Wein füllte. Mitten in der von lauen Frühlingslüften durchwehten Natur hub er, auf das Geländer gestützt, tüchtig zu zechen an. Immer wieder goß er sich ein. Als Du Shaoqing schon ganz berauscht war,

faßte er seine Frau an der Hand und zog sie zum Gartentor hinaus. Laut lachend stieg er ein gutes Stück Wegs den Hang des Qingliang empor und schwenkte dabei seine goldene Schale hin und her. Kichernd folgten ihm die anderen Frauen. In der Nähe befindlichen Leuten, die diese Wanderung mit anschauten, wurde es ganz schwindlig vor Augen, so daß sie schließlich gar nicht mehr hinzublicken wagten. Danach bestiegen Du Shaoqing und seine Frau ihre Sänften und ließen sich forttragen. Ihnen folgten Frau Yao und die Dienerinnen, die ihre Sänften mit Pfirsichblüten geschmückt hatten.

Als Du Shaoqing ins Flußhaus zurückkehrte, begann es bereits dunkel zu werden. Sein Neffe Lu erwartete ihn schon und berichtete:

»Onkel Shaoguang von der Nordtorbrücke hat von meines werten Onkels Ankunft gehört und wünscht dringend, mit Euch zusammenzutreffen. Da er morgen seine Aufwartung zu machen wünscht, möchte ich meinen Onkel bitten, nicht aus dem Hause zu gehen.«

»Herrn Shaoguang verehre ich als meinen Lehrer«, entgegnete Du Shaoqing. »Ich habe ihn damals zu dem Fest nicht eingeladen, weil ich weiß, daß er für Literaten nicht viel übrig hat. Ich hatte vor, ihn in nächster Zeit zu besuchen. Wie könnte ich ihm zumuten, zuerst zu mir zu kommen? Schicke, lieber Neffe, sofort einen Boten zu ihm und lasse ausrichten, ich hätte vor, ihn morgen aufzusuchen.«

Lu Huashi versprach, alles zu erledigen, und Du Shaoqing geleitete ihn hinaus. Man hatte gerade das Tor geschlossen, als man jemanden klopfen hörte. Ein Diener öffnete das Tor und kam bald mit einem Mann herein. Er meldete:

»Herr Lou ist da!«

Als Du Shaoqing aufblickte, erkannte er Lou Huanwens Enkel in Trauerkleidern, der weinend vor ihm den Kotau machte und dabei rief:

»Mein Großvater ist tot. Ich bin nur hierhergekommen, um Euch davon zu benachrichtigen.«

»Wann ist er denn gestorben?« erkundigte sich Du Shaoqing.

»Am Sechsundzwanzigsten des vorletzten Monats.«

Du Shaoqing brach in laute Klagen aus. Darauf befahl er, noch in dieser Nacht die Opfergaben bereitzulegen. Am nächsten Morgen in aller Frühe begab er sich in einer Sänfte nach Taohongzhen. Ji Weixiao, der sich nach dem Verlauf des Ausflugs erkundigen wollte, sprach schon zeitig am Vormittag im Flußhaus vor. Als er hörte, daß Du Shaoqing nach Taohongzhen abgereist sei, kehrte er enttäuscht nach Hause zurück.

In Taohongzhen angelangt, jammerte und weinte Du Shaoqing laut vor Herrn Lous Sarg, spendete Silbergeld und veranlaßte, ein mehrere Tage währendes buddhistisches Totenamt zu halten, damit Herrn Lous Seele im Himmel ihre Wiedergeburt erlebe. Zu den Feierlichkeiten wurden von der Familie Lou zahlreiche Verwandte eingeladen. Fünf Tage lang weilte Du Shaoqing dort und vergoß immer wieder heiße Tränen. Die Einwohner des Marktfleckens seufzten laut vor Bewunderung:

»Wie huldreich und gütig verhält sich doch der gnädige Herr aus Tianchang!«

Und von andern konnte man hören:

»Dieser alte Mann ist bestimmt ein sehr guter Mensch gewesen, sonst würde ihm Herr Du nicht solche Ehrfurcht erweisen.«

Du Shaoqing schenkte dann noch den Söhnen und Enkeln des Verstorbenen einige Dutzend Unzen Silber, damit sie für Herrn Lou einen Begräbnisplatz kaufen konnten. Die ganze Familie Lou, Männer und Frauen, kamen herbei und verneigten sich dankend vor ihrem Wohltäter. Erst nachdem Herr Du noch einmal laut seiner Trauer Ausdruck verliehen hatte, trat er die Heimreise an.

Zu Hause berichtete ihm seine Frau erregt:

»Einen Tag nach deiner Abreise erschien ein Abgesandter des Gouverneurs, begleitet von einem Boten des Schulinspektors von Tianchang, um dir ein amtliches Schreiben auszuhändigen. Ich sagte ihnen, daß du nicht zu Hause wärst. Der Abgesandte des Gouverneurs wohnt hier in einem Gasthaus und erkundigt sich jeden Tag, ob du schon zurück seist. Worum es sich handelt, weiß ich nicht.«

»Sehr merkwürdig!« rief Du Shaoqing aus.

Während er noch darüber nachgrübelte, kam ein Diener und meldete:

»Der Abgesandte des Gouverneurs und der Bote des Schulinspektors möchten den jungen Herrn sprechen.«

Du Shaoqing eilte in den Vorraum, verneigte sich vor dem Abgesandten und bat ihn, Platz zu nehmen.

»Meinen herzlichen Glückwunsch«, sagte der Abgesandte, während der Bote ein bereits erbrochenes Schreiben Herrn Du Shaoqing überreichte, der es entgegennahm und sofort las: ›Gouverneur Li hat mit Ehrfurcht den Befehl Seiner Kaiserlichen Majestät zur Kenntnis genommen, in China nach Gelehrten Umschau zu halten und die begabtesten unter ihnen namhaft zu machen. Hiesiges Gouvernement ermittelte im Kreise Tianchang den Gelehrten Du Shaoqing, einen edlen Charakter, dessen Aufsätze ganz vortrefflich sind. Aus diesem Grunde wurde dem Schulrat des erwähnten Kreises strenge Order erteilt, den genannten Herrn unverzüglich zu ersuchen, sich am gleichen Tage reisefertig zu machen und sich zum Gouverneur zu begeben. Er soll dort geprüft werden; gegebenenfalls wird man einen Bericht an den Hof senden, damit man ihn für einen höheren Posten vorsieht. Nicht verzögern, es eilt!‹

»Exzellenz Li ist ein Schüler meines verstorbenen Großvaters«, sagte Du Shaoqing, nachdem er das Schreiben gelesen hatte. »Weil er ein Freund meines verstorbenen Vaters war, hat er mich empfohlen. Womit habe ich diese Ehre verdient? Doch da der Gouverneur sich mir gegenüber so freundlich erweist, werde ich mich unverzüglich reisefertig machen und zu seinem Amtssitz aufbrechen, um mich zu bedanken.«

Er lud den Abgesandten zu einem Mahl ein und ließ auch Wein auftragen. Dann überreichte er ihm eine Silberunze als Reisegeld. Auch den Schuldiener entließ er mit etwas Geld. Dann ließ er sein Gepäck richten, und weil er kein Geld mehr hatte, verpfändete er seine goldene Schale für dreißig Silberunzen. In Begleitung eines Dieners bestieg er eine Dschunke und fuhr nach Anqing.

Dort angelangt, erfuhr er zu seiner Überraschung, daß sich Gouverneur Li auf einer Amtsreise befände, von der er erst nach einigen Tagen zurückkehren würde.

Nachdem der Gouverneur wieder eingetroffen war, gab Du Shaoqing im Gouvernements-Yamen seine Visitenkarte ab, worauf man ihn hereinführte und ihn bat, sich ins Bibliothekszimmer zu begeben. Als Gouverneur Li erschien, verneigte sich Du Shaoqing und erkundigte sich nach Seiner Exzellenz Befinden. Exzellenz Li bot ihm einen Platz an und sagte:

»Seit dem Tode meines verehrten Lehrers habe ich oft an Euch und Eure Verwandten gedacht. Da ich seit längerem schon von Eurer großen Begabung und Eurem vortrefflichen Charakter hörte, wollte auch ich an Eurem Ruhm teilhaben, und hierzu wurde mir Gelegenheit gegeben, als der Hof wie in alten Zeiten kürzlich nach den besten Gelehrten Ausschau hielt, um ihnen hohe Stellungen anzubieten. Ihr dürft unter keinen Umständen ablehnen.«

»Aber ich habe doch nur sehr geringe Fähigkeiten und ein höchst spärliches Wissen«, wandte Du Shaoqing ein. »Exzellenz haben sich durch meinen durch nichts begründeten Ruf irreleiten lassen. Man würde keine Ehre damit einlegen, wenn man meinen Namen auf die Liste setzte.«

»Seid nicht allzu bescheiden!« meinte Exzellenz Li. »Von Kreis und Präfektur kann ich mir leicht Bürgschaften geben lassen.«

»Wie sollte ich nicht der großen Güte von Euer Exzellenz eingedenk sein? Dennoch möchte ich Euer Exzellenz ersuchen, nach einem anderen Ausschau zu halten, denn ich bin gleich einem Hirsch an die freie Wildnis gewöhnt. Zudem bin ich in letzter Zeit des öfteren krank gewesen.«

»Verehrter, lieber Freund. Ihr könnt Euch doch nicht im Ernst weigern, ein Beamter zu werden? Was man mir über Euch berichtet hatte, trifft zu, und ich werde Euch empfehlen.«

Du Shaoqing wagte nicht mehr zu widersprechen. Gouverneur Li forderte ihn auf, über Nacht bei ihm zu bleiben. Er holte eine ganze Reihe Gedichte hervor und bat seinen Gast um gütige Belehrung. Am nächsten Tag verabschiedete sich Du Shaoqing. Da er zuwenig Reisegeld mitgenommen und sich länger als vorgesehen in Anqing aufgehalten hatte, außerdem noch im Amtssitz des Gouverneurs um Trinkgelder angegangen worden war, mußte er dem Besitzer der Dschunke, mit der er nach Nanjing zurückfuhr, drei Unzen Silber schuldig bleiben. Zudem herrschte den ganzen Tag über Gegenwind, so daß man erst in fünf Tagen Wuhu erreichte. In Wuhu kam die Dschunke überhaupt nicht mehr vom Fleck, und der Schiffer verlangte Geld, um sich Reis für eine Mahlzeit zu kaufen. Du Shaoqing ließ von seinem Diener all seine Sachen nach Geld durchstöbern, aber es fanden sich nur einige Käsch. Du Shaoqing dachte schon daran, seine Kleider zu versetzen. Da es ihm recht traurig zumute war, ging er, um sich abzulenken, am Ufer etwas spazieren. Im Jixiang-Tempel setzte er sich an einen Tisch und trank eine Tasse Tee. Weil er hungrig war, verzehrte er dazu drei Röstfladen. Alles zusammen kostete sechs Käsch, aber selbst diese kleine Summe hatte er nicht mehr in der Tasche, so daß er das Teehaus nicht verlassen konnte. Plötzlich sah er einen daoistischen Gelehrten vorübergehen, konnte aber sein Gesicht nicht genau erkennen. Da wandte sich der Fremde um, schaute ihn aufmerksam an und eilte auf ihn zu.

»Herr Du, was hat Euch hierher verschlagen?«

Du Shaoqing lächelte:

»Ach, Ihr seid's, Bruder Lai! Setzt Euch zu mir und trinkt eine Tasse Tee.«

»Junger Herr, Ihr seid ja ganz allein hier?« fragte Lai Xiashi.

»Seit wann weilt Ihr denn in dieser Stadt?« fragte Du Shaoqing zurück.

»Ich bin vor einiger Zeit der Einladung des Unterpräfekten Zhang von Wuhu gefolgt, der mich in einem Brief darum gebeten hatte, ein paar Gedichte für ihn zu schreiben. Ich bin im Shizhou-Pavillon untergekommen, inmitten einer herrlichen Umgebung und der Aussicht auf den Fluß. Wollt Ihr mich nicht dorthin begleiten?«

»Und ich habe in Anqing einen alten Freund besucht«, erzählte Du Shaoqing, »und wurde hier durch den ungünstigen Wind aufgehalten. Ich bin gern bereit, mit in Euer Logis zu gehen.«

Nachdem Lai Xiashi den Tee bezahlt hatte, begaben sich die beiden zum Shizhou-Pavillon. Ein daoistischer Mönch kam heraus und erkundigte sich nach dem Namen des verehrten Gastes.

»Dies ist der junge Herr Du aus der Familie des Präfekten Du von Tianchang«, stellte Lai Xiashi vor.

Daraufhin konnte sich der Mönch an Höflichkeiten nicht genug tun, bat den Gast, Platz zu nehmen, und trug Tee auf. An der Wand erblickte Du Shaoqing eine Schriftrolle mit einem Gedicht, dessen Titel lautete: ›Erinnerung an längst vergangene Stunden im Shizhou-Pavillon.‹ Darüber stand: ›Korrigiert von dem Daoisten Xiashi‹ und darunter: ›Verfaßt von Wei Sixuan aus Yanli.‹

»Ach, dieses Gedicht stammt ja von Herrn Wei aus Wuyizhen!« rief Du Shaoqing. »Wann war er denn hier?«

»Herr Wei ist noch hier; er befindet sich im oberen Stockwerk«, sagte der daoistische Mönch.

Du Shaoqing wandte sich an Lai Xiashi:

»Wenn dies der Fall ist, möchte ich mich gleich mit Euch zu ihm begeben.« Und schon stiegen sie die Treppe hinauf.

»Herr Wei!« rief der Mönch. »Der junge Herr Du aus Tianchang ist da.«

»Welcher Herr Du?« erscholl es von oben, und Herr Wei kam aus seinem Zimmer heraus, um nachzusehen.

»Onkel, ich bin's«, antwortete Du Shaoqing persönlich.

Herr Wei strich sich unter lautem Gelächter den Bart und rief:

»Ich dachte schon, wunder wer es sei. Und nun seid Ihr's! Wie seid Ihr denn in diese wüste Gegend geraten? Setzt Euch, ich gieße Tee auf; dann wollen wir gemütlich plaudern. Wo kommt Ihr eigentlich her?«

Nachdem Du Shaoqing kurz von seinem Besuch beim Gouverneur Li berichtet hatte, fügte er noch hinzu:

»Ich habe diesmal zu wenig Geld mitgenommen. Mir sind nur noch fünf Käsch geblieben. Den Tee, den ich im Tempel trank, mußte Herr Lai für mich bezahlen. Ich kann mir weder eine Dschunke mieten noch etwas zu essen kaufen.«

»Sehr gut, sehr gut«, lachte Herr Wei. »Jetzt hat der große Gönner selber nichts mehr, aber ein Held wie Ihr wird sich von einer solchen Bagatelle nicht den Mut rauben lassen. Nun bleibt erst einmal bei mir; wir wollen eine Schale Wein miteinander trinken. Hier, in Wuhu, wohnt einer, der vor einigen Tagen seine Prüfung bestand und mir zum Dank vierundzwanzig Unzen Silber schenkte, als ich ihm meine Glückwünsche aussprach. Nun trinken wir, bis sich der Wind dreht. Wenn es soweit ist, bekommt Ihr zehn Unzen Reisegeld von mir.«

Du Shaoqing nahm Platz und begann, mit Herrn Wei und Herrn Lai wacker zu zechen. Am Nachmittag sahen sie vom Fenster aus, wie die Dschunken auf dem Fluß dahinglitten und sich die Wetterfahnen auf den Booten langsam drehten.

»Vortrefflich«, sagte Herr Wei, »der Wind schwenkt um.«

An die Fensterbrüstung gelehnt, blickten die drei auf den Fluß hinab, bis die Sonne unterging und mit ihrem Widerschein Tausende von Mastspitzen in purpurnes Rot tauchte.

»Der Himmel ist klar«, stellte Du Shaoqing fest. »Der Wind aus Nordost hat sich gelegt. Ich möchte mich von meinem Onkel verabschieden und an Bord gehen.«

Herr Wei überreichte Du Shaoqing zehn Unzen Silber und begleitete ihn mit Lai Xiashi zur Dschunke. Lai Xiashi trug ihm noch Grüße für seine Freunde in Nanjing auf. Dann kehrten die beiden wieder zum Pavillon zurück.

Du Shaoqing richtete sich auf der Dschunke ein Nachtlager her. Um die fünfte Nachtwache erhob sich endlich ein leichter Wind aus Südwest. Der Schiffer zog die Mattensegel auf, und vom Wind begünstigt, erreichte das Schiff nach einer Fahrt von kaum einem halben Tag Baihekou, einen Vorort von Nanjing. Nachdem Du Shaoqing den Schiffer entlohnt und sein Gepäck an Land geschafft hatte, ließ er sich mit der Sänfte nach Hause tragen. Dort empfing ihn seine Frau, und er schilderte ihr auf recht spaßige Weise, wie ihm unterwegs das Geld ausgegangen sei, worüber sie herzlich lachen mußte. Am nächsten Tag begab er sich zur Nordtorbrücke, um Zhuang Shaoguang einen Besuch zu machen. Dieser war jedoch nicht zu Hause, und man sagte ihm, er sei auf Einladung des Gouverneurs von Zhejiang, Exzellenz Xu, nach dem Westsee gereist, von wo er erst in einigen Tagen zurückkehren würde. Daraufhin ging Du Shaoqing in die Cang-Gasse zum Hause Lu, um den Lehrer Chi Hengshan zu besuchen. Die Familie Lu behielt ihn zum Essen da. Als sie nachher miteinander plauderten, sagte Chi Hengshan:

»Heute trachtet man beim Studium nur danach, zu akademischen Graden zu kommen, und wenn jemand zwei Verslein zusammenbringt, macht man von ihm schon großes Aufheben. Nach den Zeremonien, der Musik, dem Kriegswesen und dem Ackerbau, wovon in den klassischen Werken und Geschichtsbüchern so viel die Rede ist, wird überhaupt nicht mehr gefragt. Der Ahnherr unserer heutigen Ming-Dynastie, Hongwu, hat sich um das Reich gewiß so viele Verdienste erworben wie die alten großen Kaiser, aber Zeremonien und Musik hat er nur wenig gefördert. Bruder Shaoqing, Ihr seid an höchster Stelle empfohlen worden, tut etwas Rechtes für den Kaiserhof, damit sich unsere Gelehrtengeneration nicht vor den Generationen früherer Zeiten zu schämen braucht.«

»Was die Empfehlung an die höchsten Stellen betrifft, so habe ich bereits darum gebeten, man möchte davon Abstand nehmen. Wenn ich an den Hof gehe, werde ich sicher dort versagen, und die hohen Herren werden mich auslachen; so ist es besser, ich gehe lieber erst gar nicht hin, sondern bleibe hier«, entgegnete Du Shaoqing.

Chi Hengshan holte aus dem Zimmer eine Rolle und sagte:

»In dieser Angelegenheit möchte ich gern den Rat des jungen Herrn einholen.«

»Um was handelt es sich denn?«

»Der größte Weise, der je in Nanjing gelebt hat, ist zweifellos Wu Taibo, und trotzdem hat man ihm bisher keinen Tempel errichtet. Überall gibt es Hallen für Wenchang, den Gott des Schrifttums, und Tempel für Guandi, den Kriegsgott. So möchte ich nun ein paar Freunde dafür gewinnen, daß sie eine gewisse Summe für den Bau eines Wu-Taibo-Tempels stiften. Dort sollen im Zweiten und Achten Monat nach alten Riten und mit alter Musik Opfer dargebracht werden. Dadurch werden vielleicht die Menschen ermuntert, sich wieder ernsthaft mit alten Riten und alter Musik zu beschäftigen, was unter Umständen zur Folge haben kann, daß Begabungen geweckt und gefördert werden, die einen wertvollen Beitrag zur Führung und Erziehung des Volkes leisten. Aber zum Bau eines solchen Tempels bedarf es mehrerer tausend Unzen. Hier in dieser Liste kann sich jeder eintragen, der etwas spenden will. Bruder Shaoqing, wollt auch Ihr etwas geben?«

»Selbstverständlich mache ich mit!« rief Du Shaoqing voller Begeisterung, ergriff die Rolle und schrieb darauf: ›Du Shaoqing von Tianchang spendet dreihundert Unzen Silber.‹

»Das ist aber viel!« bemerkte Chi Hengshan. »Und ich spende von dem Geld, das ich mir als Hauslehrer das Jahr über verdient habe, zweihundert Unzen.« Und indem er sich in die Rolle einzeichnete, rief er: »Huashi, gebt auch Ihr fünfzig Unzen!«

Und dieser setzte ebenfalls seinen Namen auf die Liste.

Chi Hengshan rollte den Bogen zusammen und legte ihn beiseite.

Sie ließen sich wieder nieder, um ihre Unterhaltung fortzusetzen. Als sie ein Weilchen geplaudert hatten, kam ein Diener der Familie Du und meldete:

»Ein Bote aus Tianchang ist im Flußhaus und bittet den jungen Herrn, heimzukommen, er hätte Wichtiges mit ihm zu besprechen.«

Du Shaoqing verabschiedete sich von Chi Hengshan und begab sich eilends nach Hause.

Wenn ihr wissen wollt, wie es weitergeht, so lest das nächste Kapitel.

VIERUNDDREISSIGSTES KAPITEL

In der Flußvilla sprechen gelehrte Freunde über literarische Probleme · Der Kaiser läßt einen berühmten Weisen aus Nanjing zu sich rufen

Nachdem Du Shaoqing von Chi Hengshan Abschied genommen hatte, fragte er seinen Diener:

»Was will denn der Bote?«

»Er sagte, das amtliche Schreiben für Euch sei bereits eingetroffen. Gouverneur Li habe Kreisamtmann Deng damit beauftragt, Euch zu bitten, in der Hauptstadt einen Beamtenposten zu übernehmen. Herr Deng wohne zur Zeit im Tempel der Empfangenen Gnade. Ihr möchtet zu Hause warten, bis Herr Deng persönlich bei Euch vorspricht.«

»Wenn er das wirklich gesagt hat«, versetzte Du Shaoqing, »betrete ich mein Haus nicht durch den Haupteingang. Verschaffe mir schnell ein Boot, das mich zum Flußufer bringt. Dort werde ich über das Geländer klettern.«

Der Diener mietete, wie ihm befohlen, an der Unteren Brücke ein Boot mit einer Sonnenplane, das Du Shaoqing nach Hause brachte. Daheim schlüpfte er schnell in ein altes Gewand, setzte sich eine alte Mütze auf, legte sich ins Bett und wickelte sich ein Handtuch um den Kopf. Dann befahl er seinem Diener:

»Meldet dem Boten, daß Herr Deng nicht zu kommen brauche, da ich ganz plötzlich erkrankt sei. Nach meiner Genesung werde ich ihm einen Dankesbesuch abstatten.«

Der Diener schickte den Boten fort. Frau Du mußte herzlich lachen:

»Weshalb stellst du dich denn krank, wenn der Hof dir ein Amt anbietet?«

»Ei, wie töricht du fragst! Gibt es auf der Erde einen herrlicheren Ort als Nanjing? Und zudem kann ich bei dir bleiben und mich im Frühling und Herbst mit dir an Blumen und Wein erfreuen. Warum willst du durchaus, daß ich nach Beijing gehe? Und selbst wenn ich dich mitnehmen würde, wie solltest du bei deiner zarten Gesundheit das kalte Klima der Hauptstadt aushalten? Ein einziger eisiger Windstoß würde dich töten. So ist es das beste, wir bleiben hier.«

In diesem Augenblick erschien ein Diener und rief aufgeregt:

»Herr Deng wartet auf Euch in der Halle. Er will Euch unbedingt sprechen.«

Wohl oder übel mußte Du Shaoqing dem Kreisamtmann zur Begrüßung entgegengehen, wobei er sich auf zwei Diener stützte. Er tat, als wäre er am Rande seiner Kräfte und könnte kaum noch einen Schritt gehen. Ebensowenig vermochte er sich wieder vom Kotau zu erheben, so daß Herr Deng ihm eiligst zu Hilfe kam.

»Der Hof hat Euch große Gunst erwiesen. Gouverneur Li bittet um Eure Einwilligung. Ich habe allerdings nicht geahnt, daß Ihr von einer so furchtbaren Krankheit befallen worden seid. Wann etwa könntet Ihr Euch an den kaiserlichen Hof begeben?«

»Die Krankheit ist sicher unheilbar. Ich schwebe zwischen Leben und Tod. An eine solche Reise werde ich nie mehr denken können. Ich bitte Euer Hochwohlgeboren, dafür zu sorgen, daß man mich von diesen Pflichten befreit.«

Nach diesen Worten zog Du Shaoqing aus seinem Ärmel eine Schriftrolle hervor: sein Gesuch um Beurlaubung.

Angesichts des Zustandes von Du Shaoqing mochte der Kreisamtmann nicht mehr verweilen.

»Ich möchte Euch nicht länger belästigen. Was bleibt mir nun anderes übrig, als dem Gouverneur ausführlich über alles Bericht zu erstatten und seine Entscheidung abzuwarten?«

»Ich, der Eurer Freundschaft weit mehr als er verdient teilhaftig wird, bittet um Nachsicht, Euch nicht persönlich hinausbegleiten zu können.«

Der Kreisamtmann stieg in seine Sänfte; bald darauf verfaßte er einen Bericht folgenden Inhalts:

›Der Bakkalaureus Du Shaoqing ist in der Tat ernstlich erkrankt und kann in absehbarer Zeit keine Reise unternehmen.‹

Des weiteren fügte er noch eine ausführliche Erklärung für den Gouverneur hinzu. Glücklicherweise wurde Gouverneur Li inzwischen nach Fujian versetzt und kümmerte sich demzufolge nicht mehr weiter um Du Shaoqing, der die Nachricht von der Versetzung seines Gönners mit Entzükken vernahm.

»Das ist ja prächtig! Mit dem Bakkalaureus habe ich meine akademische Laufbahn abgeschlossen. Auf den Magister- und Doktortitel verzichte ich mit Vergnügen, und so werde ich denn nach Belieben meinen eigenen Neigungen nachgehen!« rief er voller Freude. Da er dem Kreisamtmann schwere Krankheit vorgetäuscht hatte, durfte sich Du Shaoqing nicht so bald wieder in der Öffentlichkeit blicken lassen. Darum lehnte er auch ab, als ihn eines Tages Herr Xue aus der Trommelturmstraße, ein Angehöriger des Landadels, zu einem Weingelage einlud, wo viele bedeutende Persönlichkeiten zusammenkamen. Zu ihnen gehörte auch Chi Hengshan. Ferner waren anwesend Ma Chunshang, Enkel Qu und Ji Weixiao. Diese saßen bereits längere Zeit dort, als zwei neue Besucher eintrafen, Xiao Boquan aus Yangzhou und Yu Hesheng aus Caishi, beides junge namhafte Gelehrte. Ihre Gesichter glänzten wie Bernstein, und ihre Lippen leuchteten zinnoberrot. Sie trugen ein geziertes Betragen zur Schau und hatten sich stark parfümiert. Das hatte ihnen die Spitznamen eingebracht: ›Fräulein Xiao‹ und ›die Schöne Yu‹. Nachdem sie mit allen Anwesenden Grüße ausgetauscht hatten, nahmen sie Platz.

»Die Herren waren so liebenswürdig, heute meiner kleinen Einladung zu folgen«, begann der Gastgeber, »aber leider weilt Meister Qian von der Huaiqing-Brücke, den ich zur Unterhaltung der Gäste bestellt hatte, nicht in unserer Mitte, da er ausgerechnet heute verhindert ist.«

»Onkel Xue«, fragte Ji Weixiao, »meint Ihr etwa den pokkennarbigen Schauspieler, der meistens alte Männerrollen spielt?«

»Allerdings.«

»Herr Xue, Ihr bewirtet doch heute Gelehrte«, mischte sich Chi Hengshan ins Gespräch. »Wolltet Ihr etwa einen Schauspieler mit uns an einem Tisch sitzen lassen?«

»Das ist schon seit längerem so Brauch«, erklärte der edle Herr Xue. »Unter den Gästen, die ich für heute erwarte, befindet sich auch Herr Gao. Der alte Herr Gao liebt es sehr, sich mit diesem Schauspieler zu unterhalten. Darum habe ich ja Meister Qian zu mir gebeten.«

»Wer ist denn dieser alte Herr Gao?«

»Herr Gao aus Liuhe, der zur Zeit an der Hanlin-Akademie Vorlesungen hält«, erwiderte Ji Weixiao.

In diesem Augenblick meldete der Türhüter:

»Herr Gao ist da!«

Herr Xue eilte ihm entgegen. Der edle Herr Gao, im schwarzumflorten Hut und einem mit Drachenmuster besticktem Gewand, begrüßte die Anwesenden und wurde auf den Ehrenplatz geführt. Zu dem ihm bereits bekannten Ji Weixiao sagte er:

»Herr Ji, vorgestern habt Ihr mich vergeblich aufgesucht. Euer herrliches Werk habe ich bereits erhalten, aber noch nicht gelesen.«

Dann erkundigte sich Herr Gao nach den Namen der beiden jungen Herren. ›Fräulein Xiao‹ und ›die Schöne Yu‹ stellten sich vor. Auch die Herren Ma und Qu nannten ihre Namen. Ma Chunshang setzte noch hinzu:

»Wir beide geben Sammlungen der besten Prüfungsaufsätze heraus.«

»Herr Qu ist der Enkel des ehemaligen Präfekten von Nanchang. Mein verstorbener Vater war in Nanchang Schulinspektor. Darum sind Herr Qu und ich alte Freunde«, bemerkte ›die Schöne Yu‹.

Auch Chi Hengshans Namen wollte der edle Herr Gao wissen.

»Herr Chi kennt sich besonders gut in Riten und Musik aus«, bemerkte Ji Weixiao. »Er ist ein berühmter Gelehrter aus dem Süden.«

Der edle Herr Gao hüllte sich in Schweigen. Nach der dritten Tasse Tee legten die Gäste ihr Übergewand ab und begaben sich in das Bibliothekszimmer. Wiewohl Herr Gao bereits der älteren Generation angehörte, wollte er doch nichts von steifer Förmlichkeit wissen. Er zeigte sich von seiner heitersten Seite und scherzte unbefangen mit den anwesenden Gästen.

»Wo bleibt denn Meister Qian?« erkundigte er sich.

»Er hat leider abgesagt«, erklärte Herr Xue.

»Ach, wie schade! Seine witzigen Einfälle werden uns sehr fehlen.«

Herr Xue führte die Gäste an zwei gedeckte Tafeln. Die Unterhaltung bei Tisch drehte sich um berühmte Persönlichkeiten aus Zhejiang und um die Schönheiten des Westsees. Man kam auf die Brüder Lou zu sprechen, wie viele Freundschaften sie geschlossen und wie viele Gäste sie bewirtet hatten.

»Mich interessieren diese Geschichten weniger als eine gewisse junge, schöne Dame aus der Familie Qu. Schon wenn ich an sie denke, durchströmt mich ein süßes Gefühl«, sagte Yu Hesheng.

»Kein Wunder, daß Ihr, den man ›die Schöne Yu‹ nennt, für Schönheit so empfänglich seid«, meinte scherzend Ji Weixiao.

›Fräulein Xiao‹ aber sagte: »Ich habe stets die Mitglieder der Hanlin-Akademie verehrt. Leider bin ich Professor Lu nie begegnet. Nach allem, was man sich von ihm erzählt, muß er ein ehrbarer Mann gewesen sein. Ich hätte gerne seine Belehrung genossen. Schade, daß er schon tot ist.«

»Heute hört man nicht mehr von so edlen Taten«, ließ sich Enkel Qu vernehmen, »wie sie meine beiden Onkel Lou vollbrachten.«

»Bruder Qu«, entgegnete Ji Weixiao, »Ihr irrt Euch. Die Taten der beiden Herren Du aus Tianchang stellen die Taten Eurer Onkel weit in den Schatten.«

»Du Shaoqing überragt jedoch seinen Vetter um ein beträchtliches«, bemerkte Chi Hengshan.

»Handelt es sich etwa um den Sohn des Präfekten von Ganzhou?« erkundigte sich Herr Gao.

»Jawohl«, bestätigte Chi Hengshan. »Seid Ihr mit ihm bekannt, Herr Gao?«

»Wie sollte ich ihn nicht kennen, liegt doch Tianchang in unmittelbarer Nachbarschaft von meinem Heimatort Liuhe. Verübelt es mir nicht, meine Herren, wenn ich behaupte, daß dieser Shaoqing dem Hause Du nur die größte Schande macht. Seit vielen Generationen haben sich seine Vorfahren als Ärzte nicht nur große moralische Verdienste, sondern auch beträchtlichen Grundbesitz erworben. Unter dem Großvater kam die Familie zu Ansehen. Trotz langer Beamtentätigkeit hat er keinerlei Reichtümer gesammelt. Sein Vater erwarb sich zwar am Kaiserhof den Doktor, brachte es aber nur zum Präfekten von Ganzhou. Schon der Vater war ein Narr, verschmähte er es doch, wie es einem Beamten geziemt, sich durch Lob- und Schmeichelreden bei seinen Vorgesetzten beliebt zu machen, vielmehr richtete er sich stets nach dem Urteil des Volkes. Täglich erging er sich in langen Reden über die Wahrung der Pietät und über brüderliche Liebe wie über Förderung der Landwirtschaft und der Seidenraupenzucht. Er nahm die schönen Phrasen, wie sie in Aufsätzen über Erziehung und Volksernährung gang und gäbe sind, für bare Münze, zog sich damit den Unwillen seiner Vorgesetzten zu und verdarb sich seine ganze Laufbahn. Der Sohn schwatzt noch dümmeres Zeug. Er lebt von der Hand in den Mund. Sein Freundeskreis besteht aus Mönchen, daoistischen Gelehrten, Handwerkern und Bettlern. Von ehrbaren Persönlichkeiten hält er sich jedoch geflissentlich fern. Keine zehn Jahre hat er gebraucht, um sechzig- bis siebzigtausend Unzen Silber restlos zu vergeuden. Schließlich zog er nach Nanjing, weil in Tianchang nicht länger seines Bleibens war. Jeden Tag wandert er mit seiner Frau in eine Schenke und trägt wie ein Bettler eine Kupferschale bei sich. Wie konnte nur aus einer so angesehenen Familie ein so ungeratner Sprößling hervorgehen! Meinen Söhnen und Neffen daheim halte ich Du Shaoqing stets als warnendes Beispiel vor Augen. Auf dem Schreibtisch jedes meiner Schüler ist ein Zettel mit folgender Aufschrift angebracht: ›Hütet Euch davor, Du Shaoqing aus Tianchang nachzuahmen!‹«

Chi Hengshan wurde vor Ärger ganz rot im Gesicht:

»Er ist kürzlich einer ehrenvollen Aufforderung des kaiserlichen Hofes nicht nachgekommen.«

Der alte Herr Gao lächelte nachsichtig:

»Spricht dies etwa für ihn? Wenn er wirklich etwas wüßte und könnte, würde er den Weg der Prüfungen beschreiten. Seid Ihr etwa der Meinung, eine außerordentliche Berufung wäre der rechte Beginn für eine öffentliche Laufbahn?«

»Ich kann Euch nur zustimmen, Herr Gao«, pflichtete ihm ›Fräulein Xiao‹ bei. »Wir Jüngeren müssen den weisen Rat des alten Herrn Gao als Richtschnur ansehen.«

Nachdem man noch eine Weile gezecht und geplaudert

hatte, bestieg der alte Herr Gao seine Sänfte, während sich die übrigen zu Fuß gemeinsam auf den Heimweg machten.

»Wir haben alle gehört, mit welch scharfen Worten der alte Herr Gao unseren Freund Du Shaoqing angegriffen hat«, begann Chi Hengshan. »Aber seine Worte haben lediglich das Gegenteil bewirkt und Du Shaoqings außergewöhnliche Fähigkeiten nur um so stärker hervorgehoben. Man wird in der Vergangenheit wie in der Gegenwart schwerlich einen so wunderbaren Menschen wie Du Shaoqing finden.«

»Was mich betrifft, so muß ich Herrn Gao in einigen Punkten durchaus recht geben«, wandte Herr Ma ein.

»Ach, was kümmert uns denn das Treiben Du Shaoqings«, rief Ji Weixiao. »Sein Flußhaus ist ein idyllischer Aufenthalt. Wir wollen ihn morgen besuchen und uns an seinem Wein gütlich tun.«

»Wir werden uns gleichfalls einfinden und ihm unsere Aufwartung machen«, versetzte ›die Schöne Yu‹.

Am anderen Tage – Du Shaoqing war gerade aufgestanden und saß in der Halle seines Flußhauses – kam sein Nachbar Jin Dongya, brachte ihm seinen selbstverfaßten ›Kommentar zu den Vier Klassischen Büchern‹ und bat Du Shaoqing um seine Kritik. Sie rückten einen Tisch in die Flußhalle und begannen mit der Arbeit. Nach einigen Abschnitten wies Jin Dongya auf einen bestimmten Satz:

»Herr Du, ratet mal, was ›Schafsdattel‹ bedeutet. ›Schafsdattel‹ ist ein anderer Ausdruck für Schafshoden. Ein Sprichwort sagt: ›Man trachtet nach den Hoden des Schafes, ohne viel nach dem Leben des Tieres zu fragen.‹ Darum wollte der brave Philosoph Zengzi keine Schafshoden essen.«

Du Shaoqing lachte:

»Schon in alter Zeit gab es übereifrige Kommentatoren, aber Eure Worte verstoßen gegen die guten Sitten.«

Inzwischen erschienen Chi Hengshan, Ma Chunshang, Enkel Qu, ›Fräulein Xiao‹, ›die Schöne Yu‹ und Ji Weixiao. Du Shaoqing hieß die Gäste willkommen:

»Da ich längere Zeit nicht ausgehen konnte, versäumte ich Eure werte Belehrung. Wie herrlich trifft es sich, daß heute die Gelehrten in ganzen Scharen herbeigeströmt kommen. Und darf ich vielleicht den Namen dieser beiden Herren wissen?«

›Die Schöne Yu‹ und ›Fräulein Xiao‹ stellten sich höchstpersönlich vor.

»Wo bleibt denn Jing Lanjiang?« fragte Du Shaoqing.

»Er hat sicher in seinem Hutladen in der Straße der Drei Berge zu tun«, antwortete Enkel Qu.

Der Diener brachte den Tee. Als ihn Ji Weixiao erblickte, rief er:

»Von Tee wollen wir heute nichts wissen! Wir möchten lieber Wein.«

»Den sollt Ihr bekommen, aber unterhalten wir uns noch ein Weilchen.«

»Neulich erhielt ich Eure Abhandlung über das ›Buch der Lieder‹, sagte Chi Hengshan. »Ich bin hell begeistert. Aber würdet Ihr mich, Bruder Shaoqing, etwas näher mit dem Hauptgedanken Eures Buches vertraut machen?«

»Wollt Ihr nur über die Themen der Gedichte Auskunft haben?« fragte ›Fräulein Xiao‹.

»Vielleicht hat der Autor in seinem Kommentar weitgehend die ›Große Enzyklopädie der Yongle-Epoche‹ herangezogen.«

»Laßt doch Du Shaoqing sich selbst dazu äußern!« rief Chi Hengshan.

Und jener begann sogleich:

»Der große Philosoph der Song-Zeit Zhu Xi begründete mit seiner Auslegung der Klassiker eine eigene Theorie. Er wünschte, daß die Wissenschaftler späterer Zeiten zwischen seinen und anderen Kommentaren Vergleiche anstellten. Nun aber kaut heutzutage jedermann Zhu Xis Ansichten nach, und die übrigen Gelehrten geraten in Vergessenheit. Für dieses beschränkte Denken ist allerdings nicht Zhu Xi verantwortlich zu machen. Ich habe alles studiert, was andere Gelehrte dazu sagen, und möchte nun in den Punkten, wo ich eine eigene Auffassung vertrete, um Eure gütige Belehrung bitten. Der Kommentar zu dem Gedicht ›Es weht ein linder Wind‹ aus dem ›Buch der Lieder‹ spricht davon, daß eine Mutter von sieben Kindern ein zweites Mal heiraten wollte. Dies machte mich stutzig. In alten Zeiten heirateten die Frauen im Alter von zwanzig Jahren, folglich mußte sie, da ihr siebentes Kind schon erwachsen war, die Fünfzig überschritten haben. Kann sie dann noch an eine zweite Ehe denken? Deshalb bedeutet die Verszeile: ›Unzufrieden mit ihrem Heim‹ lediglich, daß sie Nahrungs- und Kleidungssorgen hatte und hierob mit ihren sieben Söhnen in Streit geriet. Auf diese Erklärung ist man bisher noch nicht gekommen.«

Chi Hengshan nickte zustimmend.

»Was haltet Ihr von dem Gedicht: ›Der Hahn kräht, sagt die Frau‹?« wollte Du Shaoqing wissen.

»Ein Gedicht aus der Provinz Zheng«, versetzte Herr Ma. »Es enthält nichts Unsittliches. Mehr kann man darüber nicht sagen.«

»Das stimmt schon, aber damit ist doch der tiefere Sinn noch nicht erfaßt«, gab Chi Hengshan zu bedenken.

»Nun, ein Gelehrter, dessen Ehrgeiz es ist, Beamter zu werden, brüstet sich damit vor seiner Frau. Frauen aber, die es sich in den Kopf gesetzt haben, eine große Dame zu werden und dann in ihren Erwartungen enttäuscht worden sind, beginnen, mit ihren Männern einen Streit vom Zaune zu brechen. Sieht man sich aber das im Gedicht beschriebene Ehepaar an, so steht den beiden nicht im mindesten der Sinn nach Rang und Reichtum, sondern sie spielen auf der Laute, trinken Wein und sind mit ihrem Schicksal zufrieden. In solch einem Leben sahen die Edlen der alten Zeit ihr Vollkommenheitsideal, und so herrschte auch Ordnung in ihren Familien.«

»Eine wundervolle Erklärung, Du Shaoqing!« lobte Enkel Qu.

»Das Gedicht ›An den Flüssen Zhen und Wei‹ beschreibt den gemeinsamen Spaziergang von Männern mit ihren Frauen und enthält keineswegs, wie man behauptet, etwas Unanständiges.«

»Nun wundert es mich auch nicht mehr«, sagte Ji Weixiao, »daß Ihr neulich beim Spaziergang mit Eurer Frau in den Yao-Park so große Freude empfandet. Wie genau hieltet Ihr Euch doch an die alte Sitte, Laute zu spielen, Wein zu trinken, Orchideen zu pflücken und Eurer Frau Päonien zu schenken!«

Die ganze Gesellschaft quittierte diesen Scherz mit gewaltigem Gelächter.

»Du Shaoqings schöne Worte gehen ein wie ein köstlicher Labetrank.«

Kaum daß Chi Hengshan dieses Lob ausgesprochen hatte, rief ›die Schöne Yu‹:

»Seht, da kommt ja schon der Labetrank!«

Alle Gäste wandten sich um und sahen den Diener mit dem Wein in die Halle treten. Als der Wein und die Leckerbissen bereitgestellt waren, ließen sich die acht Gelehrten zu einem kleinen Gelage nieder. Ji Weixiao, der den Getränken am meisten zusprach und deshalb auch immer am schnellsten betrunken war, rief laut:

»Bruder Shaoqing, Ihr seid der lustigste Mann auf Erden. Wird es Euch aber nicht allmählich über, mit einer bereits dreißigjährigen Frau Blumen zu bewundern und Wein zu trinken? Mit einer so hohen Begabung, einem so hervorragenden Ruf und einer so prächtig gelegenen Wohnung sollte ein Mann wie Ihr ein hübsches, gebildetes junges Mädchen heiraten, so wie der Dichter sagt: ›Ein kluger Mann, der mit einer hübschen Gefährtin seine Tage verbringt‹.«

»Bruder Weixiao, denkt lieber an die Worte des weisen Yanzi: ›Obwohl meine Frau alt und häßlich wurde, sehe ich die Schönheit ihrer Tugend immer aufs neue.‹ Man vergeht sich gegen das Gesetz der Natur, wenn man sich eine Nebenfrau nimmt. Auf Erden lebt nur eine ganz bestimmte

Anzahl von Menschen. Wieviel müßten ledig bleiben, wenn ein Mann mehrere Frauen nimmt! Sollte mich der Hof zum Gesetzgeber ernennen, würde ich anordnen: ›Ein Mann, der mit vierzig Jahren noch keinen Sohn hat, darf sich eine Nebenfrau nehmen. Letztere soll, wenn sie ihm keinen Sohn gebiert, sich wieder anderweitig verheiraten dürfen.‹ Wenn mein Plan zur Verwirklichung käme, würde die Zahl der ledigen Männer beträchtlich abnehmen, und ein wesentlicher Beitrag für ein glücklicheres Leben des Volkes wäre geleistet.«

»Herr Du, Ihr redet ja einer wunderlichen Lebensordnung das Wort«, spottete ›Fräulein Xiao‹.

Dagegen sagte Chi Hengshan:

»Ein Kanzler mit so herrlichen Gedanken wie Ihr, Shaoqing, würde die Welt binnen kurzem zu Frieden und Wohlstand führen.«

Das Mahl ging zu Ende. Unter fröhlichem Gelächter brachen die Gäste auf. Einige Tage später begab sich Chi Hengshan allein zu Du Shaoqing. Die Sache mit dem Wu-Taibo-Tempel nähme, wie er berichtete, immer festere Formen an.

»Ich habe ein Manuskript bei mir, das alle später vorzunehmenden Opferhandlungen und die dann aufzuführende Musik enthält und das ich nach gründlicher Beratung mit Euch verbessern möchte.«

Du Shaoqing nahm in das Manuskript Einblick.

»Wir müssen noch einen Dritten hinzuziehen«, meinte er schließlich.

»Und an wen denkt Ihr?«

»An Herrn Zhuang Shaoguang.«

»Wie ich hörte, ist er vorgestern aus Zhejiang zurückgekommen.«

»Ich wollte schon längst zu ihm«, gestand Du Shaoqing. »Nun können wir zusammen hingehen.«

In einem Boot mit einer Sonnenplane gelangten sie zur Nordtorbrücke. Am Ufer stand ein Haus, dessen Front nach Süden schaute.

»Hier wohnt er!« rief Chi Hengshan.

Die beiden schritten durch das Haupttor. Auf die Meldung des Pförtners hin erschien der Hausherr, Herr Zhuang Shaoguang, Nachkömmling einer alten Nanjinger Gelehrtenfamilie. Mit zwölf Jahren verfaßte er bereits ein großes, siebentausend Schriftzeichen umfassendes Gedicht. Es wurde im ganzen Reich berühmt. Nun zählte er, wiewohl gerade erst vierzig Jahre alt, zu den bedeutendsten Gelehrten seiner Zeit. Er arbeitete hinter verschlossenen Türen. Nur selten ließ er einen Besucher zu sich hinein. Bei der Nachricht von dem Erscheinen der beiden Freunde kam er jedoch persönlich vor das Tor. Er trug eine Akademikerkappe und ein saphirblaues Gewand. Sein hellgelbes Gesicht zierte ein dreisträhniger Bart. Er begrüßte seine Gäste mit größter Höflichkeit. »Bruder Du Shaoqing, viele Jahre sind verflossen, seit wir das letzte Mal voneinander Abschied nahmen. Es freut mich, daß Ihr Euern Wohnsitz hier am Fluß aufgeschlagen habt und unseren drei Bergen und zwei Seen noch Euren Glanz hinzufügt. Neulich habt Ihr, wie ich hörte, dem lästigen Kreisamtmann Deng eine prächtige Abfuhr erteilt.«

»Ich hätte Euch längst besucht, aber ein alter Freund von mir war gestorben. Als ich einige Zeit später zurückkehrte, hörte ich, daß Ihr bereits nach Zhejiang abgereist wärt.«

»Ihr aber, Bruder Chi Hengshan, weiltet doch immer in Nanjing, warum habe ich Euch nicht öfters zu Gesicht bekommen?«

»Ich habe meine ganze Zeit der Sache des Taibo-Tempels gewidmet, die schon festere Formen annimmt. Ich möchte heute Eure Meinung über die beabsichtigten Riten und die zum Vortrag kommende Musik einholen.«

Chi Hengshan entnahm seinem Ärmel das Manuskript und übergab es Zhuang Shaoguang, der die einzelnen Punkte genau studierte.

»Bei einer so hochwichtigen Angelegenheit werde ich natürlich gern nach Kräften mithelfen. Aber vorerst muß ich für einige Zeit verreisen. Spätestens in zwei oder drei Monaten werde ich wieder zurück sein. Dann wollen wir nochmals alles gründlich durchsprechen.«

»Wohin reist Ihr denn?«

»Der Gouverneur von Zhejiang, Xu Muxuan, ist kürzlich zum stellvertretenden Minister ernannt worden und hat mich bei Hofe empfohlen. Daraufhin ist ein allerhöchster Befehl ergangen, mich in Beijing einzufinden, da der Kaiser mich sehen wolle. Was kann ich anderes tun als gehorchen?«

»Dann werdet Ihr wohl nicht so bald wiederkommen?« vermutete Chi Hengshan.

»Habt keine Sorge; ich werde auf keinen Fall die großen Opferzeremonien im Taibo-Tempel versäumen.«

»Wir können auf Eure Anwesenheit bei den Feierlichkeiten auch keineswegs verzichten und zählen besonders darauf, daß Ihr rechtzeitig zurück seid.«

Chi Hengshan bat darum, in das vom Hof gekommene Schreiben Einblick nehmen zu dürfen. Der Diener brachte es herein. Darin war folgendes zu lesen:

›Der Stellvertretende Minister für das Riten- und Zeremonienwesen, Xu, empfahl dem Hof einen sehr talentierten Mann. Daraufhin hat Seine Majestät angeordnet: Zhuang Shaoguang soll sich zur Audienz einfinden.‹

»Nun aber wollen wir gehen«, sagte Du Shaoqing. »Am Tag Eurer Abreise werden wir uns wieder einfinden, um von Euch Abschied zu nehmen.«

»Das ist nicht nötig, denn wir werden uns in Bälde wiedersehen.«

Sodann geleitete Zhuang Shaoguang seine Gäste hinaus.

Am Abend saß Zhuang Shaoguang mit seiner Frau beim Abschiedsmahl.

»Du bist doch sonst noch nie verreist, um dich wegen einer Beamtenstelle zu bewerben, wieso beeilst du dich jetzt so sehr, dem Ruf des Hofes Folge zu leisten?«

»Wir sind doch schließlich keine Einsiedler. Da mich ein

Befehl des Kaisers nach Beijing ruft, muß ich ihm als pflichtgetreuer Untertan nachkommen. Sei ruhig, ich kehre sobald als möglich zurück.«

Am anderen Tage erschienen Beamte der Präfektur Yingtian und drängten, eiligst aufzubrechen. Zhuang Shaoguang war aber bereits durch die Hintertür entschlüpft und hatte, von einem Diener und Gepäckträger begleitet, die Stadt durch das Westtor verlassen. Er reiste auf dem Wasserweg bis zum Gelben Fluß. Am Nordufer mietete er sich eine Kutsche. Nach mehreren Tagesreisen erreichte er die Provinz Shandong. Vierzig Meilen hinter Yanzhoufu hielt er vor einem Teehaus an. Da es noch hell war, redete er seinem Kutscher zu, noch einige Meilen weiterzufahren, aber der Teehausbesitzer riet davon ab:

»Ich warne Euch, gnädiger Herr. In letzter Zeit treiben Räuber in unserer Gegend ihr Unwesen. Die Reisenden tun deshalb am besten, am späten Vormittag aufzubrechen und schon lange vor Einbruch der Dunkelheit einzukehren. Wenn Ihr auch kein reicher Kaufmann seid, so müßt Ihr Euch trotzdem in acht nehmen.«

»Da bleiben wir eben hier!« rief Zhuang Shaoguang seinem Kutscher zu. Der Diener suchte ein Zimmer aus, schaffte das Gepäck dorthin und brachte seinem Herrn Tee. Plötzlich hörte man vor dem Tor Maultierglöckchen klingen: Eine Karawane von über hundert Tieren, beladen mit Silbergeld enthaltenden Holzkisten, war eingetroffen. Der den Zug begleitende Beamte trug eine Militäruniform. Ihm folgte ein graubärtiger Mann von etwa sechzig Jahren, der gut fünf Fuß maß; er trug einen breiten Filzhut und die Bogenschützentracht. Am Gürtel hatte er ein Katapult hängen. Seine Füße steckten in braunen Rindslederstiefeln. Die beiden stiegen von ihren Tieren, nahmen ihre Peitschen und betraten das Teehaus.

»Wir bringen Steuergelder von Sichuan nach Beijing. Da die Dämmerung hereinbricht, wollen wir lieber hierbleiben. Morgen früh ziehen wir wieder weiter. Wir wünschen, aufmerksam bedient zu werden.«

Der Teestubenbesitzer nickte eifrig bei jedem Wort.

Der Beamte wies die Knechte an, die Holzkisten in das Teehaus zu schaffen und die Maultiere in den Stall zu treiben. Er selber und sein Begleiter hängten die Peitschen auf und traten in das Gastzimmer. Sie verneigten sich vor Zhuang Shaoguang, ehe sie sich niedersetzten.

»Ach, Ihr bringt Steuergelder aus Sichuan?« fragte Zhuang Shaoguang den Beamten. »Sicher ist der andere Herr Euer Freund. Wie lauten Eure werten Namen?«

»Ich heiße Sun und bin Offizier. Der Name meines Freundes ist Xiao Haoxuan, er ist aus Chengdu gebürtig.«

Zhuang Shaoguang nannte gleichfalls seinen Namen, und nach dem Grund seiner Reise befragt, erzählte er, daß er zu Hofe bestellt sei.

Erfreut rief Xiao Haoxuan aus:

»Schon seit längerem habe ich von dem großen Gelehrten aus Nanjing, Herrn Zhuang Shaoguang, gehört. Nie hätte ich gedacht, daß wir uns heute hier begegnen!«

Er beteuerte Zhuang Shaoguang seine aufrichtigste Verehrung; als dieser sah, was für ein würdiger und ungewöhnlicher Mann Herr Xiao war, faßte er schnell zu ihm Vertrauen:

»Das Reich erfreut sich einer so langen Zeit des Friedens, daß die heutigen Amtsmänner und Präfekten die denkbar nachlässigste Verwaltungspolitik betreiben. Auch angesichts des großen Räuberunwesens treffen sie keine geeigneten Maßnahmen zur Bekämpfung der Banditen im Interesse der öffentlichen Sicherheit. Ich hörte, daß die Gegend, durch die mein Reiseweg führt, von berittenen Räubern unsicher gemacht wird und daß ich mich deshalb sehr in acht nehmen müsse.«

Xiao Haoxuan lachte:

»Ihr braucht Euch keine Sorge zu machen, denn ich beherrsche eine kleine Kunst. Meine Schleuder trifft sicher auf hundert Schritt. Falls berittene Räuber nahen, brauche ich meine Waffe nur in die Hand zu nehmen, und auch den letzten Räuber werde ich noch zur Strecke bringen.«

»Bittet doch meinen Freund um eine Probe, wenn Ihr an seiner Geschicklichkeit zweifelt!«

»Ich möchte ihn schon gern darum bitten, wenn es ihm nicht zu viel Mühe macht.«

»Was macht es mir schon aus, Euch meine Ungeschicklichkeit vorzuführen.«

Xiao Haoxuan eilte mit seiner Schleuder in den Hof, während er aus einem seidenen, am Gürtel hängenden Säckchen zwei Kugeln holte. Zhuang Shaoguang und der Beamte folgten ihm. Xiao Haoxuan hob die Schleuder und schoß eine Kugel in die Luft. Die zweite Kugel, die er blitzschnell folgen ließ, stieß mit der ersten in der Luft zusammen, so daß die Splitter nur so flogen. Zhuang Shaoguang konnte nicht genug darüber staunen. Der Teehausbesitzer, der gleichfalls alles beobachtet hatte, fuhr erschrocken zusammen. Xiao Haoxuan steckte seine Schleuder wieder weg und kehrte in das Gastzimmer zurück. Sie plauderten noch ein Stündchen miteinander und nahmen dann getrennt ihr Abendbrot ein.

Am nächsten Morgen, noch vor Sonnenaufgang, erhob sich der Steuerbeamte und spornte die Maultiertreiber zur höchsten Eile an. Nachdem man die Silberkisten wieder aufgeladen und das Nachtlager bezahlt hatte, setzte sich die Karawane in Marsch. Auch Zhuang Shaoguang erhob sich, wusch sich das Gesicht, ließ den Diener das Gepäck schnüren, beglich die Zeche und fuhr mit seinem Wagen der Karawane nach. Der Troß hatte bereits an die vier Meilen zurückgelegt, und noch immer schimmerte über ihm der Morgenstern, da es erst schwach dämmerte. Da sah man in dem vor ihnen liegenden schattigen Gehölz einige Gestalten herumhuschen.

»Weh uns, Banditen in Sicht!« riefen die Maultiertreiber. Eiligst wurden die Maultiere den die Straße begrenzenden Abhang hinuntergetrieben.

Xiao Haoxuan griff eiligst nach seiner Schleuder, während der Steuerbeamte sein kurzes Schwert zückte. Ein Pfeil schwirrte mit leisem Singen heran, und schon preschten aus dem Wald unzählige Reiter hervor.

Xiao Haoxuan stieß einen gellenden Ruf aus, spannte mit aller Kraft seine Schleuder und ließ sie losschnellen. Aber, o Jammer, mit einem schrillen Ton zerriß die Schleuder. Die Banditen stießen einen lauten Pfiff aus und stürmten heran. Der entsetzte Steuerbeamte riß die Zügel herum und suchte sein Heil in der Flucht. Die Maultiertreiber warfen sich auf die Erde und ließen es willenlos geschehen, daß die Banditen alle hundert mit dem Silber beladenen Tiere mit sich wegführten. Zhuang Shaoguang, der wie erstarrt in seiner Kutsche sitzen geblieben war, brachte vor Schrecken lange kein Wort hervor. Er wußte auch nicht, was sich außerhalb seines Wagens während dieser, ihm wie eine halbe Ewigkeit vorkommenden Zeit abspielte.

Xiao Haoxuan, der wegen der zersprungenen Schleuder seine Kunst nicht hatte in Anwendung bringen können, riß gleichfalls sein Pferd herum und galoppierte den Weg, den sie gekommen waren, wieder zurück. So kam er schließlich vor eine kleine Herberge und pochte an das Tor. Der Wirt erriet sofort, daß der Reiter auf Räuber gestoßen war, und er fragte sogleich:

»Wo habt Ihr gestern abend übernachtet?«

Xiao Haoxuan sagte es ihm.

»Dann braucht Ihr Euch nicht zu wundern. Euer gestriger Wirt dient dem Räuberhauptmann Zhao Da als Spitzel. Gewiß hat er gestern nacht Eure Schleuder beschädigt.«

Xiao Haoxuan begann ein Licht aufzugehen, doch die Einsicht kam zu spät. Er überlegte hin und her, aber da die Not oft auf neue Gedanken kommen läßt, riß er plötzlich eine Strähne aus seinem langen Haupthaar und flickte damit die Schleuder. Dann sprengte er in Windeseile davon. Unterwegs holte er den Steuerbeamten Sun ein, der ihm berichtete, daß die Banditen sich in östlicher Richtung davongemacht hätten. Inzwischen war es heller Tag geworden. Xiao Haoxuan hieb auf sein Pferd mit der Peitsche ein, und in Kürze war er den Räubern auf den Fersen, die mit den erbeuteten Maultieren, so eilig sie nur konnten, des Wegs zogen. Da Xiao Haoxuan sie überholen wollte, schwang er die Peitsche noch wilder. Dann nahm er die Schleuder in die Hand, und gleich einem Platzregen überschütteten seine Kugeln die Räuber, die vergebens versuchten, ihre Köpfe mit den Armen zu schützen, und plötzlich wie ein Rattenschwarm davonstoben. Die Maultiere mit dem Silber im Stich lassend, rannten sie um ihr Leben. Nach und nach trieben der Steuerbeamte und Xiao Haoxuan die Maultiere auf die Hauptstraße zurück, wo sie auf Zhuang Shaoguang stießen, dem sie einen genauen Bericht erstatteten. Dieser konnte nicht genug das Geschick und die Kühnheit von Xiao Haoxuan loben.

Nachdem sie einen halben Tag zusammen gereist waren, trennte sich Zhuang Shaoguang von seinen beiden Gefährten. Sein nur leicht befrachteter Wagen kam schneller voran. Nach einigen Tagen erreichte er die unweit Beijings gelegene Lugou-Brücke. Da kam ihm ein Mann auf einem Maultier entgegengeritten.

»Wie heißt der werte Reisende?« fragte er, als er die Kutsche erreicht hatte.

»Zhuang«, gab ihm der Kutscher Bescheid.

Sofort stieg der Fremde von seinem Maultier.

»Etwa Herr Zhuang Shaoguang aus Nanjing?«

Ehe noch Zhuang Shaoguang den Wagen verlassen konnte, war der Fremde schon niedergekniet.

Noch weiß niemand, wie dieser Mann hieß. Wir werden es aber hoffentlich bald erfahren.

Fünfunddreissigstes Kapitel

Der Sohn des Himmels fragt einen Weisen um Rat · Zhuang Shaoguang lehnt alle ihm angebotenen Stellungen ab und kehrt nach Hause zurück

Als Zhuang Shaoguang den Fremden vom Maultier steigen und dann den Kotau machen sah, sprang er eiligst aus dem Wagen und richtete den Mann auf.

»Wer seid Ihr denn?«

Der Fremde erwiderte:

»Drei Meilen von uns entfernt liegt eine Dorfschenke. Fahrt im Wagen voraus, ich folge Euch nach. Dort wollen wir in Ruhe miteinander plaudern.«

»Einverstanden.«

Zhuang Shaoguang begab sich wieder in den Wagen, und der Fremde bestieg sein Maultier. Gemeinsam langten sie bei der Schenke an. Nachdem sie sich höflich begrüßt hatten, nahmen sie Platz.

»Ich habe in Beijing mir ausgerechnet«, begann der Fremde, »wann etwa der kaiserliche Erlaß eingetroffen sein mochte, und so kam ich zu dem Ergebnis, Ihr müßtet schon in der Nähe der Hauptstadt sein. Darum verließ ich Beijing durch das Südtor und fragte jedesmal, wenn ich einem Reiter, einer Sänfte oder einer Kutsche begegnete, ob etwa Ihr es wärt. Und nun habe ich Euch tatsächlich ausfindig gemacht. Wie glücklich bin ich, Eure Belehrung empfangen zu dürfen!«

»Darf ich wissen, wie Ihr heißt und wo Ihr beheimatet seid?«

»Ich heiße Lu Xinhou und bin aus Huguang. Ich trachte danach, sämtliche Werke berühmter Gelehrter aus unserer Ming-Dynastie mir zu erwerben und zu Hause aufzubewahren. Nach zwanzigjähriger Sammlertätigkeit habe ich das Wesentliche zusammengebracht. Von den vier Großen zu Beginn unserer Epoche wurde Gao Qingqiu vom Unglück betroffen; seine Werke besitzt niemand mehr, mit Ausnahme eines Mannes in Beijing. Ich reiste daraufhin in die Hauptstadt und erwarb das Werk zu einem horrenden Preis. Als ich mich heimwärts wenden wollte, hörte ich, daß man Euch an den Hof gerufen hätte. Nun bin ich zwar vor allem auf Werke von Schriftstellern der vorigen Generation aus, aber Ihr seid ja einer der berühmtesten Gelehrten der jetzigen Generation; wie dürfte ich deshalb die Gelegenheit versäumen, Euch kennenzulernen. So habe ich lange Zeit in Beijing auf Euch gewartet und dann mich endlich bis zu Euch durchgefragt.«

»Ich lebte in Nanjing völlig zurückgezogen, ohne im mindesten von einer Beamtenlaufbahn zu träumen. Da des Kaisers Blick voll Gnade mich traf, blieb mir keine andere Wahl, als hierherzukommen. Es freut mich ungemein, Euch so unvermutet hier zu treffen. Leider müssen wir uns, kaum daß wir uns gefunden haben, bald wieder trennen. Laßt uns in dieser Schenke die Nacht verbringen, damit wir von Bett zu Bett miteinander plaudern können.«

Ihr Gespräch drehte sich fast ausschließlich um die Werke berühmter Männer.

Zhuang Shaoguang sagte, zu Lu Xinhou gewandt:

»Wenn man wie Ihr die Schriften der Gelehrten studiert und das Altertum liebt, fördert das nicht in größtem Maße die Bildung? Nur muß man sich davor hüten, sich auch jene Bücher anzuschaffen, die vom Staat verboten sind. Gao Qingqius Schriften enthalten zwar keine Worte, die das Herrschergeschlecht verleumden. Aber da Kaiser Taizu einen persönlichen Haß gegen ihn hegte und all seine Werke verboten worden sind, rate ich Euch, sich nicht mit seinen Schriften zu befassen. Meiner Meinung nach sollte man im Verlauf seines Studiums zunächst alle Gebiete der Wissenschaft durchstreifen und sich dann erst einem bestimmten Spezialgebiet widmen. Weisheit ist das Ziel alles Lernens. Wenn Ihr wieder in Eure Heimat zurückkehrt, bitte ich Euch, einen Umweg über Nanjing zu machen; ich möchte

Euch bei mir zu Hause einige meiner unbedeutenden Schriften zeigen und Eure gütige Belehrung empfangen.«

Lu Xinhou sagte es ihm zu. Am nächsten Morgen trennten sie sich. Lu Xinhou machte sich auf den Weg nach Nanjing, um dort auf Zhuang Shaoguang zu warten. Letzterer betrat die Hauptstadt durch das Südtor und nahm im Tempel der Behütung Logis. Der Stellvertretende Minister Xu schickte ihm sogleich einen Diener zu seiner persönlichen Verfügung. Einige Stunden darauf erschien er selber, um Zhuang Shaoguang zu begrüßen.

Der Stellvertretende Minister fragte:

»War Eure Reise beschwerlich?«

»Ich, ein einfacher Mann aus den Bergen, bin der Reise mit Roß und Wagen ungewohnt. Gleich Schilf und Weiden, wenn der Herbst naht, werde auch ich frühzeitig welk. Die lange Reise hat mich selbstverständlich erschöpft. Daher suchte ich Euch auch nicht auf, sondern Ihr mußtet Euch zu mir herbemühen.«

»Ihr müßt Euch sofort auf die Audienz vorbereiten, da diese höchstwahrscheinlich in drei bis fünf Tagen stattfinden wird.«

Man zählte den ersten Tag des Zehnten Monats im fünfunddreißigsten Jahr der Regierung des Kaisers Jiajing.

Drei Tage später sandte der Stellvertretende Minister Xu die Abschrift eines im Staatsanzeiger veröffentlichten kaiserlichen Erlasses:

›Am zweiten Tag des Zehnten Monats ging folgender kaiserlicher Befehl im Kabinett ein: Wir übernahmen von unseren Vorvätern die erhabene Pflicht, Tag und Nacht nach weisen Männern Ausschau zu halten, um das Wohl unseres Staates zu fördern. Ein alter Spruch sagt: ‚Wenn man die Untertanen als Lehrer achtet, ist man König. Wenn man von den Untertanen lernt, ist man ein weiser König.‘ Dieser Spruch hat ewige Gültigkeit. Zhuang Shaoguang, der Uns vom Stellvertretenden Minister für das Riten- und Zeremonienwesen Xu Muxuan empfohlen wurde, soll sich am sechsten Tage des Monats am Hof einfinden, um dem Fest durch seine Gegenwart Glanz zu verleihen. Befolgt diesen Befehl mit Ehrfurcht.‹

Um die fünfte Nachtwache des sechsten Tages stellte sich die kaiserliche Leibwache vor dem Mittagstor auf. Dort waren die kaiserlichen Wappen und Ehrenzeichen aufgepflanzt. Alles ging nach der Zeremonie vor sich, mit der sonst der Kaiser die besten Prüflinge des Reichsexamens zu empfangen pflegte. Alle Beamten hatten sich eingefunden und warteten auf den Beginn der Feier. Hunderte von lodernden Fackeln kündeten das Nahen des Kanzlers an, der durch das weit aufgetane Haupttor schritt, während die Beamten nur die Seitentore benutzen durften. Durch das Himmelstor erreichten sie die Himmelshalle, aus der die Musik des Himmels ihnen entgegenklang. Man vernahm die leisen Weisungen der Zeremonienmeister an die Gäste, wo jeder seinen Platz einzunehmen hatte. Dreimal hörte man alsdann ein Peitschenknallen. Scharen von Palastbeamten trugen goldene Weihrauchfässer herbei und verbrannten darin Kräuter, die den sogenannten Drachenspeichelduft ergaben. Palastdamen mit großen Fächern in den Händen umringten den Himmelssohn, der sogleich den Thron bestieg. Die Männer stießen Hochrufe aus und warfen sich zum Kotau nieder. Am Ende des Zuges erblickte man Zhuang Shaoguang in einem prächtigen, für die Audienz vorgeschriebenen Gewand und hohem Hut. Gemäß dem Zeremoniell begrüßte er inmitten der Menge den Kaiser. Nach nochmaligen Hochrufen verklang die Musik, und die Audienz war zu Ende. Die vierundzwanzig Elefanten, die den Zug begleitet hatten, kehrten mit ihren kostbaren Vasen ganz allein in ihre Ställe zurück. Es war ganz so, wie es der Dichter besungen hat:

›Blumen leuchten zum Gruß, Schwerter blinken am Gürtel; die Sterne verblassen; Weiden schwanken im Winde, und die Fahnen sind noch naß vom Tau.‹

Die Beamten zerstreuten sich. Zhuang Shaoguang kehrte in sein Quartier zurück und legte sein Galagewand ab. Unruhig lief er im Zimmer auf und ab; da wurde ihm der Besuch des Stellvertretenden Ministers Xu gemeldet. Zhuang Shaoguang empfing ihn in seiner gewöhnlichen Kleidung. Während des Tees sagte Minister Xu:

»Die Audienz, die der Kaiser heute gewährte, war eine selten stattfindende Zeremonie. Ihr müßt geduldig in Eurer Wohnung bleiben, denn eine zweite Audienz ist zu erwarten.«

Zwei Tage später überbrachte man Herrn Zhuang die Abschrift eines weiteren kaiserlichen Befehls.

›Zhuang Shaoguang soll am elften Tag des Monats zur Visite im Privatpalast antreten. Er erhält die Sondererlaubnis, durch die Verbotene Stadt zu reiten. Befolgt diesen Befehl mit Ehrfurcht.‹

Am besagten elften Tag begleitete der Minister Xu seinen Freund Zhuang zum Mittagstor. Dort nahm er Abschied, indem er sagte:

»Ich werde in der Vorhalle auf Euch warten.«

Zhuang begab sich allein durch das Mittagstor. Zwei Eunuchen kamen ihm mit einem kaiserlichen Pferd entgegen und baten ihn aufzusitzen. Sie hielten ihm kniend die Steigbügel, bis er fest im Sattel saß. Dann führten sie das Roß an den ockergelben Zügeln gemächlich durch das Tor der Himmlischen Klarheit. Vor der großen Halle stieg Zhuang Shaoguang vom Pferd. An der Pforte erwarteten ihn zwei andere Eunuchen mit dem kaiserlichen Befehl, Zhuang in das Innere der Halle zu geleiten. Beim Eintreten wagte Zhuang kaum zu atmen. Der Himmelssohn saß in bequemen Kleidern auf dem Thron. Zhuang Shaoguang trat heran und warf sich vor ihm nieder. Der Himmelssohn sagte:

»Wir haben den Thron schon fünfunddreißig Jahre inne, Himmel, Erde, Ahnen und Vorväter haben Uns ihren Schutz angedeihen lassen. Im Land herrscht überall Frieden, und an den Grenzen des Reiches ist Ruhe. Nur das Volk hat noch nicht genügend Nahrung und Kleidung, und die oberen Klassen würdigen noch längst nicht genug Riten und

Musik. Was ist das Dringlichste: Erziehung oder Ernährung? Wir haben Euch nach Beijing rufen lassen, um Eure Meinung zu vernehmen. Wir erwarten, daß Ihr uns auf das gewissenhafteste Vorschläge unterbreitet und mit Eurer wahren Meinung nicht zurückhaltet.«

Zhuang Shaoguang wollte gerade die Frage des Kaisers beantworten, da spürte er am Kopf einen unerträglichen Schmerz. Darum konnte er nur unter einer Verbeugung erwidern:

»Ich habe Eure weise Frage vernommen, bin aber augenblicklich außerstande, darauf eine Antwort zu geben. Gewährt mir etwas Bedenkzeit. Ich werde einen Bericht verfassen.«

»Nun«, erwiderte der Kaiser, »Eure Bitte sei gewährt. Teilt Uns bald Eure Ansicht mit. Eure Pläne müssen jedoch zu verwirklichen sein, dem Geist des Altertums entsprechen und der Gegenwart nützen.«

Nach diesen Worten erhob sich der Kaiser und kehrte in den Palast zurück. Zhuang Shaoguang verließ ebenfalls die Halle, an deren Pforte schon die Eunuchen mit dem Pferd standen und ihn dann bis zum Mittagstor geleiteten. Dort begrüßte ihn der Stellvertretende Minister Xu. Nach einer Weile trennten sie sich und kehrten auf verschiedenen Wegen in die Stadt zurück.

Zhuang Shaoguang langte wieder in seinem Quartier an. Als er seinen Hut abnahm, entdeckte er darin einen Skorpion. Lachend rief er:

»Häßliches Ungeziefer, du hast mir also diesen unerträglichen Schmerz zugefügt. Ein schlechtes Omen für meine Pläne!«

Am anderen Morgen, gleich nach dem Aufstehen, brannte er den Weihrauch an und wusch sich die Hände. Darauf warf er Losstäbchen, die so fielen, daß sie ›Flucht in die Himmelsberge‹ prophezeiten.

»Gut so«, stellte Zhuang Shaoguang fest und verfaßte eine in zehn Artikel gegliederte Abhandlung über Fragen der Erziehung und Ernährung, der er ein inständiges Gesuch um Entlassung in die Heimat beifügte. Beide Schriftstücke reichte er bei der Ratskammer ein.

In den nächsten Tagen statteten Beamte der neun Ministerien und sechs Abteilungen Zhuang Shaoguang nacheinander ihren Besuch ab und baten um Belehrung, und Herr Zhuang, der Besuche nicht leiden konnte, mußte wohl oder übel in den einzelnen Yamen Gegenbesuche machen. Eines Tages sagte der Prinzenerzieher, ein Mitglied der Hanlin-Akademie, zum Stellvertretenden Minister Xu:

»Der Kaiser beabsichtigt, Eurem Freund Zhuang Shaoguang aus Nanjing eine hohe Stellung anzubieten. Warum bringt Ihr ihn nicht einmal in mein Haus? Ich möchte ihm meine Belehrung zuteil werden lassen.«

Xu, der den hohen Würdenträger nicht vor den Kopf stoßen wollte, teilte dies Zhuang Shaoguang in denkbar höflicher Form mit.

Dieser jedoch erwiderte ihm folgendes:

»Heutzutage gibt es keinen Kong Fuzi mehr. Da der Prinzenerzieher bei den Staatsprüfungen zugegen ist, halte ich es nicht für schicklich, sein Schüler zu werden. Wer weiß, wie viele nur deshalb Mitglieder der Hanlin-Akademie geworden sind, weil sie vordem seine Schüler waren. Warum erwecke ich, der schlichte Mann aus den Bergen, so sehr seine Aufmerksamkeit? Ich kann seiner Bitte leider nicht entsprechen.«

Als der Stellvertretende Minister dem Prinzenerzieher diese Antwort übermittelte, war dieser alles andere denn erfreut.

Eines Tages saß der Kaiser in seinen Privatgemächern und richtete an den Prinzenerzieher folgende Frage:

»Die zehn Artikel umfassende Abhandlung, die von Zhuang Shaoguang eingereicht wurde, haben Wir studiert. Sie zeugt von tiefer Gelehrsamkeit und großer Kenntnis der Dinge. Meint Ihr, daß man ihn als Minister verwenden kann?«

»Zhuang Shaoguang ist gewiß ein begabter Mann. Die hohe Ehrung, die man ihm zuteil werden ließ, hat den Hof und das Volk erfreut. Aber er hat nicht das Palastexamen bestanden. Es wäre gefährlich, ihn plötzlich zu einem der größten Würdenträger aufsteigen zu lassen. Eure Vorgänger auf dem Thron kannten diesen Brauch nicht. Es würde im Volk das Begehren erwecken, durch bloßen Zufall sein Glück zu machen. Der reguläre Weg dagegen ist der Weg über die Prüfungen. Ich erwarte Eure heilige Entscheidung.«

Der Kaiser seufzte tief auf. Dann ließ er durch den Prinzenerzieher folgenden Erlaß verkünden:

»Wir erlauben Zhuang Shaoguang die Rückkehr in die Heimat. Er soll mit fünfhundert Unzen Silber aus der Staatskasse entlohnt werden und den Yuanwu-See bei Nanjing als Stätte ungestörten Schaffens zugewiesen bekommen, damit er das Glück Unserer Dynastie fördern kann.«

Nachdem Zhuang Shaoguang den kaiserlichen Erlaß vernommen hatte, fand er sich beim Mittagstor ein, um für die erwiesene Gnade zu danken. Sodann verabschiedete er sich von seinem Freunde Xu und schnürte sein Bündel. Bevor er gen Süden abreiste, stellten sich alle Beamten vom Hof zum Abschiedsessen ein und gaben ihm dann bis zum Stadttor das Geleit. An diesem Tag herrschte eine bittere Kälte. Da die Kutsche sich erst spät auf den Weg gemacht hatte, schaffte man bis zum Einbruch der Dunkelheit nur einige Meilen, und weit und breit fand sich keine Herberge. So blieb nichts anderes übrig, als einen Seitenpfad einzuschlagen und in irgendeinem Bauernhaus um Nachtquartier zu bitten. Endlich erreichte man eine armselige, mit Gras bedeckte Hütte, aus der ein schwacher Lichtschein drang. Vor der Tür stand ein etwa siebzigjähriger Greis. Zhuang Shaoguang ging auf ihn zu, verneigte sich vor ihm und fragte:

»Großvater, ich bin auf der Reise und habe bisher keine Herberge angetroffen. Kann ich die Nacht über bei Euch bleiben? Ich werde es Euch gut lohnen.«

»Kein Reisender führt ja sein Haus mit sich. Ihr könnt bei

mir bleiben. Leider besitze ich nur einen einzigen Raum. Meine Frau und ich hausen hier in diesem engen Gelaß. Heute morgen ist zu allem Unglück mein Weib gestorben. Da ich das Geld für einen Sarg nicht auftreiben konnte, liegt die Tote immer noch im Zimmer. Wo soll ich Euch unterbringen? Außerdem habt Ihr ja noch eine Kutsche. Wo soll sie untergestellt werden?«

»Das ist nicht weiter schlimm. Ich brauche nicht mehr als ein Fleckchen, um eine Matte auszubreiten und dort die Nacht zu verbringen. Den Wagen lassen wir einfach draußen stehen.«

»Nun, dann müßt Ihr eben mit mir in einem Bett schlafen«, sagte der Großvater.

»Einverstanden!« entgegnete Zhuang Shaoguang und betrat das Haus. Die Leiche der alten Frau lag steif und starr neben dem Ofenbett aus Lehm. Zhuang Shaoguang schaffte sein Gepäck herein und gebot dem Kutscher und seinem Diener, im Wagen zu übernachten. Der Alte legte sich an die Wand, während sich Zhuang mit der anderen Hälfte des Bettes begnügte. Sich von der einen zur anderen Seite wälzend, bemühte er sich vergebens, Schlaf zu finden. Gegen Ende der dritten Nachtwache bemerkte er entsetzt, wie die Leiche sich allmählich zu bewegen begann. Zhuang schrak hoch und starrte sie an. Er glaubte zu sehen, wie sie die Hände bewegte und sich aufsetzen wollte.

»Sie lebt!« schrie Zhuang Shaoguang und stieß den Großvater an, der aber nicht munter zu kriegen war. ›Wie kann ein alter Mensch nur so fest schlafen?‹ wunderte er sich. Als er sich den alten Mann näher betrachtete, merkte er, daß dieser bereits die letzten Lebenszeichen von sich gab. Das alte Weib dagegen hatte sich erhoben und stand nun auf ihren steifen Füßen. Ihre hervorgequollenen Augen waren gebrochen. Sie lebte also nicht mehr, sondern war eine wandelnde Leiche.

Zhuang Shaoguang stürzte voller Entsetzen zur Tür hinaus und befahl dem Kutscher, mit dem Wagen die Tür zu versperren, damit die Leiche nicht hinaus könnte. Er selbst aber irrte draußen in der Kälte und Finsternis herum und dachte reuevoll:

›Glück und Unglück, Reue und Enttäuschung entstehen aus der Tätigkeit. Wenn ich zu Hause sitzen würde und hätte mich nicht auf Reisen begeben, wäre mir heute dieser Schrecken erspart geblieben.‹ Ferner dachte er: ›Geburt und Tod sind alltägliche Ereignisse. Meine Furcht rührt letzten Endes von zu geringer Einsicht in das Wesen der Dinge.‹

Mit diesem Gedanken beruhigte sich Zhuang Shaoguang. Er setzte sich in die Kutsche, um dort den Morgen zu erwarten. Die wandelnde Leiche war inzwischen wieder zu Boden gestürzt. In der gespenstischen Hütte lagen nur noch zwei leblose Körper. Zhuang Shaoguang dachte traurig bei sich:

›In welch furchtbarer Armut müssen die beiden alten Leute miteinander gelebt haben. Ich bin nur für eine kurze Nacht ihr Gast gewesen. Wer wird die Toten bestatten, wenn ich es nicht tue?‹

Dann schickte er den Diener und den Kutscher auf die Suche nach dem nächsten Marktflecken. Er gab ihnen etwas Silber mit, um zwei Särge zu kaufen, die von gemieteten Leuten herbeigeschafft wurden. Die Leichen wurden in die Särge gelegt. Von den Nachbarn zur Linken kaufte Zhuang ein Stück Erde als Begräbnisplatz und sah zu, wie man die beiden Alten begrub. Nach der Beerdigung besorgte er Opfergaben – Fleisch, Wein und Papiergeld –, verfaßte ein Totengebet und opferte unter Tränen an den Gräbern. Alle Einwohner des Marktfleckens eilten herbei, verneigten sich tief zur Erde und sprachen Herrn Zhuang ihren Dank aus.

Darauf bestieg Zhuang Shaoguang wieder seine Kutsche, setzte seine Reise fort und gelangte bald an das Ufer des Pei He. Dort begab er sich an Deck einer besonders schnell fahrenden Dschunke, in deren Kabine er sich nach Herzenslust in seine Bücher vertiefen konnte. In kurzer Zeit wurde Yangzhou erreicht, wo er im Hafenamt übernachtete.

Am nächsten Morgen wollte er sogleich nach Nanjing weiterfahren. Er hatte gerade die Dschunke bestiegen, als er am Ufer an die zwanzig vornehme Sänften bemerkte, die dort abgesetzt worden waren. Es handelte sich um reiche Salzhändler der Umgebung, die zum Teil Beamtenrang hatten. Sie warteten bereits auf Zhuang Shaoguang und schickten nun ihre Visitenkarten zu ihm. Da der Raum auf der Dschunke äußerst beschränkt war, ließ Zhuang zunächst nur zehn der Besucher vor. Darunter befanden sich entfernte Familienangehörige, die ihn als Verwandten anredeten. Von dem einen wurde er als Großonkel, von dem anderen als Onkel und von einem dritten als Bruder tituliert.

»Der Kaiser wollte Euch einen hohen Posten geben«, sagte einer der Besucher, »aber Ihr wolltet kein Beamter werden. Das ist wirklich ein sehr edles Betragen.«

»Mir sind Eure Absichten schon seit längerem bekannt«, fügte ›Fräulein Xiao‹ hinzu. »Da Ihr so klug und begabt seid, wollt Ihr den üblichen Pfad der Examina beschreiten und nicht auf Grund einer ehrenvollen Ernennung die höchsten Gipfel erklimmen. Heute kehrt Ihr nach Hause zurück, um dort die nächste Prüfung abzuwarten, die Ihr sicher als Bester bestehen werdet. Ihr könnt, da der Kaiser Euch schätzt, auf den ersten Platz hoffen.«

Zhuang Shaoguang lachte laut:

»Mir wurde die Ehre einer huldvollen Audienz zuteil. Wie könnt Ihr da behaupten, mir läge nichts daran, durch Empfehlung einen Posten zu erlangen? Ihr dagegen seid derjenige, der bestimmt mit dem ersten Platz bei der nächsten Prüfung rechnen kann. Ich für meine Person werde mich in die Stille und Verborgenheit zurückziehen und dort neidlos der Kunde Eures Ruhmes lauschen.«

Peinlich berührt, wechselte ›Fräulein Xiao‹ das Thema: »Wollt Ihr dem hiesigen Salzkommissar noch einen Besuch abstatten?«

»Nein, mein Herz verlangt nach der Heimat. Ich will so bald wie möglich fahren.«

Gleich darauf verabschiedeten sich die zehn Besucher

und verließen das Schiff. Nach ihnen erschienen die übrigen Kaufleute und Zhuang war nahe am Verzweifeln. Denn kaum daß die Kaufleute wieder gegangen waren, so meldeten sich schon der Salzkommissar der Provinz, dann jener des Bezirks und noch einige Salzbeamte, ferner der Präfekt von Yangzhou und der Kreisamtmann von Jiangdu. Zhuangs Erregung nahm mit jedem Besucher zu. Nachdem er den letzten Besucher hinausgeleitet hatte, befahl er dem Schiffer, schleunigst abzufahren. Als die Salzhändler am Abend mit einer Spende von sechshundert Unzen als Reisegeld für Zhuang Shaoguang am Fluß erschienen, war die Dschunke schon längst in der Ferne verschwunden, so daß sie unverrichteterdinge wieder heimkehren mußten.

Ein günstiger Wind brachte Zhuang bald zur Schwalbenklippe.

»Endlich seh ich dich wieder, du schöne Chang-Jiang-Landschaft«, jubelte er.

Er mietete sich ein kleineres Boot, ließ das Gepäck hinüberschaffen und fuhr geradewegs zum Westtor. Dort fand er einen Gepäckträger. Er selber begab sich gleich zu Fuß nach Hause, und nachdem er sich in der Halle vor den Ahnentafeln verneigt hatte, trat er vor seine Gattin und sagte lachend:

»Wollte ich nicht in spätestens zwei Monaten wieder hier sein? Willst du jetzt noch behaupten, daß ich dich damals angelogen habe?«

Die Frau stimmte fröhlich in das Lachen ihres Mannes mit ein. Nachdem er sich von dem Reisestaub gesäubert hatte, feierten sie bei einer Schale Wein das glückliche Wiedersehen.

Als Zhuang Shaoguang am anderen Morgen aufgestanden war und sich das Gesicht gewaschen hatte, kam der Diener herein und meldete:

»Ein Herr Gao aus Liuhe möchte Euch seine Aufwartung machen.«

Zhuang Shaoguang ging hinaus, seinen Gast zu begrüßen.

Nach Herrn Gao meldete sich ein höherer Verwaltungsbeamter der Provinz, dann der Präfekt von Yingtian, ferner der Inspektor für das Post- und Verkehrswesen, und diesem wiederum folgten zwei Kreisamtmänner auf dem Fuß. Schließlich strömten alle Nanjinger Honoratioren herbei. Der arme Zhuang Shaoguang mußte zahllose Male seine Stiefel an- und ausziehen. Am Ende riß ihm die Geduld, und er sagte wütend zu seiner Frau:

»Wie lange muß ich noch all diese Narren ertragen? Der Kaiser hat mir ja den Yuanwu-See geschenkt. Wir wollen uns gleich dorthin aufmachen.«

Gesagt, getan. Noch in der gleichen Nacht zog das Ehepaar Zhuang an den Yuanwu-See. Die weite Fläche des Sees ist fast genausogroß wie der Westsee bei Hangzhou. Von der Mauer am linken Seeufer aus konnte man den Tempel des Hahnenrufs sehen. In dem seichten Wasser wuchsen Wasserkastanien, Lotosblumen und Wasserlilien. Zweiundsiebzig Fischerboote gingen in See auf Fang aus. Alle Fische, die auf dem Nanjinger Morgenmarkt angeboten werden, stammen aus diesem See. In der Mitte des Sees sieht man fünf Inseln auftauchen; auf vieren davon befinden sich Bibliotheken. Auf dem mittleren Eiland war ein großer Park angelegt mit einigen Dutzend Gebäuden darin, die nun künftig Zhuangs neues Heim bilden sollten. Es gab hier eine Menge alter Laubbäume sowie Pflaumen- und Pfirsichbäume, Bananenstauden und Zimtsträucher; zu allen Jahreszeiten blühte es hier ununterbrochen. Jede Jahreszeit war mit dem ihr eigentümlichen Blumenflor vertreten. Außerdem gab es einen riesigen Bambushain. Durch die Fenster der Ahnenhalle konnte man nach allen vier Himmelsrichtungen Ausschau halten. Man sah den See, man sah die Berge – wahrlich, ein märchenhafter Anblick. Ein Boot wiegte sich an der Landungsbrücke, mit dem man jederzeit den See überqueren konnte. Andererseits brauchte man das Boot nur zurückzubehalten, um einem unerwünschten Gast den Zutritt zur Insel zu verwehren.

Nun wohnte Zhuang Shaoguang schon einige Tage in seinem Inselhaus. Eines Tages lehnte er neben seiner Frau am Geländer, schaute über das Wasser und sagte lachend:

»Sieh, wie die Berge leuchten und der See schimmert! All das gehört uns. Nach Belieben können wir hier lustwandeln und haben es nicht nötig, wie Du Shaoqing mit seinem Weinkrug den Qingliang-Berg hinaufzuklettern, um sich einmal an Blumen zu erfreuen. Kann es jemand besser haben als wir?«

In Mußestunden tranken sie den Wein aus vollen Schalen. Er bat seine Frau, sich neben ihn zu setzen und ihm aus Du Shaoqings Buch über die Dichtkunst vorzulesen; er lauschte ihr mit sichtlichem Vergnügen. Bei jeder trefflichen Stelle leerten sie eine Schale Wein und brachen in lautes Gelächter aus. Immer besser gefiel es Zhuang Shaoguang auf seiner Insel. Eines Tages stand ein Mann am jenseitigen Ufer und wünschte, übergesetzt zu werden. Zhuang Shaoguang ließ das Boot losmachen und hinüberrudern. Dann begab er sich zur Begrüßung ans Tor. Der Ankömmling war kein anderer als Lu Xinhou. Zhuang Shaoguang empfing ihn mit großer Freude.

»Seit wir uns damals unterwegs trafen, warte ich sehnsüchtig darauf, abermals mit Euch zusammen zu sein. Wie habt Ihr denn hierher gefunden?«

»Gestern fragte ich in Eurem ehemaligen Hause nach Euch. Man wies mich hierher. Man könnte Euch um Euer paradiesisches Dasein auf dieser Insel beneiden.«

»Ich lebe fernab von allem gesellschaftlichen Treiben, fast wie ein Einsiedler. Seid eine Zeitlang mein Gast, denn Ihr werdet sicher nicht so bald wieder zu meiner Insel kommen.«

Alsdann wurde Wein aufgetragen, und man trank bis zur dritten Nachtwache. Da stürzte ein Diener herein und rief aufgeregt:

»Der Vizekönig hat viele hundert Soldaten mit Tausenden von Fackeln geschickt. Alle zweiundsiebzig Fischerboote hat er beschlagnahmen lassen. Man setzte die Truppen über, und sie haben den ganzen Park umzingelt.«

Zhuang Shaoguang erschrak nicht wenig.

»Der Befehlshaber der Truppen hat die Empfangshalle betreten«, meldete ein zweiter Diener.

Zhuang Shaoguang eilte ihm entgegen; der Kommandant begrüßte ihn auf das höflichste.

»Was führt Euch zu mir?« fragte Zhuang Shaoguang.

»Mit Euch und Eurer werten Familie hat es nichts zu tun«, versetzte dieser und fuhr dann mit flüsternder Stimme fort: »Ein gewisser Lu Xinhou hält bei sich heimlich die Werke von Gao Qingqiu verborgen, die bekanntlich verboten sind. Man hat ihn bei der Behörde angezeigt. Da man aus Beijing uns benachrichtigte, er sei ein kühner Draufgänger, schickten wir Soldaten nach ihm aus, um ihn festzunehmen. Die Spuren des Gesuchten führen zu Eurem Haus. So bitten wir Euch, uns diesen Mann auszuliefern. Sagt ihm nicht das mindeste von unserem Vorhaben, damit er uns nicht entkommt.«

»Habt keine Sorge, Herr Kommandant, ich verbürge mich dafür, daß sich der Gesuchte morgen freiwillig bei Euch stellen wird.«

Nachdem der Kommandant dies vernommen hatte, sagte er:

»Ich brauche Euren Worten nichts mehr hinzuzufügen. Also auf Wiedersehen.«

Zhuang Shaoguang geleitete den Kommandanten bis ans Tor. Dieser gab sogleich seinen Soldaten den Befehl, ans andere Ufer zurückzufahren.

Lu Xinhou war aber schon über alles unterrichtet.

»Ich bin kein Feigling. Nichts liegt mir ferner, als zu flüchten und Euch dadurch ins Unglück zu stürzen. Morgen werde ich mich den Häschern stellen.«

»Nehmt einstweilen mit dem Gefängnis vorlieb«, sagte lachend Zhuang Shaoguang. »Ich bürge dafür, daß Ihr, noch ehe ein Monat verstrichen ist, wieder auf freiem Fuß seid.«

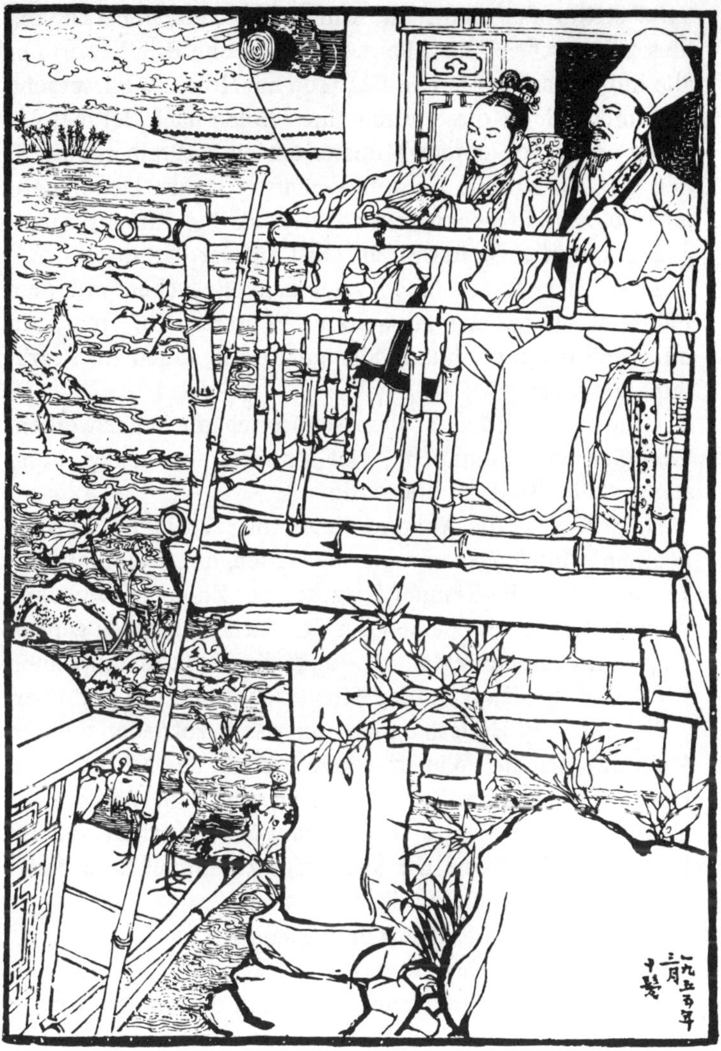
一九五五年三月
十髮

So stellte sich denn Lu Xinhou den Soldaten. Zhuang Shaoguang schrieb insgeheim mehr als zehn Briefe, worin er alle ihm bekannten hohen Beamten am Hofe um Fürsprache bat, und schickte diese durch einen Boten nach Beijing. Als wenig später von einem Ministerium ein Schreiben eintraf, ließ man Lu Xinhou frei und verhaftete seinen Denunzianten. Lu Xinhou bedankte sich vielmals bei Zhuang Shaoguang und blieb weiterhin als Gast auf der Parkinsel.

Zwei Tage darauf baten zwei neue Besucher, mit dem Fährboot übergesetzt zu werden. Es waren Chi Hengshan und Du Shaoqing. Zhuang Shaoguang ging ihnen zur Begrüßung entgegen.

»Wie merkwürdig! Soeben sehnte ich mich nach einem Gespräch mit Freunden«, rief Zhuang Shaoguang, »und schon stellen sich die Gäste ein.«

Darauf bat er die Ankömmlinge, im Seepavillon Platz zu nehmen. Chi Hengshan sagte, sie kämen, um Riten und Musik für den Taibo-Tempel festzusetzen. Zhuang Shaoguang veranstaltete für die beiden ein Trinkgelage, das den ganzen Tag währte. Dabei legten sie Punkt für Punkt die einzelnen Riten und die dazugehörige Musik schriftlich fest und übergaben alles Chi Hengshan, der sich damit zufrieden auf den Heimweg machte. Wie im Fluge verging das Neujahrsfest. Gegen Mitte des Zweiten Monats saß Chi Hengshan mit Ma Chunshang, Qu Shenfu, Ji Weixiao, Xiao Jinxuan und Jin Dongya im Flußhaus Du Shaoqings zusammen und beriet sich mit ihnen über den Taibo-Tempel.

»Wer soll dort die Opfer darbringen?«

Chi Hengshan sagte:

»Wir bauen diesen Tempel zu Ehren des großen Weisen Taibo, so müssen wir unbedingt den würdigen Schüler eines weisen Lehrers für diesen Posten auswählen. Lasset uns nach einem solchen Mann Ausschau halten.«

»Wer käme denn in Frage?«

Vielerlei Vorschläge wurden vorgebracht und wieder verworfen.

Da krümmte Chi Hengshan seine Finger und nannte einen Namen, der allgemeine Zustimmung fand.

Um welchen Mann es sich handelt, werdet ihr erfahren, wenn ihr das nächste Kapitel lest.

Sechsunddreissigstes Kapitel

Im Kreise Changshu wird ein großer Gelehrter geboren · Ein gerechter Lehrer stellt die Unschuld eines des Glücksspiels angeklagten Stipendiaten fest

Im Kreise Changshu der Präfektur Yingtian, dicht bei der Stadt Suzhou, liegt ein Dorf Linfuzhen, das zweihundert Familien zählt. Die meisten seiner Einwohner treiben Ackerbau. Ein einziger unter ihnen, ein gewisser Yu, bestand während der Regierungszeit des Kaisers Chenghua das erste Examen, aber er blieb dreißig Jahre lang das, was er war, nämlich ein Bakkalaureus, der in der Dorfschule unterrichtete. Das Dorf liegt von der nächsten Stadt nur etwa zehn Kilometer entfernt, dennoch war Herr Yu seit Ablegung seines Examens nie wieder dorthin gekommen. Er starb erst im achtzigsten Lebensjahr. Sein Sohn bestand kein Examen, aber gab ebenfalls Schulunterricht. Da er im reifen Mannesalter noch keinen Erben hatte, entschloß sich das Ehepaar Yu zu einem Bittgang beim Gott des Schrifttums, Wenchang. Dieser erschien ihnen im Traum und überreichte ihnen einen Zettel, auf dem folgender Satz aus dem ›Buch der Wandlungen‹ stand:

›Der Edle beweist seine Tugend durch eine gute Tat.‹

Wenig später war Frau Yu in gesegneten Umständen. Nach Ablauf von zehn Monaten gebar sie einen Knaben, den späteren Doktor Yu. Der alte Yu stattete dem Gott des Schrifttums seinen tiefen Dank ab. Er gab dem Neugeborenen die Namen ›Tugenderweis‹ und ›Gute Tat‹.

Mit drei Jahren verlor das Kind die Mutter. Der Vater,

der, wie gesagt, die Kinder der Dörfler unterrichtete, nahm den Knaben zu sich in die Schule. Drei Jahre später brachte er ihm die ersten Schriftzeichen bei.

Als der junge Yu zehn Jahre alt war, stellte der ehrwürdige Herr Qi aus dem Dorfe den alten Yu als Hauslehrer an, damit er seine Söhne unterrichtet. Sie verstanden sich gut miteinander. Als vier Jahre darauf der alte Yu starb, empfahl er in seiner Sterbestunde seinen nunmehr vierzehnjährigen Sohn der Obhut des Herrn Qi.

Dieser sagte zu dem Sterbenden:

»Euer Sohn unterscheidet sich auf das vorteilhafteste von anderen Jungen seines Alters. Ich trage mich deshalb mit der Absicht, ihn nach Eurem Tode als Hauslehrer für meine Söhne anzustellen.«

Gesagt, getan. Herr Qi ging ins Bibliothekszimmer und begrüßte den jungen Yu als neuen Lehrer. Sein ihn begleitender neunjähriger Sohn mußte das gleiche tun. Seit jenem Tage unterrichtete der junge Yu im Hause Qi. Der Kreis Changshu war ob seiner vielen gelehrten Männer weit und breit berühmt. Ein gewisser Yun Qingchuan zählte damals zu den besten Dichtern und Schriftstellern des Reiches. Bei ihm studierte der nunmehr siebzehnjährige Yu die Dichtkunst.

Eines Tages meinte jedoch Yun Qingchuan:

»Herr Yu, mit Gedichten und Abhandlungen könntet Ihr, ein armer Gelehrter, kaum etwas verdienen; Ihr müßt Euch nebenbei einige Fachkenntnisse erwerben, um Euer Leben fristen zu können. Seht, ich selbst habe mir in jungen Jahren Kenntnisse in der Geomantik, Wahrsagekunst und dem Auswählen von Begräbnisplätzen erworben. Dies alles will ich Euch nun beibringen und anwenden lernen, damit Ihr Euch vor Not und Elend sichern könnt.«

Dankbar nahm Yu den wohlgemeinten Rat an.

»Kauft Euch eine Sammlung von Prüfungsaufsätzen und bereitet Euch auf ein Examen vor. Eine bestandene Prüfung festigt Euer Amt als Lehrer.«

Der junge Yu hielt auch diesen Vorschlag für richtig und begann, sich mit Prüfungsaufsätzen zu beschäftigen.

Mit vierundzwanzig Jahren bestand Yu das Bakkalaureusexamen. Ein Jahr darauf stellte ihn ein gewisser Yang aus einem nahe gelegenen Dorf als Hauslehrer an mit einem jährlichen Gehalt von dreißig Unzen Silber. Yu trat seine neue Stellung im Ersten Monat an, kehrte jedoch am Jahresende zurück, um das Neujahrsfest im Kreis der Familie Qi zu begehen.

»Euer Vater bestimmte noch zu seinen Lebzeiten, daß Ihr Euch mit dem Hause Huang verbinden sollt. Ihr müßt jetzt heiraten«, sagte zwei Jahre später eines Tages der Alte Qi zu seinem Schützling.

Also legte man zu den im vergangenen Jahr von Yu ersparten zehn Unzen weitere zehn, die er sich als Vorschuß für das nächste Jahr geben ließ, und damit wurde die Hochzeit finanziert. Das junge Paar blieb noch einen Monat lang unter dem gastlichen Dach der Familie Qi, dann rief die Pflicht unseren Bakkalaureus wieder nach dem ›Dorf der Sippe Yang‹.

Als zwei Jahre verstrichen waren, hatte Yu sich von seinem Gehalt dreißig Unzen Silber erspart; dies reichte aus, um ein Haus mit vier Räumen neben dem Anwesen der Familie Qi zu erstehen. Nachdem der Umzug vonstatten gegangen war, mietete er sich einen kleinen Hausdiener.

Während Yu wieder bei den Yangs seiner Pflicht nachging, lebte die junge Frau allein mit dem jungen Burschen, der ihr täglich aus einem Marktflecken das nötige Brennholz, Reis, Öl, Salz oder Gemüse herbeischaffte. Im Laufe der Jahre schenkte Frau Yu ihrem Mann Söhne und Töchter. Krankheiten suchten die Mutter heim, aber das Gehalt des Lehrers reichte nicht für kostspielige Arzneien. Doch behalf man sich, so gut man konnte. Der Reisbrei, den die Frau täglich zu sich nahm, ließ sie allmählich genesen.

Im Alter von zweiunddreißig Jahren wurde Yu seine Stellung als Lehrer gekündigt. Auf die bange Frage seiner Frau:

»Was nun?« wußte Yu eine tröstliche Antwort: »Keine Sorge! Ich habe während der ganzen Zeit meiner Lehrertätigkeit niemals mehr als etwa dreißig Unzen im Jahr verdient. Nehmen wir an, daß mir am Beginn eines Jahres nur zwanzig Unzen zugesichert gewesen wären, so hätte ich mich um weitere Schüler bemüht oder Aufsätze korrigiert, um die zum Leben nötige Summe zu erreichen. Es gilt also, nur das Existenzminimum zu sichern, und alles übrige soll uns nicht bekümmern.«

Wenig später erfuhr Bakkalaureus Yu durch den alten Herrn Qi, daß ein gewisser Zheng aus einem entfernten Marktflecken ihn mit der Suche nach einer günstigen Grabstelle beauftragen wolle. Mit Hilfe eines Geomantenkompasses entledigte sich Bakkalaureus Yu gewissenhaft dieser Aufgabe. Nach der Beisetzung des Verstorbenen händigte die Familie Zheng unserm Yu zwölf Unzen Silber aus. Herr Yu mietete sich für die Heimfahrt einen kleinen Kahn. Es war zur Zeit des ersten Frühlingsmonats, und die Ufer prangten im Schmuck der Pfirsichblüten und des frischen Grüns der Weiden. Ein leichter Wind kam auf, und Bakkalaureus Yu gab sich ganz seinem Wohlbehagen hin. In einem idyllischen Ort begegnete ihm ein Fischerboot mit Kormoranen. Als Yu sich neugierig aus dem Bootsfenster beugte, bemerkte er mit Entsetzen, wie sich jemand vom anderen Ufer in den Fluß stürzte. Hastig veranlaßte er den Bootsmann, den Unglücklichen zu retten. Dieser wurde schließlich, triefend vor Nässe, in den Kahn gehoben. Glücklicherweise herrschte mildes Wetter. Bakkalaureus Yu bat den Bootsmann, dem Geretteten trockene Kleider zu geben. Dann nötigte er ihn in die Kabine, bot ihm Platz an und fragte nach dem Grund der unbedachten Tat.

»Ich bin ein Bauer aus dem hiesigen Ort«, begann der Unbekannte, »und habe mehrere Morgen Pachtland bearbeitet. Aber der Grundbesitzer steckte meine Ernte in seine Tasche. Das Maß meines Unglücks wurde voll, als mein kranker Vater starb. Woher sollte ich denn das Geld für seinen

Sarg nehmen? ›Was habe ich Armer noch auf der Welt zu suchen?‹ dachte ich und beschloß, in den Tod zu gehen.«

»Die Liebe zu Eurem Vater darf Euch doch nicht in den Tod treiben? Ich habe soeben zwölf Unzen Silber bekommen. Da ich einige Monate davon leben muß, kann ich Euch leider nicht die ganze Summe schenken. Nehmt diese vier Unzen und bittet Eure Verwandten und Nachbarn um das übrige. So könnt Ihr Euren Vater in Ruhe begraben.«

Alsbald kramte Bakkalaureus Yu in seinem Gepäck, holte das Silber hervor, wog vier Unzen ab und reichte sie dem Bauern. Dieser nahm das Geld unter vielen Dankesbezeugungen entgegen.

»Wie heißt denn mein großer Wohltäter?« fragte er dann.

»Yu, aus dem Dorfe Linfuzhen. Doch nun los! Erfüllt Eure Sohnespflichten. Was sollen wir noch viel reden!«

Unter abermaligen Dankesworten entfernte sich der Mann.

In der zweiten Hälfte des gleichen Jahres bekam Yu einen neuen Lehrerposten. Im Spätwinter gebar die Frau einen Knaben. Da der Alte Qi der Urheber von Yus ganzem Glück war, nannte man den Neugeborenen ›Dank an Qi‹. Die nächsten sechs Jahre übte Yu weiterhin sein Lehreramt aus.

Im Alter von einundvierzig Jahren meldete er sich zum Magisterexamen. Der Alte Qi begleitete ihn ein Stück Wegs.

»Herr Yu, ich denke, Ihr werdet ganz oben in der Liste derer stehen, die die Prüfung bestanden haben.«

»Wie kommt Ihr darauf?«

»Weil Ihr im geheimen so viel Gutes getan habt.«

»Woher wißt Ihr denn das?«

»Ihr habt für die Begräbnisstätte fremder Leute gesorgt und keine Mühe dabei gescheut. Kurz darauf habt Ihr jemandem das Leben gerettet, der seinen Vater nicht bestatten konnte. Sind dies etwa keine guten Taten?«

Bakkalaureus Yu mußte lächeln:

»Aber wenn dies im geheimen geschehen sein soll, wie konnte es Euch dann zu Ohren kommen?«

»Gleichviel, für mich sind es heimliche Wohltaten, und Ihr werdet gewiß die Prüfung bestehen.«

So fuhr Herr Yu denn nach Nanjing, als er aber nach Hause kam, hatte er sich eine Erkältung zugezogen und mußte das Bett hüten. Nachdem das Prüfungsergebnis bekanntgegeben worden war, kamen Boten aus Nanjing ins Dorf und erschienen im Hause Yu, gefolgt von dem Alten Qi, der immer wieder voller Freude rief:

»Herr Yu, Ihr habt bestanden!«

Herr Yu lag im Bett. Er besprach sich mit seiner Frau, die daraufhin Kleider ins Pfandhaus trug, um den Boten ein Trinkgeld aushändigen zu können. Wieder genesen, fuhr der nunmehrige Magister nach Beijing, um dort seinen Lebenslauf zu überreichen. Nach seiner Rückkehr brachten ihm Verwandte und Bekannte wie auch sein Hauswirt Geschenke.

Yus Versuch, gleich anschließend in Beijing die Reichsprüfung zu bestehen, mißglückte. Es traf sich aber, daß ein gewisser Herr Kang aus Changshu nach Shandong reiste, um sein neues Amt als Gouverneur anzutreten. Herr Kang überredete Herrn Yu, mit ihm zu kommen, in seinem Yamen zu arbeiten und für ihn Gedichte und Aufsätze zu verfassen.

Im Yamen des Gouverneurs war auch ein Herr You Zishen beschäftigt. Dieser fand großen Gefallen an den Essays und Gedichten des Herrn Yu und bat ihn, sein Schüler werden zu dürfen. Er wohnte mit ihm in einem Hause und fragte ihn früh und spät nach seinen Ansichten. Da der Himmelssohn damals gerade nach weisen Männern Ausschau hielt, beschloß der Gouverneur, einen Gelehrten für Beijing vorzuschlagen.

»Zur Zeit gibt der Kaiserliche Hof Empfänge, und so möchte ich Gouverneur Kang bitten, Euch dorthin zu entsenden.«

Yu lachte laut auf.

»Hierzu fühle ich mich nicht berufen. Überlassen wir es gänzlich Herrn Kang, wen er vorschlagen will. Es würfe kein gutes Licht auf unseren Charakter, wenn wir ihn um diese Gunst bäten.«

»Nun, wenn Ihr nicht wollt, dann wartet eben, bis Euch der Kaiser selbst zu sich ruft. Vielleicht wird er Euch in einer Audienz empfangen, vielleicht aber auch nicht. Wenn Ihr jedoch eine Euch angebotene Beamtenstelle ablehnt, werden die hohen Vorzüge Eures Charakters noch deutlicher in Erscheinung treten.«

»Was redet Ihr denn für Unsinn? Es ist beides Heuchelei, ob ich nun Herrn Kang um ein Empfehlungsschreiben an den Kaiser bitte oder ein mir angebotenes Amt ablehne«, meinte Magister Yu und brach abermals in schallendes Gelächter aus.

Nachdem er zwei Jahre in Shandong zugebracht hatte, versuchte er nochmals sein Glück im Reichsexamen. Auch diesmal fiel er durch. So fuhr er wieder nach dem Süden und setzte dort seine Lehrertätigkeit fort.

Drei Jahre später – Yu war inzwischen fünfzig Jahre alt geworden – reiste er in Begleitung des Hausmeisters Yan der Familie Yang nach Beijing. Diesmal erwarb er sich den Doktortitel und bestand die Palastprüfung in der zweiten Klasse. Der Hof gedachte daraufhin, ihn in die Hanlin-Akademie aufzunehmen. Aber was geschah? Unter den Prüfungskollegen Yus gab es fünfzig- und sechzigjährige Herren, doch diese gaben in ihren Lebensläufen durchweg ein falsches Alter an. Einzig Doktor Yu nannte sein wahres Alter. Als der Kaiser seine Personalien durchlas, sagte er:

»Dieser Yu ist schon zu alt; gebt ihm ein stilles Ehrenamt.«

Alsbald wurde Yu zum Lehrer am Kaiserlichen Kolleg in Nanjing ernannt. Yu nahm die Kunde mit Freuden auf.

»Nanjing ist eine idyllisch gelegene Stadt, von Bergen und Wasser umgeben und nicht fern meiner Heimat. Ich hole mir Weib und Kind dorthin und werde sicher ein weit besseres Leben führen als ein armer Hanlin-Akademiker.«

Darauf nahm Doktor Yu Abschied von seinen Examinatoren und einigen hohen Herren, die aus seiner Heimat stammten. Ein Herr Wang, einer der Kaiserlichen Vorleser, bat ihn um folgendes:

»Am Kaiserlichen Kolleg zu Nanjing studiert ein Mann namens Wu Shu, mit Literatennamen Zhengzi, der für seine Mutter mit rührender Liebe sorgt und außerordentlich begabt ist. Nehmt Euch seiner etwas an.«

Doktor Yu sagte es ihm zu, packte seine Sachen und brach am anderen Tag auf. In Nanjing angelangt, ließ er durch einen Diener seine Frau aus Changshu holen. Sie wurde von ihrem Sohn, der inzwischen schon achtzehn Jahre alt geworden war, begleitet.

Doktor Yu meldete sich bei Exzellenz Li, dem Leiter des Kaiserlichen Kollegs. Dann bestieg er den amtlichen Ehrensessel. Alle Schüler des Kollegs machten vor ihm den Kotau. Auf einer der zahlreichen Besuchskarten las er den Namen Wu Shu. Er fragte sogleich:

»Welcher von euch ist Herr Wu Shu?«

Aus dem Menschenknäuel löste sich ein kleiner, untersetzter Mann. »Euer Schüler Wu Shu.«

»In Beijing kam mir die Kunde von Eurer kindlichen Liebe zu Eurer Mutter zu Ohren; auch lobte man mir Eure Begabung.«

Nachdem er solchermaßen Wu Shu begrüßt hatte, bat er alle Anwesenden Platz zu nehmen.

Wu Shu aber begann:

»Der Rang Eurer Schriften, verehrter Lehrer, übersteigt die Höhe der Berge. Welch ein Glück für uns Schüler, nun Eurer segensreichen Belehrung teilhaft zu werden.«

»Als Neuling bitte ich Euch um Eure wohlmeinenden Ratschläge. Wie lange studiert Ihr bereits an diesem Kolleg?«

»Nun, ich will Euch alles sagen. Mein Vater starb früh, und so mußte ich auf dem Lande für meine Mutter sorgen. Da ich weder Schwester noch Bruder habe, mußte ich für Kleidung und Nahrung selbst aufkommen. Solange meine

Mutter lebte, konnte ich niemals daran denken, mich auf eine Prüfung vorzubereiten. Nur mit Hilfe des Herrn Du Shaoqing aus Tianchang konnte ich meine Mutter würdig begraben. Späterhin lernte ich bei Du Shaoqing das Dichten«, berichtete Wu Shu.

»Bei You Zishen las ich damals die ersten Gedichte Du Shaoqings. Ich fand sie ausgezeichnet. Lebt der Dichter hier in der Nähe?« erkundigte sich Doktor Yu.

»Ja, er wohnt in der Flußvilla bei der ›Glücklichen Überfahrt‹.«

»Lebt Herr Zhuang Shaoguang, dem der Kaiser den Yuanwu-See schenkte, immer noch auf seiner Insel?«

»Gewiß, aber für Besucher ist er nur schwer erreichbar.«

»Dennoch möchte ich ihm meine Aufwartung machen.«

»Ich, Euer Schüler«, begann Wu Shu von neuem, »verstand früher nicht im mindesten, achtgliedrige Aufsätze zu verfassen. Deshalb habe ich auch, als ich mich wegen meiner Armut um eine Lehrerstelle bewarb, keine bekommen. So blieb mir nichts anderes übrig, als weiterhin Aufsätze zu studieren und es zu lernen, sie nachzuahmen. Ich meldete mich zur Prüfung und bestand sie. Dann bekam ich ein Stipendium. Wahrhaftig, meine Aufsätze taugen wirklich nichts. Jedesmal aber war ich der Beste, wenn in Poesie geprüft wurde. Als voriges Mal ein Examinator Studenten aus acht Schulen prüfte, schnitt ich am besten ab. Deshalb schickte man mich in dieses Kolleg. Aber achtgliedrige Aufsätze sind wirklich nicht meine Stärke.«

»Auch mir fehlt die Geduld, achtgliedrige Aufsätze zu schreiben«, bekannte Doktor Yu.

»Solche Aufsätze habe ich auch nicht zur Begutachtung eingereicht«, versetzte Wu Shu. »Ich schreibe vielmehr kurz- und langzeilige Gedichte, Erklärungen zu alten Texten und Erläuterungen zu besonders schwierigen Stellen. Sobald ich mit alledem fertig bin, möchte ich Euer wertes Urteil einholen.«

»Ich bewundere Eure Begabung. Schön, wenn Ihr Gedichte

und Aufsätze im alten Stil fertig habt, will ich sie sorgfältig durchlesen. Ist dem Andenken Eurer Mutter von amtlicher Seite aus schon eine Ehrung zuteil geworden?«

»Meine Mutter hätte zwar allen Anspruch darauf, doch wie soll ich bei meiner Mittellosigkeit die amtlichen Gebühren dafür aufbringen? So konnte ich ungeachtet meines schlechten Gewissens bis heute noch nichts in dieser Hinsicht unternehmen.«

»Wie dürften wir hier noch länger säumen?«

Doktor Yu ließ Pinsel und Tusche bringen.

»Herr Wu Shu, schreibt sofort einen kurzen Bericht über den Lebenswandel Eurer Mutter.«

Darauf rief er den Sekretär zu sich und befahl ihm:

»Befürwortet auf der Stelle den Antrag des Herrn Wu Shu, damit dieser sofort weitergegeben werden kann. Ich komme für alle Ausgaben auf.«

Der Sekretär entfernte sich wieder, während Wu Shu mit einem Kotau seine Dankbarkeit bezeugte. Auch die übrigen dankten für die Freundlichkeit, die Doktor Yu ihrem Studienkameraden Wu Shu erwiesen hatte. Schließlich führte Doktor Yu die Schüler hinaus.

Am anderen Tag machte Doktor Yu einen Besuch bei Zhuang Shaoguang auf dem Yuanwu-See. Aber der Hausherr ließ sich verleugnen. Alsdann begab er sich zu der Flußvilla und wurde von Du Shaoqing freundlich empfangen. Im Verlauf des Gesprächs kam die Rede darauf, daß Du Shaoqings Urgroßvater, seinerzeit der Erste im Palastexamen, einmal durch Changshu gekommen war und bei dieser Gelegenheit Doktor Yus Großvater zum Schüler angenommen hatte. Daraufhin richtete Du Shaoqing an Doktor Yu die Bitte, ihn Onkel nennen zu dürfen. Sie sprachen von alten Zeiten. Doktor Yu erwähnte, wie sehr er sich eine Begegnung mit Zhuang Shaoguang gewünscht hätte; leider wäre aber sein heutiger Besuch vergeblich gewesen.

»Er weiß nichts von Euch. Ich werde deshalb zu ihm gehen und ihm von Euch erzählen.«

Anderntags fragte Du Shaoqing seinen Freund Zhuang Shaoguang auf der Insel:

»Warum wolltet Ihr gestern Doktor Yu nicht empfangen?«

Zhuang Shaoguang lachte:

»Weil ich mich an Beamtenhüten satt gesehen habe. Wenn er auch nur ein kleiner Beamter ist, möchte ich doch nichts mit ihm zu tun haben.«

»Oh, dieser Doktor Yu ist nicht von der üblichen Sorte. Er hat nichts von der bei Gelehrten so häufigen Hochnäsigkeit und hat erst recht nichts mit den so aufgeblasenen Doktoren gemein, vielmehr erinnert er seinem ganzen bescheidenen Wesen nach an die Dichter und Philosophen des Altertums. Überzeugt Euch doch selbst davon!«

So entschloß sich Zhuang Shaoguang zu einem Gegenbesuch. Und siehe da, Doktor Yu und er wurden Freunde auf den ersten Blick. Doktor Yu gefiel das ruhige Wesen des Zhuang Shaoguang, und dieser wiederum bewunderte die gepflegten Manieren des Doktor Yu. So schlossen sie Freundschaft fürs Leben.

Ein halbes Jahr später wollte Doktor Yu seinen Sohn mit der Enkelin des Alten Qi, die früher seine Schülerin gewesen war, vermählen. Mit dieser Heirat hoffte er, die Güte des Alten Qi ein wenig zu vergelten. Die Familie Qi schickte das Mädchen in Begleitung einer Zofe in das Kolleg zu Doktor Yu.

Nach der Hochzeit seines Sohnes gab Doktor Yu die Zofe seinem Hausmeister Yan zur Frau. Der Hausmeister wollte für das Mädchen zehn Unzen Silber bezahlen, Doktor Yu aber verwahrte sich dagegen:

»Du brauchst neues Bettzeug und Kleider. Betrachte diese zehn Unzen als mein Hochzeitsgeschenk für dich.«

Der Hausmeister dankte mit einem Kotau.

Bald glänzte der zweite Frühlingsmond am Himmel. Der von Doktor Yu anläßlich seines Amtsantritts gepflanzte Pflaumenbaum prangte zu seinem Entzücken in dem ersten rötlichen Blütenschmuck. Doktor Yu ließ den Hausmeister unter dem blühenden Baum eine Festtafel richten und lud Du Shaoqing zur Hochzeitsfeier ein. Als sie unter den roten Blüten saßen, meinte Doktor Yu:

»Lieber Shaoqing, der Frühling beginnt sich zu regen. Wie wäre es, wenn wir einmal durch die großen Pflaumengärten wanderten, mit einem Krug Wein in der Hand?«

»Ich hegte den gleichen Wunsch und wollte gerade Euch und Bruder Zhuang Shaoguang zu einem Tagesausflug einladen.«

In diesem Augenblick traten zwei Männer ein, die nahe dem Kaiserlichen Kolleg wohnten, Chu Xin und Yi Zhao, alte Studienfreunde des Doktor Yu. Dieser begrüßte sie sogleich und forderte sie zum Sitzen auf. Die beiden aber überließen Du Shaoqing den Ehrenplatz, dann schenkte man ihnen Wein ein.

»Euren Geburtstag, Herr Lehrer, müßt Ihr jetzt im Vorfrühling feiern; dies ist die schönste Jahreszeit dazu. Wenn Ihr einverstanden seid«, fuhr Yi Zhao fort, »besorge ich gleich die Einladung.«

»Das ist unmöglich, ich bin doch im Herbst geboren.«

»Was macht das schon«, meinte Yi Zhao, »Ihr könnt ja im Herbst ein zweites Mal Geburtstag feiern.«

»Wo gibt's denn so was! Laßt bitte Eure Scherze und trinkt mit uns einen Becher Wein.«

Du Shaoqing mußte herzlich lachen.

»Lieber Shaoqing, ich habe ein Anliegen an Euch«, sagte Doktor Yu. »Im Hause des Prinzen von Zhongshan lebte eine tugendhafte Frau, die es vorzog, lieber zu sterben, als nach dem Tode ihres Mannes wieder zu heiraten. Für sie soll ich einen Nachruf schreiben. Hier sind achtzig Unzen Silber, die für die nötigen Auslagen bestimmt sind. Übernehmt diese Arbeit; das Geld jedoch verwendet bitte für unseren Ausflug.«

»Onkel Yu, könnt Ihr denn nicht selber solch einen Nachruf schreiben? Warum wollt Ihr mich damit betrauen?«

Doktor Yu lachte:

»Wie sollt ich mich mit Euren schriftstellerischen Gaben messen? Nehmt das Geld und schreibt den Nachruf.«

Er entnahm seiner Rocktasche eine kurze Schilderung der Verdienste der Verstorbenen, während er dem Diener befahl, Du Shaoqings Leuten zwei Silberpäckchen auszuhändigen. Der Diener kam mit dem Silber und verkündete:

»Der junge Herr Tang ist gekommen.«

»Führ ihn herein!«

Der Diener übergab das Silber einem kleinen Burschen und verschwand.

»Herr Tang ist mein Neffe«, erklärte Doktor Yu. »Als ich nach Nanjing versetzt wurde, überließ ich ihm ein Haus mit einigen Wohnräumen. Deshalb wird er sicherlich gekommen sein.«

Inzwischen trat der junge Herr Tang ein und begrüßte alle Anwesenden. Nach einigen höflichen Worten sagte er:

»Euer Haus, lieber Onkel, habe ich, da ich in der letzten Zeit kein Geld zum Leben hatte, verkauft.«

»Das nehme ich dir nicht übel. Du hast kein Einkommen gehabt; die Familie mußte leben, und da hast du das Haus eben verkauft. Um mir diese unwichtige Sache mitzuteilen, brauchtest du doch nicht eine so lange Reise zu machen.«

»Aber ich habe doch kein Unterkommen. Ich wollte von Euch etwas Geld borgen, um mir ein paar Zimmer mieten zu können.«

»Ja, ja. Irgendwo mußt du schon eine neue Bleibe finden. Hier habe ich zufällig etwa vierzig Unzen. Nimm das Geld und miete dir einige Räume.«

Der junge Tang, damit zufriedengestellt, hatte keine weiteren Wünsche mehr. Nachdem die Tafel aufgehoben worden war, verabschiedete sich Du Shaoqing, während Chu Xin und Yi Zhao noch Doktor Yu Gesellschaft leisteten.

»Welche Beziehungen habt Ihr eigentlich zu Du Shaoqing?« fragte Yi Zhao.

»Unsere Vorväter waren miteinander befreundet. Er ist ein hochbegabter Mann.«

»Ich spreche nicht gern davon«, begann Yi Zhao zögernd, »doch jedermann in Nanjing weiß, wie sehr er, der ursprünglich wohlhabend war, im Laufe der Zeit heruntergekommen ist und sich nun hier herumtreibt, wo er durch Lug und Trug sich Geld zu verschaffen sucht. Er ist ein völlig charakterloser Mensch.«

»Warum ist er denn charakterlos?«

»Jedermann macht sich über ihn lustig, weil er mit seiner Frau von Weinschenke zu Weinschenke zieht.«

»Hierin zeigt sich doch gerade seine Originalität und Vornehmheit. Wie soll der Pöbel darüber urteilen können?«

»Ihr mögt recht haben, aber das nächste Mal überlaßt ihm lieber keine einträglichen literarischen Arbeiten. Er hat sich niemals einer Prüfung unterzogen. Was er hervorbringt, dürfte deshalb kaum viel taugen. Ihr dürft Euren Ruf nicht durch ihn gefährden lassen. So mancher aus dem Kaiserlichen Kolleg, der sich vor keiner Prüfung zu scheuen braucht, würde diese Arbeit übernehmen und sogar umsonst.«

Doktor Yu entgegnete mit größtem Ernst:

»So aber verhält es sich mit dieser Sache nicht. Alle kennen Du Shaoqings große Fähigkeiten und sind von seinen Gedichten entzückt. Wenn ich ihm solche Aufträge vermittle, fällt auch auf mich ein Abglanz seines Ruhmes. Die Summe, die mir hierfür zur Verfügung stand, betrug hundert Unzen; so habe ich sogar noch zwanzig für meinen Neffen übrigbehalten.«

Nach diesen Worten schwiegen die beiden Gäste und verabschiedeten sich bald von Doktor Yu.

Am anderen Morgen schickte die Präfektur von Yingtian einen Stipendiaten; er hatte angeblich verbotenerweise um Geld gespielt und sollte dafür bestraft werden. Er wurde in eine Kammer gesperrt, und der Yamendiener berichtete Doktor Yu von dem Vorkommnis.

»Herr, wo sollen wir ihn unterbringen?« fragte er.

»Führt ihn einstweilen zu mir herein.«

Der Stipendiat, ein gewisser Duan, der vom Lande stammte, trat weinend herein, fiel auf die Knie und beteuerte seine Unschuld.

»Dann ist ja alles gut«, entschied Doktor Yu.

Vorerst behielt er ihn in seiner Bibliothek und speiste mit ihm an einem Tisch. Doktor Yu stellte ihm sogar seinen Bettsack zur Verfügung. Am anderen Tag erzählte er dem Präfekten den wahren Sachverhalt und erwirkte den Freispruch des Stipendiaten Duan.

Dieser dankte mit einem Kotau und sagte:

»Niemals in meinem Leben werde ich Euch Eure Güte entgelten können, selbst wenn ich meinen Körper verstümmeln und meine Knochen zerschlagen würde.«

»Was war denn das schon weiter! Ich mußte einfach für Euch eintreten, weil man Euch zu Unrecht beschuldigt hatte.«

»Ihr habt ja weit mehr getan, als nur für mich einzutreten. Wie man mich in den Gewahrsam brachte, machte ich mir die schrecklichsten Vorstellungen, auf welche Weise Ihr, Herr Lehrer Yu, mich bestrafen würdet. Aber was geschah? Ihr habt mich geradezu wie einen Ehrengast behandelt. Ich entging nicht nur dem Verlies, sondern genoß Eure ehrenvolle zweitägige Gastfreundschaft. Wie kann ich meine Dankbarkeit Euch erweisen?«

»Begebt Euch eiligst nach Hause. Diese dumme Sache hat Euch ohnehin schon viele Tage gekostet. Was soll das lange Gerede.«

Wenige Tage darauf erschien der Pförtner mit einer roten Besuchskarte, auf der folgendes zu lesen war:

›Euer ergebener Chi Hengshan, Ma Chunshang, Ji Weixiao, Qu Shenfu, Euer Schüler Wu Shu, Yu Kui, Euer Neffe Du Shaoqing. – Wir alle grüßen herzlich.‹

›Was sie nur von mir wollen?‹ Mit dieser Frage im Herzen eilte Doktor Yu seinen Besuchern entgegen.

Auf diese Frage wird uns erst das neue Kapitel Antwort geben.

Siebenunddreissigstes Kapitel

Um einem Heiligen aus alter Zeit zu opfern, einigt man sich in Nanjing über die dazu erforderlichen Riten
Ein pietätvoller Sohn bricht nach Sichuan auf, um seinen Vater zu suchen

Doktor Yu ging hinaus und empfing die Schar der Besucher. Alle begrüßten sich und nahmen Platz. Dann ergriff Chi Hengshan das Wort:

»Wir kommen wegen der Wahl eines Opferleiters für den Taibo-Tempel. Da es sich hier um einen großen Heiligen aus alter Zeit handelt, geht die allgemeine Ansicht dahin, einen Weisen als Opferleiter zu wählen, damit wir uns nicht schämen müssen. Daher sind wir gekommen, um Euch gemeinsam zu bitten, diesen Posten anzunehmen.«

Doktor Yu erwiderte:

»Wie sollte ich es wagen, Eurer Bitte zu entsprechen? Wohl möchte ich gern an dem großen Einweihungszeremoniell teilnehmen. An welchem Tag soll es denn stattfinden?«

»Am ersten Tag des Vierten Monats. Findet Euch bitte einen Tag früher im Tempel ein, um in der letzten Nacht vor der Feier an der Fastenübung teilzunehmen und dann die Zeremonie zu leiten«, sagte Chi Hengshan.

Doktor Yu erklärte sich dazu bereit und bot dann allen Gästen Tee an. Danach verabschiedeten sie sich und gingen gemeinsam zur Flußvilla Du Shaoqings, wo sie sich niederließen.

»Ich fürchte, wir sind noch zu wenig«, meinte Chi Hengshan, »um die ganze Feier würdig zu leiten.«

»Es ist gerade ein Freund aus meinem Heimatkreis gekommen«, erwiderte Du Shaoqing, stellte Zang Liaozhai den übrigen vor, und alle verbeugten sich.

»Wir zählen auf Eure Mitwirkung bei der großen Opferfeier«, sagte Chi Hengshan.

»Ich werde gern daran teilnehmen«, sagte Zang Liaozhai und empfahl sich.

Am neunundzwanzigsten Tag des Dritten Monats rief Chi Hengshan alle, die sich an der Feier beteiligen wollten, zusammen, und zwar Du Shaoqing, Ma Chunshang, Ji Weixiao, Jin Dongya, Lu Huashi, Xin Dongzhi, Qu Shenfu, Yu Hesheng, Lu Xinhou, Doktor Yu, Zhuge Tianshen, Jing Lanjiang, Guo Tiebi, Xiao Jinxuan, Chu Xin, Yi Zhao, Ji Tianyi, Jin Yuliu, Zong Mu'an, Wu Shu und Zang Liaozhai. Sie verließen durch das Südtor die Stadt; bald gesellte sich auch Zhuang Shaoguang zu ihnen.

In vielen Terrassen stieg der Taibo-Tempel empor. Links neben dem Haupttor lag die Kammer, wo das Opferfleisch vorbereitet wurde. Hinter dem Tor dehnte sich ein weiter Hof. Und wieder ging es über Dutzende von Terrassen durch drei Tore auf einen kleinen Platz, von wo eine Treppe in die Wandelhalle führte. In den Korridoren rechts und links befanden sich Gedenktafeln von großen Weisen vergangener Zeiten. Mitten in der großen Halle hatte man Taibos Seelentafel aufgestellt; davor stand ein Opfertisch mit Weihrauchkessel und Kerzenständern. Hinter der Halle kam man wieder zu einem Platz und dann über eine Treppe zu einem hohen Turm, dem zu beiden Seiten je ein Bibliotheksraum und drei Zimmer angefügt waren. Alle betraten den Tempel durch das Haupttor, über dem auf einer Tafel mit goldenen Schriftzeichen zu lesen war: ›Ehrentempel des Taibo‹. Eine ebensolche Tafel erblickte man hoch über sich, wenn man durch den östlichen Korridor der Wandelhalle zur Haupthalle schritt; auf dieser Tafel stand: ›Turm der rituellen Übung‹.

Unsere Freundesschar machte eine Weile in der östlichen Bibliothek Rast. Chi Hengshan öffnete das Turmtor und stieg mit Ma Chunshang, Wu Shu und Enkel Qu hinauf, um die Musikinstrumente herabzuholen und sie in die obere und untere Halle zu schaffen.

Die Gebetstafel stellten sie in der oberen Halle auf; neben dem Opfertisch brachten sie eine Fahne an, die dem Dirigenten dazu dienen sollte, Anfang und Ende der Musik anzuzeigen. Kerzen fanden ihren Platz in der unteren Halle, während man am zweiten Tor Waschbecken und weiße Tücher zum Reinigen der Weingefäße unterbrachte.

Jin Cifu und Bao Tingxi kamen mit einer Musikkapelle, ausgerüstet mit Klangsteinen, kleinen und großen Harfen, Flöten, Wirbeltrommeln, Klappern, Mundorgeln, großen Glocken, Gongs und Zymbeln. Sechsmal sechs Tanzknaben kamen herein und begrüßten die Anwesenden. Sie trugen in der linken Hand rote Flöten und in der rechten lange Fasanenfedern. Gegen Nachmittag traf Doktor Yu ein. Zhuang Shaoguang, Chi Hengshan, Ma Chunshang und Du Shaoqing begrüßten ihn. Nach dem Tee legten sie Festtracht an und besichtigten die Opfertiere. Alsdann übernachteten alle in den Bibliotheksräumen des Tempels.

Um die fünfte Nachtwache öffnete man weit die Tempeltore. Man zündete allenthalben Lampen und Kerzen an, in der oberen und unteren Halle, vor und hinter den Toren und auf den Wandelgängen. Auch die Fackeln im Hof wurden entzündet.

Chi Hengshan bestimmte hierauf Doktor Yu zum ersten und Zhuang Shaoguang zum zweiten Opferleiter. Als noch ein dritter Opferleiter gesucht wurde, meinten fast alle:

»Wir schlagen Herrn Chi Hengshan vor, und falls dieser ablehnen sollte, Du Shaoqing.«

»Nein, wir beide möchten Festordner bleiben.«

»Wie wäre es dann mit Herrn Ma Chunshang, der aus Zhejiang stammt, also aus der Heimat des Taibo?«

Herr Ma lehnte energisch ab, schließlich schob man ihn gewaltsam zu den beiden anderen Opferleitern hin. Chi Hengshan und Du Shaoqing führten nun die drei Gewählten in die Opferkammer, damit dort die Zeremonien zur Vorbereitung des Opferfleisches vorgenommen werden konnten. Mit der Aufsicht über die Zeremonien wurde Jin Dongya beauftragt, während Wu Shu auf die Fahne zu achten und Zang Liaozhai die Gebete zu überwachen hatte. Xin

Dongzhi und Yu Hesheng waren für den Wein verantwortlich, Enkel Qu und Lu Xinhou für die Nephritschale, Zhuge Tianshen, Jing Lanjiang und Guo Tiebi für den Brokat, Xiao Jinxuan, Chu Xin und Yi Zhao für die Hirse, Ji Tianyi, Jin Yuliu und Zong Mu'an für die übrigen Opferspeisen. Lu Huashi wurde ersucht, Jin Dongya bei der Beaufsichtigung der Zeremonien behilflich zu sein. Dann begab man sich zum zweiten Tor.

Dreimal rasselten die Trommeln. Jin Cifu und Bao Tingxi nahmen mit ihren Musikern und den sechsunddreißig Tanzknaben vor der zweiten Halle Aufstellung.

Jin Dongya und Lu Huashi betraten die Halle. Da blieb Jin Dongya stehen und gab bekannt:

»Die anwesenden Herren mögen ihres Amtes walten.«

Die Musiker griffen zu ihren Instrumenten.

»Begebt Euch an Eure Plätze!« rief Enkel Qu.

Wu Shu, der die Fahne trug, geleitete die Herren, die für die Opferkrüge, die Nephritschale und den Brokat verantwortlich waren, auf ihre Plätze östlich des Platzes vor der Halle, und Zang Liaozhai, dem die Gebete oblagen, führte er vor die Gebetstafel in der Halle. Westlich vor der Halle befahl er jenen, die für die Opferspeisen zu sorgen hatten, Aufstellung zu nehmen, und gesellte sich dann selber zu ihnen. Dann rief Jin Dongya mit lauter Stimme:

»Die Musik soll beginnen!«

Und sogleich vernahm man von unten und oben den Klang der Instrumente.

Abermals hörte man Jin Dongya rufen:

»Begrüßt die Seelen!«

Chi Hengshan und Du Shaoqing, die Weihrauchstäbchen in den Händen hielten, verneigten sich, ihr Antlitz dem Tor zugewandt.

Dann rief Jin Dongya: »Sofort mit der Musik aufhören!«

Die Klänge erstarben. Wiederum ertönte Jin Dongyas Stimme:

»Opferhelfer an die Plätze.«

Chi Hengshan und Du Shaoqing gingen hinaus und holten Zhuang Shaoguang und Ma Chunshang herbei. Sie blieben auf dem freien Platz vor der Halle stehen, dicht neben dem ›Platz der Begrüßung‹.

Jin Dongya befahl nunmehr:

»Erster Opferleiter soll sich an seinen Platz begeben!«

Die Festordner führten Doktor Yu auf die Mitte des ›Platzes der Begrüßung‹. Chi Hengshan und Du Shaoqing stellten sich zu beiden Seiten des Räucheraltars auf.

»Nehmt die Waschungen vor!« ließ sich Chi Hengshan vernehmen und führte mit Du Shaoqing Doktor Yu zum Waschbecken.

»Opferleiter an den Räucheraltar!« ordnete Jin Dongya an.

In der auf dem Altar stehenden Weihrauchbüchse aus Sandelholz steckten viele rote Fähnchen; eines davon zog Du Shaoqing heraus; es trug die Aufschrift: ›Weihrauch brennen!‹

Doktor Yu trat an den Altar.

»Kniet nieder!« rief Chi Hengshan.

»Nun räuchern und den Boden besprengen. Beten, aufstehen, sich tief verneigen, beten, aufstehen! Kehrt zu Eurem alten Platz zurück.«

Du Shaoqing zog ein zweites Fähnchen heraus, diesmal mit der Aufschrift ›Musik‹.

Jin Dongya rief:

»Spielt die Hymne an den Gott der Musik!«

Die Musiker in der oberen Halle, geleitet von Jin Cifu, begannen zu spielen.

Nach einer Weile verstummte die Musik, und Jin Dongya befahl:

»Das erste Opfer muß dargebracht werden!«

Lu Huashi brachte eine Tafel aus der Halle, auf der man las: ›Erstes Opfer‹. Chi Hengshan und Du Shaoqing gaben Doktor Yu das Geleit, und Wu Shu schritt mit erhobener Fahne voran. Am östlichen Teil des Platzes schlossen sich Ji Weixiao mit dem Opferkrug, Enkel Qu mit der Nephritschale und Zhuge Tianshen mit dem Brokat an. Von der westlichen Seite her näherten sich Xiao Jinxuan und Ji Tianyi mit der Hirse und den Opferspeisen. In der Haupthalle angelangt, postierten sich Du Shaoqing und Chi Hengshan rechts und links neben dem Opfertisch, während Ji Weixiao mit dem Opferkrug, Enkel Qu mit der Nephritschale, Zhuge Tianshen mit dem Brokat wie Xiao Jinxuan und Ji Tianyi mit der Hirse und mit den Opferspeisen hinter ihnen Aufstellung nahmen.

»Kniet nieder!« rief Chi Hengshan.

Doktor Yu kniete vor dem Opfertisch nieder.

»Wein opfern!« erscholl es nun.

Ji Weixiao reichte Doktor Yu kniend den Wein, der ihn alsogleich darbrachte.

»Die Nephritschale!«

Enkel Qu kniete nieder und übergab Doktor Yu die Schale, der sie ebenfalls auf dem Altar darbrachte.

»Den Brokat!«

Zhuge Tianshen hielt Doktor Yu den Brokat zur Opferung hin.

»Die Hirse!«

Xiao Jinxuan übergab Doktor Yu die Hirse.

»Die übrigen Opferspeisen!«

Ji Tianyi reichte Doktor Yu die Speisen.

Nachdem das Opfer beendet war, begab man sich wieder in die untere Halle.

Chi Hengshan befahl:

»Kniet nieder, betet, steht auf!«

Nun ließ sich wieder Jin Dongya vernehmen:

»Spielt zuerst die Weise der höchsten Tugend und tanzt sodann den Reigen der höchsten Tugend.«

Leise setzte die Musik ein, und alsdann tanzten die sechsunddreißig Knaben, wobei sie die roten Flöten und die Fasanenfedern in den Händen hielten. Als Musik und Tanz beendet waren, rief Jin Dongya:

»Opfert an den Stufen. Kniet nieder! Lest die Gebete!«

Zang Liaozhai las kniend von der Tafel das Gebet ab.

»Nun geht wieder an Eure Plätze«, befahl Chi Hengshan.

Zhuang Shaoguang und Ma Chunshang führten Doktor Yu in die Haupthalle. Die zweite Opferhandlung begann, und alles vollzog sich genauso wie beim ersten Mal. Ein drittes Opfer beschloß die Zeremonie. Schließlich gab Jin Dongya die Anweisung, all die zur Opferfeier benötigten Gegenstände wegzuräumen.

Du Shaoqing zog ein rotes Fähnchen heraus, das die Aufschrift trug: ›Laßt die Gongs ertönen!‹ Eine laute Musik setzte ein.

Du Shaoqing und Chi Hengshan geleiteten Doktor Yu unter den Klängen der Musik in die untere Halle. Doktor Yu kniete vor dem Opfertisch nieder, und alle beteten noch einmal. Dann trank man den Glückswein und verspeiste das Opferfleisch. Nachdem man die Festgewänder abgelegt hatte, begab man sich zu dem hinteren Turm. Jin Cifu und Bao Tingxi führten die Musiker und die Tanzknaben zu den Bibliotheksräumen.

Die Köche hatten eine Kuh und vier Schafe geschlachtet und sechzehn Tafeln gerichtet. Im Turmzimmer speisten vierundzwanzig der Herren an acht Tischen. Die übrigen Gäste bewirtete man in den Bibliotheksräumen.

Nachdem man den halben Tag geschmaust hatte, begab sich Doktor Yu in einer Sänfte nach Hause. Einige der Herren benutzten ebenfalls Sänften, die anderen gingen zu Fuß. Zu beiden Seiten des Weges drängten sich Neugierige. Greise wurden von ihren Söhnen, die oft noch ein Kind an der Hand hielten, geführt. Lauter Jubel brauste auf, als die Herren erschienen.

»Was soll denn das, ihr Leute?« fragte lachend Herr Ma Chunshang.

»Wir sind alles gebürtige Nanjinger«, erwiderte aus der Menge ein alter Mann. »Manche leben schon an die achtzig Jahre hier, aber keiner von uns hat jemals ein so herrliches

Fest erlebt und so herrliche Musik vernommen. Manche unter uns glauben sogar, der Opferleiter sei ein Heiliger, der sich zu uns Sterblichen herabbegeben hätte. Deshalb sind so viele zusammengeströmt.«

Ein fröhlicher Zug bewegte sich zur Stadt hin.

Einige Tage später nahmen Ji Weixiao, Xin Dongzhi und Jin Yuliu von Doktor Yu Abschied, weil sie nach Yangzhou reisen wollten. Herr Ma Chunshang und Enkel Qu begaben sich in die Flußvilla, um Du Shaoqing, ehe sie nach Zhejiang zurückkehrten, Lebewohl zu sagen. Außer dem Hausherrn und seinem Freund Zang Liaozhai fanden sie dort noch einen Dritten vor, bei dessen Anblick Enkel Qu heftig erschrak.

›Das ist doch kein anderer als Zhang Tiebei‹, fuhr es ihm durch den Sinn, ›der im Hause meines Onkels Lou mit einem Schweinekopf Unfug getrieben hat. Wie kommt dieser Kerl hierher?‹

Man begrüßte sich. Herr Zhang fühlte sich durch die Anwesenheit Enkel Qus peinlich berührt und stierte vor sich hin, ohne ein einziges Wort zu sagen. Nach dem Essen brachen Herr Ma und Enkel Qu auf und wurden von Du Shaoqing bis ans Tor gebracht. Enkel Qu fragte den Hausherrn:

»Wie kommt Ihr dazu, mit diesem Zhang zu verkehren?«

»Herr Zhang Junmin stammt aus meiner Heimat.«

Enkel Qu lachte laut auf und berichtete in wenigen Worten, daß dieser merkwürdige Herr eigentlich Zhang Tiebei hieße und seinem Onkel Lou seinerzeit in Zhejiang einen üblen Streich gespielt habe. »Nehmt Euch in acht«, fügte er hinzu, »mit diesem Mann ist nicht zu spaßen.«

»Ich danke Euch für diesen Hinweis; nun weiß ich über alles Bescheid.«

Wieder ins Zimmer zurückgekehrt, fragte Du Shaoqing seinen Gast:

»Junmin, hießt Ihr früher nicht Tiebei?«

Der Gefragte wurde puterrot und sagte:

»Ja, als ich klein war.«

Da Du Shaoqing auf seine weiteren Fragen auch nur unklare Antworten erhielt, forschte er nicht mehr weiter. Zhang Tiebei, der sich durchschaut fühlte, zog es vor, einige Tage später mit Zang Liaozhai in Richtung Tianchang aufzubrechen. Xiao Jinxuan und seine beiden Begleiter, die Nanjing nicht verlassen konnten, weil sie ihre Miete und Zeche schuldig geblieben waren, flehten Du Shaoqing um Hilfe an. Dieser gab ihnen ein paar Unzen, und so vermochten sie die Rückreise anzutreten. Ehe Herr Zong Mu'an nach Huguang reiste, bat er Du Shaoqing um eine Widmung, was dieser ihm unverzüglich gewährte. Als er seinen Gast ans Tor geleitete, stieß er auf den eben eintretenden Wu Shu.

»Ach, Wu Shu, wie lange haben wir uns doch nicht gesehen? Wo habt Ihr inzwischen gesteckt?«

»Vorgestern fand wieder ein Examen statt. Ich habe abermals den ersten Platz in der ersten Klasse errungen.«

»Nun, da kann man Euch ja nur gratulieren!«

»Aber dabei ist etwas Merkwürdiges passiert.«

»Was denn?«

»Das Kollegium ordnete an, daß vor der Prüfung Leibesvisitationen stattfinden sollten, damit eine ebenso strenge Kontrolle wie bei den Provinzialprüfungen gewährleistet sei. Die Prüfungsaufgaben bestanden aus zwei Kapiteln aus den Vier Klassischen Büchern und einem Kapitel aus den Fünf Kanonischen Büchern. Einer meiner Studienkameraden, dessen Spezialgebiet ›Frühling und Herbst‹ ist, schmuggelte ein gedrucktes Exemplar mit hinein. Als er einmal verschwinden mußte, gab er seinen Aufsatz in Verwahrung, aber unglücklicherweise befand sich darin noch der gedruckte Text. Zufälligerweise war gerade Doktor Yu an der Reihe, im Prüfungssaal die Aufsicht zu führen; dabei wurde er von einigen anderen Herren begleitet. Doktor Yu schlug das Heft auf, entdeckte den verbotenen Text, nahm ihn heraus und versteckte ihn geistesgegenwärtig in seinem Stiefelschaft. Die anderen Aufseher fragten ihn, was denn los sei. ›Ach, nichts von Belang‹, meinte er. Als der Schüler wiederkam, gab Doktor Yu ihm seine Arbeit zurück und flüsterte ihm verstohlen zu:

›Nehmt sie an Euch und schreibt weiter an Eurem Aufsatz! Aber laßt nicht noch einmal einen gedruckten Text im Heft liegen. Zu Eurem Glück bin ich es gewesen, der diese Entdeckung machte. Was wäre geschehen, wenn es ein anderer gefunden hätte!‹ Der Schüler erschrak noch nachträglich über die Maßen. Als die Listen veröffentlicht wurden, erwies es sich, daß er das Examen in der zweiten Klasse bestanden hatte. Er ging zu Doktor Yu, um sich bei ihm zu bedanken. Dieser tat aber so, als würde er sich an überhaupt nichts erinnern: ›Ich weiß nichts von der Sache; Ihr müßt Euch in der Person geirrt haben.‹ Zufällig stand ich gerade daneben, um mich auch für die bestandene Prüfung zu bedanken. Als mein Studienkamerad fortgegangen war, fragte ich Doktor Yu: ›Herr Lehrer, warum wolltet Ihr denn diese Sache nicht zugeben? Sollte er etwa Euch seinen Dank nicht abstatten?‹ – ›Ein Studierender darf in seiner Ehre nicht gekränkt werden‹, gab mir Doktor Yu zur Antwort. ›Zwar glaubte er, mir danken zu müssen, doch er hätte vor Beschämung nicht ein und aus gewußt, wenn die Rede noch einmal auf den peinlichen Vorfall gekommen wäre.‹ Nicht wahr, Du Shaoqing, so etwas Merkwürdiges erlebt man selten?«

»Ach, bei Doktor Yu ist das nichts Außergewöhnliches.«

»Ich weiß von ihm noch etwas viel Lustigeres zu erzählen. Doktor Yu hatte die Zofe, die seine Schwiegertochter mit in die Ehe gebracht hatte, dem Hausmeister Yan zur Frau gegeben. Als dieser Lump sah, daß es im Yamen sauber und gerecht zuging und kein Geld zu holen war, beschloß er vor einigen Tagen, seinen Posten zu verlassen und auf und davon zu gehen. Nun hatte Doktor Yu seinerzeit für die Zofe nicht einen Käsch verlangt und sie ihm umsonst überlassen. Da er nun die Zofe mitnehmen wollte, hätte jeder andere sich nach dem Kaufpreis erkundigt. Was aber sagte Doktor Yu, als er davon hörte? ›Gut, Ihr könnt fortgehen. Aber wovon wollt Ihr künftig leben?‹ Und er schenkte ihnen zehn

Unzen Silber. Außerdem empfahl er ihn dem Yamen eines Kreisamtmanns als Diener. Sagt, ist das nicht ein komisches Verhalten?«

»Von einer solchen Sklavenseele erwartet Doktor Yu keine Dankbarkeit. Kaum einer ist so großmütig wie er.«

Wu Shu wurde von Du Shaoqing zum Essen eingeladen. Danach verabschiedete er sich. Er war gerade bis zur Lishe-Brücke gekommen, da begegnete er einem Mann mit einer viereckigen Kappe, einem alten Rock, einem seidenen Gürtel und einem Paar Strohsandalen. Er trug ein Bündel auf dem Rücken. Sein Gesicht war hager und verwittert und sein Bart schon völlig ergraut. Er legte sein Gepäck ab, verneigte sich vor Wu Shu, der über seinen Anblick höchst erstaunt war.

»Drei Jahre sind vergangen, seit wir uns in Jiangningzhen trennten. Wohin hat Euch seither Euer Weg geführt, Herr Guo?«

»Oh, das ist mit ein paar Worten nicht zu schildern. Laßt uns in ein Teehaus gehen!«

Als sie sich dort niedergelassen hatten, begann Herr Guo zu erzählen:

»Auf der Suche nach meinem Vater durchwanderte ich beinahe das ganze Reich. Einmal hieß es, er lebe im Süden. Also wandte ich mich dorthin. Dann hörte ich, er halte sich in den Bergen von Sichuan auf. Er habe sein Haupt geschoren und sei buddhistischer Mönch geworden. Darum habe ich mich nun nach Sichuan auf den Weg gemacht.«

»Wie traurig ist das alles! Aber die lange, weite Reise dorthin wird viel Mühsal mit sich bringen. Soviel mir erinnerlich ist, arbeitet in der Präfektur Xi'an ein Amtmann You, der ein Studienfreund unseres Doktor Yu ist. Doktor Yu soll Euch ein Empfehlungsschreiben an ihn mitgeben, da Xi'an auf Eurem Weg liegt. Wenn Ihr kein Reisegeld mehr habt, kann Amtmann You Euch gewiß unterstützen.«

»Wie komme ich ungelehrter Mensch dazu, einen so gebildeten Akademiker aufzusuchen?«

»Einige Schritte von hier wohnt Du Shaoqing. Begleitet mich zu seinem Haus. Alles übrige werde ich dann schon in die Wege leiten.«

»Du Shaoqing? Der berühmte Gelehrte von Tianchang, der sich weigerte, dem Ruf des Hofes zu folgen?«

»Ja, der ist's.«

»Ihm mache ich gern einen Besuch«, sagte Herr Guo.

Sie verließen das Teehaus und gingen gemeinsam zur Flußvilla. Du Shaoqing kam ihnen entgegen, begrüßte sie und fragte:

»Wer ist dieser Herr?«

Wu Shu entgegnete:

»Guo Tieshan. Seit zwanzig Jahren durchstreift er alle Provinzen auf der Suche nach seinem Vater. Wegen seiner großen Sohnesliebe ist er überall berühmt.«

Als Du Shaoqing dies hörte, begrüßte er Herrn Guo ein zweites Mal und bot ihm den Ehrenplatz an.

»Wieso fehlt von Eurem Herrn Vater seit Jahrzehnten jede Spur?«

Herr Guo mochte darauf nicht antworten, aber Wu Shu flüsterte Du Shaoqing ins Ohr:

»Er war Vizegouverneur von Jiangxi, ging zum Friedenskönig über und ergriff später die Flucht.«

Du Shaoqing erschrak sichtlich, aber im stillen achtete er das Verhalten des Fremden und ersuchte ihn, das Gepäck abzulegen, eine Nacht in seinem Haus zu verbringen und erst am nächsten Tag weiterzureisen.

»Euer Edelmut wird im ganzen Reich gerühmt. Darum ziere ich mich nicht weiter, sondern bleibe gern bei Euch über Nacht.«

Du Shaoqing ging hinaus, um mit seiner Frau Rücksprache zu halten. Diese ließ daraufhin Herrn Guos Kleider waschen und bewirtete ihn reichlich mit Speise und Trank. Als Wu Shu erklärte, er wolle von Doktor Yu ein Empfehlungsschreiben besorgen, meinte Du Shaoqing:

»Das ist ein Kinderspiel. Herr Guo bleibt hier, während ich mit Bruder Wu Shu den gewünschten Brief besorge.«

Wie die Geschichte weitergeht, hören wir im folgenden Kapitel.

Achtunddreissigstes Kapitel

Der pietätvolle Herr Guo begegnet in den Bergen einem Tiger und einem Einhorn · Der Abt des Waldklosters trifft mit seinem Todfeind in einem Teehaus zusammen

Du Shaoqing bat Herrn Guo, noch in der Flußvilla zu bleiben. Er selber begab sich mit Wu Shu zu Doktor Yu ins Kolleg, unterrichtete ihn kurz über Herrn Guo und ersuchte ihn um ein Empfehlungsschreiben, das dieser nach Xi'an mitnehmen sollte. Doktor Yu hörte aufmerksam zu und meinte dann:

»Selbstverständlich gebe ich ihm einen Brief mit, aber damit ist es noch nicht getan. Woher soll Herr Guo das Geld zu einer so langen Reise nehmen? Du Shaoqing, überbringt ihm bitte zehn Unzen Silber, aber erzählt ihm nicht, daß sie von mir stammen.«

Doktor Yu schrieb unverzüglich den Brief und überreichte Du Shaoqing das Geld. Dieser kehrte mit Wu Shu in die Flußvilla zurück. Um Herrn Guo noch etwas zukommen zu lassen, verpfändeten die beiden Freunde Kleider, wofür sie sechs Unzen bekamen. Sie überredeten Herrn Guo, noch einen Tag zu bleiben. Zhuang Shaoguang, dem man ebenfalls von Herrn Guo erzählt hatte, schrieb auch einen Empfehlungsbrief und schickte für die Reise vier Unzen Silber mit.

Am übernächsten Tag gab Du Shaoqing Herrn Guo ein Abschiedsfrühstück, zu dem sich auch Wu Shu eingefunden hatte. Sie halfen dem Gast, sein Bündel zu schnüren, und überreichten ihm die Empfehlungsbriefe und zwanzig Unzen Silber. Herr Guo weigerte sich, das Geld einzustecken.

»Ihr könnt diese Kleinigkeit ruhig annehmen. Es ist ein Geschenk von uns Südchinesen und ganz bestimmt kein Diebesgut.«

Nun sträubte sich Herr Guo nicht mehr. Nachdem er tüchtig gegessen hatte, nahm er Abschied, und Du Shaoqing und Wu Shu gaben ihm noch bis zum Tor Hanxi das Geleit.

Guo Tieshan war vom frühen Morgen bis zum späten Abend unterwegs. Schließlich erreichte er die Provinz Shaanxi. Da Amtmann You im Kreis Tongguan residierte, mußte Herr Guo einen Umweg machen. Amtmann You Ruiting, ein weithin berühmter, aus Nanjing stammender Gelehrter, hatte zu Beginn seiner Amtstätigkeit im vergangenen Jahr eine wirklich gute Tat vollbracht. Ein Kantonese hatte seine Frau auf dem Wege in die Verbannung an die Grenze von Shaanxi mitgenommen. Unterwegs ereilte den Verbannten der Tod. Die Frau stand weinend und schluchzend auf der Straße, doch als einige Leute sie anredeten, konnten sie den Dialekt der Frau nicht verstehen. So führte man sie denn in den Yamen. Herr You begriff sogleich, daß die Frau wieder in die Heimat zurückkehren wollte, und es ergriff ihn ein großes Mitleid mit ihr. Von seinem Gehalt schenkte er ihr fünfzig Unzen und befahl einem alten Amtsboten, sie nach Hause zu bringen. Er selbst nahm ein Stück weißer Seide und schilderte darauf ergreifend ihre Not. Darunter setzte er seine Unterschrift und das Siegel des Kreises Tongguan. Dem alten Boten schärfte er noch ein:

»Begleite diese Frau und weise den verschiedenen Präfekturen und Kreisämtern diese Seidenrolle vor, erbitte die Stempel der jeweiligen Behörde und bringe mir eine amtliche Bestätigung von ihrem Eintreffen in ihrem Heimatort mit.«

Der Amtsdiener versprach, alles treulich zu erfüllen, und als die Frau mit einem Kotau gedankt hatte, machte er sich mit ihr auf den Weg. Nach Ablauf eines Jahres erschien der Bote wieder in Tongguan und berichtete: »Alle Herren, die

Euer Schreiben lasen, fühlten sich zutiefst gerührt. Einige spendeten zehn Unzen, andere acht und wieder andere sechs. Als die Frau in ihrer Heimat anlangte, besaß sie mehr als zweihundert Unzen Silber. Ich brachte sie dann zu ihrer Familie, und die ganze Verwandtschaft, mehr als hundert Personen, dankten für die erwiesene Gnade, indem sie ihre Blicke gen Himmel richteten. Auch mir dankten sie mit Kotaus und nannten mich einen Bodhisattwa. So fiel auch auf meine geringe Person ein Abglanz Eurer guten Tat.«

Amtmann You war über diesen Bericht hocherfreut und schickte den Boten mit einer Belohnung von mehreren Unzen Silber nach Hause. Wenig später brachte der Pförtner eine Besuchskarte. Es war Herr Guo, der sich mit dem Empfehlungsschreiben Doktor Yus meldete. Amtmann You las das Schreiben, wurde von tiefer Bewunderung für Herrn Guo erfüllt und bat ihn sogleich herein. Nachdem sie sich begrüßt und Platz genommen hatten, ließ er sofort ein Essen auftragen. Aber kaum, daß sie zu plaudern begonnen hatten, meldete der Pförtner, Herr You müsse sofort zu einer Leichenschau aufs Land fahren.

»Verehrter Herr, mich rufen leider meine Amtspflichten. Erst übermorgen kann ich wieder zurück sein. Bleibt inzwischen hier, damit ich mich dann Eurer Belehrung erfreuen kann. Zudem möchte ich Euch ein Schreiben an einen alten Freund in Chengdu mitgeben. Sagt darum bitte nicht nein.«

»Ich entspreche gern Eurem Wunsch, aber wie dürfte ich ungebildeter Mensch in einem Yamen wohnen? Schickt mich bitte in eine bescheidene Klause irgendwo in dieser Gegend, wo ich mich für einige Tage aufhalten kann.«

»Es gibt wohl hier einige kleine Tempel, nur sind sie allzu unbequem. Doch in der Nähe befindet sich ein Waldkloster mit einem sehr gutmütigen Abt. Dort werde ich Euch hinschicken.« Nach diesen Worten wandte er sich an einen Yamendiener: »Schaffe Herrn Guos Gepäck in das Waldkloster, bestelle dem Abt meine besten Grüße und sage ihm, Herr Guo käme auf meine Empfehlung.«

Guo Tieshan nahm Abschied, Herr You begleitete ihn bis vors Tor, und der Amtsdiener führte den Gast zum Waldkloster. Der Mönch, der die Gäste zu betreuen hatte, meldete ihn beim Abt an, der alsbald erschien und die beiden zum Tee einlud. Nachdem der Amtsdiener alles ausgerichtet hatte, machte er sich wieder auf den Heimweg.

»Seid Ihr schon lange Abt dieses Klosters?« fragte Guo Tieshan.

»Nein, ich war früher in der Klause des Süßen Taus in Wuhu, später stand ich in Beijing dem Tempel der Verteidigung des Reiches vor. Des Lärmens und Treibens in der Hauptstadt überdrüssig, habe ich mich in dieser Abgeschiedenheit niedergelassen. Euer Name ist Guo. Was führt Euch nach Chengdu?«

Guo Tieshan war von dem offenen, gütigen Antlitz seines Gegenübers tief beeindruckt:

»Was ich Euch jetzt erzähle, würde ich einem anderen nie anvertrauen.«

Und Guo Tieshan berichtete, daß er auf der Suche nach seinem Vater sei. Die Seufzer und Tränen des Mönches zeigten, wie sehr er an allem Anteil nahm. Er brachte den Gast in seiner Zelle unter und bereitete ihm ein fleischloses Abendessen. Herr Guo wiederum schenkte dem Mönch zwei Birnen, die er unterwegs erstanden hatte. Dieser nahm sie mit Dank entgegen. Der Klosterkoch brachte zwei große irdene Gefäße an die Tempelstufen und tat in jedes eine der Birnen. Darauf schüttete er mehrere Eimer Wasser zu und zerstieß die Birnen mit Hilfe einer Stange. Dann schlug er auf ein großes Holzbrett, auf dem Wolkengebilde eingeschnitzt waren, und alsbald strömten zweihundert Mönche herbei, und jeder von ihnen trank eine Schale Wasser aus den Gefäßen. Guo Tieshan nickte zustimmend mit dem Kopf, konnte aber einen Seufzer nicht unterdrücken, daß nun auf diese Weise nicht nur der Abt, sondern alle etwas von den Birnen bekommen hatten.

Am dritten Tag kehrte, wie versprochen, Amtmann You

zurück. Er lud Herrn Guo zum Essen ein und überreichte einen Brief sowie fünfzig Unzen Silber:

»Befändet Ihr Euch nicht auf der Suche nach Eurem Vater, so hätte ich Euch gebeten, noch länger zu bleiben. Diese fünfzig Unzen sollen Euch als Reisegeld dienen. In Chengdu müßt Ihr unbedingt Herrn Xiao Haoxuan ausfindig machen und ihm diesen Brief übergeben. Er ist noch ein Weiser vom alten, guten Schlag. Er wohnt am Ostberg, zehn Meilen unterhalb der Stadt. Wenn Ihr Xiao Haoxuan ausfindig machen könnt, wird sich alles übrige von selbst ergeben.«

Überzeugt von der aufrichtigen Gesinnung des Amtmanns You, nahm Guo Tieshan, ohne sich viel zu sträuben, Geld und Brief an, verabschiedete sich und begab sich zum Abt des Waldklosters. Indem er seine Handflächen zusammenlegte, sagte der Abt:

»Wenn Ihr Euren Vater gefunden habt, müßt Ihr, um meine Sorgen zu zerstreuen, mir eine Nachricht zukommen lassen.«

Guo Tieshan versprach es; dann machte er sich auf den Weg, während der Mönch im Kloster verschwand. Mit seinem Bündel auf dem Rücken wanderte er tagelang über schmale, steile Bergpfade. Ängstlich tastete er sich oft Schritt für Schritt vorwärts. Eines Abends dunkelte es bereits, ehe er eine Niederlassung erspähte. Nach einer Weile begegnete er einem Mann. Er verbeugte sich und fragte höflich:

»Onkel, wie weit ist es noch bis zur nächsten Herberge?«

»Noch gut sechs Meilen. Aber sputet Euch, Fremdling! Nachts streicht hier auf diesem Pfad ein Tiger herum; so ist größte Vorsicht geboten.«

Infolge dieser Warnung beschleunigte Guo Tieshan seine Schritte. Inzwischen war es völlig Nacht geworden. Zum Glück schaute der Mond aus einer Bergsenke hervor. Es war mitten im Monat, und je mehr der Mond am Himmel emporklomm, um so heller wurde es ringsumher.

Guo Tieshan durchquerte im Mondschein einen Wald, da fuhr ihm ein heftiger Windstoß mitten ins Gesicht. Das welke Laub der Bäume raschelte laut. Im nächsten Augenblick sprang ein Tiger auf ihn zu. Mit einem Schreckensschrei glitt Guo Tieshan zu Boden. Der Tiger stürzte sich auf ihn und begrub ihn unter sich.

Nachdem das Raubtier eine Weile über seinem Opfer, das die Augen geschlossen hielt, gehockt hatte, schien es anzunehmen, Guo sei schon tot, und ließ von ihm ab. Dann scharrte es ein Loch in den Boden, schleifte seine Beute dorthin und deckte sie mit welkem Laub zu. Verstohlen beobachtete Guo Tieshan, daß der Tiger sich immer weiter in Richtung des Berggipfels von ihm entfernte. Ab und zu warf ihm das Tier aus rotunterlaufenen Augen tückische Blicke zu. Als es sich genügend davon überzeugt hatte, daß sein Opfer sich nicht mehr regte noch rührte, tauchte es hinter einer Böschung unter.

Guo Tieshan kroch vorsichtig aus der Grube hervor. ›Das Ungeheuer ist fürs erste verschwunden. Was soll ich aber machen, wenn es wiederkommt und mich auffressen will?‹

Unschlüssig stand er eine Zeitlang da. Schließlich kletterte er auf einen in der Nähe befindlichen hohen Baum. Aber er fühlte sich dort noch keineswegs sicher. Durch sein gräßliches Gebrüll konnte ja der Tiger bewirken, daß er vor Schreck vom Baum fiele. Doch dann kam ihm ein guter Gedanke. Er band sich mit seinen Fußlappen an einem Ast fest. Am Ende der dritten Nachtwache – der Mond strahlte nunmehr in seinem vollen Glanze – kehrte der Tiger zurück. Ihm folgte ein schneeweißes Etwas mit einem Horn auf dem Kopf und mit Augen, die wie zwei rote Laternen glühten. Guo Tieshan konnte aus dem seltsamen Lebewesen bei bestem Willen nicht klug werden.

Dieses nicht zu enträtselnde Geschöpf ließ sich nun in nächster Nähe von Guo Tieshan auf der Erde nieder. Der Tiger sprang eiligst zur Grube, um nach seiner Beute zu suchen. Als er entdeckte, daß die Grube leer war, kauerte er sich ängstlich zusammen. Das merkwürdige Tier jedoch spreizte wütend seine Pranken, und mit einem einzigen Hieb schlug es dem Tiger den Kopf ab. Der Tiger streckte sich lang aus und verendete. Dem weißen Ungeheuer sträubten sich die Haare; es hob den Kopf und entdeckte auf dem vom Mond beschienenen Baumwipfel einen Menschen. Dann machte es einen gewaltigen Sprung auf den Ast zu, an den sich Guo Tieshan klammerte, verfehlte aber sein Ziel und stürzte herab. Das Tier nahm zu einem zweiten Sprung Anlauf. Um ein Haar hätte es diesmal Guo Tieshan zu fassen bekommen; nur um eine knappe Elle verfehlte es sein Ziel.

»O weh! Diesmal muß ich gewiß dran glauben!«

Jedoch beim dritten Sprung ereignete sich etwas Unerwartetes. Das Ungeheuer prallte nämlich gegen die Spitze eines kahlen Astes, der sich in unmittelbarer Nähe von Guo Tieshan befand. Die Astspitze drang tief in den Bauch des Tieres ein. Da half kein Zerren und Zappeln mehr; je wilder das Tier sich gebärdete, um so tiefer bohrte sich der Ast in seinen Leib. Schließlich erlahmten seine Kräfte, und es verendete.

Gegen Tagesanbruch nahten Jäger, die mit Pfeil und Bogen sowie mit Gabelspießen ausgerüstet waren. Sie erschraken nicht wenig beim Anblick der beiden Tierkadaver. Von seinem Baum herunter rief Guo Tieshan die Männer um Hilfe an. Diese halfen ihm auch sogleich beim Heruntersteigen und überschütteten ihn mit Fragen.

»Ich bin unterwegs auf Reisen; der Himmel hatte Erbarmen mit mir und hat mich vor dem Tode bewahrt. Ich will meinen Weg unverzüglich fortsetzen. Schafft die Tiere zum Yamen und laßt Euch die Belohnung auszahlen!«

Die Jäger holten ihren Proviant hervor, der aus Hirsch- und Rehfleisch bestand, und forderten Guo Tieshan auf, tüchtig zuzugreifen. Alsdann nahmen sie sein Gepäck auf und begleiteten ihn noch zwei Meilen weit. Nachdem sie Abschied genommen hatten, zog Guo Tieshan mit seinem

Bündel auf dem Rücken allein seines Weges dahin. Nach einigen Tagen stieß er auf eine kleine Talklause und fand dort Unterkunft. Der Mönch fragte ihn nach dem Woher und Wohin; dann verzehrten sie ein fleischloses Mahl. Plötzlich gewahrten sie am Himmel einen roten Schein, der von einer Feuersbrunst herzurühren schien. Guo Tieshan ließ vor Schreck seine Eßschale fallen.

»O weh! Es brennt!«

Der Mönch lachte:

»Herr Gelehrter, bleibt ruhig sitzen. Mein Freund, der Heilige Bruder des Schnees ist angelangt.«

Das Mahl war beendet, der Einsiedler räumte das Geschirr weg, stieß das Fenster auf und wies hinaus:

»Schaut einmal dorthin, Herr Gelehrter!«

Guo Tieshans Blicke folgten dem Finger des Mönchs. Was mußte er zu seinem Entsetzen sehen? Auf dem gegenüberliegenden Berg hockte ein Ungeheuer mit einem Horn auf dem Kopf; sein einziges Auge lag hinter seinem einen Ohr. Es war ein Piwan. Ein einziger Schrei dieses Wesens genügt, um einen Eisblock von einem Meter Dicke zersplittern zu lassen.

»Der Heilige Bruder des Schnees«, sagte der Mönch. In der gleichen Nacht setzte ein vierundzwanzigstündiger Schneesturm ein. Am Ende des nächsten Tages bildete der Schnee bereits eine drei Fuß dicke Decke. Guo Tieshan mußte seine Abreise um einen weiteren Tag verschieben. Am dritten Tag heiterte sich der Himmel auf. Guo Tieshan verließ den Einsiedler, und da er Bergpfade einschlagen mußte, kam er, ständig ausgleitend, nur mühsam vorwärts. Zu beiden Seiten gähnten tiefe Schluchten. Spitzen Dolchen gleich, starrten Eiszapfen in die Luft. Als die Dämmerung bereits hereinbrach, erblickte Guo Tieshan in ziemlicher Entfernung ein rötliches Etwas, das zwischen Bäumen des Waldes schaukelte. Nicht weit davon bewegte sich ein Mensch. Als dieser in die Nähe des rötlichen Etwas geriet, war er plötzlich spurlos in einer Schlucht verschwunden.

Herr Guo blieb stehen und fragte sich verwundert:

›Weshalb ist denn der Fremde beim Anblick dieses rötlichen Etwas in die Schlucht gestürzt?‹

Als er genauer hinschaute, entdeckte er einen Mann, der unter dem roten Gegenstand hervorschlüpfte, das Gepäck des in die Schlucht Gestürzten an sich nahm und auf demselben Weg wieder verschwand. Guo Tieshan, der zum Teil das Rätsel erraten hatte, lief eiligst dorthin. Und sollte man's glauben, der am Baum hängende rote Gegenstand entpuppte sich als eine Frau mit aufgelösten Haaren. Sie trug einen roten Rock; aus ihrem Munde hing ein langer blutroter Filzstreifen, der einer Zunge täuschend ähnlich sah. In einem Faß, das zu ihren Füßen eingegraben war, saß ein Mann, der sofort aufsprang, als er den neuen Ankömmling erblickte. Doch beim Anblick der kräftigen Gestalt Guos wagte er sich nicht weiter vor. Er faltete die Hände, trat nach vorn und sagte:

»Fremdling, zieht Eures Wegs, doch kümmert Euch nicht um mich.«

»Ich habe Euer Spiel bereits durchschaut, doch will ich Euch helfen. Wer ist diese angeblich Erhängte?«

»Meine Frau.«

»Bindet sie los! Wo wohnt Ihr? Ich will Euch nach Hause begleiten; ich habe einiges mit Euch zu reden.«

Der Mann entfernte den Strick, der um das Genick der Frau geschlungen war, und ließ sie vom Ast herunter. Das Weib steckte ihre Haare auf, riß die falsche Zunge ab, entfernte vom Hals ein Eisen, an dem der Strick befestigt gewesen war, und streifte schließlich den roten Rock ab. Der Mann wies auf eine Strohhütte an der Straße:

»Das ist unser Haus.«

Das Ehepaar führte Guo Tieshan ins Zimmer, forderte ihn auf, Platz zu nehmen, und die Frau bereitete eine Kanne Tee.

»Wieso treibt Ihr das schändliche Gewerbe eines Wegelagerers? Ihr versündigt Euch gegen den Himmel, wenn Ihr

Euch am Leben und Gut Eurer Mitmenschen vergreift. Ich bin selber arm, aber Ihr seid noch mehr zu bedauern. Denn Euer Elend ist größer als das meinige. Hier, nehmt diese zehn Unzen Silber. Beginnt damit einen kleinen Handel, so braucht Ihr nicht mehr von Raub und Mord zu leben. Wie heißt Ihr?«

Der Mann dankte Herrn Guo mit einem Kotau und antwortete:

»Seid bedankt für Eure Güte. Ich heiße Mu Nai. Wir stammen aus einer guten Familie, aber da wir unter Hunger und Kälte litten, mußten wir einem so furchtbaren Gewerbe nachgehen. Euer Geld ist unsere Rettung. Von nun an werden wir uns bessern. Dürfen wir den Namen unseres Retters erfahren?«

»Mein Name ist Guo, ich stamme aus Huguang und bin nach Chengdu unterwegs.«

Auch die Frau dankte ihrem Wohltäter; dann machte sie sich daran, ein Essen zu bereiten.

»Als Wegelagerer werdet Ihr sicher einige Fertigkeiten im Waffenhandwerk haben, aber sie reichen gewiß nicht zu großen Taten aus. Ich werde Euch darum einige Künste im Fechten und Boxen beibringen.«

Hocherfreut behielt Mu Nai seinen Gast zwei Tage lang in seiner Hütte, und während dieser Zeit lehrte ihn Herr Guo all seine Künste.

Am dritten Tag drängte Herr Guo zum Aufbruch. Mu Nai gab ihm reichlich Brot und Röstfleisch mit und begleitete seinen Gast, dessen Gepäck tragend, mehr als zehn Meilen. Dann wanderte Herr Guo allein weiter. Eines Tages wehte ein eisiger Wind aus Nordwest. Eine dünne Eisschicht überzog die hartgefrorenen Wege. Gegen Abend vernahm Guo Tieshan wiederum ein furchtbares Gebrüll, und aus einer Berghöhle stürzte ein Tiger hervor.

›Diesmal ist es ganz bestimmt mit mir vorbei‹, dachte er und sank bewußtlos zu Boden.

Tiger greifen gewöhnlich nur ängstliche Menschen an. Besagter Tiger, der sein Opfer steif und starr auf dem Boden liegen sah, schnupperte verwundert an seinem Gesicht herum. Dabei geriet ein Barthaar des Tigers in Herrn Guos Nase, der daraufhin fürchterlich niesen mußte. Der Tiger, höchlichst erschrocken, setzte über einen Erdwall, hinter dem sich eine tiefe Schlucht auftat, in die er hinabstürzte. Da er an den vereisten Wänden nicht emporzuklettern vermochte, mußte er jämmerlich erfrieren. Als Herr Guo sich aufrichtete, war von dem Tiger nichts mehr zu sehen.

›Was mußte ich wieder erleben!‹ dachte der noch ganz verstörte Guo Tieshan; dann nahm er sein Bündel und zog weiter.

In Chengdu erfuhr er, daß sein seit langem gesuchter Vater als Mönch in einem dreizehn Meilen von der Stadt entfernten Tempel lebte. Guo Tieshan fand den besagten Tempel und klopfte an das Tor. Der alte Mönch öffnete das Tor und erkannte mit Schrecken seinen Sohn.

Herr Guo aber fiel schluchzend vor seinem Vater auf die Knie.

»Verehrter Besucher, steht auf. Ihr seid im Irrtum; ich habe nämlich keinen Sohn.«

»Über zehntausend Meilen habe ich zurückgelegt, um an diesen Ort zu gelangen. Vater, weshalb verleugnet Ihr mich?«

»Ich sagte Euch bereits, daß ich keinen Sohn besitze. Sucht anderswo nach Eurem Vater. Warum jammert Ihr mir die Ohren voll?«

»Meint Ihr etwa, ein Sohn erkenne seinen Vater nach Jahrzehnten der Trennung nicht wieder?«

Guo Tieshan verharrte weiterhin auf den Knien und wollte sich nicht erheben.

»Ich kam schon als kleines Kind ins Kloster, wie soll ich da einen Sohn haben?«

Guo Tieshan weinte laut und sagte:

»Wenn auch der Vater den Sohn nicht kennen will, so erkennt doch der Sohn den Vater wieder!«

Durch diese dauernden Beteuerungen riß dem Mönch schließlich die Geduld:

»Du Strolch, willst du mir denn keine Ruhe lassen? Fort mit dir! Ich schließe das Tor.«

Aber der immer noch kniende Guo Tieshan weinte noch lauter.

»Ich jage dir mein Messer in den Leib, wenn du nicht gleich das Weite suchst!« stieß der alte Mönch wütend hervor.

Guo Tieshan wälzte sich verzweifelt auf der Erde herum:

»Und wenn Ihr mich tötet, Vater, ich gehe trotzdem nicht!«

Der ergrimmte Mönch packte Guo Tieshan am Kragen und warf ihn die Treppe hinunter. Darauf schloß er das Tor und ging ins Kloster, ohne sich um das Gejammer Herrn Guos zu scheren.

Noch eine ganze Weile klagte und weinte Guo Tieshan vor dem Tempeltor, doch wagte er nicht, ein zweites Mal anzuklopfen. Die Dämmerung brach allmählich herein. ›Alles ist aus‹, dachte er. ›Mein Vater wird mich niemals mehr als seinen Sohn anerkennen.‹ Guo Tieshan hob den Kopf und entzifferte den Namen des Tempels: Klause zum Bambusberg. Dann mietete er in nächster Nähe ein Zimmer. Am anderen Morgen sah er, wie ein Daoist den Tempel verließ. Mit Geld und guten Worten bewog er ihn, täglich etwas Brennholz und Reis für seinen Vater zu besorgen. Nach einem knappen halben Jahr hatte Guo Tieshan all sein Geld verbraucht. Sollte er nicht lieber Xiao Haoxuan am Ostberg aufsuchen? Aber wenn er ihn nicht gleich finden würde und sein Vater inzwischen Hunger litte? So verdingte er sich schließlich in der Nähe als Tagelöhner. Mit schwerer Arbeit, wie Erde schleppen und Holz schlagen, verdiente er jeden Tag ein paar Käsch für seinen Vater. Als ein Nachbar zufällig nach der Provinz Shaanxi reiste, schrieb er einen ausführlichen Bericht über die Suche nach seinem Vater an den Abt des Waldklosters und gab dem Nachbarn diesen Brief mit.

Als der alte Abt den Brief gelesen hatte, war er hocherfreut und von größter Bewunderung für Guo Tieshan erfüllt. Nach ein paar Tagen klopfte bei ihm ein Mönch an und bat um ein Nachtlager. Es war niemand anders als der bekannte Räuberhauptmann Zhao Da. Wirr hingen ihm die Haare übers Gesicht. Seine tückisch funkelnden Augen bewiesen, daß er noch nichts von seiner Wildheit verloren hatte. Der gutherzige Abt ließ ihn eintreten. Der fremde Mönch zeigte aber bald sein wahres Gesicht. Er soff, randalierte, mißhandelte seine Mitbrüder und schien zu allem fähig zu sein. Bald erschien eine Gruppe Mönche und beklagte sich bitterlich.

»Die Anwesenheit dieses Wüstlings verträgt sich nicht mit der Klosterordnung. Bitte, Herr Abt, jagt ihn sofort hinaus.«

Der Abt wies Zhao Da die Tür. Dieser aber weigerte sich hartnäckig. Schließlich aber wurde ihm durch den Bruder, der die Gäste bediente, folgendes mitgeteilt:

»Gehorche unverzüglich der Weisung des Abtes. Der Abt hat nämlich gesagt, wenn du nicht gehst, wirst du gemäß der Klosterregel im Hinterhof verbrannt.«

Der Räuber schnürte am nächsten Tag sein Bündel und verließ haßerfüllt das Kloster, ohne sich vom Abt zu verabschieden.

Ein halbes Jahr später plante der Abt eine Reise zu dem heiligen Berg Emei in der Provinz Sichuan, auf dem sich viele Klöster befinden. Bei dieser Gelegenheit wollte er Guo Tieshan in Chengdu besuchen. Er nahm von seinen Mönchen Abschied, schulterte sein Bündel, das seine Kleider und eine Almosenschale enthielt, und machte sich, mit dem Notwendigsten ausgerüstet, auf den weiten Weg. Etwa dreißig Meilen von Chengdu kehrte er in einer Herberge ein. Es war noch nicht allzu spät, und so lockte noch ein kleiner Spaziergang zum Teepavillon, von wo aus man die herrliche Bergwelt genießen konnte. Dort saß ein Mönch, und obwohl der Abt sich nicht erinnern konnte, ihn jemals gesehen zu haben, trat dieser sofort auf ihn zu und begrüßte ihn.

»Bruder, der Tee schmeckt hier nicht besonders. Nicht weit von hier befindet sich meine Klause. Wollt Ihr mir dorthin folgen?«

»Aber gern«, sagte der alte Abt erfreut.

Der Mönch führte ihn einen Serpentinenweg entlang. Nach beinahe drei Meilen gelangten sie endlich zu einem Tempel. In der ersten Halle erblickte man das Standbild einer buddhistischen Schutzgottheit, doch merkwürdigerweise war in der dahinterliegenden größeren Halle kein einziges Götterbild zu erblicken, während in einem dritten Raum ein breites Bett stand.

Kaum daß sie den Tempel betreten hatten, wandte der fremde Mönch sich unvermittelt an den Abt:

»Alter, erkennt Ihr mich wirklich nicht wieder?«

Zu seinem Entsetzen entdeckte der Abt, daß es sich um denselben Radaubruder handelte, den er aus dem Kloster hinausgejagt hatte.

»Ich konnte mich vorhin nicht auf Euch besinnen; nunmehr weiß ich aber, wer Ihr seid.«

Der Bösewicht setzte sich auf das Bett und sprach mit rollenden Augen:

»Jetzt seid Ihr in meiner Gewalt. Versucht doch in den Himmel zu fliegen. Hier, nehmt die Kürbisflasche und holt mir bei der alten Frau in der Bergschenke vom besten Reiswein! Los!«

Der alte Abt wagte sich nicht zu widersetzen. Er machte die Bergschenke mit der alten Frau ausfindig und reichte seine Kürbisflasche hin. Die Alte betrachtete den Abt von oben bis unten und konnte die Tränen nicht zurückhalten. Dann nahm sie die Flasche, um sie mit Wein zu füllen. Der Alte erschrak zu Tode und fragte:

»Gute Frau, warum bekümmert Euch mein Anblick so?«

Die Alte antwortete schluchzend:

»Mich dauert's, daß Ihr, ein Mann mit so gütigen Augen, in einen Hinterhalt geraten seid.«

»In was für einen Hinterhalt soll ich denn geraten sein?«

»Nun, Ihr kommt doch sicher von dem Tempel, der ganz hier in der Nähe liegt?«

»Allerdings. Aber woher wißt Ihr denn das?«

»Ich kenne diese Flasche nur zu gut. Jedesmal, wenn er das Gehirn eines Menschen verspeisen will, läßt er in dieser Flasche in meiner Schenke Wein holen. Alter Herr, sobald Ihr den Wein zurückgebracht habt, wird Euer letztes Stündlein schlagen.«

Der Alte glaubte, seine Seele würde zum Himmel entweichen.

»Was soll ich tun?« stammelte er entsetzt. »Ausreißen, entfliehen?«

»Ausreißen? Im weiten Umkreis wimmelt es von ehemaligen Mitgliedern seiner Räuberbande. Ein Schlag auf den Gong genügt, und der Geflüchtete wird bald darauf gefesselt zurückgebracht.«

Der Abt flehte die Alte kniefällig um Hilfe an.

»Ich – Euch retten? Schon ein unbedachtes Wort würde mich selber ins Verderben stürzen. Aber da Ihr ein so gütiger Mensch zu sein scheint, täte es mir wirklich leid, wenn Ihr sterben müßtet. Ich will Euch verraten, wer Euch retten kann.«

»An wen soll ich mich denn wenden, gute Frau?«

Die Alte beugte sich zu seinem Ohr und flüsterte ihm etwas zu.

Was sie ihm sagte, darf jetzt noch nicht verraten werden; man wird es jedoch im nächsten Kapitel erfahren.

Neununddreissigstes Kapitel

*Xiao Yunxian rettet einen Menschen aus höchster Not ·
Oberbefehlshaber Ping schickt einen Bericht an den Kaiser
über den Sieg bei Qingfeng*

»An wen soll ich mich denn wenden?« hatte der alte Abt vom Waldkloster in seiner Angst die alte Frau in der Schenke gefragt, und diese hatte ihm zugeflüstert:

»Hört zu! Ein paar hundert Meter von hier erhebt sich ein kleiner Berg, der Gipfel des Klaren Mondes. Ihr könnt den Weg dorthin abkürzen, wenn Ihr den Pfad hinter meinem Hause einschlagt. Auf diesem Berg übt sich ein Jüngling im Schießen mit dem Katapult. Kniet, ohne ein Wort zu sagen, vor ihm nieder und wartet, bis er eine Frage an Euch stellt. Dann berichtet ihm alles. Er ist der einzige Mensch, der Euch retten kann. Los, sputet Euch! Versprechen kann ich Euch allerdings nichts. Wenn Euch dieser junge Mann nicht hilft, ist auch mein Leben verscherzt, weil ich alles ausgeplaudert habe.«

Bei diesen Worten zitterte der Abt am ganzen Leibe, nahm die gefüllte Kürbisflasche, dankte der alten Frau und klomm, sich an Schlingpflanzen festhaltend, mühsam den Berg empor. Nach einer Weile hatte er endlich den Gipfel erreicht und sah dort einen jungen Mann mit einem Katapult schießen. In einer Felsspalte steckte ein schneeweißer Stein, kaum größer als ein Käsch. Der Mann verfehlte den Stein nicht ein einziges Mal, da er vorher stets sorgfältig zielte. Beim näheren Herantreten sah der Abt, daß der Schütze eine Soldatenkappe und einen rotbraunen Militärmantel trug. Er hatte eine helle Hautfarbe und war sehr schön gewachsen. Der Abt lief auf ihn zu und fiel vor dem Jüngling, dessen Aufmerksamkeit völlig von seinen Schießübungen beansprucht war, auf die Knie. Als der Jüngling gerade nach dem Begehr des Mönches fragen wollte, flog eine Schar Sperlinge aus dem Tal auf.

»Geduldet Euch noch ein Weilchen«, rief der Jüngling. »Ich will nach den Vögeln schießen.«

Sobald der Jüngling das Katapult abgeschossen hatte, sauste die Kugel davon und holte einen der Sperlinge herunter. Nun erst bemerkte der Schütze, daß dem vor ihm knienden alten Mann die Tränen über die Backen liefen, und er sagte:

»Steht sofort auf, alter Meister. Ich weiß, weshalb Ihr kommt. Gerade dieser Sache wegen übe ich mich hier im Schießen. Aber ich beherrsche meine Kunst noch nicht völlig, und so fühle ich mich noch nicht allen Gefahren gewachsen. Euer Kommen ist für mich ein Zeichen, daß der letzte Tag des Bösewichts herangebrochen sein könnte. Versäumt Euch hier nicht länger, bringt den Wein sofort in den Tempel und laßt Euch nicht im mindesten anmerken, daß Ihr Angst habt. Führt alle seine Befehle getreulich aus und geduldet Euch, bis ich komme, Euch zu retten.«

Dem Abt blieb nichts anderes übrig, als dem Rat zu folgen; er nahm die Kürbisflasche und erreichte bald darauf den Tempel. Der Bösewicht erwartete ihn bereits in dem mittleren Raum, auf dem Bett sitzend. In seiner Hand blitzte ein Messer mit einer scharfen stählernen Klinge.

»Warum kommt Ihr so spät?« fuhr er den alten Mönch an.

»Da ich den Weg nicht kannte, habe ich mich verirrt.«

»Nun gut. In die Knie mit dir.«

Der Abt sank auf die Knie.

»Komm näher!«

Angesichts des gefährlichen Messers fürchtete sich der Abt, dem Befehl Folge zu leisten.

»Wenn du nicht näher kommst, hau ich einfach zu!«

Dem Abt blieb nichts weiter übrig, als auf den Knien zu dem Bett zu rutschen.

»Nimm die Kappe ab!«

Weinend nahm der Alte die Kappe vom Kopf.

Der Bösewicht faßte nach der Glatze des Abtes, dann nahm er einen tiefen Zug aus der Kürbisflasche, die er in der linken Hand hielt, die Rechte jedoch umfaßte das scharfe Messer, das er auf dem Kopf des Mönches hin und her gleiten ließ, um die beste Stelle für den Stoß ausfindig zu machen. Noch ehe der Schurke die Waffe hob, drohten dem Alten die Sinne zu schwinden. Indessen hatte der böse Mönch die Stelle ausfindig gemacht, wo beim Zustoßen das Gehirn frisch und warm hervorquellen und ihm den herrlichen Genuß verschaffen würde. So faßte er denn das Ziel ins Auge und schwang schon das Messer. In diesem Augenblick hörte man einen sausenden Ton, eine Kugel flog zischend herein und traf das linke Auge des Schurken, noch ehe dieser den Kopf des Alten gespalten hatte.

Der Mordbube ließ mit einem wilden Schmerzensschrei Messer und Flasche fallen und rannte blitzschnell, das linke Auge mit der Hand verdeckend, in die erste Halle. Auf dem Kopf der Schutzgottstatue hockte ein Mann. Als der Mönch den Kopf hob, traf eine zweite Kugel das rechte Auge. Der Getroffene stürzte nieder, der Jüngling sprang herab und eilte in die hintere Halle. Dort lag der Abt halb ohnmächtig auf der Erde.

»Alter Meister, steht schleunigst auf!«

»Vor Schrecken gelähmt, bin ich unfähig, auch nur einen Schritt zu gehen.«

»Versucht Euch zu erheben, ich werde Euch auf den Rükken nehmen.«

Damit griff er dem alten Mönch unter die Arme, lud ihn sich auf den Rücken und rannte aus dem Tempeltor. Erst nachdem er drei Meilen zurückgelegt hatte, hielt er inne, denn nun hatten sie das gefährliche Räubergebiet hinter sich gelassen. Der Jüngling ließ den Alten auf die Erde gleiten:

»Nachdem Ihr diesem Unheil entronnen seid, könnt Ihr in Frieden weiterziehen.«

Der Abt war soeben erst wieder richtig zu sich gekommen, er verneigte sich dankend und fragte:

»Darf ich den Namen meines Wohltäters wissen?«

»Ich wollte das Land nur von diesem Unhold befreien. Es

lag keineswegs in meiner Absicht, Euch das Leben zu retten. Da Ihr heil davongekommen seid, zieht eilends weiter. Warum fragt Ihr nach meinem Namen?«

Da der alte Abt auch auf weitere Fragen keine Antwort erhielt, blieb ihm nichts anderes übrig, als sich mit einem zweimaligen Kotau zu verabschieden.

Der junge Mann fühlte sich von dem langen Marsch völlig erschöpft, und um sich etwas zu erholen, suchte er eine am Weg liegende Schenke auf. Dort saß bereits jemand, der neben sich einen Kasten stehen hatte. Er trug einen Trauerhut, weiße Trauerkleider und Strohsandalen. Sein Antlitz war von Kummer überschattet, und seine Augen standen voller Tränen. Der Jüngling hob grüßend seine Hände und ließ sich an dem Tisch des Fremden nieder.

»Wie könnt Ihr Euch so seelenruhig in einer Schenke niederlassen, nachdem Ihr erst kürzlich mit Eurem Katapult einen Menschen geblendet habt!«

»Woher kommt Ihr, und wie habt Ihr von dieser Sache erfahren?«

»Ach, das habe ich nur zum Scherz gesagt. Übrigens ist es sehr verdienstvoll, die Welt von einem Bösewicht zu befreien und brave Bürger zu beschützen. Wie lautet Euer werter Name?«

»Xiao Yunxian. Ich wohne sieben Meilen von Chengdu am Ostberg.«

Der Fremde war höchst erstaunt.

»Sieben Meilen von Chengdu am Ostberg lebt auch ein Herr Xiao Haoxuan. Seid Ihr etwa mit ihm verwandt?«

Xiao Yunxian sagte überrascht:

»Das ist doch mein Vater. Seid Ihr etwa mit ihm bekannt?«

Darauf nannte Guo Tieshan seinen eigenen Namen und berichtete, weshalb er nach Sichuan gekommen sei.

»Im Kreis Tongguan besuchte ich den Amtmann You. Er gab mir einen Brief an Euren Vater mit. Die Suche nach meinem vermißten Vater ließ mich nicht dazu kommen,

Euer Haus aufzusuchen. Den von Euch geretteten Abt kenne ich sehr gut. Nun habe ich Euch, dessen kühne Taten ich erfuhr, zufällig hier getroffen und vernehme zu meiner Freude, daß Ihr der Sohn des Herrn Xiao Haoxuan seid. Wie wunderbar, wie wunderbar!«

»Warum lebt Ihr nicht bei Eurem wiedergefundenen Vater und zieht so mutterseelenallein Eures Wegs?«

Guo Tieshan brach in Tränen aus:

»Mein Vater ist gestorben. In diesem Kasten liegen seine sterblichen Überreste. Ich begebe mich in meine Heimat Huguang, um ihn dort zu bestatten.«

Auch Xiao Yunxian weinte.

»Wie traurig ist das alles. Da wir uns auf so wunderbare Weise begegnet sind, darf ich Euch vielleicht in meine Hütte einladen, damit Ihr auch meinen Vater kennenlernt?«

»Eigentlich müßte ich Euch einen Besuch machen. Doch da ich die Gebeine meines Vaters mit mir führe, ziemt sich dies nicht. Überdies möchte ich den Toten möglichst bald in heimatlicher Erde beisetzen. Grüßt Euren verehrten Vater von mir. Zu günstigerer Zeit will ich wiederkommen und den Besuch nachholen.«

Alsdann holte Guo Tieshan den Brief des Amtmanns You aus dem Bündel und reichte ihn Xiao Yunxian. Darauf kramte er ein paar Münzen hervor und hieß den Wirt, dafür Wein, zwei Pfund Fleisch und Gemüse zu besorgen und ein Mahl zuzubereiten, das die beiden mit großem Genuß gemeinsam verzehrten.

»Bruder«, sagte Guo Tieshan, »kaum daß wir uns trafen, so waren wir schon miteinander vertraut wie alte Freunde. So etwas findet man selten im menschlichen Leben. Auch von Heldentaten, wie Ihr sie vollbringt, hört man nur noch selten in der Welt. Darf ich Euch einen guten Rat geben?«

»Ich bin jung und unerfahren und wollte Euch gerade um Eure gütige Belehrung bitten. Sprecht ohne alle Umschweife.« –

»Helden pflegen Abenteuer zu bestehen und ihr Leben

aufs Spiel zu setzen. Aber unsere heutigen Verhältnisse kann man nicht mit der Zeit der ›Streitenden Reiche‹ vergleichen, damals konnte man mit Heldentaten schnell Ruhm erringen. Heute, wo das Reich geeint ist wie eine große Familie, würde man Helden wie Jing Ke, der ein erfolgloses Attentat auf den König von Qin verübte, und Nie Zheng, der den Kanzler Xia Lei tötete, als Rebellen bezeichnen. Wer solch ein Aussehen, solche Fähigkeiten und so viel Mut hat wie Ihr, tut am besten, dem Kaiserhaus seine Dienste anzubieten. Durch eine kühne Tat zum Schutze der Grenzen würdet Ihr unschwer erreichen, daß Eure Gattin und Euer Sohn öffentlich geehrt werden und daß Euer Name für immer in die Geschichte eingeht. Ich übte mich von klein auf in der Kriegskunst, ohne jedoch daraus einen Nutzen ziehen zu können. Nach dem Unglück meines Vaters begab ich mich heiliger Pflicht gemäß auf die Suche nach ihm und wanderte jahrzehntelang, viele Mühsale erduldend, im ganzen Reich umher. Nun bin ich alt und tauge nichts mehr. Ihr dagegen steht in der Blüte Eurer Kraft. Laßt keine Gelegenheit ungenützt vorübergehen! Merkt Euch die Worte eines alten Mannes, die ich Euch ans Herz lege.«

»Eure Worte haben die Wolken zerteilt, und nun leuchtet mir die Sonne. Meine Dankbarkeit ist grenzenlos.«

Alsdann plauderten sie noch ein wenig und gingen schließlich schlafen.

Am andern Morgen bezahlte Xiao Yunxian den Wirt und begleitete über sieben Meilen weit Guo Tieshan bis zu einer Kreuzung, wo sie unter Tränen voneinander Abschied nahmen. Xiao Yunxian kehrte nach Hause zurück, erkundigte sich nach dem Befinden seines Vaters und übergab ihm den Brief des Amtmanns You.

»Wie schön, ein Brief meines alten Freundes! Vor zwanzig Jahren habe ich ihn das letzte Mal gesehen. Nun höre ich, daß er Beamter geworden ist und es ihm gut geht. Welch erfreuliche Nachricht! Ja«, fuhr Xiao Haoxuan fort, »Guo Tieshan konnte, als er noch jünger war, es in der Kriegskunst sehr gut mit mir aufnehmen. Nun sind wir leider beide alt geworden. Hat er in der Heimat die Gebeine seines Vaters bestattet, wird die größte Lebenssorge von ihm genommen sein.«

Xiao Yunxian war seinem Vater ein gehorsamer Sohn und diente ihm treulich. Ein halbes Jahr später kam es an der Grenze des Militärbezirks Songfan zwischen benachbarten wilden Stämmen und der einheimischen Bevölkerung zu Streitigkeiten. Jeder beschuldigte den anderen, ihn im Handel übervorteilt zu haben. Die wilden Stämme, die keine Gesetze respektierten, griffen zu den Waffen und begannen den Krieg. Die Bogenschützentruppen, die man zum Schutz der Bevölkerung herangeholt hatte, wurden alle getötet oder verwundet. Außerdem besetzten die Angreifer die Stadt Qingfeng. Der Gouverneur meldete unverzüglich nach Beijing die hier drohende Gefahr. Der Kaiser ergrimmte sehr über den Bericht. Er schickte Oberbefehlshaber Ping Zhi mit einer großen Armee an die Grenze. Er sollte das Barbarenland dem Erdboden gleichmachen, um die strafende Macht des Himmels zu offenbaren. Als er den kaiserlichen Befehl erhalten hatte, eilte der Oberbefehlshaber, einem Adler gleich, an die Grenze und schlug in Songfan sein Hauptquartier auf.

Als Xiao Haoxuan von alledem hörte, rief er seinen Sohn zu sich und sagte mit gebieterischer Stimme:

»Ich vernahm, daß Ping Zhi die Hauptstadt verlassen hat und sich jetzt in Songfan aufhält. Der Oberbefehlshaber ist mein alter Freund. Melde dich bei seinen Truppen. Vielleicht reiht er dich in seine Leibwache ein, wenn du ihm meinen Namen nennst. So hast du Gelegenheit, dich um das Reich verdient zu machen. Du bist gerade in dem Alter, wo man sich den ersten Ruhm erwerben muß.«

»Da Ihr alt seid, möchte ich Euch nicht gern verlassen.«

»Komm mir nicht mit einer solchen Ausrede! Zwar bin ich alt, aber immer noch rüstig. Du weißt, daß ich einen vortrefflichen Appetit und einen gesunden Schlaf habe. Mußt du etwa ständig mir zur Seite sein? Ist mein Alter aber ein Vorwand für dich, um nicht hinaus zu müssen, der Ruhe und Bequemlichkeit zu pflegen und mit deiner Frau zu schäkern, so bist du kein liebevoller Sohn, und ich will dich nicht mehr vor meinem Angesicht sehen.«

Nun wagte Xiao Yunxian keine Widerrede mehr, schnürte sein Bündel, sagte dem Vater Lebewohl und machte sich zum Heer auf.

Während der Reise ereignete sich nichts Besonderes. Eines Tages – er war noch gut zwölf Stunden von Songfan entfernt – wanderte er im Morgengrauen dahin. Obwohl er bereits über drei Meilen zurückgelegt hatte, war es immer noch nicht heller Tag, da er sehr früh aufgebrochen war. Mit seinem Bündel auf dem Rücken zog er munter seines Wegs. Auf einmal hörte er Schritte hinter sich. Er sprang zur Seite. Als er sich umwandte, entdeckte er einen Mann, der gerade mit einem kurzen Knüppel zum Schlag ausholte. Doch mit einem Fußtritt brachte Xiao Yunxian den Angreifer zu Fall, entriß ihm den Knüppel und schwang ihn über den am Boden Liegenden. Dieser schrie voller Angst:

»Verzeiht mir um meines Lehrers willen!«

Xiao Yunxian hielt inne:

»Wer ist denn dein Lehrer?«

Inzwischen war es hell geworden, und er erkannte, daß es sich bei dem Wegelagerer um einen etwa dreißigjährigen Mann handelte, der einen kurzen Rock und Hanfsandalen trug. Auf seinem Kinn sprossen dünne Barthaare.

»Ich bin Mu Nai, ein Schüler Guo Tieshans.«

Xiao Yunxian packte ihn mit einer Hand, stellte ihn auf die Füße und fragte ihn aus. Mu Nai erzählte, wie er als Wegelagerer auf Guo Tieshan gestoßen und schließlich sein Schüler geworden war.

»Euren Lehrer kenne ich auch. Wo wollt Ihr denn hin?«

»Ich hörte, daß der Oberbefehlshaber gegen die wilden Stämme zieht und in Songfan Soldaten anwirbt. So wollte ich mich dort melden. Unterwegs mangelte es mir an Reisegeld, und deshalb habe ich Euch überfallen. Verzeiht mir, Bruder.«

»Nun, wenn es sich so verhält, wollen wir zusammen weiterwandern, denn ich will auch zum Heer.«

Hocherfreut bot sich Mu Nai an, ständig Xiao Yunxian zu begleiten.

Im Hauptquartier von Songfan bewarben sie sich um Aufnahme in das Heer. Der Oberbefehlshaber ließ jeden über seine Herkunft befragen. Als er hörte, daß es sich bei dem jungen Mann um den Sohn Xiao Haoxuans handelte, betraute er ihn mit der Führung einer Tausendschaft. Mu Nai gewährte er den Sold eines einfachen Soldaten; er solle warten, bis sich eine Verwendung für ihn fände.

Einige Tage später – der Nachschub war bereits aus allen Richtungen herbeigeströmt – befahl der Oberbefehlshaber, die Offiziere sollten sich in seinem Hauptquartier versammeln. Xiao Yunxian fand sich sehr frühzeitig ein. Vor dem Hauptquartier standen bereits zwei Generale. Xiao Yunxian gesellte sich nach kurzer Begrüßung zu ihnen. Da hörte er den einen sagen: »Als neulich Oberst Ma die Truppen zum Angriff gegen die Stadt Qingfeng führte, hoben die Barbaren eine tiefe Grube aus. Mann und Roß stürzten in die Falle. Zwei Tage später erlag Oberst Ma seinen schweren Verletzungen. Bis heute konnte sein Leichnam nicht gefunden werden. Da Ma der Neffe des Hofzeremonienmeisters ist, traf ein Schreiben ein mit dem strengen Befehl, die Leiche unbedingt herbeizuschaffen. Weiß der Himmel, was uns für Strafen drohen, wenn man sie nicht findet. Was sollen wir bloß tun?«

»Ich hörte, daß es in der Umgebung von Qingfeng weder Wasser noch Gras geben soll«, erwiderte der andere. »Man muß warten, bis der Winter Schnee beschert und dann im Frühjahr die Schneeschmelze einsetzt. Dann werden Mensch und Tier genügend Wasser zum Trinken haben. Wenn man jetzt dorthin Truppen schickt, brauchen wir nur einige Tage Wassermangel zu leiden, und schon müssen wir bei lebendigem Leibe verdursten. Kann man unter solchen schweren Umständen überhaupt Krieg führen?«

Da wagte Xiao Yunxian einzuwerfen:

»Seid ohne Sorge! In Qingfeng gibt es Gras und Wasser im Überfluß.«

»Tausendschaftsführer Xiao, seid Ihr etwa schon dort gewesen?«

»Nein.«

»Da hat man's wieder! Wer will etwas Genaues wissen, ohne dort gewesen zu sein.«

»Aber in den Geschichtsbüchern habe ich gelesen, daß sich in der Umgebung von Qingfeng Gras und Wasser in Fülle finden.«

»Wie darf man Büchern Glauben schenken!« riefen die Generale.

Xiao Yunxian gab es auf, sie überzeugen zu wollen. Kurz darauf ertönte das Schlagbrett. Trommeln und Gongs wurden am Yamentor laut. Der Oberbefehlshaber erschien und erteilte seine Befehle. Den beiden Generalen wurde die Führung der Reitertruppe übertragen, die als Hauptmacht vorgesehen war. Xiao Yunxian sollte mit fünfhundert Mann Fußtruppen die Vorhut bilden; die Nachhut wollte Ping Zhi selber übernehmen. Nach der Befehlsausgabe setzten sich die verschiedenen Heeresabteilungen in Marsch. Mu Nai begleitete Xiao Yunxian, der seine Leute im Eilmarsch dem Feind entgegenführte. Nach einiger Zeit tauchte ein steiler, hoher Berg vor ihnen auf, der mit Flaggen und Wimpeln geschmückt war; es war der Yi'ershan, das letzte Bollwerk vor der Stadt Qingfeng.

»Mu Nai«, befahl Xiao Yunxian, »klettert mit zweihundert Leuten auf versteckten Pfaden den Berg empor und wartet an der Straße nach Qingfeng. Wenn die Wurfmaschinen auf den Berg donnern, so eilt mit lautem Kriegsgeschrei herbei und stürzt Euch in den Kampf. Marsch, vorwärts!«

Mu Nai tat, wie ihm befohlen. Xiao Yunxian beorderte weitere hundert Soldaten in einen Hinterhalt im Talgrund.

Sie sollten beim Donnern der Wurfmaschinen ebenfalls in lautes Kriegsgeschrei ausbrechen und den Gegner damit glauben machen, die Hauptmacht habe in den Kampf eingegriffen.

Nachdem die einzelnen Gruppen eingeteilt waren, ging Xiao Yunxian mit zweihundert Mann zum Sturmangriff auf den Berg vor. Einige hundert Barbaren, die sich in Erdhöhlen versteckt hielten, schwärmten wie Bienen daraus hervor, als sie die den Berg emporklimmenden Männer sahen, und stellten sich zum Kampf. Xiao Yunxian, das Katapult am Gürtel und das Schwert mit beiden Händen umfassend, stritt mutig in der vordersten Reihe. Unter seinen wuchtigen Streichen sanken die ersten Barbaren zu Boden. Von seiner Tapferkeit erschreckt, wollten sie fliehen. Da fegten wie ein Orkan die zweihundert Mann Fußvolk herbei. Plötzlich hörte man das Dröhnen und Krachen der Wurfgeschosse.

»Die Hauptmacht ist da!« schrien die im Talgrund versteckten Krieger und stürmten den Berg hinauf. Die bereits mutlos gewordenen Barbaren stoben auseinander und suchten ihr Heil in der Flucht. Aber da brachen mit lautem Geschrei zweihundert Soldaten aus dem Hinterhalt hervor, so daß sie meinten, die Hauptmacht habe sich schon der Stadt Qingfeng bemächtigt. Wie konnten sie auch den Geschossen standhalten, die ihre Nasen zerschmetterten und ihren Mund für immer verschlossen! Nun vereinigte Xiao Yunxian wieder alle fünfhundert Mann, die unter großem Gebrüll auf die noch verbliebenen paar hundert Barbaren einschlugen, als gälte es, Melonen zu zerschneiden oder Spinat zu zerhacken. Dies Gemetzel währte, bis alle Feinde vernichtet waren. Zahllose Flaggen und Waffen fielen in die Hände der Sieger.

Nach einer kurzen Rast feuerte Xiao Yunxian seine Krieger zum Weitermarsch an. Man mußte sich den Weg durch tiefe Wälder und durch ein schier undurchdringliches Pflanzendickicht bahnen. Nachdem sie einen halben Tag marschiert waren, hörte der Wald auf, und man gelangte an einen breiten Strom. Aus der Ferne grüßte schon die Stadt Qingfeng herüber. Da sich nirgends Boote zum Übersetzen fanden, schickte Xiao Yunxian in den Wald, damit sie dort Bambusstämme schlügen und sie zu Flößen vereinigten. Eine Weile später setzte die Vorhut über den Fluß.

Xiao Yunxian sagte zu seinen Leuten:

»Unsere Hauptarmee marschiert noch ziemlich weit hinter uns; mit fünfhundert Mann kann man schwerlich eine Festung einnehmen. Vor allem müssen wir die Barbaren über unsere wirkliche Stärke täuschen.«

Xiao Yunxian gab Mu Nai den Befehl, daß seine Truppe aus den eroberten Fahnenstangen Sturmleitern bauen sollten. Zweihundert Soldaten sollten sich – jeder unter einem Bündel trockenem Bambus versteckt – von Westen an die Stadt heranschleichen, an einer unbewachten Stelle die Stadtmauer ersteigen und die Vorratslager an Getreide und Heu in Brand stecken.

Und zu den anderen gewendet, rief er:

»Wir greifen das Osttor an!«

Als die beiden Generale mit der Hauptmacht den Berg erreichten, sahen sie, daß Xiao Yunxian bereits vor der Festung angelangt war.

»Dieser unheimliche Berg steckt sicher voller Hinterhalte«, gab der eine der Generale zu bedenken. »Darum wollen wir sogleich die Wurfmaschinen in Tätigkeit setzen; wenn sie das Dröhnen und Donnern hören, wird kein Barbar es wagen, sich blicken zu lassen, und wir können bald den Sieg verkünden.«

In diesem Augenblick fegte ein Reiter heran und meldete, der Oberbefehlshaber weise die beiden Generale an, sofort der Vorhut zu Hilfe zu eilen, da er befürchte, der junge Tausendschaftsführer sei zu wagehalsig vorangestürmt und werde eine Niederlage erleiden. Die beiden Generale wagten sich diesem Befehl nicht zu widersetzen und traten unverzüglich mit ihrem Heer den Vormarsch an. Sie galoppierten zum Fluß am Waldesrand und setzten, da sie Bambusflöße vorfanden, ans andere Ufer. Nun erst sahen sie, daß die Stadt Qingfeng in Flammen stand und den Himmel rötete.

Am Osttor schickte sich Xiao Yunxian gerade an, die Wurfmaschinen in Tätigkeit zu setzen und mit dem Angriff auf die Stadt zu beginnen. Von den hinter ihnen lodernden Bränden in Panik versetzt, hasteten die Barbaren wild durcheinander. Inzwischen war die Hauptmacht angelangt und vereinigte sich mit der Vorhut. Die Stadt Qingfeng war nun völlig eingeschlossen. Der Barbarenhäuptling versuchte, mit den Seinen durch das Nordtor zu entkommen. Bei dem furchtbaren Handgemenge entkamen nur ein paar Dutzend barbarische Reiter, die übrigen ließen ihr Leben. Nun erreichte auch der Oberbefehlshaber mit der Nachhut die Festung. Die Bürger der Stadt empfingen ihn kniend, Weihrauch und Blumen über die Köpfe haltend. Der Oberbefehlshaber befahl, die Brände zu löschen und das Volk zu beruhigen. Niemandem durfte etwas zuleide getan werden. Er schrieb sogleich einen Bericht und schickte einen Boten mit der Siegesnachricht nach Beijing.

Xiao Yunxian begrüßte den Oberbefehlshaber mit einem Kotau. Dieser war sehr huldvoll zu ihm und belohnte seine Tapferkeit mit einem Schaf und einem Faß Wein und sprach ihm seine Anerkennung aus.

Zehn Tage später kam vom Kaiserhof Bescheid. Oberbefehlshaber Ping Zhi wurde nach Beijing zurückbeordert. Die beiden Generale sollten auf ihren bisherigen Posten verbleiben und eine Rangerhöhung abwarten. Xiao Yunxian erhielt die offizielle Bestätigung als Tausendschaftsführer; außerdem wurde ihm die Verwaltung der Stadt übertragen. Nachdem Xiao Yunxian den Oberbefehlshaber in die Hauptstadt begleitet hatte, kehrte er nach Qingfeng zurück. Er verfaßte einen genauen Bericht über die durch den Kampf an Mauern und Speichern entstandenen Schäden. Daraufhin übertrug ihm der Oberbefehlshaber den Wiederaufbau der Stadt. Er machte ihn verantwortlich für die sorgfältige Erledigung der gestellten Aufgabe, denn er wollte dann dem Kaiser über alles Mitteilung machen.

Auf welche Weise Xiao Yunxian die Stadt wieder aufbaute, hören wir im folgenden Kapitel.

Vierzigstes Kapitel

Xiao Yunxian betrachtet vom Berg Guangwu aus die Schneelandschaft · Fräulein Shen Qiongzhi wehrt sich dagegen, die Konkubine eines Salzhändlers zu werden

Getreu dem Geheiß des Oberbefehlshabers überwachte Xiao Yunxian den Wiederaufbau der Stadt, der drei bis vier Jahre in Anspruch nahm. Die neue Stadtmauer maß an die drei Meilen und hatte sechs Tore. In der Stadt errichtete man fünf Amtsgebäude. Auch wurde eine Bekanntmachung veröffentlicht, worin Heimatlose aufgefordert wurden, sich in Qingfeng niederzulassen. Vor den Toren der Stadt mußte die Bevölkerung Neuland urbar machen.

»Bei solch trockenem Boden kann bei einem regenarmen Jahr keine Ernte eingebracht werden, wenn man nicht für Bewässerungsanlagen sorgt«, erklärte Xiao Yunxian. Er stellte Geld und Getreide bereit und warb Arbeiter an. Er zeigte den Leuten, wie man neben den Feldern Kanäle anlegt, diese Kanäle mit Gräben und die Gräben mit Rinnen verbindet. Bald durchzogen hohe Dämme und tiefe Kanäle das Land, und man konnte meinen, man sei in eine Landschaft südlich des Chang Jiang versetzt. Als all die Bewässerungsanlagen fertiggestellt waren, begab sich Xiao Yunxian mit Mu Nai an die verschiedenen Arbeitsplätze und verteilte Prämien an die tüchtigsten Arbeiter. An jedem Platz ließ er ein Rind und ein Pferd schlachten und die Bevölkerung dieses Gebiets zusammenrufen. Außerdem ließ Xiao Yunxian eine Gedenktafel für den Gott des Ackerbaus errichten und opferte Rind- und Hammelfleisch. In seiner Beamtenuniform trat er vor die Menge, während Mu Nai als Opferhelfer fungierte. Nachdem man Weihrauch abgebrannt und Wein dargebracht hatte, erst drei und dann acht Opfergänge vollzogen worden waren, befahl Xiao Yunxian, sich nach Norden zu wenden, in Richtung der kaiserlichen Hauptstadt, rituelle Tänze aufzuführen und dem Kaiser zu huldigen. Dann forderte er das Volk auf, sich ringsherum zu lagern, und nahm selber inmitten der Leute Platz. Er säbelte große Fleischstücke ab und verteilte Wein in großen Schalen. Das fröhliche Gelage währte einen ganzen Tag. Nach dem Mahl erhob sich Xiao Yunxian und hielt folgende Rede:

»Liebe Landsleute, ein glücklicher Anlaß führte mich an diesem Tage zu Euch. Dank der kaiserlichen Gnade und mittels der Arbeitskraft des Volkes gelang es uns, das Land in kurzer Zeit zu bewässern. Ich, Xiao Yunxian, habe persönlich diese Arbeiten geleitet. Nun pflanze ich eigenhändig eine Weide. Ein jeder von Euch soll mir nacheifern. Pflanzt Weiden oder auch Pfirsich- und Aprikosenbäume. Die Bäume sollen uns einmal an den heutigen Tag erinnern.«

Der Beifall der Menge hallte wie Donner. Jeder pflanzte seine Weide oder seinen Pfirsichbaum am Rand der Hauptstraße. Xiao Yunxian und Mu Nai reisten weiter von Ort zu Ort, erlebten viele fröhliche Feste und ließen Zehntausende von Pfirsichbäumen und Weiden pflanzen.

Das Volk blickte dankbar zu Xiao Yunxian auf und errichtete vor dem Stadttor dem Gott des Ackerbaus einen Tempel. Die Gedächtnistafel stand in der Mitte des Tempels, daneben brachte man eine weitere Tafel an, auf der Xiao Yunxian Glück und langes Leben gewünscht wurden. Ferner wurde ein Maler beauftragt, das Bildnis des reitenden Xiao Yunxian im florumhüllten Hut und Beamtenmantel an die Wand zu malen; Mu Nai, mit einer roten Fahne in der Hand, führte das Pferd. Am ersten und fünfzehnten Tag eines jeden Monats strömten Mann und Weib in den Tempel, um dort Weihrauch zu verbrennen, Kerzen anzuzünden, niederzuknien und zu beten.

Im Frühling des nächsten Jahres grünten zum erstenmal die Weiden. Alsdann öffneten sich die Blüten der Pfirsich- und Aprikosenbäume. Xiao Yunxian und Mu Nai ritten so manches Mal durchs Land. Unter dem jungen Laub der Bäume sah man Bauernkinder, jeweils zu dreien oder fünfen, die Kühe auf die Weide führten. Die einen saßen rücklings auf den Kühen, während sich andere quer über die Tiere gelegt hatten. Nachdem das Vieh in den Wassergräben seinen Durst gelöscht hatte, trottete es gemächlich weiter.

»Welch köstlicher Anblick!« rief Xiao Yunxian erfreut. »Das Volk führt jetzt ein viel besseres Leben als früher. Aber es fehlt ein Lehrer, der diese munteren und klugen Kinder unterrichten könnte.«

»Herr«, entgegnete Mu Nai, »erinnert Ihr Euch noch daran, daß wir vor einigen Tagen im Tempel einen Lehrer aus Südchina sahen? Er wohnt bestimmt noch dort. Tragt ihm doch Eure Wünsche vor.«

»Ein guter Gedanke!«

Sofort machte sich Xiao Yunxian zum Tempel auf. Dort befand sich auch noch der Lehrer. Xiao Yunxian begrüßte ihn und begann das Gespräch mit folgenden Worten:

»Wie ich hörte, stammt Ihr aus Südchina. Was hat Euch in dieses abgelegene Grenzgebiet verschlagen? Darf ich Euren werten Namen erfahren?«

»Ich heiße Shen und stamme aus Changzhou. Ich besuchte meinen Verwandten in Qingfeng, wo er ein Geschäft betrieb. Mittlerweile brach der Krieg aus. Ich irre schon seit sechs Jahren in der Fremde umher. Nun wollte ich mir einmal ansehen, was Herr Xiao, der hier die Bewässerungsarbeiten durchführte, alles geleistet hat. Wie heißt Ihr? Wo befindet sich Euer Yamen?«

»Ich heiße Xiao Yunxian und habe die Bewässerung dieses Landes veranlaßt.«

Der Lehrer erhob sich zu einer neuerlichen Begrüßung:

»Ihr seid ein zweiter Ban Dingyuan. Ich bewundere Euch unendlich.«

»Da Ihr zur Zeit in dieser Stadt weilt, möchte ich Euch bitten, mein Gast zu sein und in meinem Yamen zu wohnen.«

Zwei Diener trugen das Gepäck des Lehrers. Mu Nai führte die Pferde. Xiao Yunxian aber ging Hand in Hand mit dem Gast zum Amtsgebäude. Er bewirtete Herrn Shen mit Speise und Trank und bot ihm den Lehrerposten in diesem Bezirk an. Shen willigte mit Freuden ein.

»Ihr könnt es aber nicht allein schaffen«, fügte sein Gastgeber hinzu.

Xiao Yunxian suchte aus der zwei- bis dreitausendköpfigen Besatzung der Stadt zehn Soldaten aus, die einigermaßen des Lesens und Schreibens kundig waren, und übergab sie Lehrer Shen zur weiteren Ausbildung. Mit ihrer Hilfe gründete Herr Shen zehn Schulen. Dort erlernten nun die begabtesten Kinder Lesen und Schreiben. Zwei Jahre später brachte Lehrer Shen seinen Schülern bei, wie man Aufsätze verfaßt. Diejenigen, die die besten Aufsätze schrieben, wurden von Xiao Yunxian wie Gleichberechtigte empfangen, und er zeichnete sie durch besondere Aufmerksamkeit aus. Dadurch sollten die übrigen sehen, wie man durch fleißiges Lernen Ehre erlangen kann.

Nachdem der Wiederaufbau der Stadt vollendet worden war, schrieb Xiao Yunxian einen Bericht und schickte ihn durch Mu Nai an die Regierung. Oberbefehlshaber Ping erkundigte sich genau nach den Verhältnissen an der Grenze und ernannte ihn zum Kommandanten. Darauf unterrichtete er das Kriegs- und Außenministerium über alles, was ihm Xiao Yunxian mitgeteilt hatte. Das Arbeitsministerium überprüfte alle Angaben und gab dann folgendes bekannt:

›Betrifft: Die Aufbautätigkeit Xiao Yunxians in der Festung Qingfeng. Die Ausgaben für die Ziegelsteine, Kalk und Arbeitslöhne belaufen sich auf neunzehntausenddreihundertsechzig Unzen Silber. In besagter Gegend kann man aber billig Kalk und Ziegel herstellen, da es in der Nähe Wasser und Weiden gibt. Außerdem hatten sich dort viele

Heimatlose eingefunden, die billige Arbeitskräfte abgegeben hätten. Darum muß man einen beträchtlichen Teil der Ausgaben als überflüssig erachten. Es wird gebeten, diese Summe um siebentausendfünfhundertfünfundzwanzig Unzen Silber herabzusetzen und diesen Betrag von dem betreffenden Beamten zurückzufordern. Da der obengenannte Beamte aus Chengdu in der Provinz Sichuan stammt, sollen die dortigen Behörden angewiesen werden, diese Summe nach Setzung einer Frist mit aller Strenge einzutreiben. Der Kaiser hat obigen Antrag gebilligt.‹

Nachdem Xiao Yunxian diese Bekanntmachung gelesen und von seiner vorgesetzten Behörde den Rückzahlungstermin mitgeteilt bekommen hatte, blieb ihm nichts anderes übrig, als seine Angelegenheiten zu ordnen, sein Bündel zu schnüren und in die Heimat zurückzukehren. Sein Vater lag krank darnieder. Xiao Yunxian begrüßte ihn und berichtete in allen Einzelheiten von allem, was er inzwischen erlebt und getan hatte. Darauf sank er auf die Knie und blieb, die Stirn auf dem Boden, eine ganze Weile in dieser Haltung.

»Warum erhebst du dich nicht? Du hast doch alles ganz vortrefflich gemacht.«

Xiao Yunxian berichtete dem Vater, daß das Arbeitsministerium weit weniger Geld bewilligt hätte, als was er für die Bauarbeiten ausgegeben habe, und daß man nun das restliche Geld von ihm eintreiben wolle.

»Um der Ehre meiner Ahnen willen habe ich nicht das mindeste für mich verbraucht. Statt meine Eltern zu unterstützen, bringe ich nun meinen Vater um sein Vermögen. Ich schäme mich unendlich und kann mich nicht mehr zu den anständigen Menschen zählen.«

»Du kannst doch nichts dafür. Das Ministerium hat nun einmal so entschieden. Was nützt da alles Jammern und Klagen, das Geld ist nicht mehr zurückzuholen. Ich besitze alles in allem siebentausend Unzen Silber. Nimm sie und liefere sie an die hiesigen Behörden ab.«

Xiao Yunxian fügte sich unter Tränen dem väterlichen

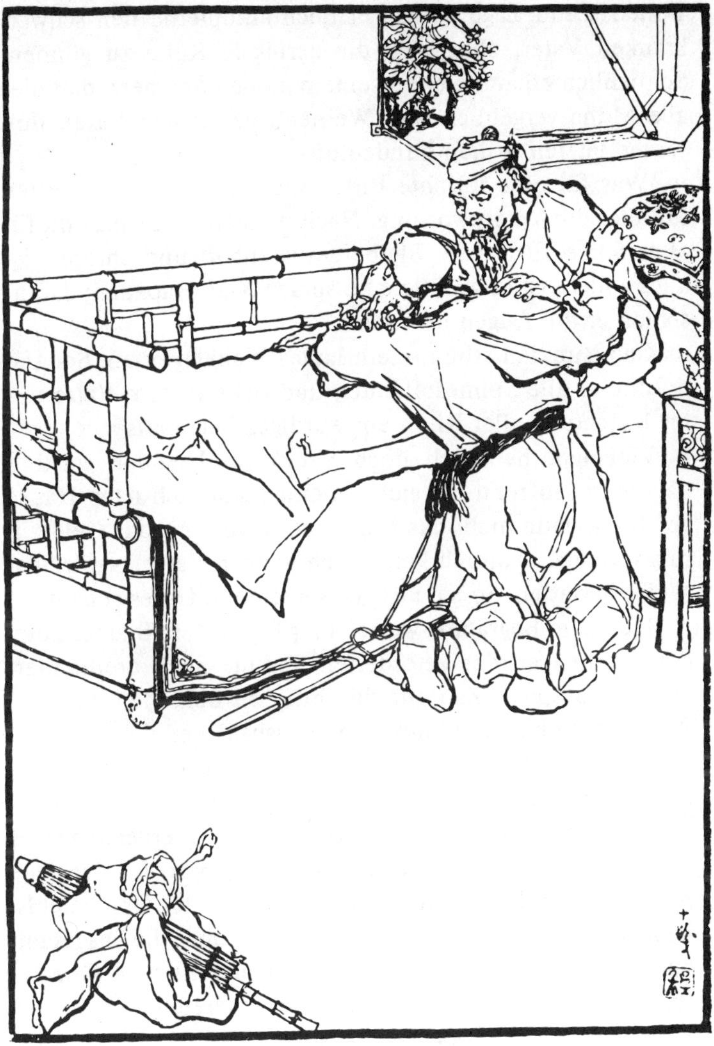

Willen. Zehn Tage pflegte er noch aufopfernd den schwerkranken Vater, ohne sich die geringste Ruhe zu gönnen. Schließlich erkannte er zu seinem großen Schmerz, daß hier alle Mühe vergeblich war. Weinend bat er den Vater, ihm seinen letzten Willen kundzutun.

»Was für eine törichte Bitte! Solange ich lebe, trage ich für alles die Verantwortung. Nach meinem Tode hast du für alles Sorge zu tragen. Bleibe gewissenhaft und ehrerbietig; alles andere ist unwichtig.« So sprach Xiao Haoxuan; darauf schloß er die Augen und starb.

Xiao Yunxian stimmte ein lautes Wehklagen an. Sodann erfüllte er alle Sohnespflichten und richtete dem Vater unter Beachtung aller Riten ein würdiges Begräbnis.

›Vielleicht habe ich doch Glück im Unglück gehabt‹, dachte er seufzend bei sich. ›Niemals wäre ich nach Hause gefahren, hätte nicht das Ministerium von mir das Geld zurückverlangt. Dadurch konnte ich meinen Vater in würdiger Weise bestatten. So hat also alles auch sein Gutes gehabt.‹

Nach dem Begräbnis verfiel aller Besitz dem Staate, trotzdem fehlten an der geforderten Summe noch dreihundert Unzen, auf deren Zahlung die örtlichen Behörden drangen. Zu Xiao Yunxians Glück wurde alsbald der dortige Amtmann seines Postens enthoben, da er dem Räuberunwesen nicht energisch genug entgegengetreten war. Sein Nachfolger verdankte seine Beförderung dem Oberbefehlshaber Ping, als dieser noch Gouverneur gewesen war. Als der neue Amtmann erfuhr, daß Xiao ein Schützling des Oberbefehlshabers sei, stellte er ihm eine Quittung über die insgesamt zu zahlende Summe aus und sandte ihn zu dem Oberbefehlshaber nach Beijing. Die restlichen dreihundert Unzen könnte er ja später noch nachzahlen.

Oberbefehlshaber Ping empfing ihn sehr freundlich, erkundigte sich nach seinem Befinden und schrieb einen Brief an das Kriegsministerium, worin er über Xiao Yunxians Verdienste eingehend berichtete. Darauf antwortete das Ministerium folgendermaßen:

›Xiao baute zwar eine Stadt wieder auf, aber es besteht kein Rechtsanspruch, sich hiermit für eine Beförderung vormerken zu lassen. Vorerst soll er weiterhin den Posten eines Tausendschaftsführers bekleiden, später soll er auf dem üblichen Wege zum Kommandanten befördert werden. Sobald irgendwo für ihn ein Posten frei wird, wird er zur Audienz befohlen werden.‹

Xiao Yunxian mußte noch über sechs Monate warten, bis das Ministerium ihn zum Kommandanten der Militärstation Jianghuai der Präfektur Yingtian ernannte und zur Audienz befahl.

›Er soll das Amt sofort antreten‹, so lautete die offizielle Anordnung des Hofes.

Xiao Yunxian verließ die Hauptstadt und reiste mit der Ernennungsurkunde auf der östlichen Straße nach Nanjing. Er überschritt die Brücke des Roten Drachen und betrat das Gebiet der Militärstation Guangwu, wo er in einem Gasthof Rast machte. Es war mitten im Winter. Gegen Ende der zweiten Nachtwache rief der Wirt: »Reisende, steht schleunigst auf, der Tausendschaftsführer Mu führt eine Razzia durch!«

Die Reisenden hängten sich ihre Mäntel um und setzten sich auf den Bettrand. Fünf Soldaten beleuchteten mit Fakkeln den Raum, während Mu die einzelnen Personen durchsuchte. Zu seinem großen Erstaunen erkannte Xiao in besagtem Herrn Mu seinen alten Begleiter Mu Nai. Dieser begrüßte seinen Gönner entzückt und bot ihm ein Nachtquartier in der Militärstation an. Als Xiao Yunxian am nächsten Morgen aufbrechen wollte, beschwor ihn sein Freund, noch einen Tag zu bleiben:

»Voraussichtlich wird es schneien. Wie wäre es mit einem Ausflug zum Tempel auf dem Guangwu-Berg. Ich möchte gern meinen Pflichten als Gastgeber nachkommen.«

Xiao Yunxian willigte ein. Mu Nai ließ für sich und seinen Gast zwei Pferde satteln; ein Soldat mußte Wein und Speisen in den Tempel bringen. Sie ritten auf den Guangwu-Berg, wo sie im Tempel von einem daoistischen Prie ster empfangen wurden, der sie bat, sich zum oberen Stockwerk im hinteren Gebäude zu begeben und dort Platz zu nehmen. Der Priester, der nicht wagte, den hohen Herren Gesellschaft zu leisten, verschwand, nachdem er den Tee gebracht hatte. Mu Nai öffnete sechs Fenster, die den Blick auf einen Abhang des Guangwu-Berges freigaben. Der eisige Nordwind peitschte die kahlen Bäume auf dem Gipfel. Vom Himmel wirbelten Schneeflocken herab.

»Wieviel Schnee haben wir doch ehedem in Qingfeng erlebt. Damals hat er keine trüben Gedanken in uns erweckt. Nun aber fröstelt es mich beim Anblick dieser so spärlich fallenden Flocken.«

»Ja, ja«, bestätigte Mu Nai. »Die beiden Generale jedoch werden, in ihre prächtigen Zobelmäntel gehüllt, ein behagliches Leben führen.«

Nachdem sie Wein getrunken hatten, schlenderte Xiao Yunxian noch ein wenig im Freien herum. An der Mauer des kleinen Pavillons, rechts vom Turm, entdeckte er zahlreiche Schriftzeichen. Es handelte sich um Gelegenheitsgedichte berühmter Gelehrter. Unter ihnen befand sich ein siebenfüßiges Gedicht im Stil der Alten: ›Erinnerungen an vergangene Tage auf dem Guangwu-Berg.‹

Wieder und wieder las Xiao Yunxian diese Verse, die ihm so zu Herzen gingen, daß ihm schließlich Tränen aus den Augen rollten. Mu Nai, der neben ihm stand, erriet nicht, was den Freund bewegte. Am Ende des Gedichtes stand zu lesen: ›Wu Shu aus Nanjing schrieb dieses Gedicht.‹

Xiao Yunxian prägte sich den Namen ein. Er blieb noch eine Nacht in der Militärstation. Am nächsten Morgen strahlte wieder die Sonne herab. Mu Nai brachte den Freund bis zur Poststation ›Zu den Großen Weiden‹.

Bei Pukou überquerte Xiao Yunxian den Chang Jiang. In Nanjing legte er seine Ernennungsurkunde vor. Auf seinem Amtssitz angelangt, kontrollierte er die Bootsknechte der amtlichen Reiseschiffe. Sodann besprach er mit seinem Vorgänger alle Formalitäten der Amtsübergabe.

»Bannerleute«, fragte er daraufhin, »kennt ihr einen Herrn Wu Shu?«

»Ich kenne ihn nicht«, erwiderte einer der Männer. »Warum erkundigt Ihr Euch nach ihm?«

»Ich las auf dem Guangwu-Berg eines seiner Gedichte und brenne darauf, seine Bekanntschaft zu machen.«

»Ein Dichter also, da brauche ich bloß im Kaiserlichen Kolleg nachzufragen.«

»Macht Euch sofort auf den Weg!«

Am anderen Tag brachte der Bannermann folgenden Bericht:

»Der Pförtner des Kollegs teilte mir mit, daß es dort tatsächlich einen Herrn Wu Shu gibt. Er ist Stipendiat und wohnt in der Nähe des Blumentors.«

»Ich will ihn sofort besuchen. Einer der Bannerleute kann mich begleiten, aber Rangzeichen sollen nicht mitgeführt werden«, ordnete Xiao Yunxian an.

Dort angekommen, gab er seine Karte im Haus am Blumentor ab. Wu Shu kam ihm bis zum Tor entgegen.

»Ich bin ein Offizier, der erst seit kurzem in Eurer Stadt lebt. Ich ehre die Weisen und die Dichter. Neulich las ich auf dem Guangwu-Berg Euer herrliches Gedicht. Nun habe ich die Freude, den Verfasser persönlich kennenzulernen.«

»Mein Gedicht war ein Kind des Augenblicks«, sagte Wu Shu, nachdem er den Gast ins Haus geführt und ihm Platz angeboten hatte. »Wie hätte ich ahnen sollen, daß es je vor Euren werten Augen Gnade finden würde.«

Wu Shu bereitete seinem Gast selber den Tee.

»Da Ihr über Guangwu gekommen seid, nehme ich an, daß man Euch vom Ministerium in Beijing hierher geschickt hat«, begann Wu Shu von neuem das Gespräch.

»Es fällt mir schwer, meine letzten Erlebnisse zu schildern. Ich nahm an der Eroberung von Qingfeng teil und verlor mein Vermögen, weil ich zu viel Geld für den Wiederaufbau dieser Stadt verausgabt habe. Gemäß dem Dienstreglement wurde ich zum Kommandanten der Militärstation

Jianghuai ernannt. Nun schätze ich mich glücklich, Eure Belehrung empfangen zu dürfen. Bald werde ich wieder bei Euch vorsprechen.«

»Ich bin es vielmehr, der Eurer Belehrung bedürftig ist.«

Xiao Yunxian erhob sich. Als ihn Wu Shu zum Tor brachte, erblickte er einen Diener vom Kolleg, der eilends auf ihn zugelaufen kam und schon von weitem rief:

»Doktor Yu erwartet Euch!«

Wu Shu begab sich sofort ins Kolleg.

Der ihn schon erwartende Doktor Yu teilte ihm mit:

»Dreimal hat das Ministerium schon die Ehrung Eurer Mutter abgelehnt, weil ihr Name stets am Schluß der Vorschlagslisten stand. Nun ist es endlich soweit. Ihr könnt Euch jetzt gleich das Geld abholen, das für den Bau eines Ehrenbogens bewilligt worden ist.«

Wu Shu dankte vielmals und entfernte sich wieder.

Am anderen Morgen machte er Xiao Yunxian einen Gegenbesuch. Dieser führte ihn in die innere Halle.

»Gestern habe ich mich Euch viel zu wenig gewidmet«, begann Wu Shu. »Mein armseliges Gedicht habt Ihr mit allzuviel Lob bedacht. Ich fühle mich tief beschämt. Nun wage ich, Euch meine minderwertigen Schriften zu bringen, und bitte Euch um Euer gütiges Urteil.«

Darauf zog Wu Shu einen Gedichtband hervor. Xiao Yunxian überflog einige Verse und spendete seinem Gast reichliches Lob. Nachdem sie in der Bibliothek den Tee eingenommen hatten, überreichte Xiao Yunxian seinerseits dem Gast eine Schriftrolle.

»Darin sind Erlebnisse und Taten meines Lebens niedergelegt. Ich möchte Euch, der eine so große literarische Begabung besitzt, bitten, dazu einen Aufsatz und einige Gedichte zu verfassen, damit die Geschichte meines halben Lebens der Nachwelt überliefert wird.«

Wu Shu breitete die Rolle auf dem Tisch aus und las den Titel ›Kleine Chronik eines Feldzugs im Westen‹. Die Rolle enthielt drei Zeichnungen: ›Die Erstürmung des Yi'ershan‹,

›Die Einnahme von Qingfeng‹ und ›Bauern bei der Neulandgewinnung im Frühling‹. Unter jedem Bild standen ausführliche Erklärungen. Wu Shu seufzte laut vor Bewunderung:

»Solch große Verdienste belohnt man mit einem so bescheidenen Posten! Ich werde ein Gedicht für Euch verfassen, aber niemals wird man in den offiziellen Geschichtsbüchern Eure Taten rühmen, da Ihr von niedrigem Stande seid. Aber vielleicht vermag ein großer Schriftsteller, indem er Eure Abenteuer in einem Buch erzählt, das Gedächtnis Eurer Taten in der Nachwelt lebendig zu erhalten.«

»Dessen halte ich mich nicht für wert«, versetzte Xiao Yunxian, »doch würdet Ihr mit Eurem großen Talent Euch dieser Sache annehmen, so würde auch ich Unsterblichkeit erlangen.«

»Ich nehme die Rolle mit«, beschloß Wu Shu. »Ich kenne bedeutende Männer, die gern die Tugend verherrlichen und gewiß ein Vorwort zur Geschichte Eurer Taten schreiben werden. Ihnen möchte ich diese Rolle vorlegen.«

»Aber hieltet Ihr es nicht für besser, wenn ich Euren Freunden zuerst einen Besuch abstattete?«

»Das läßt sich durchaus machen.«

Xiao Yunxian ließ sich eine rote Besuchskarte bringen und bat Wu Shu um die Namen seiner Freunde. Wu Shu schrieb folgende Adressen auf: Doktor Yu, Chi Hengshan, Zhuang Shaoguang und Du Shaoqing, übergab sie Xiao Yunxian, nahm dessen Schriftrolle unter den Arm und verabschiedete sich.

Am anderen Tage besuchte Xiao Yunxian die ihm genannten Gelehrten und empfing dann ihre Gegenbesuche. Bald darauf mußte er einen Getreidetransport ins Huai-Fluß-Gebiet leiten, und nach kurzer Fahrt legte seine Dschunke im Hafen von Yangzhou an. Vor dem Zollamt geriet das Boot in ein großes Gedränge. Am Bug eines Schiffes, das mühsam durch das Gewimmel der dort wartenden Fahrzeuge gesteuert wurde, stand ein Mann und rief: »Hallo, Herr Xiao Yunxian, was führt Euch denn hierher?«

»Ei, das ist ja der Lehrer Shen! Wann seid Ihr zurückgekommen?«

Sogleich ließ Xiao Yunxian sein Boot hinüberstaken, und Herr Shen sprang auf das Deck.

»Viele Jahre sind, seit wir uns in Qingfeng Lebewohl sagten, vergangen. Wann habt Ihr Euch wieder nach dem Süden begeben?«

»Nachdem Ihr Euch meiner angenommen und mir zu einer Stellung verholfen habt, unterrichtete ich zwei Jahre und sparte mir das Geld für die Rückreise in die Heimat. Nun bringe ich meine Tochter zu Herrn Song, dem ich sie versprochen habe.«

»Ich gratuliere Eurer Tochter herzlich!«, und sogleich gab Xiao Yunxian den Befehl, Herrn Shen eine Unze Silber als Hochzeitsgeschenk zu übergeben. »Ich darf mich hier nicht lange aufhalten, da ich einen Getreidetransport nach dem Norden bringen muß. Später hoffe ich auf Euren Besuch in meinem Yamen.«

Lehrer Shen brachte seine Tochter an Land und holte ihr eine Sänfte herbei. Er selber begleitete die Gepäckträger zum Salzgeschäft ›Dafeng‹ am Lückentor. Dort empfing sie ein Angestellter, der sie beim Salzhändler Song Weifu anmeldete.

»Mein Gebieter befiehlt«, meldete der Angestellte des Herrn Song, »die neue Frau möchte in sein Haus gebracht werden. Der Herr Shen aber möchte im Laden bleiben, wo ihn der Herr Verwalter bewirten wird.«

»Wir wollten doch so lange hierbleiben«, wandte sich Lehrer Shen an seine Tochter, »bis Herr Song einen Glückstag ausgesucht hat, an dem du in deinem neuen Heim Einzug halten kannst. Wozu spielt er sich so auf? Es sieht ganz so aus, als wollte er dich nicht als rechtmäßige Frau, sondern nur als Konkubine nehmen. Kann man unter diesen Umständen dich in sein Haus geben? Was denkst du darüber, liebe Tochter?«

»Seid unbesorgt, lieber Vater, wir haben weder eine Heiratsurkunde aufgesetzt noch Geld von ihm erhalten. Ich werde mich keineswegs dazu erniedrigen, seine Konkubine zu werden. Weil er aber soviel von sich her macht, so seid vorsichtig und fangt keine Händel mit ihm an, damit wir nicht ins Gerede der Leute kommen. Ich besteige nun die Sänfte und lasse mich in sein Haus tragen. Ich werde ja sehen, wie er mich behandelt.«

Lehrer Shen pflichtete seiner Tochter bei. Sie schmückte sich mit einer Brautkrone und rotem Brautkleid, kniete zum Abschied vor ihrem Vater nieder und bestieg die Sänfte. Ein Diener begleitete sie und führte sie vor ein großes Haustor unmittelbar am Fluß. Dort scherzten Ammen, die Kinder ihres Herrn auf dem Arm trugen, mit dem Pförtner und mit dem Hausmeister.

»Die neue Frau Shen!« riefen sie beim Anblick der Sänfte. »Steigt aus und betretet das Haus durch den Hintereingang.«

Shen Qiongzhi würdigte die Ammen keines Wortes und ging sogleich in die große Halle, wo sie sich niederließ.

»Ruft bitte Euren Herrn herbei! Ich, Fräulein Shen aus Changzhou, stamme aus achtbarer Familie und bin keine unterwürfige Dienerin. Wenn Euer Herr mich heiraten will, warum hat man keine Laternen und bunten Tücher aufgehängt? Und warum ist auch kein Glückstag gewählt worden? Wo bleibt der festliche Einzug? Betrachtet man mich etwa als ein Kebsweib, das man still und leise ins Haus schaffen läßt? Ich verlange, daß man mir die Heiratsurkunde mit der eigenhändigen Unterschrift meines Vaters vorweist.«

Die Diener eilten bestürzt in die hinteren Gemächer, um ihrem Herrn die so deutlichen Worte der Braut mitzuteilen. Song Weifu schaute gerade dem Apotheker bei der Bereitung einer Medizin zu. Sein Gesicht wurde vor Zorn puterrot.

»Wir reichen Salzhändler nehmen uns jährlich mindestens acht Konkubinen. Wenn sie alle so ungehorsam wären wie diese, wüßte ich wirklich nicht, wie ich mich vor ihnen retten sollte. Nun, sie wird mir schon nicht davonlaufen.«

Song Weifu überlegte eine Weile, dann winkte er eine Zofe herbei: »Geh und sag der neuen Frau, ich sei nicht daheim. Sie soll einstweilen ihre Gemächer beziehen. Wenn sie irgendwelche Wünsche hat, soll sie bis zur Rückkehr des Hausherrn warten.«

›Es schickt sich nicht, daß ich hier draußen sitzen bleibe‹, dachte Shen Qiongzhi, nachdem ihr die Zofe dies ausgerichtet hatte. ›Besser, ich lasse mich in mein Zimmer führen.‹ Die Zofe geleitete sie durch eine schmale Tür in drei mit Edelhölzern ausgelegte Räume und von da in einen weiten Hof, in dem sich ein künstlicher Berg aus Felsgestein erhob. Zu seiner Linken lief ein kleiner Pfad, der in einen Garten mündete. Hier gab es Bambussträucher und schöne Bäume, hohe Terrassen und offene Hallen sowie einen mit einem roten Geländer eingefaßten großen Goldfischteich. Am Ende des Wandelganges sah man ein mondförmiges Tor und vier goldlackierte Türen. Hinter diesen Türen befanden sich drei Räume, von denen einer als Wohnzimmer eingerichtet war. Dazu gehörte noch ein kleiner Hof.

Während Shen Qiongzhi ihren Tee schlürfte, hing sie ihren Gedanken nach:

›Niemals wird dieser ungebildete Salzhändler die vornehme Stille dieses Ortes begreifen. Jedenfalls läßt es sich hier einige Tage aushalten.‹

»So hübsch die junge Frau aussieht, so widerspenstig ist sie auch. Man muß sie sehr behutsam anfassen«, berichtete die Zofe ihrem Gebieter.

Am anderen Morgen schickte Song Weifu einen Diener in den Laden am Lückentor und befahl dem Verwalter, dem Lehrer Shen aus der Kasse fünfhundert Unzen Silber auszuzahlen. Nun würde er wohl keine Einwände mehr machen, daß seine Tochter hierbliebe.

»O weh«, rief Lehrer Shen aus, als man ihm das Geld übergab, »nun ist meine Tochter wirklich eine Konkubine geworden.« Sogleich beschloß er, beim Amtmann von Jiangdu Klage zu erheben.

Der Amtmann las die Klageschrift und sagte dann:

»Shen Danian, ein Magister aus Changzhou, der dem Stand der Gelehrten angehört, kann es nicht zulassen, daß seine Tochter eine Konkubine wird. Die Unverschämtheit des Salzhändlers geht zu weit.«

Und er nahm die Klage an. Salzhändler Song jedoch, der rechtzeitig unterrichtet worden war, reichte unverzüglich eine Gegenklage ein. Dabei vergaß er nicht, dem Unterbeamten Schmiergelder zu geben. Und so lautete der Entscheid des Amtmanns auch folgendermaßen:

»Weshalb ließ Shen Danian seine Tochter ins Haus des Salzhändlers Song Weifu bringen, anstatt sie, wie es die Sitte will, von Abgesandten des Bräutigams in dessen Heim überführen zu lassen? Folglich muß er schon von vornherein die Absicht gehabt haben, seine Tochter als Nebenfrau ins Haus Song zu schicken, auch wenn er es jetzt zu bestreiten sucht. Somit wird die Klage des Shen Danian zurückgewiesen.«

Da sich Lehrer Shen mit dem Urteil nicht zufriedengeben wollte, geriet der Amtmann über ihn in großen Zorn, schalt ihn einen unverbesserlichen Streithammel und ließ ihn durch zwei Amtsdiener in seine Heimat zurückbringen.

›Dieser Bursche hat sicherlich meinen Vater aus der Stadt vertrieben‹, dachte Shen Qiongzhi, nachdem sie drei Tage lang vergeblich auf eine Nachricht gewartet hatte. ›Um den Belästigungen des Salzhändlers zu entgehen, will ich mich lieber auf und davon machen.‹

Gesagt, getan. Sie verstaute die in ihren Zimmern herumstehenden goldenen und silbernen Schalen sowie den Perlenschmuck in einem Sack, schlüpfte in sieben Röcke und verließ, als Magd verkleidet, das Hintertor. Die bestochene Zofe ließ sie unbehelligt entkommen. Früh am Morgen mietete sie sich hinterm Zollgebäude eine Dschunke, die besonders billig war, weil die ganze Familie des Schiffers sie bewohnte. Während der Fahrt ging es ihr durch den Sinn:

›Wie werden die Nachbarn über mich spotten, wenn ich wieder daheim ankomme? Besser wäre es, ich ginge nach

Nanjing, dort leben viele gelehrte Männer, und so könnte ich durch den Verkauf meiner Gedichte sicher meinen Lebensunterhalt verdienen. Vielleicht wartet dort das große Glück auf mich.‹

Kurz entschlossen bestieg sie in Yizheng eine nach Nanjing gehende Dschunke und fuhr der alten Kaiserstadt entgegen.

Was Shen Qiongzhi dort alles erlebt, wird auf den nächsten Seiten geschildert werden.

Einundvierzigstes Kapitel

Zhuang Zhuojiang erzählt auf dem Qinhuai-Fluß von alten Zeiten · Shen Qiongzhi wird als Gefangene nach dem Yamen von Jiangdu gebracht

Alljährlich im Vierten Monat des Jahres zeigt sich die Landschaft am Qinhuai in der Nähe von Nanjing in ihrer ganzen Pracht. Die Dschunken auf den Nebenflüssen des Chiang Jiang setzen Sonnensegel und werden durch die schmalen Wasserläufe gestakt. In den Kajüten stehen rechteckige, goldlackierte Tischchen, auf denen der beste Tee aus feinen Spitzen, mit Regenwasser zubereitet, in irdenen Kannen aus Yixing oder in feinen Porzellanbechern dampft. Wer einen Ausflug auf einer Barke unternimmt, genießt Wein und Süßigkeiten gern auf dem Fluß, doch auch die Fußgänger auf den Uferwegen kehren auf den Booten ein, um dort eine Tasse feinen Tee zu trinken, ehe sie ihren Spaziergang fortsetzen. Abends werden auf jedem Boot zwei Laternen angebracht, deren Lichter sich auf dem Wasser spiegeln. Nachts erklingen von Brücke zu Brücke ohne Unterlaß Flötenklänge und heitere Lieder. Die Spaziergänger kaufen Feuerwerkskörper und lassen sie über dem Fluß wie blühende Bäume emporsprühen, worüber sich die Wasserratten sehr erbosen. Erst zu später Stunde endet das nächtliche Vergnügen.

Wu Shu, Stipendiat am Kaiserlichen Kolleg, feierte am Ende des Vierten Monats seinen Geburtstag. Ihm fehlten jedoch die Mittel, Gäste einzuladen. Du Shaoqing sprang für ihn ein, kaufte Wein und Süßigkeiten, mietete ein Boot mit einem Sonnensegel, um sich mit Wu Shu auf dem Fluß zu vergnügen. Nachdem sie bei ihm in der Flußvilla gefrühstückt hatten, begaben sie sich durch das Wassertor zur Landungsbrücke und bestiegen gemeinsam das Boot.

»Bruder Wu Shu, wir fahren jetzt zu einem stillen, abgelegenen Plätzchen.«

Er hieß den Bootsmann, sie bis zur Mündung des Jinxiang He in den Qinhuai und wieder zurück zu rudern. Auf der Fahrt leerten sie eine Schale Wein nach der anderen, so daß sie am Nachmittag beide ein wenig betrunken waren. Dann fuhren sie bis zur Lishe-Brücke, gingen dort an Land und erblickten ein großes Plakat, auf dem zu lesen stand:

›Fräulein Shen Qiongzhi aus Changzhou fertigt feine Stikkereien an, beschriftet Fächer und verfaßt Gedichte. Sie wohnt am Wangfutang in der Shoupa-Gasse. Die werten Kunden werden gebeten, auf ihr Namensschild ‚Shen aus Changzhou' zu achten.‹

Als Wu Shu dies las, mußte er laut lachen:

»Du Shaoqing, was für seltsame Dinge gibt es doch hier in Nanjing. In diesem Stadtviertel gibt es viele Freudenhäuser, und zweifellos stammt dieses Mädchen aus solch einem Haus. Daß sie aber so ein Plakat aushängt, ist das nicht zum Totlachen?«

»Ach, was kümmert uns das; kommt, wir wollen auf unserem Boot ein Täßchen Tee trinken.«

Dann stiegen sie wieder ins Boot und plauderten beim Tee fröhlich miteinander.

Als sie eine Weile flußaufwärts gefahren waren und sich einmal umsahen, stieg gerade der Mond am Himmel auf und tauchte das Schiff in einen silbernen Schimmer. Auf einem großen Weiher wurde von einer Menge Barken ein Feuerwerk losgelassen. Auf einem größeren Schiff mit vier

Windlaternen war unter einem Bambusdach eine Festtafel gerichtet. An ihrem oberen Ende saßen die beiden Gäste und an dem unteren der Wirt. Letzterer trug eine viereckige Kappe, ein weißes Seidengewand und leichte Schuhe. Am Kinn des gelblichen, hageren Gesichts hingen drei spärliche Bartsträhnen. Neben dem Wirt saß ein Jüngling mit heller Gesichtsfarbe und einem flaumigen Bart; er hielt eifrig nach den Damen, die sich in den Barken rechts und links des Schiffes befanden, Ausschau. Als das Boot der beiden Freunde sich dem großen Schiff näherte, erkannten Du Shaoqing und Wu Shu unter den dort schmausenden Gästen Lu Xinhou und Zhuang Shaoguang. Die zwei anderen jedoch waren ihnen fremd.

»Bruder Du Shaoqing, kommt doch zu uns!« rief da schon Zhuang Shaoguang, der beim Anblick der beiden aufgesprungen war.

Du Shaoqing und Wu Shu stiegen auf das Schiff über; der Gastgeber begrüßte sie und fragte nach ihrem Namen.

»Du Shaoqing aus Tianchang und Stipendiat Wu Shu«, stellte Zhuang Shaoguang die Ankömmlinge vor.

»Herr Du aus Tianchang? Früher gab es in Ganzhou einen Präfekten namens Du. Ist er mit Euch verwandt?«

»Dies war mein verstorbener Vater«, antwortete Du Shaoqing erstaunt.

»Vor vierzig Jahren lebte ich ganz in der Nähe Eures Vaters und sah ihn täglich. Wir waren doch Vettern.«

»Seid Ihr gar mein Onkel Zhuang Zhuojiang?«

»Das bin ich allerdings.«

»Damals war ich noch ein Kind und war noch zu klein, um Euch kennenzulernen. Heute habe ich nun das Glück, Euch zu begegnen.«

Und Du Shaoqing begrüßte Zhuang Zhuojiang ein zweites Mal.

»Stammt dieser alte Herr aus Eurer Sippe?« erkundigte sich Wu Shu bei Zhuang Shaoguang.

»Zhuang Zhuojiang ist sozusagen mein Neffe«, erwiderte

lachend Zhuang Shaoguang. »Er ist ein Schüler meines verstorbenen Vaters. Kürzlich sahen wir uns nach vierzigjähriger Trennung wieder.«

»Und wer ist dieser junge Mann?« wollte der neugierige Wu Shu wissen.

»Das ist mein Sohn«, sagte Zhuang Zhuojiang, während der Jüngling sich verbeugte.

Dann wurde frischer Wein herbeigeholt, und das Gelage nahm seinen Fortgang.

»Wann seid Ihr nach Nanjing gezogen, Bruder Shaoqing«, fragte Zhuang Zhuojiang, »und wo wohnt Ihr?«

»Seit acht Jahren lebt er hier in einer Flußvilla«, unterrichtete Zhuang Shaoguang seinen Neffen.

»Euer Vaterhaus mit seinem Garten und seinen schönen Blumen und Bäumen gilt als das schönste Anwesen nördlich des Chang Jiang. Warum seid Ihr hierhergezogen?« rief Zhuang Zhuojiang sichtlich erstaunt.

Zhuang Shaoguang erzählte in kurzen Worten, daß Du Shaoqing infolge seiner Freigebigkeit sein gesamtes Vermögen aufgebraucht hätte. »Ach ja«, seufzte Zhuang Zhuojiang wehmütig. »Ich erinnere mich, daß ich, als ich noch in Huguang lebte – es mögen achtzehn Jahre her sein –, vom Vierten Herrn Wei aus Wuyizhen einen Brief erhielt, in dem er mir schrieb, seine Lust am guten Wein sei mit den Jahren nur noch gewachsen, trotzdem habe er in den letzten Jahrzehnten keinen rechten Rausch mehr erlebt. Endlich habe er in Tianchang einen neunjährigen Wein vorgesetzt bekommen und sei die ganze Nacht berauscht gewesen, was ihn sehr fröhlich gestimmt habe. Deshalb müsse er sofort diesen Brief auf die tausend Meilen lange Reise schicken. Damals war mir der Gastgeber des Herrn Wei noch unbekannt. Heute aber, nach unserem Gespräch, will es mir dünken, es müsse Bruder Shaoqing gewesen sein.«

»Natürlich muß er es gewesen sein«, bekräftigte Wu Shu. »Wo fände man sonst auf der Welt einen so freigebigen Gastgeber!«

»Onkel, seid Ihr auch mit dem Vierten Herrn Wei bekannt?«

»Ja, ich bin seit meiner Jugend mit ihm befreundet«, erwiderte Zhuang Zhuojiang. »In seinen jungen Jahren galt übrigens Euer Vater bei jedermann als einer der ersten Weisen seiner Zeit. Heute noch sehe ich seine hohe Gestalt und sein lachendes Antlitz vor mir.«

Lu Xinhou und Wu Shu unterhielten sich indessen über die große Opferfeier im Taibo-Tempel.

»Es soll eine großartige Zeremonie gewesen sein«, seufzte Zhuang Zhuojiang und schlug sich auf die Knie. »Leider war ich noch nicht hier und habe somit die herrliche Feier versäumen müssen. Sicher aber wird sich über kurz oder lang ein anderer Anlaß zu einem Fest finden, und hierzu werde ich Euch alle einladen.«

Unter herzlichem Geplauder und fröhlichem Umtrunk verging die halbe Nacht wie im Fluge. Aus der Ferne grüßte sie das Lampenlicht vor Du Shaoqings Flußvilla. Als der Gesang und die Mundorgeln zu verstummen begannen, hörte man plötzlich die zarten Töne einer Jadeflöte.

»Nun aber ist es Zeit, daß wir uns trennen«, sagten alle.

Wu Shu begab sich gleich ans Ufer, während Du Shaoqing sich bis zu seiner Flußvilla rudern ließ. Zhuang Zhuojiang, der, obwohl er älter war, seinem Verwandten Zhuang Shaoguang die größte Ehrfurcht erwies, brachte diesen und Lu Xinhou zur Nordtorbrücke, wo er auch selber ausstieg. Lu Xinhou blieb die Nacht bei Zhuang Shaoguang in dessen Stadtvilla. Herr Zhuang Shaoguang kehrte erst am Morgen wieder auf seine Parkinsel zurück.

Zhuang Zhuojiang schrieb am nächsten Tag für sich und seinen Sohn Feixiong eine Besuchskarte, und beide machten sich zu Du Shaoqing auf. Und dieser stattete sehr bald an der Lotosblütenbrücke einen Gegenbesuch ab und verplauderte einen ganzen Tag mit Zhuang Zhuojiang. Wenig später beschloß Du Shaoqing, auch seinen Freund Zhuang Shaoguang auf dessen Insel im Yuanwu-See zu besuchen.

Während sie beim Tee zusammensaßen, meinte sein Gastgeber:

»Mein Neffe Zhuang Zhuojiang ist ein ungewöhnlicher Mensch. Vor vierzig Jahren betrieb er in Sizhou gemeinsam mit einem Freund eine Pfandleihe. Als sein Teilhaber verarmte, schenkte ihm Zhuang Shaoguang alles, was er verdient hatte, ungefähr zwanzigtausend Unzen Silber, und überließ ihm sogar das ganze Geschäft. Er aber schnürte sein Bündel und ritt auf einem mageren Esel zum Stadttor hinaus. Über zehn Jahre durchstreifte er als Hausierer die Provinzen Hubei, Hunan und Zhejiang, wobei er wiederum viele tausend Unzen Silber sich erwarb. Schließlich ließ er sich in Nanjing nieder, wo er nun auch ein Grundstück besitzt. Er hat sich stets als guter und treuer Freund erwiesen. Er richtete für seinen Vater das Begräbnis, kam für alles auf, und seine Brüder brauchten nicht einen Käsch zu bezahlen. Viele arme, einsame Freunde, die keine Angehörigen mehr besaßen, ließ er auf eigene Kosten bestatten. Er befolgt streng die letzte Mahnung seines Vaters: ›Achtet die Gelehrten und liebt die alten, heiligen Stätten.‹ Zur Zeit errichtet er für drei- bis viertausend Unzen Silber auf dem Berg des Hahnenrufs einen Tempel für den Prinzen Cao Bin, den berühmten Heerführer zur Zeit der Song-Dynastie. Wenn der Bau beendet ist, sollen wir, wie auch Bruder Chi Hengshan, eingeladen werden, damit wir an der großen Opferfeier mitwirken.«

Du Shaoqing war über all das Gehörte sehr erfreut, dann verabschiedete er sich und eilte von hinnen.

Ehe man's gedacht, war der Sommer verstrichen, und es hatte der Herbst begonnen. Dann kündigten Stürme den nahenden Winter an. Und wieder ein Weilchen, so wehten milde Frühlingslüfte und verscheuchten die Kälte. Der Qinhuai-Fluß prangte wieder im Blütenschmuck. Am fünfzehnten Tag des Siebenten Monats mieteten die wohlhabenden Bürger Nanjings Boote und Barken, ließen darauf von Priestern Buddhabilder und Gebetstische aufstellen und fuhren vom

Westwassertor bis zum Qinhuai-Fluß, unterwegs Almosen verteilend. Die ganze drei Meilen lange Strecke wurde Weihrauch verbrannt, und dichte Rauchwolken erfüllten die Luft, Trommeln, Glöckchen, Gesang ertönten ohne Unterlaß. Papierlaternen in der Form von Lotosblüten wurden am Abend angezündet und schwammen leuchtend auf den Fluten dahin. Große Barken buddhistischer Mönche fuhren auf dem Fluß hin und her, um die einsamen Seelen aus dem Fegefeuer zu retten und zum Himmel aufsteigen zu lassen, da nach buddhistischem Glauben am Allerseelenfest die Unterwelt die Sünden erläßt und die Toten freigibt. Der Qinhuai-Fluß und die Stadt Nanjing trugen an diesem Tage ein indisches Gepräge.

Am neunundzwanzigsten Tage feierte man auf dem Berge Qingliang ein Fest des Bodhisattwas Dizang. Die Leute glauben, daß dieser Bodhisattwa das ganze Jahr über seine Augen geschlossen halte und sie nur diese Nacht öffne. Wenn er in dieser Nacht überall in der Stadt Blumen und brennende Kerzen wie aufsteigende Weihrauchwolken sehen würde, dann nehme er an, dies sei auch im ganzen Jahr der Fall, und er gewährt den Menschen um ihrer Güte und Frömmigkeit willen seinen Schutz. Darum stellt in dieser Nacht jede Nanjinger Familie zwei Tische auf mit zwei bis zum Morgengrauen brennenden Windkerzen und einem Weihrauchkessel. Von der Großen Mittelbrücke bis zum Berge Qingliang leuchtet dann die sieben bis acht Meilen lange Straße wie eine silberne Riesenschlange. In diesem Jahr tobte ein großer Sturm, aber selbst er vermochte die Windkerzen nicht auszulöschen. Die Schönen der Stadt traten auf die Straße, um Weihrauch zu verbrennen und neugierig dem Treiben zuzuschauen. Fräulein Shen Qiongzhi, die am Wangfutang-Palais wohnte, hatte gleichfalls mit ihrer Wirtin Weihrauch verbrannt. Seit sie in Nanjing lebte und auf dem Plakat an der Lishe-Brücke ihre Künste angepriesen hatte, kamen viele zu ihr, die Gedichte oder Gedichtmappen zu kaufen wünschten oder Aufträge für Stickereien erteilten. Darunter befanden sich auch junge, unverschämte Burschen, die es nicht auf einen Fächer und eine Stickerei, sondern auf Fräulein Shen selbst abgesehen hatten. Als sie in ihrem prächtigen Gewand vom Weihrauchopfer heimkehrte, folgte ihr, von ihrem überreichen Schmuck angelockt, eine vielköpfige Menge. Auch Zhuang Feixiong schloß sich der Schar der Gaffer an, und als er sah, daß sich das Mädchen dem Wangfutang-Palais zuwandte und dort verschwand, stieg in ihm ein bestimmter Verdacht auf. Am nächsten Tag machte er Du Shaoqing einen Besuch und fing sogleich von dieser Angelegenheit zu sprechen an:

»Fräulein Shen Qiongzhi vom Wangfutang-Palais pflegt laut die frechen jungen Burschen, die unflätiges Zeug reden und sich an sie heranmachen, auszuschimpfen. Die Herkunft dieses Mädchens scheint recht dunkel zu sein. Bruder Du Shaoqing, könnt Ihr nicht einmal Näheres in Erfahrung bringen?«

»Ich habe auch schon von ihr gehört. Es gibt heutzutage so viel unglückliche Menschen; vielleicht ist sie aus Not hierhergekommen. Ich habe längst schon vorgehabt, sie einmal aufzusuchen.«

Du Shaoqing lud kurz darauf den jungen Zhuang Feixiong ein, in seiner Flußvilla den jungen Mond zu bewundern. Außerdem hatte er noch zwei andere Gäste, und zwar Chi Hengshan und Wu Shu, zu sich gebeten. Zhuang Feixiong begrüßte sie, und nachdem sie ein wenig miteinander geplaudert hatten, kam er auf Fräulein Shen zu sprechen, die Gedichte verfaßte und verkaufte:

»Woher sie auch stammen mag, es ist bestimmt etwas Ungewöhnliches, daß sie Gedichte verfaßt.«

»Was für eine Lasterhöhle ist doch dieses Nanjing!« entrüstete sich Chi Hengshan. »Wer bestellt schon Gedichte bei einer Dame, da an gelehrten Männern in der Stadt wahrlich kein Mangel ist! Es liegt auf der Hand, daß sie unter diesem Vorwand ein ganz anderes Gewerbe betreibt. Ob sie nun Gedichte macht oder nicht, darum sollten wir uns überhaupt nicht bekümmern.«

»Aber schließlich ist es doch etwas ganz Einzigartiges«, wandte Wu Shu ein, »wenn eine junge Dame ganz allein in der Welt lebt und durch Dichten ihr Leben fristet. Da steckt gewiß ein Geheimnis dahinter. Wenn sie behauptet, Gedichte machen zu können, wäre es doch das beste, sie einmal herkommen zu lassen, damit wir uns ein Urteil bilden.«

Das Abendessen war beendet. Die Mondsichel schwebte über den Wassern; ihr Silberschein wanderte langsam den Brückenbogen hoch.

»Bruder Wu, heute ist es zu spät, um unser Vorhaben auszuführen. Morgen früh, nachdem wir bei mir gefrühstückt haben, wollen wir uns dorthin aufmachen.«

Wu Shu erklärte sich einverstanden, und er wie die andern beiden Gäste verabschiedeten sich.

Wie verabredet, brachen am nächsten Tag nach dem Frühstück die Freunde zum Wangfutang-Palais auf. Sie machten vor einem niedrigen Haus halt, vor dessen Tor sich mehr als ein Dutzend Leute drängten, die einen gewaltigen Lärm machten. Du Shaoqing und Wu Shu traten näher. Da gewahrten sie drinnen eine junge, etwa neunzehnjährige Dame mit einer kunstvollen Haarfrisur und gekleidet in einen saphirblauen Seidenmantel mit breitem Kragen, die höchst aufgebracht war. Nachdem sie ihrem Geschimpfe eine Weile zugehört hatten, entnahmen sie schließlich daraus, daß junge Männer unter dem Vorwand, einen gestickten Weihrauchbeutel bei ihr kaufen zu wollen, in ihre Wohnung eingedrungen waren und ihre Gelüste an ihr austoben wollten. Aber statt daß ihre Wünsche Erfüllung fanden, prasselte eine Schimpfkanonade auf sie herab. Als Du Shaoqing und Wu Shu sich über alles unterrichtet hatten, traten sie ins Haus, worauf sich die Gaffer auf der Straße allmählich zerstreuten. Sowie Fräulein Shen merkte, daß es sich um gebildete Herren handelte, beeilte sie sich, die beiden mit einem Glück- und Segenswunsch zu begrüßen. Sie nahmen Platz und wechselten einige höfliche Worte.

»Herr Du Shaoqing ist der größte Dichter unserer Zeit«,

begann Wu Shu das Gespräch. »Nun hörten wir gestern, wie vortrefflich Ihr zu dichten versteht. Deshalb wollen wir Euer Urteil einholen.«

»Ich lebe seit einem halben Jahr in Nanjing«, erzählte Fräulein Shen. »Die Leute, die während dieser Zeit zu mir kamen, betrachteten mich entweder als eine am Tor lehnende Hure oder als eine gefährliche Vagabundin. Solche Leute sind nicht wert, daß man nur ein Wort an sie verschwendet. Aber Ihr, meine Herren, habt weder die Absicht, mir nahezutreten, noch mich durch Verdächtigungen zu beleidigen. Mein Vater pflegte stets zu sagen: ›In Nanjing gibt es viele berühmte Gelehrte, aber alle werden sie von Du Shaoqing übertroffen.‹ Wie hat er damit recht! Haltet Ihr Euch nur gastweise in dieser Stadt auf oder wohnt Ihr mit Eurer Familie hier?«

»Ich lebe mit meiner Frau in der Flußvilla.«

»Nun, dann möchte ich Eure werte Gattin besuchen und mit ihr vertraulich plaudern.«

Du Shaoqing war damit einverstanden, und er und Wu Shu nahmen darauf von Fräulein Shen Abschied.

»Es ist doch wirklich ein merkwürdiges Mädchen«, sagte Wu Shu zu seinem Freund. »Wenn man behauptet, sie sei ein Freudenmädchen, so legt sie doch keineswegs ein unsittliches Gebaren an den Tag. Und munkelt man, sie sei eine von ihrem Herrn vertriebene Konkubine, so hat sie doch nichts Niedriges an sich. Obwohl sie ein Mädchen ist, kann man ihr einen gewissen Mut nicht absprechen. Und obwohl sie recht auffällig gekleidet und geschmückt ist, sprechen ihre feinen Hände doch von vornehmer Herkunft. Meiner Ansicht nach ist sie irgendwo davongelaufen, weil sie sich nicht unterordnen wollte. Wenn sie kommt, wollen wir sie genau ausfragen, und dann werden wir sehen, ob mein Urteil richtig ist.«

Inzwischen waren sie ans Tor der Flußvilla gelangt, da erblickten sie Frau Yao, die ihnen mit einer Kiepe voller Blumen entgegenkam.

Du Shaoqing sagte zu ihr:

»Tante Yao, Ihr kommt wie gerufen; wir erwarten heute nämlich einen seltenen Gast. Könnt Ihr uns nicht ein bißchen Gesellschaft leisten?«

Darauf bat er Wu Shu, in der Flußvilla Platz zu nehmen. Dann ging er mit Tante Yao zu seiner Frau, um alles mit ihr zu besprechen.

Eine Weile später traf Fräulein Shen mit einer Sänfte am Tor ein, stieg aus und betrat die Flußvilla. Du Shaoqing führte sie ins hintere Gemach, wo seine Frau den Gast erwartete. Nach der Begrüßung wurde Tee gereicht. Fräulein Shen hatte man den Ehrenplatz angeboten, Frau Du erfüllte die Pflichten der Gastgeberin, Tante Yao saß als Gesellschafterin am Tischende, während Du Shaoqing sich am Fenster niederließ. Nachdem man einige Höflichkeiten ausgetauscht hatte, sagte Frau Du:

»Fräulein, wie kommt es, daß Ihr in so jungen Jahren ganz allein in der Fremde lebt? Ist Euer werter Vater noch am Leben? Seid Ihr schon jemandem anverlobt?«

»Mein Vater war in der Fremde als Lehrer tätig. Meine Mutter ist schon lange tot. Frühzeitig lernte ich Handarbeiten, womit ich nun in der großen Stadt Nanjing mein Leben friste. Glücklicherweise beehrte mich Herr Du mit einem Besuch und lud mich in seine Villa ein. Sobald ich Euch, werte Frau, sah, fühlte ich mich wie bei guten alten Freunden.«

Da mischte sich Tante Yao ein:

»Eure Nadelarbeiten, Fräulein Shen, sind wirklich wundervoll! Gestern sah ich im Hause Ge Laiguans, das meiner Wohnung gegenüberliegt, ein gesticktes Bild: ›Guanyin beschenkt ihre Kinder.‹ Kein Maler hätte es besser darstellen können. Diese Stickerei hat die junge Frau bei Euch gekauft.«

»Ach, das ist eine sehr flüchtig angefertigte Arbeit, die sich nicht sehen lassen kann.«

Als Tante Yao einmal hinausging, warf sich Fräulein Shen

vor Frau Du auf die Knie nieder, die sie erschrocken sogleich wieder aufrichtete. Fräulein Shen erzählte nun unter Tränen, wie ein Salzhändler sie hatte betrügen und zu seiner Konkubine machen wollen und wie sie daraufhin unter Entwendung einiger Sachen geflohen sei.

»Ich glaube, daß er dies noch nicht vergessen hat und mich ausfindig zu machen trachtet. Werte Dame, könnt Ihr mich retten?« flehte Fräulein Shen sie an.

»Wie viele große Gelehrte haben sich schon vom Reichtum und Luxus der Salzhändler verblenden und verführen lassen! Man muß Euch, ein schwaches Mädchen, das den Reichtum nicht höher achtet als Sand und Senfkörner, aufs höchste achten. Gewiß wird er nicht ruhen, bis er Euch findet. Meiner Ansicht nach wird Euch das Unglück bald ereilen, aber so schlimm wird's nicht werden«, versuchte Du Shaoqing sie zu trösten.

In diesem Augenblick kam der kleine Diener und meldete:

»Herr Wu Shu möchte Euch dringend sprechen!«

Du Shaoqing trat in die Halle, wo er zwei Männer erblickte, die mit hängenden Armen an der Tür standen und die ganz das Aussehen von Yamendienern hatten. Du Shaoqing erschrak unwillkürlich und sagte:

»Wieso seid Ihr hier in die Halle gelangt?«

»Ich habe sie hereingerufen«, entschuldigte sich Wu Shu. »Denkt nur, unser Kreisamtmann schickt diese beiden Yamendiener hierher, um einem Ersuchen des Kreisamtmanns von Jiangdu zu entsprechen, eine bestimmte Person in Eurem Hause zu verhaften. Man sagt, Fräulein Shen sei eine entlaufene Nebenfrau des Salzhändlers Song. Nun, habe ich richtig vermutet?«

»Das Fräulein befindet sich zur Zeit in meinem Haus. Wenn ich sie den Schergen ausliefere, könnte es scheinen, ich hätte die Häscher selbst herbeigerufen. Schicke ich das Fräulein aber nach Yangzhou, so entsteht der Verdacht, ich hätte sie bisher bei mir verborgen gehalten. Ob sie nun entlaufen ist oder nicht, auf jeden Fall ist es hier nicht mit rechten Dingen zugegangen.«

»Gerade deshalb habe ich ja die Schergen hereingerufen. Am besten entlohnt Ihr sie mit etwas Geld und schickt das Fräulein wieder zum Wangfutang-Palais. Die Yamendiener können das Fräulein dann in ihrer Wohnung verhaften.«

Gemäß dem Vorschlag Wu Shus entlohnte Du Shaoqing die Schergen mit etwas Silbergeld, worauf sie abzogen. Dann kehrte er wieder in das hintere Gemach zurück und berichtete Fräulein Shen von dem Vorfall. Frau Du und Tante Yao waren sehr erschrocken. Fräulein Shen erhob sich ganz ruhig und meinte:

»Was macht das schon! Wo sind die Yamendiener? Ich werde mitgehen.«

»Ich habe die Leute schon fortgeschickt. Nehmt noch einen kleinen Imbiß bei uns ein. Herr Wu möchte Euch ein Gedicht vorlesen, also geduldet Euch noch ein Weilchen.«

Darauf forderte er seine Frau und Tante Yao auf, Fräulein Shen beim Essen Gesellschaft zu leisten, während er sich selber in die Halle begab und eine selbstgedruckte Gedichtsammlung auswählte. Als Wu Shu sein Gedicht beendet hatte, wog Du Shaoqing vier Unzen Silber ab, packte Geld und Gedichte zusammen und ließ alles durch einen Diener Fräulein Shen als Geschenk überreichen.

Fräulein Shen verabschiedete sich, bestieg die Sänfte und kehrte geradenwegs nach Hause zurück. Dort erwarteten sie bereits die beiden Schergen. Ihr den Weg versperrend, fragten sie:

»Wollt Ihr in der gleichen Sänfte weitergetragen werden, oder wollt Ihr zu Fuß mitkommen? Das Haus dürft Ihr nicht mehr betreten.«

»Seid ihr aus dem Yamen des Gouverneurs oder des Vizegouverneurs? Ich habe nichts verbrochen, noch bin ich in einen Prozeß verwickelt; woher nehmt ihr das Recht, mir den Eintritt ins Haus zu verwehren? Mit solchen Methoden könnt ihr höchstens einfältige Leute vom Land einschüchtern.«

Mit diesen Worten verließ Fräulein Shen die Sänfte und betrat das Haus, ohne daß die beiden Schergen sie daran zu hindern wagten.

Shen Qiongzhi verstaute den Gedichtband und das Silber in einem Schmuckkästchen, kam wieder heraus und rief: »Träger, bringt mich zum Kreisyamen!«

Als die Sänftenträger eine zusätzliche Bezahlung forderten, meinten die Schergen auch etwas für sich herausschlagen zu können:

»Seit dem frühen Morgen sind wir unterwegs, versäumten uns stundenlang im Hause Du und ließen, um Euch die Schande zu ersparen, Euch in der Sänfte hierherschaffen. Glaubt Ihr nicht, werte Dame, daß wir uns damit eine Belohnung verdient haben?«

Fräulein Shen tat, als hätte sie nichts gehört, und ließ sich schnurstracks zum Yamen tragen, nachdem sie den Trägern noch einige Käsch zugelegt hatte. Den Schergen blieb nichts anderes übrig, als im Yamen zu melden:

»Fräulein Shen ist eingetroffen.«

Der Amtmann befahl, man solle die Dame in die Dritte Halle zum Verhör bringen. Da ihm die Schönheit des Mädchens auffiel, fragte er: »Warum habt Ihr Euch nicht der Sitte gemäß betragen, sondern seid einfach davongelaufen? Warum habt Ihr der Familie Song Geld entwendet und Euch in meinem Kreisgebiet versteckt?«

»Song Weifu hat mich, ein unbescholtenes Mädchen, gewaltsam zur Nebenfrau machen wollen. Als mein Vater einen Prozeß anstrengte, bestach Herr Song den Amtmann, so daß meines Vaters Klage abgewiesen wurde. Darum hege ich gegen Song Weifu eine so große Feindschaft, daß sie uns nicht unter dem gleichen Himmel miteinander leben läßt. Obwohl ich mich keiner besonderen Begabung rühmen kann, verstehe ich doch ein wenig von Literatur. Sollte ich etwa die Stellung einer rechtmäßigen Frau mit der eines Kebsweibes vertauschen? Nur aus diesem Grunde bin ich fortgelaufen. Das ist die lauterste Wahrheit.«

»Rechtfertigen müßt Ihr Euch vor dem Kreisamtmann von Jiangdu. Mich geht diese Sache nichts an. Da Ihr aber etwas von Literatur versteht, seid Ihr imstande, mir gleich ein Gedicht zu verfassen?«

»Stellt mir ein beliebiges Thema, dann könnt Ihr urteilen.«

Der Amtmann zeigte auf eine vor der Halle stehende Akazie.

»Nehmt sie zum Thema!«

Ohne eine Spur von Unsicherheit trug Fräulein Shen sofort aus dem Stegreif ein achtzeiliges Gedicht vor. Der Amtmann schaute sie bewundernd an und war sichtlich beeindruckt. Die beiden Schergen mußten ihr Gepäck aus ihrer Wohnung holen, damit es im Yamen durchsucht werden konnte. Sobald man das Schmuckkästchen aufmachte, kam Bruchsilber in einem Umschlag mit der Aufschrift ›Reisegeschenk‹ zum Vorschein sowie eine Gedichtsammlung. Als der Amtmann dies alles sah, erkannte er, daß Fräulein Shen mit berühmten Nanjinger Gelehrten literarischen Umgang gepflogen hatte. Er schrieb einen amtlichen Befehl samt einem Begleitschreiben und trug den beiden Yamendienern auf:

»Schafft Fräulein Shen zum Kreisamtmann von Jiangdu, behandelt sie unterwegs sehr aufmerksam, vermeidet alle Zwischenfälle und bringt mir sodann das amtliche Antwortschreiben zurück.«

Da der Kreisamtmann von Nanjing ein Studienfreund seines Kollegen in Jiangdu war, schrieb er ihm heimlich einen Brief, den er zwischen die Blätter des amtlichen Schreibens steckte. Darin bat er seinen Freund, das Fräulein freizulassen und sie zu ihrem Vater zurückzuschicken, damit dieser sie anderweitig verheiraten könnte.

Fräulein Shen verließ mit den beiden Schergen den Yamen und mietete eine Sänfte bis zum Tor Hanxi, wo sie das Schiff nach Yizheng bestiegen. Die Schergen verstauten das Gepäck in einem Verschlag am Bug, der zugleich ihr Nacht lager bildete. Fräulein Shen aber bezog die Mittelkabine. Sie hatte sich gerade niedergelassen, als in einem Boot mit Sonnensegel zwei Damen an die große Dschunke herangerudert wurden. Diese begaben sich ebenfalls in die Mittelkabine. Fräulein Shen musterte die zwei Frauen sehr genau. Die eine mochte etwa siebenundzwanzig, die andere etwa achtzehn Jahre zählen. Sie waren einfach gekleidet, trugen aber ein recht geziertes Wesen zur Schau. Der Mann, der sie begleitete, sah aus, als spräche er gern dem Wein zu. Sein zerrissener Filzhut war tief in die Stirn gedrückt. Das Gepäck, das er aufs Schiff getragen hatte, stellte er in der Kabine ab.

Nach einer kurzen Begrüßung nahmen die Damen neben Fräulein Shen Platz:

»Wohin geht die Reise, Fräulein?«

»Nach Yangzhou. Ich nehme an, wir haben den gleichen Weg.«

»Nein, wir wollen nicht nach Yangzhou; wir gehen schon in Yizheng an Land«, sagte die ältere der beiden Damen.

Eine Weile später kam der Schiffer und wog das Fahrgeld ab. Die beiden Schergen aber spuckten nur verächtlich aus und zogen das amtliche Schreiben hervor.

»Sieh dir das einmal an. Du kannst froh sein, wenn wir Leute vom Yamen nicht von dir etwas fordern. Wie kannst du von uns Geld verlangen?«

Der Schiffer wagte nichts zu entgegnen. Als er das Fahrgeld all der übrigen abgewogen hatte, fuhr er los und gelangte bald an die Schwalbenklippe. Die ganze Nacht wehte der Wind aus Südwest, und so erreichten sie schon am Morgen Huangnitan, die Insel des Gelben Lehms. Die Amtsdiener versuchten wieder einmal, von Fräulein Shen Geld zu erpressen, diese sagte ihnen aber kurz und bündig:

»Ich habe es gestern deutlich vernommen, daß Yamendiener kein Fahrgeld zu zahlen brauchen.«

»Fräulein Shen, Ihr seid allzu geizig! Wir sollen wohl von Luft und Wasser leben? Es stünde schlimm um uns, wenn sich alle so wie Ihr verhalten würden.«

»Ich gebe Euch kein Geld, Ihr könnt machen, was Ihr wollt!«

Mit diesen Worten verließ sie die Kabine und sprang ans Ufer. Auf ihren beiden kleinen Füßen trippelte sie in Windeseile davon. Die bestürzten Schergen brachten das Gepäck an Land und hasteten hinterher, bis sie Fräulein Shen eingeholt hatten. Sie aber versetzte den beiden so kräftige Ohrfeigen, daß sie zu Boden stürzten. Als sie sich wieder aufgerappelt hatten, begann sie, die Yamendiener mit einer Flut von Schimpfworten zu überschütten. Sie schimpfte so laut, daß der Schiffer und der Mann im zerschlissenen Filzhut vermittelnd eingriffen, eine Sänfte herbeiriefen und sie darin unterbrachten. Die beiden Schergen folgten zu Fuß nach.

Der Mann im zerschlissenen Filzhut, der Begleiter der beiden Damen, brachte dieselben, nachdem man die Schleuse Toudao passiert hatte, direkt in die ›Gasse der Familie Feng‹. Dort kam ihnen Wang Yi'an schon am Tor entgegen.

»Ach, der Vierte Li hat Fräulein Xi und Fräulein Shun höchstpersönlich hierhergebracht. Wie geht das Geschäft am Shuixi-Tor in Nanjing?«

»Man hat mir in letzter Zeit große Schwierigkeiten gemacht, darum suche ich jetzt Zuflucht bei Euch.«

»Das trifft sich gut! Wir können gerade noch zwei Damen gebrauchen.«

Wang Yi'an führte die beiden Dirnen ins Haus. Sie betraten eine strohbedeckte Hütte mit drei durch Schilfmatten abgeteilten Räumen. Hinten lag die Küche; dort stand ein Mann und wusch sich gerade die Hände. Beim Anblick der beiden grinste er übers ganze Gesicht.

Was die beiden Damen im Freudenhaus erwartete, wird uns das nächste Kapitel berichten.

Zweiundvierzigstes Kapitel

Söhne aus vornehmem Hause berichten im Freudenhaus ausführlich darüber, wie es bei einer Magisterprüfung zugeht · Ein Yamendiener überbringt einen Brief aus der Provinz Guizhou

Nachdem die beiden Fräulein das Zimmer betreten hatten, wandte sich Wang Yi'an an den Mann, der sich die Hände wusch:

»Werter Sechster Herr, wollt Ihr Euch nicht einmal die beiden neuen Mädchen anschauen?«

Als die beiden Freudenmädchen aufsahen, erblickten sie einen Mann mit einer schäbigen Mütze, einem fleckigen, blauen Seidenrock und alten spitzzulaufenden Stiefeln. Das Gesicht, in dem zwei unstete Augen funkelten, war mit schwärzlichen Pockennarben übersät. Wegen des Händewaschens hatte er die Ärmel hochgekrempelt, und er machte keineswegs den Eindruck eines gebildeten und gepflegten Mannes.

Die beiden Fräulein traten näher und begrüßten ihn, indem sie den Kopf neigten, mit den Gesäßen wackelten und ihre Röcke zusammenrafften. Der Sechste Herr drückte ihnen die Hände.

»Oh, ihr lieben Schätzchen, ihr habt Glück, daß ihr mir als allererstem begegnet seid!«

»Der Sechste Herr hat ganz recht«, bestätigte Wang Yi'an. »Die beiden Fräulein sind auf die Freundlichkeit des Sechsten Herrn angewiesen. Ladet den Sechsten Herrn zum Sitzen ein und kredenzt ihm den Tee.«

Der Sechste Herr Tang ließ sich auf einer Bank nieder und zog die beiden Fräulein zu sich heran, die eine zu seiner Rechten und die andere zu seiner Linken. Alsdann krempelte er seine Hosenbeine hoch und legte den einen seiner schwarzbehaarten, schmutzigen Schenkel auf den Schenkel von Fräulein Xi, während diese mit ihrer zarten, schneeweißen Hand an seinem Bein entlangstrich. Nach dem Tee holte er einen Beutel mit Betelnüssen hervor und begann, schmatzend zu kauen. Der rote Betelsaft troff ihm aus dem Mund und besudelte Bart und Lippen. Er selber aber rieb sein Gesicht, sich einmal nach links, einmal nach rechts wendend, an den Wangen der beiden Mädchen. Als diese ihre Taschentücher herauszogen, entriß er sie ihnen und säuberte sich damit seine Achselhöhlen.

Wang Yi'an stand auf, räumte das Teegeschirr ab und sagte:

»Sechster Herr, habt Ihr inzwischen wieder einen Brief von der Grenze bekommen?«

»Ja, natürlich. Neulich schickte mein Onkel Leute nach Nanjing und bestellte dort zwanzig große Atlasbanner mit aufgestickten Drachen sowie ein großes brokatnes Feldherrnbanner. Er wird noch diesen Monat nach Beijing reisen. Beim Fahnenopfer, zur Zeit wenn der Reif fällt, wird der Kaiser selbst den Oberbefehl übernehmen; dann nimmt der alte Herr aus unserem Hause den Posten eines Zweiten Oberbefehlshabers ein. Der Kaiser und er werden gemeinsam auf einem Filzteppich knien und die Huldigung vollziehen. Nach dieser Zeremonie soll unser alter Herr zum Militärgouverneur ernannt werden.«

In diesem Augenblick erschien ein Diener und rief Wang hinaus, und sie tuschelten eine Weile miteinander.

»Sechster Herr, ein Kunde verlangt nach Fräulein Xi; da er aber um Euer Hiersein weiß, wagt er nicht einzutreten.«

»Meinetwegen kann er ruhig kommen. Führt ihn herein, wir wollen miteinander Wein trinken.«

Wang Yi'an brachte den Kunden, einen jungen Kaufmann, herein und forderte ihn auf, Platz zu nehmen. Wang Yi'an verlangte von ihm etwas Silbergeld, wofür er eine Platte mit Eselsfleisch, gebratenem Fisch und einige Flaschen Wein einkaufte. Für den Sechsten Herrn Tang aber, der Mohammedaner war, wurden zwanzig Eier gekauft und hart gekocht. Die Lampe wurde angesteckt, der Sechste Herr

Tang nahm den Ehrenplatz ein, der junge Kaufmann setzte sich ihm gegenüber. Fräulein Xi bedeutete mit koketten Gebärden, daß sie lieber bei dem Sechsten Herrn Tang säße, dieser aber drang darauf, daß sie sich dem Kaufmann widmete. Als sie alle vier am Tisch saßen, wurde der Wein aufgetragen. Der Sechste Herr Tang schlug ein Knobelspiel vor. Wer verliert, muß ein Glas Wein austrinken; wer gewinnt, muß ein Lied zum besten geben. Der Sechste Herr Tang, der die erste Runde gewann, grölte aus heiserer Kehle das ›Lied von der Schmarotzerpflanze‹. Nun kamen Fräulein Xi und der junge Kaufmann an die Reihe. Fräulein Xi gewann. Der Sechste Herr Tang rief nach Wein und wartete nun auf Fräulein Xis Gesang. Diese aber lächelte nur und weigerte sich zu singen. Der Sechste Herr Tang klopfte mahnend mit den Eßstäbchen auf die Tischplatte. Aber Fräulein Xi lächelte wieder und schüttelte den Kopf.

»Mein Gesicht ist wie ein Vorhang«, drohte der Sechste Herr Tang. »Wenn ich diesen Vorhang aufrollen will, so rolle ich ihn auf. Will ich ihn herunterlassen, dann lasse ich ihn herunter. Gebe ich Fräulein Xi den Befehl zum Singen, so muß sie gehorchen.«

Auch der wieder ins Zimmer getretene Wang Yi'an redete auf Fräulein Xi ein, und so mußte sie sich wohl oder übel dazu bequemen, ein paar Strophen zum besten zu geben.

»Der alte Herr Wang ist gekommen!« sagte Wang Yi'an, als sie zu Ende gesungen hatte.

Polizeidiener Wang kam herein, doch wagte er beim Anblick des Sechsten Herrn Tang nichts zu sagen. Die Dirnen begrüßten ihn mit tiefen Verbeugungen und luden ihn zum Essen ein. Man brachte neuen Wein und setzte das Gelage fort. Um die vierte Nachtwache erschien ein kleiner Diener aus dem Hause Tang. Er trug eine Laterne, auf der die Worte standen: ›Familie des Militärgouverneurs Tang‹.

»Man bittet den Sechsten Herrn Tang, nach Hause zu kommen!«

Der Sechste Herr Tang machte sich, von Herrn Wang begleitet, auf den Heimweg. Der junge Kaufmann begab sich nach hinten. Der Wasserträger verlangte von ihm das Wassergeld und der Bordelldiener das Freudengeld. Darauf kämmten und wuschen sich die Dirnen und kamen vor dem ersten Hahnenschrei nicht zur Ruhe.

Am nächsten Tag in aller Frühe kam der Sechste Herr Tang und verkündigte, er wolle hier ein Weingelage abhalten als Abschiedsfest für die beiden jungen Herrn aus seines Onkels Haus, die nach Nanjing zur Prüfung fahren wollten. Wang Yi'an freute sich unbändig über den bevorstehenden Besuch der beiden vornehmen jungen Leute aus dem Hause des Militärgouverneurs.

»Wann werden die Herren hier eintreffen, sogleich oder erst gegen Abend?«

Der Sechste Herr Tang gab darauf keine Antwort, sondern zog ein kleines Päckchen Silber aus der Tasche und reichte es Wang Yi'an:

»Bereitet hiermit ein Mahl mit sieben Gängen und zwei Nachspeisen. Sollte das Geld nicht reichen, so müßt Ihr noch etwas von mir verlangen.«

»O nein, o nein! Ich bin schon zufrieden, wenn der Sechste Herr meinen Fräulein seine Gunst schenkt. Das Abschiedsessen werden wir schon allein deshalb für Euch richten, weil der Erste und der Zweite junge Herr aus dem Haus des Militärgouverneurs uns mit ihrem Besuch beehren wollen.«

»Oh, Ihr Schlauberger, so wie Ihr kann nur einer vom Fach sprechen. Es kann Euren Fräulein nur zum Vorteil gereichen, wenn sie sich mit dem Ersten und dem Zweiten Herrn anfreunden, denn in meines Onkels Haus herrscht Überfluß. Alles Gelbe ist dort Gold, und alles Weiße ist dort Silber, alles was rund ist, Perlen, und alles Glitzernde und Glänzende sind Edelsteine. Wenn Ihr es versteht, die Gunst unseres Ersten und Zweiten Herrn zu gewinnen, dann werden selbst Bordelldiener und Küchengehilfen mit Silbergeld überschüttet werden.«

Der danebenstehende Vierte Li zeigte sich ebenfalls sehr

erfreut. Nachdem der Sechste Herr das Haus verlassen hatte, wetteiferten alle Hände und Füße, um das Festmahl fertigzustellen.

Am frühen Nachmittag kamen der Erste und der Zweite Herr in Begleitung des Sechsten Herrn Tang. Sie trugen Akademikerkappen; der eine hatte einen roten, bestickten Rock an und der andere einen rötlichgrauen. Ihre Füße steckten in schwarzen Stiefeln mit weißen Sohlen. Ihnen folgten vier kleine Diener, die trotz des hellichten Tages brennende Laternen trugen; auf zweien war zu lesen: ›Familie des Militärgouverneurs‹, während auf den anderen ›Magisterexamen in Nanjing‹ stand.

Der Erste und der Zweite Herr kamen herein und wurden auf die Ehrenplätze gebeten. Die Dirnen warfen sich beide zum Kotau nieder. Der Sechste Herr Tang stand noch immer da.

»Sechster Bruder, warum setzt Ihr Euch nicht zu uns?«

»Ich wollte Euch nur sagen, daß die beiden jungen Damen sich ebenfalls zu Euch setzen möchten.«

»Nun, dann sollen sie es doch tun«, sagte der Zweite Herr, »und bei uns Platz nehmen.«

Die beiden Mädchen setzten sich unter vielem Getue, wobei sie die Köpfe drehten und in ihre Taschentücher kicherten, auf die Bank.

»Wie alt sind die beiden Fräulein«, fragten die Herren.

»Die eine zählt ungefähr siebzehn und die andere neunzehn Lenze«, versetzte der Sechste Herr.

Wang Yi'an brachte den Tee, und die Mädchen reichten dem Ersten und Zweiten Herrn die Tassen, nachdem sie vorher mit ihren Taschentüchern die Tropfen am Tassenrand sorgsam abgewischt hatten.

»Wann fahrt ihr nach Nanjing zum Examen, Erster und Zweiter Herr«, erkundigte sich der Sechste Herr Tang.

»Wir wollen morgen abreisen«, erwiderte der Erste Herr. »Der Prüfungskommissar wird schon in Nanjing eingetroffen sein; da dürfen wir nicht länger säumen.«

Während sich der Sechste Herr mit dem Ersten Herrn unterhielt, benutzte der Zweite Herr die günstige Gelegenheit, Fräulein Xi an seine Seite zu ziehen und mit ihr ein verliebtes Spiel zu treiben.

Ein Weilchen später wurde der Wein aufgetragen. Der Koch hatte ein mohammedanisches Mahl bereitet; es gab Schwalbennester, Ente, Huhn und Fisch. Wieder nahmen der Erste und Zweite Herr die Ehrenplätze ein, während der Sechste Herr ihnen vom Tischende her den Wein reichte. An den beiden Seiten saßen rechts und links Fräulein Shun und Fräulein Xi. Ein Gang nach dem anderen wurde aufgetragen. Der Sechste Herr legte eine tiefe Ergebenheit an den Tag und wagte kaum zuzugreifen.

»Erster Herr, Zweiter Herr«, begann er unterwürfig, »Ihr wollt doch zur Prüfung nach Nanjing? Wie ich hörte, ist die Präfektur Taipingfu um die fünfte Nachtwache des achten Tages an der Reihe. Ich fürchte, unsere Präfektur wird sehr spät drankommen.«

»Unsinn, Taipingfu ist noch lange nicht an der Reihe«, wies ihn der Erste Herr zurecht. »Vor dem Prüfungshof werden zuerst drei Böller abgeschossen. Da tun sich die Gittertore auf. Nach drei weiteren Böllern öffnet sich das Haupttor. Werden die Böller ein drittes Mal abgefeuert, springt das Drachentor auf. Insgesamt werden neun Böller losgelassen.«

»Was ist das schon gegen die Böller vom Yamen unseres alten Herrn!« meinte der Zweite Herr.

»Ja, ja, mit denen können sie sich allerdings nicht messen«, bestätigte der Erste Herr. »Nach den Böllerschüssen werden in der Halle der Höchsten Gerechtigkeit die Räuchertische aufgestellt. Der Präfekt von Nanjing, in Beamtenhut und einem Mantel mit Drachenmuster, vollzieht die Begrüßung. Nachdem er sich erhoben hat, bedeckt man sein Antlitz mit zwei Sonnenschirmen. Der Sekretär des Provinzialschatzamtes bittet kniend, der Kriegsgott Guan möge in die Halle niedersteigen und seine Macht walten lassen. Ebenso bittet er General Zhou, den Helfer des Kriegsgottes, er möge die Wachrunde übernehmen. Nachdem die Sonnenschirme wieder entfernt worden sind, vollzieht der Präfekt die zweite Begrüßung. Daraufhin fleht der Sekretär des Provinzialschatzamtes den Himmel an, der Gott der Literatur möge das Amt des Hauptprüfers übernehmen, und der Helfer des Gottes der Literatur, der heilige Kuixing, möge die Prüflinge erleuchten.«

Der Sechste Herr meinte, seine Zunge müßte ihm vor lauter Ehrfurcht aus dem Munde fahren, schließlich brachte er stammelnd hervor:

»Also werden Götter und Bodhisattwas herabgerufen. Da sieht man, wie wichtig ein solches Examen ist.«

»Ihr müßt großen Mut haben, Erster und Zweiter Herr«, wisperte Fräulein Shun, »wenn Ihr Euch in die Prüfungshalle traut, wo so viele Götter sitzen. Wir würden uns auf keinen Fall hineinwagen, auch wenn man uns mit der Todesstrafe drohen würde.«

»Der Erste und der Zweite Herr sind ja auch die Sterne unserer Kultur«, versetzte der Sechste Herr mit ernster Miene. »Wie könnt Ihr die beiden Herren mit Euch vergleichen!«

»Nachdem der Gott der Literatur angerufen worden ist«, fuhr der Erste Herr fort, »vollzieht der Präfekt wiederum drei Verbeugungen, worauf der Sekretär die Geister der ›glorreichen Ahnen‹ der Prüflinge anruft.«

»Was ist unter ›glorreichen Ahnen‹ zu verstehen?«

»›Glorreiche Ahnen‹ sind solche, die den Doktortitel erworben und Beamtendienst geleistet haben«, erklärte der Zweite Herr. »Diese nur werden angerufen. Wie sollte man Geister von Ahnen beschwören, die es nur zum Bakkalaureus gebracht oder gar dem ungelehrten Volk angehört haben.«

»Vor der Tür jeder Prüfungszelle weht ein rotes und ein schwarzes Fähnchen«, setzte der Erste Herr seinen Bericht fort. »Unter der roten Fahne sollen die guten Geister des Prüflings Platz nehmen, unter der schwarzen aber die bösen.

Währenddessen hat sich der Präfekt bereits auf dem Ehrensitz niedergelassen. Der Sekretär ruft nun mit lauter Stimme: ›Gute Geister tretet ein, böse Geister tretet ein.‹ Alsdann wird papiernes Opfergeld abgebrannt, und ein Zauberwind bläst den Rauch zu den roten und schwarzen Fahnen.«

»Oh, heiliger Buddha!« rief Fräulein Shun. »Da sieht man, daß man immer gut sein muß, denn in solch einem Augenblick wird es deutlich, ob man gut oder böse ist.«

»Eure Schutzgeister«, meinte der Sechste Herr, »werden kaum unter einer einzigen roten Fahne Platz finden, hat doch der alte Herr bei den Kämpfen an den Grenzen sich viele Verdienste erworben und viele Menschenleben gerettet.«

»Welch Glück für Euch, Sechster Bruder«, spottete der Erste Herr, »daß Ihr die Prüfung nicht zu machen braucht. Ihr würdet ganz gewiß von den Rachegeistern gepackt und fortgeschleppt werden.«

»Wie könnt Ihr so etwas sagen!« verwahrte sich der Sechste Herr.

»Nun hört mal gut zu«, begann der Erste Herr. »Mein Freund Yan aus Yixing, der seit langem schon Bakkalaureus ist, hatte bei der vorigen Provinzialprüfung sieben Aufsätze verfaßt und dabei laut vor sich hin gelesen. Plötzlich erhob sich ein leiser Wind, wodurch die Kerze hin und her flakkerte und sich der Vorhang hob, hinter dem ein Kopf hervorschaute. Als Freund Yan genauer hinsah, erkannte er ein Freudenmädchen, die ehemals mit ihm befreundet gewesen war. ›Du bist doch schon längst tot, wie kommst du hierher?‹ fragte Freund Yan. Die Dirne aber schaute ihn nur kichernd an. Darauf schlug Freund Yan wütend auf den Prüfungstisch. Die Tusche kippte um und floß über die Aufsatzrolle und befleckte sie von oben bis unten. Dies führte gemäß der Vorschrift zu seinem Ausschluß von der Prüfung. Von der Dirne war aber nichts mehr zu entdecken. ›Ich habe es nicht anders verdient‹, seufzte Freund Yan. Zu allem Unglück fiel noch an diesem Tag ein heftiger Platzregen, der ihn, nachdem er seine Rolle abgegeben hatte, auf dem Heimweg völlig durchnäßte. Drei Tage mußte er daraufhin das Bett hüten. Als ich ihn neulich besuchte, erzählte er mir diese Geschichte. ›Sicher habt Ihr früher einmal dieses Mädchen gekränkt‹, gab ich ihm zu bedenken, ›und nun ist sie zu Euch gekommen, um sich dafür zu rächen.‹ Sechster Bruder, wie viele Menschen habt Ihr wohl schon im Leben beleidigt? Sagt, könntet Ihr es wagen, diese Prüfung mitzumachen?«

Fräulein Xi und Fräulein Shun klatschten begeistert in die Hände und riefen lachend:

»Ja, ja, uns Mädchen beleidigt der Sechste Herr gern. Wenn er in der Prüfungszelle sitzt, kommen wir als Rachegeister zu ihm.«

Nachdem er gegessen und noch mehr getrunken hatte, begann der Sechste Herr ein Liedchen zu grölen. Der Erste und Zweite Herr schlugen sich auf die Schenkel und sangen mit. Daß schließlich auch die Mädchen mit einstimmten, versteht sich von selber. Um die dritte Nachtwache gingen die Herren, von Laternen begleitet, nach Hause. Anderntags bestiegen der Erste und der Zweite Herr ein großes Schiff nach Nanjing. Der Sechste Herr begleitete sie noch bis an Bord. Auf dem Schiff unterhielten sich die beiden Brüder über die bevorstehende Prüfung.

»Welches Thema wird in diesem Jahr gestellt werden?« fragte der Zweite Herr.

»Meiner Meinung nach kann es kein anderes Thema geben als den siegreichen Feldzug unseres alten Herrn in Guizhou gegen die Miao-Barbaren«, erwiderte sein älterer Bruder.

»Nein«, widersprach der jüngere. »Dieses Thema wird höchstens in der Provinz Guizhou behandelt werden.«

»Nun, dann bleiben nur noch zwei Themen: ›Die Suche nach weisen Männern‹ und ›Die Herabsetzung der Steuern‹.«

Unter solchen Gesprächen verging die Zeit wie im Fluge,

und bald langten die beiden in Nanjing an. Dort empfing sie ihr Hausverwalter, der Bärtige You. Er schaffte ihr Gepäck in die Anglergasse. Der Erste und Zweite Herr durchschritten das Haupttor, bogen um ein zweistöckiges Hallengebäude und traten durch ein Seitentor in ein nach dem Fluß gelegenes Nebengebäude mit drei Räumen, die sehr gemütlich eingerichtet waren. Die Brüder ließen sich nieder und genossen den Anblick der am entgegengesetzten Ufer gelegenen Flußvillen. Einige dieser Villen hatten zinnoberrote Geländer, andere grünlackierte Fenstergitter, die dritten Bambusvorhänge. Wie sie wußten, saßen in den verschiedenen Flußvillen Prüfungskandidaten aus den verschiedensten Gegenden und lernten laut Aufsätze auswendig.

Die beiden Herren schickten den Bärtigen You in die Stadt, um zwei neue Akademikerkappen, Eßkörbe, Kupferschalen, Schlafdecken, Türvorhänge, kleine Öfen, Kerzenständer, Lichtputzscheren und Buchmappen einzukaufen. Dann begaben sich die Brüder eilig zu dem Tempel des Geiergipfels, schrieben ihre Namen auf die leeren Prüfungsrollen und gaben sie dann ab. Als Proviant für die dreitägige Prüfung besorgten sie sich Mohn- und Honigkuchen, Orangen, Lotoskerne, Longyanfrüchte, Ginseng, gerösteten Reis, eingelegte Gurken, rohen Ingwer und geräucherte Enten.

»Am besten nehmen wir uns die beiden kleinen Wörterbücher aus Guizhou mit, für den Fall, daß wir einmal nicht das richtige Schriftzeichen wissen.«

Ein Tag genügte, um alle Vorbereitungen zu treffen. Der Erste und der Zweite Herr hatten alle notwendigen Dinge eingehend geprüft, da sie der Meinung waren, daß ein Examen, das so viel Ruhm und Ehre einbringen konnte, sehr sorgfältig vorbereitet werden müßte.

Am Morgen des achten Tages, ganz in der Frühe, befahlen sie ihren Dienern, sich die alten Akademikerkappen aufzusetzen, damit sie ihnen ungehindert die Körbe mit den Eßwaren bis zum Prüfungshof tragen konnten. Sie schlugen den Weg über die Huaiqing-Brücke ein. Überall hatten die

Buchhändler farbig eingebundene Aufsatzsammlungen ausgelegt. Sie waren samt und sonders kommentiert und herausgegeben von den Herren Xiao Jinxuan, Zhuge Tianshen, Ji Tianyi, Kuang Chaoren, Ma Chunshang und Enkel Qu. Bis zum Abend waren fast alle Bakkalaurei aus Yizheng aufgerufen worden; nun kamen die zwei Tang an die Reihe. Als sie das erste Tor durchschritten hatten, mußten sie beide Diener fortschicken. Der Erste und der Zweite Herr mußten nun selbst ihre Körbe tragen und ihre Bettsäcke über die Schulter nehmen. So betraten sie den Hof. Zu beiden Seiten loderten Schilffeuer zum Himmel. Die zwei Brüder setzten sich auf die Erde, lockerten ihren Gürtel und zogen die Schuhe aus. Aus dem Innern des Gebäudes vernahm man eine gebieterische Stimme: »Alles genau durchsuchen!« Der Erste und der Zweite Herr folgten dem Strom der Prüflinge, nahmen am zweiten Tor ihre Rollen entgegen und begaben sich durchs Drachentor zu ihren Zellen. Am zehnten Tag verließen sie den Prüfungshof, verspeisten jeder zu Hause eine geräucherte Ente, legten sich todmüde zu Bett und schliefen einen ganzen Tag.

Die drei Prüfungstage waren beendet. Am nächsten Tag schickten sie ihre Diener mit Einladungskarten aus, auf denen zu lesen war: ›Familie des Militärgouverneurs‹, und beauftragten sie, eine Schauspielertruppe zu engagieren, um durch eine Theateraufführung den Göttern ihren Dank abzustatten.

Kurze Zeit später traf der Teekoch ein. Da er Mohammedaner war, brachte er einen eigenen Speisekoch mit, so daß man nicht erst einen anderen mieten brauchte. Die Schauspieler schickten ihre Kisten mit den Kostümen und den Dekorationen. Ihnen folgte ein Mann, der sich mit mehr als zehn Lampen schleppte, auf allen diesen Lampen prangten die Worte ›Truppe der Drei Ursprünge‹. Bald darauf erschien ein anderer Mann, der einen Diener mit sich führte und ein Visitenkartenkästchen bei sich trug. Am Quartier des Ersten und Zweiten Herrn angelangt, bat er den Hausverwalter, den

Herren seine Visitenkarte zu überreichen. Der Erste Herr nahm sie entgegen und las folgende Worte: ›Euer ergebener Diener Bao Tingxi wünscht Euch viel Glück im Namen seiner Schauspielertruppe.‹ Der Erste Herr ließ ihn hereinrufen. Bao Tingxi verneigte sich vor den Herren und sagte:

»Ich bin der Leiter einer Schauspielertruppe und stelle meine Dienste vor allem hohen Herren zur Verfügung. Gestern hörte ich, daß Ihr Schauspieler zu haben wünschtet.«

Da Bao Tingxi auf den Ersten Herrn einen recht guten Eindruck machte, lud ihn dieser zum Essen ein. Nach einer Weile waren auch alle Schauspieler eingetroffen. Sie opferten in der zum Fluß gelegenen Halle Papierpferdchen zu Ehren der Götter der Literatur und des Krieges. Ein Kotau der beiden Gastgeber beschloß die Opferfeier. Bao Tingxi durfte am Tisch des Ersten und Zweiten Herrn Platz nehmen. Gongs und Trommeln erdröhnten, und noch ehe die Suppe aufgetragen worden war, begann man die Theatervorstellung mit vier kurzen Stücken. Da es bereits dämmerte, zündete man ein Dutzend Windlaternen an, die die ganze Halle in ein schneeweißes Licht tauchten. Nach der dritten Nachtwache war die gesamte Vorstellung beendet.

»Ich habe ein paar junge Burschen dabei«, sagte Bao Tingxi, »die sich ausgezeichnet auf akrobatische Kunststückchen verstehen. Dürfen sie etwas zum besten geben, damit die beiden Herrn wieder ein wenig munter werden?«

Die kleinen Schauspieler, mit Zobelpelzen, Fasanenfedern und bunten Blüten im Haar, sprangen auf die Bühne, schlugen Purzelbäume und Saltos und führten viele schwierige Kunststücke aus. Die beiden Herren folgten den Darbietungen mit sichtlichem Interesse.

»Wenn Ihr einverstanden seid, lasse ich Euch gern zwei Knaben als Diener da.«

»Ach, was verstehen diese Kinder schon von Bedienung! Bringt uns lieber irgendwohin, wo man sich amüsieren kann.«

»Das ist leicht getan«, erwiderte Bao Tingxi. »Am gegenüberliegenden Ufer wohnt mein ›Ehrenschüler‹ Ge Laiguan. Damals, als der Siebzehnte Herr Du im Seepavillon ein großes Fest gab und ein Wettbewerb für alle Schauspieler stattfand, prangte sein Name mit an der Spitze der Liste. Wenn Ihr morgen in die Sumpfwassergasse kommt, dann seht Ihr dem Schild des Arztes Zhou gegenüber einen schwarzgestrichenen Zaun; gleich dahinter liegt seine Wohnung.«

»Lebt er mit seiner Frau zusammen?« wollte der Zweite Herr wissen. »Dann gehe ich gleich mit.«

»Warum wollt Ihr unbedingt in sein Haus? In Nanjing gibt es doch die berühmten Zwölf Türme. Dorthin will ich Euch gern begleiten.«

Nach Schluß aller Vorführungen kehrte Bao Tingxi nach Hause zurück. Am nächsten Tag bestellte der Erste Herr acht gehämmerte Kupferkannen, zwei Flaschen Ziegenblut, vier Ballen Seide, sechs Körbchen besten Tee. Dann begab er sich mit dem Hausmeister, der all diese Dinge trug, zum Haus des Ge Laiguan. Auf sein Klopfen öffnete sich das Tor, und eine Frau mit großen Füßen führte sie hinein. Zuerst gelangten sie in eine Halle, die in drei Zimmer aufgeteilt war. Links führte eine Tür zu einem schmalen Gang, durch den man die zum Fluß gelegenen Räume erreichte. Dort erblickten sie Ge Laiguan, der ein nephritfarbenes, langes Seidengewand trug und in seinen in zehn feine spitze Finger auslaufenden Händen einen Schwalbenfederfächer hielt. Um Luft zu schöpfen, hatte er sich über das Geländer gelehnt. Beim Eintritt des Ersten Herrn rief er:

»Nehmt Platz! Was führt Euch hierher?«

»Gestern erzählte mir Bao Tingxi«, erwiderte der Erste Herr, »daß Eure Flußvilla den schönsten Blick auf das Wasser bietet. Darum bin ich heute zu Euch gekommen und habe Euch ein paar kleine Geschenke mitgebracht.«

Der Hausmeister brachte alles herbei, und Ge Laiguan strahlte sichtlich vor Freude.

»Wie darf ich Eure so kostbaren Geschenke annehmen?«

Sodann rief Ge Laiguan nach der Frau mit den großen

Füßen und befahl ihr, die Sachen nach hinten zu schaffen. »Sage der Herrin, sie soll dir Wein geben!«

Der Erste Herr sagte:

»Ich bin Mohammedaner und muß deshalb Schweinefleischgerichte meiden.«

»Aber soeben gekaufte Krebse aus Yangzhou werdet Ihr doch nicht verschmähen?«

»Keineswegs. In meiner Heimat ißt man Krebse besonders gern. Von meinem Onkel erhielt ich aus Gaoyao einen Brief, in dem er mir schreibt, er hätte einen so großen Appetit auf Krebse, leider könnte er aber keinen einzigen dort auftreiben.«

»Ist Euer alter Herr vom Hof mit einem Amt betraut worden?« erkundigte sich Ge Laiguan.

»Mein Vater amtiert in der Provinz Guizhou als Militärgouverneur. Ich bin nach Nanjing gereist, um hier das Provinzialexamen abzulegen.«

Inzwischen wurde Wein aufgetragen; in den Villen an den beiden Flußufern steckte man bereits die Lampen an, die matt durch den aufsteigenden Nebel schimmerten. Eine Barke nach der anderen glitt vorüber. Auf Ge Laiguan fiel der Kerzenschein, und man merkte, daß sein Gesicht von den paar Schalen Wein schon rot angelaufen war. Unablässig forderte er den edlen Herrn Tang zum Trinken auf.

»Ich habe genug Wein getrunken; laßt mir lieber eine Tasse Tee bringen.«

Ge Laiguan befahl der Frau mit den großen Füßen, die Krebsschalen und die Süßigkeiten abzuräumen. Sie säuberte den Tisch und brachte dann in einer roten Tonkanne einen mit Pflaumenblüten aromatisierten Tee. Als die beiden gerade im Genuß dieses köstlichen Getränkes schwelgten, erscholl vom Tor her ein großer Lärm. Ge Laiguan stürzte hinaus und erblickte Doktor Zhou, der mit zorniger Miene und vorgestrecktem Bauch die Alte mit den großen Füßen ausschalt. Er behauptete, sie habe seinen Toreingang mit ihren dreckigen Krebsschalen verunreinigt. Als Ge Laiguan näher trat und den Streit schlichten wollte, prasselte eine furchtbare Schimpfkanonade über ihn herein.

»Können diese stinkigen Krebsschalen nicht vor Eurer eigenen Tür verfaulen? Warum laßt Ihr sie vor mein Haus schütten? Habt Ihr denn keine Augen im Kopf?«

Ein Wort gab das andere, und der Streit wurde immer heftiger. Doch schließlich gelang es dem Hausmeister der Familie Tang, den Streit gütlich beizulegen.

Nicht lange darauf kam der Bärtige You atemlos angestürzt und rief dem Ersten Herrn zu:

»Ich habe Euch zu Hause nicht angetroffen, so bin ich schnell hierhergesprungen.«

»Was ist denn geschehen? Warum bist du so außer dir?«

»Der Zweite Herr hat sich mit dem Schauspielleiter Bao Tingxi in ein Freudenhaus nahe dem Tempel des Geiergipfels beim Östlichen Blumengarten begeben. Dort ist er von einigen Strolchen überfallen worden, die ihn seiner gesamten Kleidung beraubt haben. Bao Tingxi hat vor lauter Schrecken den Kopf verloren und das Weite gesucht. Nun hat man den Zweiten Herrn in jenem Haus gefangengesetzt, und er ist aufs höchste erregt. Eine Blumenhändlerin namens Tante Yao, die behauptet, sie sei die Tante der Mädchen, bewacht die verschlossene Tür, so kann der Gefangene nicht entwischen.«

Der Erste Herr ließ eilig aus seinem Haus eine Laterne holen und machte sich auf den Weg zum Tempel des Geiergipfels.

»Wir haben lange keine Glückstage mehr erlebt«, sagten die Strolche zu dem Ersten Herrn. »Wen sollten wir denn ausplündern, wenn nicht jenen vornehmen Besucher in diesem Haus?«

Der Erste Herr drängte sich entschlossen durch die herumlungernden Gaffer, stieß Tante Yao beiseite und zertrümmerte mit einem Faustschlag die Tür. Der Zweite Herr benutzte die von seinem Bruder geschaffene günstige Gelegenheit und entfloh im Nu. Die Strolche hätten ihn gern zurückgehalten, aber das entschlossene Auftreten des Ersten Herrn und die Laterne mit der Aufschrift: ›Familie des Militärgouverneurs‹ flößten ihnen eine gewisse Furcht ein, und sie zerstreuten sich in alle Richtungen. Die beiden Brüder kehrten schleunigst in ihr Quartier zurück.

Als sie an die drei Wochen in Nanjing verbracht hatten, gewahrten sie eines Morgens, daß an der Mauer des Prüfungshofes mit Kleister die blaue Liste der durchgefallenen Kandidaten angebracht worden war. Die beiden Brüder waren durchgefallen. Die nächsten acht Tage verbrachten sie, mit dem Schicksal hadernd, in ihren Zimmern. Schließlich verlangten sie ihre Prüfungsaufsätze zurück, von denen jeder drei Stück verfaßt hatte. Keine der sechs Aufsatzrollen war bis zum Ende durchgesehen worden. Die beiden Brüder ergingen sich in Schimpfreden über das unwissende Prüfungskollegium und seinen dummen Vorsitzenden.

Während sie eine Verwünschung nach der anderen hervorstießen, trat ein Yamendiener aus Guizhou ein und übergab ihnen einen Brief ihres Vaters. Die beiden Herren öffneten die Rolle.

Sicher wird dieser Brief wichtige Nachrichten enthalten, doch darüber unterrichtet uns erst das nächste Kapitel.

Dreiundvierzigstes Kapitel

Ein Militärgouverneur schlägt eine große Schlacht am Teich der Wilden Ziegen · Beim Überfall auf das Feldherrnzelt erleidet der Miao-Häuptling eine schwere Niederlage

Die eben noch auf das Prüfungskollegium so zornigen Brüder Tang machten sich nun an die Lektüre des Briefes, den ihnen der Yamendiener überbracht hatte. Unter anderem lasen sie:

›... Die wilden Miao-Barbaren bereiten sich offensichtlich

auf einen Überfall vor. Ich befehle Euch beiden, sofort nach Bekanntgabe der Prüfungsergebnisse in meinen Yamen zu kommen, gleichgültig, ob Ihr bestanden habt oder nicht. Es ist wichtig, daß Ihr unverzüglich kommt.‹

»Unser alter Herr ruft uns heim«, sagte der ältere Bruder zum jüngeren. »Wir gehen zunächst nach Yizheng, packen dort unsere Sachen und bereiten alles für die lange Reise vor.«

Der Bärtige You mußte ein Schiff bestellen und die Miete begleichen. Die beiden Herren ließen sich in Sänften bis zum Hanxi-Tor tragen und bestiegen das Schiff. Ihre Diener folgten mit dem Gepäck. Als Ge Laiguan von ihrer Abreise hörte, kaufte er geräucherte Enten und andere Speisen und brachte es ihnen aufs Schiff. Der Erste Herr steckte Ge Laiguan heimlich ein Päckchen zu, in dem sich vier Unzen Silber befanden. Danach verabschiedete sich der Schauspieler und kehrte nach Hause zurück.

Das Schiff fuhr am gleichen Abend ab. Am nächsten Morgen langten sie in Yizheng an. Als die Herren sich das Gesicht gewaschen hatten und beim Tee saßen, erschien der Verwalter:

»Der Sechste Herr möchte Euch besuchen.«

Von einem Fremden gefolgt, trat der Sechste Herr ein und sagte, sobald er die beiden Brüder erblickte:

»Ich hörte, daß der alte Herr Truppen zusammenzieht, um die Miao-Barbaren zu unterwerfen. Wenn wieder Ruhe herrscht, wird der Hof im nächsten Jahr bestimmt eine Prüfung ansetzen. Dann werdet Ihr gemeinsam das Examen bestehen. Unser alter Herr wird jedoch einen hohen Adelsrang erhalten. Aber was kann Euch schon solch eine Rangerhöhung bedeuten? Darum bitte ich Euch, den älteren Bruder, darauf zu verzichten und sie mir abzutreten. Wenn ich den Beamtenhut tragen darf und vor Fräulein Xi damit erscheine, werde ich sie sicher sehr damit beeindrucken.«

»Sechster Bruder, Ihr wollt also nur einen Beamtenhut erringen, um Fräulein Xi damit zu beeindrucken? Dann wäre es schon besser, ich vermachte dem Kuppler Wang Yi'an diesen Hut.«

»Ihr redet lauter Unsinn daher, während Ihr den fremden Herrn unhöflich warten laßt«, bemerkte der Zweite Herr tadelnd.

Der Fremde trat vor, machte seinen Kotau und erkundigte sich nach dem Befinden der beiden Herren. Alsdann zog er eine Briefrolle hervor und überreichte sie. »Dies ist Zang Qi aus dem Kreise Tianchang«, stellte der Sechste Herr seinen Begleiter vor. »Diesen Brief hat ihm Du Shaoqing mitgegeben. Er schreibt darin, daß Zang Qi ein ordentlicher, tüchtiger Mann sei, den er Euch als Diener wärmstens empfehlen könnte.«

Der Zweite Herr öffnete die Rolle und las zusammen mit dem Ersten Herrn den Brief. Am Anfang des Schreibens bestellte Du Shaoqing dem alten Herrn herzliche Grüße. Dann berichtete er, daß Zang Qi bisher in Guizhou Leibdiener des Amtmanns gewesen wäre. Er kenne die entlegensten Bergpfade jener Provinz und würde einen sehr guten Diener abgeben und so weiter.

»Es ist lange her, daß wir Bruder Du Shaoqing gesehen haben«, meinte der Erste Herr. »Selbstverständlich wollen wir den Mann, den er uns so warm empfohlen hat, als Diener einstellen.«

Zang Qi dankte mit einem Kotau.

»In der Halle wartet der Alte Herr Wang Hance und möchte Euch sprechen«, meldete der Hausmeister.

Der Erste Herr sagte jedoch zum Zweiten Herrn:

»Ich werde jetzt mit dem Sechsten Bruder speisen, während du den Gast empfangen kannst.«

Der Zweite Herr ging in die Halle und begrüßte den Alten Herrn Wang. Der Erste Herr bestellte ein Essen und ließ sich mit dem Sechsten Herrn an einem Tisch nieder. Nach einer kleinen Weile kam der Zweite Herr wieder und setzte sich dazu.

»Was wollte denn der Besucher?«

»Er bat uns, auf die beiden Salzdschunken seines Hauswirtes Wan Xuezhai, die in diesen Tagen abfahren werden, achtzugeben.«

Nach dem Mahle brach der Sechste Herr auf und sagte:

»Morgen komme ich wieder, um Abschied von Euch zu nehmen.« Und zum Zweiten Herrn gewandt, fuhr er fort: »Könnt Ihr noch etwas Zeit erübrigen, dann besucht doch noch einmal Fräulein Xi; ich würde sie rechtzeitig von Eurem Kommen unterrichten.«

»Sechster Bruder, Ihr seid mir ein schöner Kuppler! Wo sollen wir heute noch die Zeit hernehmen, um eine so aufdringliche Dirne zu besuchen?«

Der Sechste Herr trollte sich davon.

Am nächsten Tag wurde im Hafenbüro eine große Chang-Jiang-Dschunke bestellt. Der Bärtige You, Zang Qi und einige Burschen schafften das Gepäck an Bord. Die vielen Waffen, Tafeln und Fahnen, die man an der Kabinentür des Herrn Tang anbrachte, boten einen prächtigen Anblick. Der Sechste Herr fuhr bis zur Insel des Gelben Lehms mit. Dort nahm er Abschied und kehrte auf einem kleinen Kahn nach Yizheng zurück. Die Dschunke aber fuhr unter lauten Böllerschüssen weiter stromaufwärts.

Eines Tages, als man sich in der Nähe von Dagutang befand, erhob sich ein mächtiger Sturm. Der Erste Herr befahl, man solle schleunigst einen Hafen anlaufen und vor Anker gehen. Die schaumgekrönten, wilden Wogen wallten und brodelten wie siedendes Salz. Die zwei großen Salzdschunken wurden vom Sturm ans Ufer getrieben. Als sie auf Grund gerieten, stürzten zweihundert Männer, die wie wilde Teufel aussahen, in kleine Umladekähne und ruderten an die Salzdschunken heran, indem sie laut riefen:

»Die Salzdschunken sind gestrandet, wir wollen ihnen helfen, sie wieder flottzumachen.«

Sie ruderten an die Dschunken, sprangen auf Deck und luden einen Sack Salz nach dem andern in die kleinen

Boote um. Sobald die Kähne bis zum Rand gefüllt waren, schossen sie mit Windeseile davon und waren bald spurlos in dem kleinen Hafen verschwunden. Die beiden Schiffer und die Leute, die die Ladung bewachten, starrten sich fassungslos an. In ihrer Hilflosigkeit wußten sie sich keinen Rat. Schließlich bemerkten sie das in der Nähe ankernde Schiff der Brüder Tang, auf dessen Fahnen man lesen konnte: ›Familie des Militärgouverneurs der Provinz Guizhou‹. Da wußten sie, daß es die Dschunke der beiden jungen Herren Tang war. So ruderten sie hinüber, machten ihren Kotau und riefen unter Tränen:

»Wir gehören zu den zwei Salzdschunken des Herrn Wan Xuezhai. Die beiden Herren waren Zeuge, wie wir von diesen Räubern beraubt worden sind. Wir flehen Euch an, uns zu helfen.«

»Wir sind zwar Landsleute Eures Herrn, aber wegen dieses Raubüberfalles müßt Ihr Euch an den für diese Gegend zuständigen Beamten wenden. Reicht beim nächsten Kreisyamen Eure Beschwerde ein.« So blieb den Leuten des Wan Xuezhai nichts anderes übrig, als sich mit ihrer Klage an den Kreisamtmann von Pengze zu wenden.

Als er die Klage erhalten hatte, stieg der Amtmann sogleich die Stufen zu der Halle empor, wo die Gerichtsverhandlungen stattzufinden pflegten. Er bestellte sofort die Schiffer, Matrosen und Leute des Salzhändlers zu sich.

»Weshalb sind Eure Salzschiffe nicht weitergefahren? Wer waren die Räuber? Kennt Ihr einige mit Namen?«

»Unsere Schiffe sind vom Sturm ans Ufer getrieben worden. Vom Hafen kamen zweihundert Räuber in zweihundert Kähnen und haben uns fast die ganze Salzladung geraubt.«

Als der Amtmann dies hörte, ergrimmte er heftig:

»In meinem Kreis herrscht strenge Ordnung. Die ganze Gegend ist von Gesindel gesäubert; wie kann da so etwas geschehen? Ihr Halunken habt den Salztransport nur übernommen, um Euch unterwegs mit den Leuten des Salzhändlers über den Verkauf der Fracht zu verständigen und das

Geld dann gemeinsam zu verspielen und zu verjubeln. Nun erfindet Ihr solche Märchen, um anderen die Verantwortung hierfür zuzuschieben. Wollt Ihr immer noch nicht vor meinem Richterstuhl die Wahrheit bekennen?«

Ohne eine Antwort abzuwarten, warf er eine Handvoll Bambusstäbe auf den Boden, woraufhin von beiden Seiten Amtsbüttel gleich wilden Tieren angestürzt kamen, sich auf die Schiffer warfen, sie auf den Boden drückten und ihnen zwanzig Hiebe mit einem großen Knüppel verabfolgten, so daß die Haut der Gepeinigten platzte und das Blut hervorströmte. Nun zeigte der Amtmann auf die Leute, die den Transport begleitet hatten.

»Ihr seid zweifellos die Helfershelfer. Los, sagt auf der Stelle die Wahrheit!«

Die Leute des Salzhändlers waren stets gut behandelt worden und deshalb recht verwöhnt und verweichlicht. Noch nicht lange sproß ihnen der erste Bart. Zum erstenmal war ihnen von ihrem Herrn ein Salztransport anvertraut worden. Ihre zarte Haut und ihr weiches Fleisch hatten noch nie mit dem Knüppel der Gerichtsbüttel Bekanntschaft gemacht. So ist es verständlich, daß ihnen der Hintern brodelte und sie Wasser lassen mußten. Sie gaben alles zu, was der Beamte von ihnen hören wollte, und wagten nicht, mit einem Wort zu widersprechen. So schnell, wie man Zwiebel schneidet, folgten ihre Kotaus aufeinander. Sie baten flehentlich, man möge sie verschonen. Dann hielt der Amtmann den Matrosen eine donnernde Strafpredigt und drohte schließlich, die ganze Gesellschaft ins Gefängnis zu stecken. Am nächsten Tag sollte ein weiteres Verhör stattfinden.

Die verstörten Leute des Salzhändlers schickten sofort einen Matrosen zu den jungen Herren Tang mit der dringenden Bitte, sich für sie zu verwenden. Der Erste Herr schrieb ein Billett und schickte Zang Qi damit zum Amtmann. Darauf stand:

›Die Leute des Salzhändlers Wan haben es an der nötigen Vorsicht fehlen lassen, und so sind sie an ihrem Unglück selber schuld. Doch kann man den Verlust des Salzes noch verschmerzen. Der Herr Amtmann hat bereits die Schiffer bestraft. Man wird sich das nächste Mal mehr in acht nehmen. Verfahrt mit den Leuten des Salzhändlers gnädig.‹

Nachdem der Amtmann alles gelesen hatte, schickte er Zang Qi wieder zu den beiden Herren, die er grüßen ließ, zurück. Er ließ ausrichten, daß er nun über alles Bescheid wisse und dem Wunsche der Herren entsprechen werde. Darauf begab er sich wieder in die Halle und befahl alle Beteiligten zu sich.

»Eigentlich müßte ich Euch zurückschicken, damit Ihr die gesamte verlorene Ladung ersetzt«, sagte er. »Aber ich will Gnade walten lassen und Euch Euer Vergehen verzeihen.«

Sodann jagte er alle hinaus. Die Schiffer und die Leute des Salzhändlers begaben sich auf die Dschunke der Herren Tang, machten ihren Kotau und dankten den Herren vielmals, daß sie beim Amtmann Fürsprache eingelegt hätten. Daraufhin kehrten sie still und niedergeschlagen zu ihren Schiffen zurück.

Am nächsten Tag hatte sich der Wind gelegt, und die Schiffe fuhren weiter. Nachdem die Tangs die letzte Station ihrer Flußfahrt erreicht hatten, setzten sie ihre Reise zu Land fort. In Zhenyuanfu schickten sie den Bärtigen You zum Yamen voraus, um ihre Ankunft zu melden. Sie selber trafen eine Weile später ein. An diesem Tage hatte der alte Herr gerade den Präfekten von Zhenyuanfu, den Herrn Lei Kangxi, zu Gast, der sich nach jahrzehntelangen Prüfungen endlich den Doktor erworben hatte. Er stammte aus dem Kreise Daxing und hatte sich von einem kleinen Angestellten im Ministerium hochgearbeitet und war vor sechs Jahren als Präfekt nach Zhenyuanfu geschickt worden. So wußte er über die Miao-Stämme gut Bescheid. Er hatte gerade in der Halle des Militärgouverneurs Tang ein Essen eingenommen, und nun plauderten sie beim Tee über die Miao-Barbaren.

»Man unterscheidet zwei Arten von Miao-Leuten, die wilden und die gesitteten. Die gesitteten Miaos respektieren die Gesetze und sind bisher nie aufsässig gewesen. Die wilden Miaos dagegen neigen immer zur Rebellion. Die allerschlimmsten sind die Miao-Stämme im Gebiet des Großen Felsens und der Höhle des Goldenen Hundes. Gestern berichtete Tian De, der Polizeiinspektor dieses Gebiets: ›Der Gelehrte Feng Junrui wurde von Bie Zhuangyan, dem Häuptling der Miao von der Höhle des Goldenen Hundes, entführt. Er will ihn nur gegen fünfhundert Unzen Silber Lösegeld wieder freigeben.‹ Herr Militärgouverneur, wie soll man diese Angelegenheit am besten in Ordnung bringen?«

»Feng Junrui ist ein bedeutender chinesischer Gelehrter, der auch Beziehungen zum Hof in Beijing unterhält. Wie darf Bie Zhuangyan es wagen, ihn zu entführen und sogar noch ein Lösegeld fordern? Er mißachtet wirklich alle Gesetze. Es gibt nur eine einzige Möglichkeit: Wir müssen eine Militärabteilung hinschicken und sämtliche aufrührerischen Miao dieses Gebietes ausrotten sowie Feng Junrui befreien und ihn sodann von den zuständigen Behörden über seine Entführung vernehmen lassen. Wüßtet Ihr einen besseren Weg?«

»Euer Vorschlag ist gewiß lobenswert. Aber lohnt es sich um eines einzigen Mannes willen, so viel Soldaten in Bewegung zu setzen? Meiner unmaßgeblichen Meinung nach sollte man sofort den Polizeiinspektor Tian De in die Höhle des Goldenen Hundes schicken und an den Häuptling die Aufforderung richten lassen, Feng Junrui gutwillig auszuliefern, und damit hätte sich vielleicht die ganze Angelegenheit erledigt.«

»Herr Präfekt, Ihr seid im Irrtum. Die Aufrührer werden Tian De, sobald er vor der Höhle erscheint, festnehmen und tausend Unzen Lösegeld für ihn fordern. Und wenn wir Euch, Herr Präfekt, persönlich hinschicken würden, um dem Häuptling die Aufforderung der Regierung zu überbringen, so würde man Euch ebenfalls gefangensetzen und nur gegen ein Lösegeld von zehntausend Unzen wieder freilassen. Wofür sollen wir uns nun entscheiden? Wozu gibt man übrigens jährlich Millionen Unzen für Sold und Proviant des Heeres aus? Wenn wir uns fürchten, unsere Truppen einzusetzen, weshalb sollen wir dann diese Müßiggänger von Soldaten und Offizieren ernähren?«

Darauf wußte der Präfekt nichts mehr zu entgegnen. Militärgouverneur Tang fügte noch hinzu:

»Nun gut, wir werden einen kurzen Bericht an die vorgesetzte Behörde schicken; diese mag dann entscheiden.«

Unter vielen Dankesworten verabschiedete sich Präfekt Lei und kehrte in seinen Yamen zurück.

Als Militärgouverneur Tang wieder ins Haus trat, begrüßten ihn seine Söhne und erkundigten sich nach seinem Befinden. Auch Zang Qi machte seinen Kotau. Nach einer kurzen Unterhaltung über die letzten Ereignisse in der Heimat begaben sich alle zur Ruhe.

Einige Tage später schickte das Kriegsministerium den Bericht des Militärgouverneurs mit folgendem Vermerk zurück:

›Wir erwarten von dem betreffenden Militärgouverneur, daß er Fuß- und Reitertruppen ausschickt, um die aufsässigen Miao-Stämme niederzuwerfen, damit die öffentliche Ordnung und die Achtung vor dem Gesetz wiederhergestellt werden. Alles übrige soll dem Bericht gemäß unverzüglich ausgeführt werden.‹

Kaum daß Militärgouverneur Tang diesen Bescheid erhalten hatte, schickte er einen Boten zum Militäramt der Präfektur, ließ den dortigen Sekretär herbeiholen und ihn in seine Bibliothek führen. Der Sekretär war aufs höchste bestürzt und wußte sich die ganze Sache nicht zu erklären. Erst um die dritte Nachtwache betrat Militärgouverneur Tang das Bibliothekszimmer, um mit dem Sekretär zu verhandeln. Sein Gefolge hieß er sich zurückzuziehen. Er holte ein Paket mit fünzig Unzen Silber herbei und legte es auf den Tisch.

»Mein Herr, nehmt dieses Geld. Ich habe Euch zu keinem anderen Zweck hierhergerufen, als um Euch ein einziges Schriftzeichen abzukaufen.«

Der Sekretär zitterte vor Furcht am ganzen Leibe.

»Sagt mir Eure Befehle, und ich werde sie unverzüglich ausführen. Aber eher bin ich bereit zu sterben, als eine Belohnung von Euch anzunehmen.«

»Ach, redet nicht solchen Unsinn! Ich werde Euch keine Unannehmlichkeiten bereiten. Ich bitte Euch nur um eines: Wenn morgen in der Präfektur ein Schreiben des Kriegsministeriums eintrifft mit dem Befehl: ›Fuß- und Reitertruppen einsetzen‹, dann fügt nur noch: ›in großer Zahl‹ hinzu. Dieses Silbergeld ist Euer Lohn. Weiter braucht Ihr nichts zu tun.«

Der Sekretär erklärte sich dazu bereit, steckte das Geld ein und kehrte nach Hause zurück.

Nach einigen Tagen wurde die Präfektur offiziell davon in Kenntnis gesetzt, daß Militärgouverneur Tang seine Truppen sofort mobilisieren solle, und zwar in großer Zahl. Insgesamt wurden drei Regimenter und zwei Hilfsregimenter in Marsch gesetzt. Militärgouverneur Tang übernahm selbst den Befehl. Proviant war schon überall bereitgestellt worden.

Inzwischen nahte der Vorabend des neuen Jahres. Die beiden Kommandeure der zwei Regimenter der Garnisonen Qingjiang und Tongren brachten vor:

»Das Militärgesetz verbietet es, am letzten Tag des jeweiligen Monats Truppen zum Einsatz zu bringen.«

»Das braucht uns nicht zu kümmern. Der Einsatz der Truppen hängt von der Entscheidung ihres Befehlshabers ab. Heute begehen die Barbaren die Vorfeier des Neujahrsfestes. Das kommt uns sehr gelegen, denn so vermuten sie bestimmt nicht, daß wir einen Angriff auf sie vorhaben«, erklärte Militärgouverneur Tang.

Alsdann gab er dem Kommandeur von Qingjiang den Befehl, mit seinen Fuß- und Reitertruppen zur Klippe des Kleinen Felsens aufzubrechen und von dort in Richtung des

Trommelturms vorzudringen, um dem Feind den Rückweg abzuschneiden. Der Kommandant von Tongren aber sollte mit seinen Leuten vom Berg des Steinernen Wandschirms zum Hügel der Neun Krümmungen vorstoßen, um die Vorhut der Feinde aufzuhalten. Militärgouverneur Tang wollte seine Soldaten zum Teich der Wilden Ziegen führen, um dort als Hauptstreitmacht die Entscheidung herbeizuführen.

Nachdem jedem seine Aufgabe zugeteilt worden war, setzten sich die Kolonnen in Marsch.

»Die Höhlen und Schlupfwinkel der aufsässigen Miao liegen, wie mir bekannt, ganz in der Nähe des Teichs der Wilden Ziegen«, erklärte Militärgouverneur Tang. »Sie werden sich hinter den mit Schießscharten versehenen Befestigungen verschanzen, wenn sie uns auf der großen Heerstraße herankommen sehen. Sie können dann dort in Ruhe unseren Angriff erwarten. Unter diesen Umständen werden wir schwerlich einen schnellen Sieg erringen können.«

Dann wandte er sich an Zang Qi:

»Sind dir Schleichpfade bekannt, die uns in den Rücken des Feindes führen?«

»Ja, ich kenne solche. Bei der Klippe des Weihrauchfeuers geht es über den Berg, von dort marschieren wir durch den Eisenbach und haben damit die Feinde umgangen. Außerdem sparen wir auf diese Weise sechs Meilen Weg. Allerdings ist der Bach sehr kalt und um diese Zeit fast gänzlich zugefroren. So wird er schwierig zu passieren sein.«

»Das macht nichts«, meinte der Militärgouverneur und befahl den Reitern, wasserdichte Stiefel anzuziehen, und dem Fußvolk, sich mit Bergschuhen zu versehen, deren Spitzen wie Geierschnäbel geschwungen waren. Darauf machte man sich, von Zang Qi geführt, auf den Weg.

Der Miao-Häuptling Bie Zhuangyan hatte in der Höhle seinen ganzen Stamm – Männer und Frauen – versammelt, und man feierte mit Musik und Tanz das Fest, wobei man auch tüchtig dem Wein zusprach. Feng Junrui, der ein rechter Wüstling war, hatte sich ein Miao-Mädchen als Konkubine zugelegt. Er und der Häuptling waren von vielen Weibern umringt, die blumenrote und weidengrüne Kleider trugen. Unter Trommelwirbeln und Gonggedröhn wurden Pantomimen aufgeführt. Da stürzte ein junger Bogenschütze herein und rief:

»O weh! Schlimme Kunde! Der Große Kaiser hat ein Heer geschickt, um uns zu vernichten. Die Soldaten befinden sich schon am Hügel der Neun Krümmungen!«

Der Miao-Häuptling erschrak zu Tode. Eiligst schickte er zweihundert mit Lanzen bewaffnete Krieger dem Feind entgegen. Inzwischen stürmte ein zweiter Bote herbei:

»Zum Trommelturm rückt eine große Schar Soldaten und Reiter heran; man kann sie gar nicht zählen.«

Im nächsten Augenblick hörten der Häuptling und Feng Junrui zu ihrem Entsetzen mehrere Böllerschüsse, während auf dem Berg hinter ihnen Fackelschein aufleuchtete und Schlachtrufe gellten. Da kamen schon wie vom Himmel herab die Feinde herbeigestürzt, und der Häuptling und seine Leute kämpften verzweifelt um ihr nacktes Leben. Aber sie vermochten den kaiserlichen Truppen nicht zu widerstehen, die sich mit langen Lanzen und großen Spießen bis zum Teich der Wilden Ziegen durchkämpften. Von den Miao-Kriegern wurde über die Hälfte getötet oder verwundet. Dem Häuptling und Feng Junrui gelang es, auf einem schmalen Pfad in eine andere Miao-Höhle zu flüchten.

Die Vorhut unter dem Kommandanten von Tongren und die Nachhut unter dem Kommandanten von Qingjiang vereinigten sich beim Teich der Wilden Ziegen. Nachdem sie alle feindlichen Schlupfwinkel durchsucht hatten, töteten sie alle Miao-Krieger, deren sie habhaft werden konnten. Die Miao-Frauen ließen sie jedoch am Leben; sie mußten für sie kochen und ihnen die Wäsche waschen. Militärgouverneur Tang befahl sodann den Truppen, am Teich der Wilden Ziegen ein Lager aufzuschlagen. Die Kommandeure begaben sich in das Zelt des Befehlshabers, um Herrn Tang zum Sieg zu beglückwünschen.

»Frohlockt nicht zu früh! Zwar sind die räuberischen Miao besiegt worden, aber sie haben sich in andere Höhlen geflüchtet und werden ganz gewiß von anderen Stämmen Hilfe erbitten, um heute nacht unser Lager zu überfallen. Wir müssen rechtzeitig Vorkehrungen zu unserer Verteidigung treffen.« Und zu Zang Qi gewandt, erkundigte er sich: »Welche Miao-Höhle liegt unserem Lager am nächsten?«

»Die Höhle der Geraden Augen; sie liegt etwa zehn Meilen von hier entfernt.«

»Ich habe eine Idee«, sagte Militärgouverneur Tang und winkte die beiden Kommandanten zu sich her. »Ihr führt Eure Truppe in einen Hinterhalt zu beiden Seiten der Steinsäulenbrücke. Über diese Brücke wird der Rückzugsweg der Miao-Krieger führen. Ihr wartet, bis sie sich zurückziehen. Sobald die Böller erdröhnen, sollen die Soldaten allesamt den Hinterhalt verlassen, sich auf die Miao stürzen und sie niedermetzeln.«

Aus der Schar der Miao-Frauen wählte Militärgouverneur Tang daraufhin einige aus, die besonders gut singen konnten. Sie mußten ihr Haar in Ordnung bringen, ihre Festgewänder anlegen und barfuß im Feldherrnzelt tanzen und dazu singen. Währenddessen versteckten sich Soldaten und Offiziere in der Bergschlucht. Um die fünfte Nachtwache erschien tatsächlich der Häuptling mit seinen Kriegern, die alle mit Lanzen bewaffnet waren. Sie hatten heimlich die Steinsäulenbrücke überquert. Sie sahen, daß das Feldherrnzelt hell erleuchtet war, und hörten Lieder und Gesänge daraus ertönen. Mit lautem Kriegsgeschrei stürmten sie hinein. Aber siehe da, sie waren die Genarrten. Außer den Frauen fanden sie niemanden vor. Eine Falle fürchtend, stürzten sie sogleich wieder ins Freie, doch mittlerweile waren die in der Bergschlucht versteckten Soldaten herbeigeeilt, und ihre gellenden Rufe erfüllten die Luft. Der Häuptling aber versuchte tollkühn, mit seinen Kriegern zur Steinsäulenbrücke durchzubrechen. Dort jedoch vernahmen sie einen Böllerschuß, der den zu beiden Seiten der Brücke im Hinterhalt liegenden

Soldaten das Angriffssignal gab. Sie schlugen vereint auf die Feinde ein. Zu ihrem Glück besaßen die Miao an ihren Sohlen eine dicke Hornhaut, so daß sie unempfindlich waren für Steine und Dornen. So gelang es ihnen, davonflüchtend wie aufgeschreckte Affen und Hasen, in die Berge zu entkommen.

Militärgouverneur Tang hatte einen großen Sieg errungen, und als er die Listen der Regimenter prüfte, stellte er fest, daß die eigenen Verluste nur geringfügig gewesen waren. Siegeslieder singend, kehrten die Regimenter nach Zhenyuanfu zurück. Präfekt Lei empfing den Militärgouverneur und beglückwünschte ihn. Er erkundigte sich, wo der Miao-Häuptling Bie Zhuangyan und der Gelehrte Feng Junrui verblieben wären.

»Wir haben die Schlacht gegen die Miao gewonnen. Wahrscheinlich werden die beiden nach einer wilden Flucht in einer Bergschlucht den Tod gefunden haben.«

»Wenn man alle Umstände in Betracht zieht, kann man zu keinem anderen Schluß gelangen, aber unserer vorgesetzten Behörde kann man schwerlich mit solchen Argumenten kommen; sie würden nichts als eine faule Ausrede dahinter wittern.«

Militärgouverneur Tang versank in ein betretenes Schweigen, denn er konnte nichts darauf erwidern. Als er in den Yamen zurückkehrte, begrüßten ihn die beiden Söhne und erkundigten sich nach seinem Befinden. Aber wegen dieser leidigen Angelegenheit fand er die ganze Nacht keinen Schlaf. Am anderen Tag berichtete er seiner vorgesetzten Behörde über den siegreichen Verlauf der Kampfhandlungen. Wie Präfekt Lei bereits prophezeit hatte, ließ der Generalgouverneur anfragen, was mit den Hauptverbrechern, dem Häuptling Bie Zhuangyan und dem Gelehrten Feng Junrui, geschehen sei. Sie sollten, hieß es weiter in diesem Schreiben, dingfest gemacht und zu seinem Yamen gebracht werden, damit er einen Bericht nach Beijing senden könnte.

Militärgouverneur Tang war aufs höchste bestürzt und

wußte nicht ein noch aus. Da kniete sich Zang Qi an seiner Seite nieder und bat, etwas sagen zu dürfen:

»Ich kenne alle Pfade zu den Höhlen der wilden Miao. Schickt mich bitte aus, um den Aufenthalt des Häuptlings zu erkunden. Dann können wir einen Plan aushecken, um ihn gefangenzunehmen.«

Herr Tang schenkte Zang Qi voller Freude fünfzig Unzen Silber und schickte ihn auf Kundschaft. Neun Tage später kam er zurück und meldete sich beim Militärgouverneur.

»Ich begab mich unverzüglich zur Höhle der Geraden Augen, wo ich erfuhr, daß Bie Zhuangyan mit dem Häuptling dieser Höhle sich entzweit habe, weil er von ihm zum Angriff auf das Lager des Militärgouverneurs Krieger entliehen und dabei eine vernichtende Niederlage erlitten hätte. Er halte sich nun in der Höhle der Weißen Raupen auf. Als ich diese ausfindig gemacht hatte, stellte ich fest, daß sich dort auch Feng Junrui befand. Von den Familienangehörigen Bie Zhuangyans sind nur noch ein Dutzend übriggeblieben. Krieger und Pferde besitzt er überhaupt nicht mehr. Wie ich hörte, sollen sie einen neuen Anschlag vorhaben. Da die Einwohner von Zhenyuanfu glauben, daß am achtzehnten Tage des Ersten Monats die Geister des Eisenbaches umgehen, und darum ein jeder Bewohner der Stadt seine Tore verriegelt und sich verkriecht, wollen sie an diesem Tag, als Geister verkleidet, sich in Euren Yamen schleichen und Rache üben. Am besten trefft Ihr rechtzeitig Vorkehrungen.«

»Gut, nun weiß ich Bescheid.«

Zang Qi wurde mit Wein und Schaffleisch belohnt und schlafen geschickt.

In der Tat hegte man in Zhenyuanfu die Vorstellung, daß am achtzehnten Tag des Ersten Monats der Drachengeist seine jüngere Schwester verheiratet. Da die Schwester sehr häßlich ist und sich deshalb vor den Menschen nicht sehen lassen will, bietet man ein Heer von Krabbenkriegern und Krebsoffizieren als Schutzgeleit für den Hochzeitszug auf. Darum verriegelt jedermann Tür und Tor. Es ist nicht gestattet, das

Haus zu verlassen und neugierig hinauszuspähen. Wenn man heimlich dennoch zuschaut und dabei ertappt wird, kommt es zu einem Orkan mit einem Wolkenbruch, wodurch alles überflutet wird und unzählige Menschen ertrinken müssen. Daran glaubt man in Zhenyuanfu seit uralten Zeiten.

Am siebzehnten Tag rief Militärgouverneur Tang seine Leibwache zu sich und fragte:

»Kennt einer von euch Feng Junrui?«

Ein baumlanger Soldat trat hervor und machte den Kotau: »Ich kenne ihn.«

»Gut«, sagte Herr Tang und befahl ihm, einen langen weißen Rock anzuziehen, sich einen hohen, schwarzen Papierhut aufzusetzen und sich das ganze Gesicht weiß anzumalen, um die Rolle eines Teufels zu spielen. Die übrigen Soldaten sollten sich mit Rinder- und Pferdeköpfen drapieren, um Dämonenkönige, Nachtgespenster und andere greuliche Ungeheuer darzustellen. Sodann gebot er dem baumlangen Soldaten:

»Wenn du morgen Feng Junrui ausfindig machen solltest, dann nimm ihn unverzüglich fest; es winkt dir eine hohe Belohnung.«

Nachdem alles vorbereitet war, befahl Herr Tang dem Wächter des nördlichen Tores, das Stadttor noch vor Tagesanbruch zu öffnen.

Um Mitternacht erschienen Bie Zhuangyan und Feng Junrui, gekleidet wie zu einem religiösen Fest, am Nordtor. Jeder hatte heimlich einen Dolch bei sich. Da sie das Tor schon offen fanden, liefen sie eiligst bis an die Mauer des Pferdestalls vom Militäryamen. Bie Zhuangyan und Feng Junrui samt zehn Miao, jeder seinen Dolch in der Hand, kletterten über die Mauer. Schwacher Mondschein erhellte spärlich einen weiten, leeren Hof. Als sie noch überlegten, wie sie am besten ins Gebäude kommen konnten, sahen sie plötzlich zu ihrem Schrecken auf dem Mauersims ein Ungeheuer hocken, das einen Gong in den Händen hielt und ihn zweimal erdröhnen ließ. Im selben Augenblick krachte die

Mauer mit großem Gepolter zusammen wie bei einem Erdbeben. Fackeln flammten ringsum auf, und in ihrem Schein wurde eine ganze Schar von bösen Geistern sichtbar. Mit Gabeln und Zangen griffen sie die Eindringlinge an und hinderten sie am Entkommen. Bie Zhuangyan und Feng Junrui waren vor Entsetzen wie gelähmt und konnten sich nicht von der Stelle rühren. Der baumlange Teufel sprang vor, faßte Feng mit seiner Zange und schrie:

»Haltet Feng Junrui fest!«

Alle übrigen ließen sich widerstandslos gefangennehmen; nicht einem gelang es zu entkommen. Man brachte sie in die Zweite Halle, wo Herr Tang sie in Augenschein nahm. Am anderen Tage führte man sie zur Präfektur. Der Präfekt war über die Ergreifung der beiden Hauptverbrecher hocherfreut. Nachdem man die Vollmacht der Regierung eingeholt und das Richtschwert erbeten hatte, schlug man Bie Zhuangyan und Feng Junrui die Köpfe ab und stellte sie öffentlich zur Schau. Die anderen Miao wurden ebenfalls getötet. Dann sandte Herr Tang über die ganze Angelegenheit einen Bericht nach Beijing. Die allerhöchste Entscheidung lautete:

›Hinsichtlich der Niederwerfung der aufrührerischen Miao unweit der Höhle des Goldenen Hundes hat Militärgouverneur Tang eigenmächtig und leichtfertig gehandelt, indem er Staatsgelder und Truppenproviant verschwendet hat. Als Warnung für alle, die sich durch kriegerische Unternehmungen Ehre und Ruhm erwerben wollen, wird er um drei Rangklassen degradiert und strafversetzt. Höchster Entscheid.‹

Herr Tang stieß einen tiefen Seufzer aus, als er die Abschrift des Berichts aus der Hofzeitung erhielt. Zugleich mit dem offiziellen Schreiben traf auch schon sein Nachfolger ein. Nach der Übergabe des Amtssiegels beriet sich Herr Tang mit seinen beiden Söhnen. Sie beschlossen, sofort ihre Sachen zu packen und nach Hause zu fahren.

Über das weitere Schicksal von Herrn Tang und seinen beiden Söhnen wird uns das folgende Kapitel unterrichten.

Vierundvierzigstes Kapitel

Militärgouverneur Tang kehrt nach Yizheng zurück · Aspirant Yu bespricht bei einer Schale Wein Bestattungsangelegenheiten

Statt dem scheidenden Herrn Tang bei sich ein Abschiedsessen zu geben, übergab ihm Präfekt Lei vier Unzen Silber mit der Bitte, daß der Koch des Militäryamens von diesem Geld ein Mahl richte, das sie dann dort einnehmen wollten. Am Tag der Abreise erschienen alle Beamten der Stadt. Die Heimfahrt ging auf dem Wasserweg vonstatten. Man fuhr bis Changde, überquerte den Dongting-See und gelangte von dort auf dem Chang Jiang nach Yizheng. Unterwegs ereignete sich nichts Besonderes. Herr Tang erkundigte sich eingehend nach den Studien seiner Söhne und erfreute sich dabei an der schönen Flußlandschaft. Noch nicht drei Wochen waren vergangen, da erreichten sie die Insel des Gelben Lehms. Von dort schickte man einen Diener voraus, der alles im Haus zum Einzug vorbereiten sollte.

Als der Sechste Herr die Nachricht von der Heimkehr des alten Herrn Tang und seiner Söhne hörte, machte er sich sofort zur Insel des Gelben Lehms auf. Dort angelangt, begrüßte er seinen Onkel und seine Vettern und tischte allen Klatsch und Tratsch aus der Stadt auf.

»Drei Jahrzehnte habe ich in der Fremde zugebracht«, unterbrach ihn gereizt Herr Tang, dem das Geschwätz des Sechsten Herrn mißfiel. »Inzwischen bist du zu einem Mann herangewachsen. Wo hast du nur diese gemeinen Manieren her?«

Als er merkte, daß sein Neffe unfähig war, sich anders auszudrücken und obendrein jeden Satz mit den Worten: »Ich berichte dem alten Herrn« begann, riß ihm vollends die Geduld, und er rief zornig:

»Dummer Kerl, laß endlich den Unsinn! Ich bin dein Onkel, warum titulierst du mich immerfort ›Alter Herr‹?«

Wandte sich der Sechste Herr einmal an seine Vettern, so wagte er sie nicht anders als mit ›Erster und Zweiter Herr‹ anzusprechen.

»Du elender Bursche verdientest den Tod. Wie kommst du dazu, deine Vettern, auf die du eigentlich hättest achtgeben müssen, mit ›Erster und Zweiter Herr‹ anzureden?«

Diese Standpauke verschlug dem Sechsten Herrn völlig die Sprache, und er ließ den Kopf hängen.

Zu Hause angekommen, begrüßte Herr Tang zunächst die Ahnen. Dann ließ er sein Gepäck hineinschaffen. Sein Bruder, der bisher Amtmann in Gaoyao gewesen war, hatte inzwischen seinen Abschied genommen und war nach Hause zurückgekehrt. Die beiden Brüder freuten sich so sehr über ihr Wiedersehen, daß sie ein tagelanges Weingelage veranstalteten. Herr Tang verzichtete darauf, in die Stadt zu gehen oder Besuche bei den städtischen Beamten zu machen. Er ließ sich am Fluß eine kleine Villa erbauen. Dort hatte er sein Saiteninstrument und seine Bücher und beschäftigte sich damit, seine Söhne zu unterrichten.

»Wie kann man mit solchen Aufsätzen jemals die Magisterprüfung bestehen?« seufzte Herr Tang bekümmert, als er drei oder vier Monate später erkennen mußte, daß die Söhne in ihren Studien kaum nennenswerte Fortschritte gemacht hatten.

›Nun, da wird wohl nichts anderes übrigbleiben, als für einen Lehrer zu sorgen‹, ging es ihm durch den Kopf, und dieser Gedanke ließ ihm keine Ruhe mehr.

Eines Tages meldete der Hausmeister:

»Der Zweite Herr Xiao aus Yangzhou möchte Euch besuchen.«

»Ach, das ist der Sohn meines Freundes Xiao. Ich werde ihn wohl kaum wiedererkennen. Führ ihn herein.«

›Fräulein Xiao‹ trat herein und entbot seinen Gruß. Herr Tang fand, daß der junge Mann schön sei wie ein kostbarer Edelstein, und er betrachtete entzückt sein vornehmes Gewand. Nachdem er ihn begrüßt hatte, forderte er ihn auf,

Platz zu nehmen. Sogleich begann der Gast die Unterhaltung:

»Ich beglückwünsche Euch zu Eurer Heimkehr. Selbstverständlich wollte ich mich sofort nach Eurem Befinden erkundigen, aber der Hanlin-Professor Gao aus Nanjing hatte Urlaub und fuhr nach Hause. Sein Weg führte ihn über Yangzhou, wo ich ihm einige Zeit Gesellschaft leistete. So konnte ich erst heute zu Euch kommen.«

»Habt Ihr inzwischen ein Examen bestanden, Bruder?« fragte Herr Tang.

»Der frühere Hauptprüfungskommissar hat mir den Magistertitel verliehen, aber ich lege darauf gar keinen besonderen Wert. Dagegen freut es mich, daß man in der Stadt meine Aufsätze von Hand zu Hand hat gehen lassen. Der Prüfungskommissar hat sie also in der Tat richtig eingeschätzt und mich daraufhin in den Magisterrang erhoben.«

Herr Tang, der den Besucher seiner gewandten Zunge wegen bewunderte, bat ihn in seine Bibliothek. Die beiden Söhne mußten ihm beim Essen Gesellschaft leisten.

Am Nachmittag plauderte Herr Tang wiederum mit ›Fräulein Xiao‹. Er erzählte dem Gast, daß er einen Lehrer suche, der seine Söhne für die Prüfungen vorbereiten könne.

»Ich kenne seit kurzem einen Lehrer, der Aufsätze kommentiert. Er heißt Yu Te, mit Literatennamen Youda, und stammt aus dem Kreise Wuhe. Er hat den Aspirantengrad und ist mit den klassischen Büchern sehr vertraut. Seine Kommentare zu den Aufsätzen sind wirklich ganz vortrefflich. Gegenwärtig ist er Lehrer im Hause eines reichen Salzhändlers, aber es gefällt ihm dort nicht besonders. Yu Youda ist der beste Lehrer, den Ihr weit und breit finden könnt. Schreibt ein paar Zeilen, daß Ihr ihn anstellen wollt und gebt mir einen Eurer Söhne mit; so können wir ihn gleich hierherbringen. Ihr braucht ihm kein höheres Jahresgehalt als fünfzig bis sechzig Unzen Silber zu zahlen.«

Herrn Tangs Freude über all das Vernommene war sehr groß. Xiao Boquan blieb noch zwei Nächte bei ihm, und dann reiste er, mit Herrn Tangs Schreiben versehen, in Gesellschaft des ältesten Sohnes auf einem Eilboot nach Yangzhou. In dem am Fluß gelegenen Haus des Salzhändlers Wu baten sie, den Lehrer Yu sprechen zu dürfen. Xiao ersuchte den Ersten Herrn Tang um eine Besuchskarte mit der Aufschrift ›Euer Spätgeborener‹.

»Sollte Lehrer Yu das Amt annehmen«, meinte er, »müßt Ihr Euch fortan seinen Schüler nennen.«

Der Erste Herr war aber gar nicht damit einverstanden.

»Er soll mir halb Lehrer, halb Freund sein; ich schreibe einfach nur auf die Karte: ›Euer Mitschüler und Spätgeborener jüngerer Bruder‹.«

Xiao Boquan vermochte den Ersten Herrn nicht von seinem Entschluß abzubringen, und so übergab er die Karte dem Pförtner, der daraufhin die Gäste in die Bibliothek führte. Lehrer Yu hatte eine Akademikerkappe auf und ein abgetragenes blaues Gewand an. Seine Füße steckten in roten Schuhen. Er hatte eine bleiche Gesichtsfarbe, einen kümmerlichen, dreisträhnigen Bart und kurzsichtige Augen und mochte etwa fünfzig Jahre alt sein. Nach der Begrüßung fragte Yu Youda:

»Bruder Xiao, seid Ihr erst heute von Eurer Reise nach Yizheng zurückgekehrt?«

»Ja. Ich wollte nur kurz meinen Onkel Tang begrüßen, aber er behielt mich einige Tage dort. Darf ich Euch hier seinen ältesten Sohn vorstellen?«

Mit diesen Worten nahm Xiao die Visitenkarte und überreichte sie ihm. Nachdem Herr Yu sie gelesen hatte, legte er sie auf den Tisch.

»Wie bin ich einer solchen Ehre würdig?«

Xiao Boquan eröffnete ihm nun, daß Herr Tang ihn als Lehrer anstellen möchte.

»Zu diesem Zweck sind wir zu Euch gekommen. Wenn wir Euer wertes Einverständnis erhalten, geht Euch das Anstellungsschreiben samt dem Gehalt sofort zu.«

»Wie darf ich bei der hohen Stellung des alten Herrn und

der hohen Begabung der jungen Herren es wagen, als Lehrer dort tätig zu sein – ich alter, dummer, unfähiger Mensch? Laßt mich die Sache in Ruhe überdenken.«

Daraufhin verabschiedeten sich die beiden.

Am andern Tag erschien Lehrer Yu im Hause Xiaos, um einen Gegenbesuch zu machen.

»Bruder Xiao, ich muß leider Euer Angebot ablehnen.«

»Aber weshalb denn?«

Lehrer Yu lachte.

»Wenn er mich wirklich als seinen Lehrer begrüßen wollte, wie kann er da auf seine Besuchskarte ›Euer Spätgeborener jüngerer Bruder‹ schreiben? Daraus läßt sich doch unschwer erkennen, daß er keineswegs dazu bereit ist, von mir zu lernen. Dies liegt doch klar auf der Hand. Neulich erreichte mich ein Brief meines alten Freundes, des Unterpräfekten von Wuweizhou. Ich will ihn aufsuchen; er wird mir seine Hilfe angedeihen lassen, und das ist besser, als weiterhin Hauslehrer zu sein. In den nächsten Tagen will ich von meinem bisherigen Brotgeber Abschied nehmen. Bitte, bemüht Euch um einen anderen Lehrer für das Haus Tang.«

Xiao Boquan verzichtete darauf, seinem Freund zuzureden. Er berichtete dem Ersten Herrn, welches Ergebnis die Unterredung gehabt hatte, und begab sich mit ihm auf weitere Lehrersuche.

Kurze Zeit darauf nahm Yu Youda vom Salzhändler Abschied, schnürte sein Bündel und kehrte nach Wuhe zurück. Sein Haus lag in der Gasse der Familie Yu.

Sein Bruder kam ihm entgegen. Er hieß Yu Chi, mit Literatennamen Youzhong, und hatte im Kreis Wuhe den Bakkalaureus erworben.

In letzter Zeit war in Wuhe eine bisher völlig unbekannte Familie namens Peng zu Ehren gekommen. Aus ihr waren einige Doktoren hervorgegangen, von denen zwei Mitglieder der Hanlin-Akademie geworden waren. Im Kreise Wuhe gibt es nur wenige Gelehrte, darum erschien fast die ganze Stadt im Hause Peng, um ihre Glückwünsche auszusprechen. In

Wuhe lebte außerdem noch eine Familie Fang, die aus Huizhou stammte und in Wuhe eine Pfandleihe und eine Salzhandlung unterhielt. Diese Fangs wollten sich mit alteingesessenen Familien verbinden, um im Kreise Wuhe als Einheimische zu gelten. Die Familie Yu aus der Gasse der Familie Yu war mit einer anderen angesehenen Familie Yu durch Heirat eng verbunden. Diese beiden Familien wollten sich selbstverständlich nicht auf eine Verbindung mit den Fangs einlassen. Allerdings gab es dann später in beiden Familien einige ehrlose und ungebildete junge Männer, die es nach der reichen Mitgift der Fangs gelüstete. Diese gaben sich dazu her, die Töchter der Familie Fang zu ehelichen und somit eine Verschwägerung und Versippung herbeizuführen. Als diese Heiraten immer häufiger vorkamen, wurden nicht nur die Hochzeitsgeschenke der Familie Fang immer dürftiger, sondern obendrein behaupteten die Fangs noch, daß die Angehörigen der Familien Yu es nur auf ihr Geld abgesehen hätten. Die ehrlosen Elemente dieser beiden Sippen, die sich keinen Deut um das Ansehen ihrer Vorfahren scherten, konnte man in zwei Gruppen einteilen. Die eine Gruppe konnte man als die Törichten bezeichnen, deren ganzes Verhalten von der Maxime bestimmt wurde: ›Nur Fangs werden geheiratet, nur Pengs sind Freunde.‹ Die andere, aus Bösewichtern bestehende Gruppe hatte sich folgende Losung auf die Fahne geschrieben: ›Nur an die Fangs denken, nur von den Pengs reden.‹ Da aber diese Halunken schließlich erkennen mußten, daß die Familie Fang keine weitere Verbindung mehr mit ihnen eingehen wollte, sahen sie sich genötigt, mit lügnerischen Worten über die Wahrheit hinwegzutäuschen.

»Der alte Herr Peng ist mein Lehrer«, prahlte etwa der eine. »Der Dritte Herr Peng hat mich in sein Bibliothekszimmer eingeladen und einen halben Tag lang herzlich mit mir geplaudert«, brüstete sich ein zweiter. Und wieder ein anderer behauptete: »Der Vierte Herr Peng hat mir aus Beijing einen Brief geschickt.«

Dadurch erreichten sie, daß man sie überall zum Wein einlud, wo sie die gleichen Prahlereien noch einmal vorbrachten. So schlechte Sitten herrschten in Wuhe.

Yu Youda und Yu Youzhong jedoch blieben dem Vermächtnis ihrer Ahnen treu, studierten hinter verschlossenen Türen und weigerten sich, an solch törichtem Geschwätz teilzunehmen. Der ältere der beiden Brüder hatte viele Präfekturen, Distrikte und Kreise besucht und dabei nicht wenige Beamte kennengelernt, doch ließ er davon kein Wort verlauten. Die Bewohner von Wuhe hegten die unausrottbare Überzeugung, daß man nur Magister oder Doktor zu sein brauchte, um mit dem Präfekten oder Kreisamtmann aufs dickste befreundet zu sein. Auch könnten solche Akademiker den Beamten ungeniert alle ihre Wünsche vortragen, und kein Kreisamtmann oder Präfekt könnte es wagen, ihnen seine Unterstützung zu verweigern. Würde dagegen jemand im Yamen vorsprechen, der noch keine Prüfung bestanden hätte, so würde er vom Kreisamtmann ohne vieles Federlesen unsanft hinausgeworfen werden, und hätte er einen noch so guten Charakter und wäre er noch so gebildet. Von solchen Ideen wurden die Köpfe der Einwohner von Wuhe beherrscht.

Bis auf den heutigen Tag gibt es kaum ein so gutes Betragen und so vortrefflich geschriebene Aufsätze wie bei den Brüdern Yu. Ihre Verwandten aber, wiewohl sie beide Brüder nicht zu verachten wagten, erwiesen ihnen keineswegs irgendwelche Ehren, weil man niemals den Kreisamtmann bei ihnen Besuch machen sah und sie weder mit der Familie Fang eine eheliche Verbindung eingingen noch mit der Familie Peng freundschaftlichen Umgang pflegten.

An jenem Tag führte Yu Youzhong seinen heimgekehrten Bruder ins Haus, bewillkommnete ihn und ließ zum Empfang ein Mahl bereiten. Sie berichteten einander, was sie während des Jahres, da sie getrennt waren, alles erlebt hatten. Nach dem Mahl blieb der ältere Bruder im Bibliothekszimmer, anstatt sich in die hinteren Gemächer zu seiner

Frau zu begeben, und teilte mit Yu Youda das Lager. Während der ersten Nacht erzählte der Erste Bruder dem Zweiten, daß er nach Wuweizhou zu einem Freund wolle.

»Bruder, bleib doch noch ein Weilchen hier. Ich will an einer Prüfung teilnehmen. Kannst du nicht noch warten, bis ich sie hinter mir habe?«

»Nein, das ist leider nicht möglich. Was ich mir in Yangzhou verdient habe, ist aufgebraucht. Somit muß ich mich schleunigst nach Wuweizhou aufmachen, um mir dort einige Unzen Silber zu verschaffen, damit ich über den langen Sommer hinwegkomme. Gehe ruhig zur Prüfung. Währenddessen werden unsere beiden Frauen das Haus versorgen. Warum sollte ich daheimbleiben, da wir doch sowieso hinter verschlossenen Türen leben?«

»Nun, dann mach dich auf den Weg! Vielleicht kannst du so viel Unzen verdienen, daß wir bei deiner Rückkehr endlich unsere Eltern begraben können. Wie könnten wir Ruhe finden, solange noch die Särge, die bereits über zehn Jahre im Hause stehen, noch nicht bestattet worden sind?«

»Ich denke darüber genauso. Gleich nach meiner Rückkehr wollen wir die Eltern beerdigen.«

Kurze Zeit nach diesem Gespräch reiste der Erste Bruder nach Wuweizhou. Zehn Tage später traf der Prüfungskommissar im Kreise Fengyang ein. Yu Youzhong packte seine Habseligkeiten zusammen und machte sich nach Fengyang auf, wo er sich ein Zimmer mietete. Es war gerade der achte Tag des Vierten Monats. Am neunten Tag brachte der Prüfungskommissar das Weihrauchopfer, am zehnten Tag wurde ein Aushang angebracht, daß Anmeldungen entgegengenommen werden. Und am elften Tag begann der Kommissar, die Kandidaten der acht Kreise der Präfektur Fengyang zu examinieren. Am fünfzehnten Tag wurde die Aufforderung zur Wiederholungsprüfung angeschlagen. Zu dieser Prüfung durften sich von jedem Kreis die drei Besten melden. Unter ihnen befand sich auch der Zweite Herr Yu. Am sechzehnten Tag machte Yu das Wiederholungsexamen.

Am siebzehnten Tag wurde das Prüfungsergebnis ausgehängt. Yu Youzhong war der Zweitbeste der ersten Klasse. Am vierundzwanzigsten Tag gab er dem Prüfungskommissar das Abschiedsgeleit und kehrte nach Wuhe zurück. Inzwischen war der ältere Bruder in Wuweizhou eingetroffen. Der Unterpräfekt nahm ihn sehr herzlich auf und behielt ihn ein paar Tage bei sich.

»Da ich mein Amt noch nicht lange angetreten habe, bin ich leider außerstande, Euch größere Geschenke zu machen. Hingegen habe ich eine Bitte an Euch. Könnt Ihr für jemand Fürsprache einlegen? Hierdurch könnte auch Euch geholfen werden. Der Betreffende ist bereit, vierhundert Unzen Silber zu zahlen. Da Ihr Euch mit noch zwei anderen in das Geld teilen müßt, kommen auf Euch etwa hundertdreißig Unzen Silber. Dieser Betrag würde für das Begräbnis Eurer werten Eltern reichen. Später werde ich mich Euch noch besonders erkenntlich zeigen.«

Yu Youda war sehr erfreut, bedankte sich vielmals bei dem Unterpräfekten und setzte sich mit der ihm genannten Person zwecks seiner Fürsprache in Verbindung. Es handelte sich um einen Mann namens Feng Ying, der in eine Mordsache verwickelt war. Nachdem Herr Yu für ihn Fürsprache eingelegt und der Unterpräfekt seinem Ersuchen stattgegeben hatte, erhielt er seinen Anteil. Er verabschiedete sich von seinem Gönner und trat die Heimreise an.

Als er in Nanjing Station machte, erinnerte er sich, daß Du Shaoqing aus Tianchang dort in seiner Flußvilla an der Lishe-Brücke wohnte. ›Er ist doch mein Vetter. Warum soll ich ihn nicht bei dieser Gelegenheit besuchen?‹ Also begab sich Yu Youda in die Flußvilla Du Shaoqings. Dieser zeigte sich beim Anblick seines Vetters hocherfreut. Sie begrüßten sich, nahmen Platz und tauschten ihre Erlebnisse während der langen, zehnjährigen Trennung aus.

»Älterer Bruder«, sagte Yu Youda mit einem tiefen Seufzer, »wie traurig ist es doch, daß Ihr Euer ganzes Vermögen vergeudet habt! Fällt es Euch als Sprößling einer alten Beamtenfamilie nicht schwer, mit Schriftstellerei Euer Leben zu fristen?«

»Weshalb denn? Ich genieße hier die schöne Landschaft und den Umgang mit guten Freunden. In Nanjing habe ich mich glänzend eingelebt. Auch bin ich ein ungebildeter Mensch und besitze keinen besonderen Ehrgeiz. Mir, meiner Frau und meinen Kindern macht es nichts aus, sich einfach zu kleiden und bescheiden zu essen. Vergangenes läßt sich nicht ungeschehen machen.«

Nach diesen Worten bot er seinem Vetter Tee an. Darauf beriet sich Du Shaoqing mit seiner Frau, womit sie das Gastmahl für den Vetter bestreiten könnten. Der schon seit langem verarmte Du Shaoqing vermochte oft nur dadurch Geld aufzubringen, daß er auf der Pfandleihe einige Sachen versetzte. Glücklicherweise fügte es sich, daß an diesem Tage Zhuang Zhuojiang einen ganzen Korb voll Geschenke ins Haus schickte, weil das Drachenbootfest vor der Tür stand. Außerdem brachte ein kleiner Diener noch eine Schachtel. In dem Korb befanden sich ein Fisch, zwei geräucherte Enten, hundert Reisklöße und zwei Pfund weißer Zucker. In der Schachtel aber lagen vier Unzen Silber. Du Shaoqing sprach auf einer Karte seinen herzlichen Dank aus und gab sie dem kleinen Diener mit.

»Nun können wir unseren Gast gebührend bewirten«, sagte Du Shaoqing.

Frau Du kümmerte sich persönlich um Speisen und Getränke, und die in der Nähe wohnenden Freunde Chi Hengshan und Wu Shu wurden schriftlich gebeten, dem Vetter Du Shaoqings Gesellschaft zu leisten. Die beiden Gäste trafen ein, beteuerten, wie lange sie schon Yu Youda verehrten, und ließen sich dann an der gedeckten Tafel nieder. Während sie aßen und tranken, kam Yu Youda darauf zu sprechen, daß er einen passenden Begräbnisplatz für seine Eltern suche.

»Verehrter Herr«, wandte sich Chi Hengshan an Herrn

Yu, »für einen Begräbnisplatz ist die Hauptsache, daß der Boden recht warm und trocken ist, daß es keine Ameisen dort gibt und der Platz windgeschützt ist. An einem solchen Ort können Eure Eltern die letzte Ruhe finden. Schenkt aber keinem Geomanten Glauben, wenn er von Glück und Reichtum bringenden Grabstätten spricht.«

»Ganz recht«, stimmte Yu Youda zu, »aber in meiner Heimat hegt man diesen Aberglauben. Oft müssen die Toten lange auf die Bestattung warten, weil man noch keinen solchen glückverheißenden Platz ausfindig gemacht hat. Was haltet Ihr von der Theorie des Guo Pu, des Begründers der Geomantie?«

»Seitdem es keine Behörde für Gräberangelegenheiten mehr gibt und der Brauch des Erbbegräbnisses nicht mehr eingehalten wird, huldigen bei uns gewisse Familien phantastischen geomantischen Theorien, in der Hoffnung, hierdurch zu Reichtum und Ehren zu gelangen. Was aber hat es mit der Guo Pu zugeschriebenen Theorie auf sich, daß bei der Wahl des günstigsten Begräbnisplatzes für die Ahnen einer der Nachkommen bestimmt den ›Zhuangyuan-Titel‹, den ersten Rang in der höchsten Examensklasse, erringen würde? Nun, zu Zeiten Guo Pus, der während der Jin-Dynastie lebte, gab es den ›Zhuangyuan-Titel‹ überhaupt noch nicht, dieser wurde erst vierhundert Jahre später, zur Zeit der Tang-Dynastie, eingeführt. Beweist das nicht, daß diese Theorie ein großer Unsinn ist?«

»Mein Herr«, rief Yu Youda begeistert, »Eure Darlegungen sind ganz vortrefflich und müßten selbst einem Blinden die Augen öffnen!«

»Ja, man kann unserm Freund Chi Hengshan nur zustimmen«, sagte Wu Shu. »Wie fragwürdig oft die Geomantie ist, beweist auch jene seltsame Geschichte, die man sich voriges Jahr überall in der Stadt erzählte. Ich will sie den Herren zum besten geben.«

»Ich brenne darauf, sie zu hören«, beteuerte Herr Yu. Und Wu Shu begann:

»Es handelt sich um die Familie des Zensors Shi aus der Gasse der Familie Shi an der Unteren Schiffbrücke.«

»Gehört habe ich davon«, unterbrach ihn Chi Hengshan, »aber Genaueres weiß ich nicht.«

»Im Hause Shi leben zwei Brüder«, fuhr Wu Shu fort. »Der Zweite Herr Shi behauptete, der Grabplatz seiner Mutter habe sich für ihn ungünstig ausgewirkt. Sein älterer Bruder habe das Doktorexamen bestanden, er aber nicht. So nützt dieser Begräbnisplatz nur dem älteren Bruder. Deshalb nahm er einen Geomanten in sein Haus und beriet mit ihm tagelang darüber, wohin man am besten die Grabstätte verlegen sollte. Der ältere Bruder, der Zensor, gab zu bedenken, daß die Tote zu lange schon in der Erde ruhe, um sie noch umzubetten. Weinend flehte er den jüngeren Bruder an, dieses Vorhaben aufzugeben. Aber dieser bestand darauf. Der Geomant tat noch das Seinige hinzu, um den Zweiten Bruder in seinem Wahn zu bestärken. ›Wenn das Grab nicht verlegt wird‹, redete er ihm ein, ›werdet Ihr nicht nur jedesmal beim Examen durchfallen, sondern obendrein Euer Augenlicht verlieren.‹ Dem Zweiten Herrn Shi wurde die ganze Angelegenheit immer dringlicher, und er schickte den Geomanten überallhin, um nach einem günstigen Grabplatz Ausschau zu halten. Schließlich genügte ihm der eine Geomant nicht mehr. Sobald dieser einen Platz ausfindig gemacht hatte, mußte ein anderer denselben überprüfen. Wie konnte man annehmen, daß diese Wahrsager, die nach dem Motto zu verfahren pflegen: ›Der Sohn verlacht das Tun des Vaters, und der Vater verlacht das Tun des Sohnes‹, jemals zu dem gleichen Ergebnis gelangen konnten? Sobald der eine glaubte, den rechten Platz entdeckt zu haben, so meinte der andere Geomant, die Stelle prüfend: ›Völlig ungeeignet!‹ Schließlich wurde der im Hause des Zensors Shi lebende Geomant ungeduldig. Als er wieder einen neuen Platz ausfindig gemacht hatte, bestach er einen in der Nähe wohnenden Verwandten. Dieser mußte berichten, daß er eines Nachts die alte Mutter des Zensors mit Phönixkrone und Festgewand erblickt hätte. Die Verstorbene habe auf eben diesen Platz gewiesen, den der Geomant ausgewählt, und gesagt: ›Dort will ich begraben werden.‹ Nun vermochte keiner der anderen Geomanten bei der Nachprüfung dieses Ortes eine gegenteilige Meinung zu äußern. Somit stand es fest, daß die verstorbene Mutter hierhin umgebettet werden sollte. Am Tage der Umbestattung knieten die beiden Brüder am alten Grab. Als es geöffnet und der Sarg heraufgeholt wurde, drang aus der Grube ein heißer Wind hervor und fuhr dem Zweiten Herrn Shi ins Gesicht. Im Nu war er auf beiden Augen erblindet. Dieses Unglück hatte zur Folge, daß der Zweite Herr Shi nur um so leidenschaftlicher an seinen Geomanten glaubte. Er verehrte ihn schließlich als einen Heiligen, der in die Vergangenheit wie in die Zukunft blickte. Später belohnte er ihn mit vielen Hundert Unzen Silber.«

»Auch in meiner Heimat mißt man der Verlegung von Gräbern eine große Bedeutung zu. Ist das richtig oder nicht, Du Shaoqing?« erkundigte sich der Erste Herr Yu.

»Meiner Ansicht nach sollte man in dieser Sache folgendermaßen verfahren. Der Kaiser sollte ein Gesetz über die Gräberverlegung erlassen. Jeder, der eine Umbestattung vornehmen lassen will, müßte bei der zuständigen Behörde einen Antrag einreichen und der betreffende Geomant eine Versicherung abgeben, daß über dem Sarg mehrere Zoll Wasser stehen oder daß dort zahllose Ameisen ihr Unwesen treiben. Wenn sich bei der Öffnung des Grabes herausstellt, er hat recht, ist alles in Ordnung. Ist aber weder von Wasser noch von Ameisen etwas zu erblicken, soll der Henker, der bei der Öffnung des Grabes stets zugegen sein muß, dem betrügerischen Geomanten gleich seinen Hundekopf abschlagen. Derjenige aber, der ihn mit der Verlegung des Grabes beauftragte, soll sofort, gemäß dem Gesetz, das den Mord an Eltern und Großeltern mit dem Tode bestraft, in Stücke gehauen werden. Ich denke, dann wird die Unsitte des Gräberverlegens allmählich aufhören.«

Yu Youda, Chi Hengshan und Wu Shu klatschten begeistert in die Hände.

»Trefflich gesprochen! Trefflich gesprochen!« riefen sie. »Schafft die große Schale herbei!«

Während sie tranken, erzählte Yu Youda, auf welch seltsame Weise die Familie Tang ihm eine Lehrerstelle angeboten hatte.

»Ganz wie bei den Soldaten!« lachte Yu Youda.

»Unter den Soldaten findet man bisweilen ganz prächtige Leute«, entgegnete Wu Shu und berichtete von den Taten des Xiao Yunxian.

»Herr Du Shaoqing, zeigt doch Herrn Yu einmal Xiaos Lebensbeschreibung!« bat Wu Shu.

Du Shaoqing holte die Rolle herbei. Der Erste Herr Yu bewunderte die Illustrationen und die Gedichte, die von Doktor Yu und anderen Gelehrten stammten. Vom Wein beschwingt, verfaßte er zu jedem Gedicht ein Gegengedicht in genau dem gleichen Reim, und seine drei Zechbrüder zollten ihm ihre ungeteilte Anerkennung. Das Gelage währte bis Mitternacht. Yu Youda verblieb noch drei Tage in der Flußvilla.

Eines Tages sprach ein Landmann, ein Entenverkäufer, in der Flußvilla vor und überbrachte einen Brief des Zweiten Herrn Yu an den Ersten Herrn Yu. Yu Youda riß das Schreiben auf, und im nächsten Augenblick wurde sein Gesicht aschgrau.

Was mag in dem Brief gestanden haben? Lieber Leser, schlage das nächste Kapitel auf.

Fünfundvierzigstes Kapitel

In großherziger Weise tritt der Zweite Herr Yu für seinen älteren Bruder ein · Nach Yu Youdas Rückkehr in die Heimat bestatten die beiden Brüder ihre Eltern

Nachdem Yu Youda den Brief seines Bruders durchgelesen hatte, reichte er ihn seinem Vetter Du Shaoqing. Darin stand folgendes: ›Hier hat sich etwas sehr Unangenehmes zugetragen. Kehre auf keinen Fall nach Hause zurück. Wie ich hörte, wohnst Du bei unserem Vetter Du Shaoqing. Das ist gut so. Bleib ruhig dort, bis ich die ganze Angelegenheit in Ordnung gebracht habe. Dann werde ich nach Nanjing kommen und Dich holen.‹

»Was kann sich dort bloß ereignet haben?« fragte Yu ganz verstört.

»Euer Bruder wollte eben nichts Näheres darüber schreiben. Da Ihr auch von anderer Seite nichts darüber erfahren könnt, so bleibt Ihr am besten hier, bis sich alles aufgeklärt hat.«

Yu Youda schrieb aber sogleich an seinen Bruder und bat ihn um nähere Auskunft:

›Was ist denn nur geschehen? Bruder, berichte es mir umgehend und in aller Ausführlichkeit, damit ich über alles Bescheid weiß. Verschweigst Du es mir, so mache ich mir die größten Sorgen.‹

Der Entenverkäufer nahm den Brief nach Wuhe mit und übergab ihn dem Zweiten Herrn Yu, der gerade mit dem Yamendiener des Kreisamtes sprach. Er nahm den Brief entgegen und schickte den Entenverkäufer fort. Sodann sagte er zum Yamendiener:

»Wenn auch ein amtliches Schreiben im Yamen eingetroffen ist, das die Auslieferung des Hauptverbrechers Yu Chi verlangt, so bin ich doch niemals in Wuweizhou gewesen. Weshalb soll ich denn mit Euch gehen?«

»Ob Ihr dagewesen seid oder nicht, was kümmert mich das? Wir Yamendiener haben nur die Aufgabe, gemäß dem jeweiligen Haftbefehl die betreffenden Personen ausfindig zu machen. Wer wird schon die Wahrheit sagen? Selbst auf der Folter gestehen die Räuber nicht ihre Schuld ein.«

So blieb Yu Youzhong nichts anderes übrig, als dem Diener in den Yamen zu folgen. In der Halle angekommen, kniete er vor dem Kreisamtmann nieder und beteuerte:

»Ich bin niemals in Wuweizhou gewesen, sondern weilte immer zu Hause. Diese ganze Sache ist mir völlig unverständlich.«

»Ich weiß natürlich auch nicht, ob Ihr in Wuweizhou gewesen seid oder nicht. Doch liegt ein Haftbefehl aus Wuweizhou vor. Da Ihr bestreitet, jemals dort gewesen zu sein, so überzeugt Euch und lest.«

Der Kreisamtmann holte ein mit Tusche geschriebenes amtliches Schreiben mit zinnoberrotem Siegel aus seinen Akten hervor und ließ es Yu Youzhong durch den Gerichtsschreiber überreichen. Yu Youzhong las zu seinem nicht geringen Schrecken:

›In der Bestechungsaffäre des Unterpräfekten von Wuweizhou ist auch der aus dem Kreise Wuhe stammende Aspirant Yu Chi verwickelt.‹

»Nun werdet Ihr mir Glauben schenken müssen«, sagte Yu Youzhong. »In dem Verhaftungsbefehl wird von einem Aspiranten Yu Chi gesprochen. Bis ich ein Aspirant werde, muß ich mindestens noch zehn Jahre studieren.«

Mit diesen Worten reichte er das Schreiben zurück und wollte sich zum Gehen wenden.

»Akademiker Yu, warum so eilig? Ich zweifle ja nicht an Euren Worten.«

Der Amtmann ließ den Sekretär für das Riten- und Erziehungswesen zu sich rufen: »Gibt es in unserem Kreis noch einen anderen Aspiranten namens Yu Chi?«

»In der Familie Yu gibt es zwar einen Aspiranten, doch er heißt nicht Yu Chi«, gab der Sekretär Auskunft.

»Da sieht man's mal wieder! Der Verhaftungsbefehl ist völlig aus der Luft gegriffen«, meinte Yu Youzhong, erhob sich und wollte den Saal verlassen.

»Gut, Akademiker Yu«, sagte der Amtmann, »geht einstweilen wieder heim und legt alles, was Ihr vorgebracht habt, schriftlich nieder. Ich werde Euren Bericht dann weitergeben.«

Yu Youzhong verließ den Yamen und trank mit dem Büttel im nächsten Teehaus eine Kanne Tee. Daraufhin wollte er gehen, aber der Amtsdiener hielt ihn fest:

»Zweiter Herr Yu, bleibt doch noch ein bißchen! Seit dem frühen Morgen habe ich kein Körnchen Reis zu kosten bekommen. Ich habe Euch in den Yamen gebracht, soll ich Euch nun so nüchtern nach Hause begleiten?«

»Euer Amtmann hat mir doch anbefohlen, einen Bericht zu verfassen«, sagte der Zweite Herr Yu.

»Vor Gericht habt Ihr gerade behauptet, daß Ihr ein Akademiker seid. Solche Leute schreiben das ganze Jahr lang für fremde Menschen; sobald es sich aber um eine eigene Angelegenheit handelt, müssen sie wohl oder übel fremde Hilfe in Anspruch nehmen. Gleich hinter dem Teehaus wohnt ein Mann, der Euch einen Bericht, genau den amtlichen Vorschriften entsprechend, schreibt.«

Yu Youzhong blieb nichts anderes übrig, als den Schreiber aufzusuchen. Der Yamendiener redete sogleich den in seiner Schreibstube sitzenden Mann an:

»Der Zweite Herr muß beim Yamen einen Bericht einreichen. Er wird Euch einen Entwurf aufsetzen, den Ihr dann ins reine schreibt und mit Eurem Stempel verseht. Sollte er Euch nicht bezahlen, so bin ich zu meinem Leidwesen dafür verantwortlich. Ich habe noch etwas zu besorgen und komme später wieder.«

Yu Youzhong begrüßte den Schreiber, indem er die Handflächen leicht aneinanderlegte. Auf der Bank neben dem Tisch saß jemand mit zerbeultem Hut, in zerschlissenem Rock und mit Schuhen, deren Sohlen auseinanderklafften, und die somit trefflich geeignet waren, den Takt zu einem Lied zu schlagen. Er erkannte in ihm den Winkeladvokaten Tang Santan.

Der Dritte Herr Tang sagte, als er Yu Youzhong erblickte:

»Zweiter Bruder Yu, tretet doch näher und nehmt bitte Platz.«

Der Zweite Herr Yu setzte sich und sagte:

»Dritter Bruder Tang, Ihr seid aber heute schon zeitig auf den Beinen!«

»Zeitig? Ach, als ich mit dem Sechsten Herrn Fang Nudeln gegessen habe, da war es wirklich noch früh am Tag. Ich habe ihn noch zur Stadt gebracht, und dann bin ich erst hierhergekommen. Über Eure Sache bin ich bereits im Bilde.«

Er zog Yu Youzhong beiseite und flüsterte ihm zu:

»Zweiter Herr, zwar handelt es sich bei Euch bisher nicht um einen eigentlichen Staatsprozeß, aber es kann noch einer daraus werden. Wer ist darüber nicht unterrichtet, daß Euer werter Bruder in Nanjing weilt? Seit jeher ist mit amtlichen Schreiben nicht zu spaßen. Mit allen Mitteln will man so eine Sache wieder in Ordnung bringen. Dabei hört man auf diejenigen, die am mächtigsten sind. Bei uns hat die Familie Peng die meiste Macht. So wie Herr Peng es wünscht, so wird gehandelt. Begebt Euch sofort zum Dritten Herrn Peng und bittet ihn um seine Unterstützung. Die anderen Familienmitglieder haben Augen wie Tiger und einen richtigen Drachenblick, doch der Dritte Herr Peng ist ein sehr gütiger Mensch. Er wird es Euch nicht nachtragen, daß Ihr bislang keinen Verkehr mit ihm gepflogen habt, und Euch seine Hilfe bestimmt nicht verweigern. Also geht ruhig zu ihm. Wenn Ihr wollt, kann ich Euch begleiten. Eigentlich hättet Ihr und Euer Bruder, die Ihr aus so vornehmem Hause stammt, mit mächtigen und einflußreichen Familien Verbindung aufrecht erhalten müssen, aber Euer werter Bruder ist viel zu hochmütig. Kommt Ihr wie jetzt in Unannehmlichkeiten, so habt Ihr niemanden, der Euch beisteht.«

»Habt Dank für Eure Hilfsbereitschaft, aber der Amtmann hat mir bereits gestattet, mich schriftlich zu rechtfertigen. Ich werde meinen Bericht einreichen, und wenn dieser vom Amtmann weitergereicht worden ist, dann können wir uns über alles beraten.«

»Nun, so tut, was Ihr für richtig haltet.«

Yu Youzhong entwarf den Bericht, den der Schreiber dann fein säuberlich ins reine schrieb. Daraufhin brachte der Zweite Herr Yu das Schreiben in den Yamen, und der Kreisamtmann ließ, sich auf Yu Youzhongs Angaben stützend, von seinem Sekretär eine amtliche Stellungnahme für den Yamen in Wuweizhou verfassen. Daß der Sekretär dafür einige Unzen Silber kassierte, braucht nicht erst besonders erwähnt zu werden. Schon einen halben Monat später traf die Antwort aus Wuweizhou ein, die diesmal an Klarheit nichts zu wünschen übrigließ:

›Der Hauptverbrecher Yu Chi ist ein Aspirant aus dem Kreise Wuhe, von mittlerer Körpergröße, bleicher Gesichtsfarbe und kümmerlichem Bartwuchs. Er ist über fünfzig Jahre alt. Am achten Tag des Fünften Monats empfing er in seinem Quartier im Stadtgottempel in Wuweizhou einen Mann namens Feng Ying und hat sich in eine Mordsache eingemischt. Am elften Tag ging er in den Yamen und sagte für Feng Ying gut. Am sechzehnten Tage, nachdem das Verhör stattgefunden hatte und die Zeugenaussagen zu Protokoll gegeben waren, schickte Feng Ying Wein und Speisen in den Stadtgottempel. Insgesamt hat Feng Ying Bestechungsgelder in Höhe von vierhundert Unzen gezahlt, die zu gleichen Teilen unter drei Leuten verteilt wurden. Auf diese Weise erhielt Yu Chi hundertdreiunddreißig Unzen Silber und einige Käsch. Am achtundzwanzigsten Tag verabschiedete er sich vom Unterpräfekten und reiste über Nanjing in seine Heimat Wuhe zurück. Die Annahme von Bestechungsgeldern kann ihm unwiderleglich nachgewiesen werden. Wie dürft Ihr so leichtfertig sein und behaupten, es gäbe den Betreffenden gar nicht. Da sein Verbrechen die Interessen des Staates berührt und es sich um die Vertuschung einer Mordsache handelt, bitte ich Euren Kreisyamen, dem Ersuchen stattzugeben und besagten Verbrecher sofort nach Wuweizhou zu schicken, damit wir ihn verhören können. Eilt sehr!‹

Gleich nach Erhalt des Schreibens schickte der Amtmann wiederum einen Yamendiener zu Yu Youzhong, um ihn zum Verhör holen zu lassen.

Der Zweite Herr Yu sagte:

»Das Schreiben beweist nur noch klarer meine Unschuld. Ich werde einen zweiten, noch ausführlicheren Bericht abfassen und Euch, Herr Amtmann, dann um Eure Entscheidung bitten.«

Yu Youzhong begab sich nach Hause und schrieb sogleich die neue Eingabe. Kurz darauf besuchte ihn sein Schwager Zhao Linshu, der ihm eindringlich ins Gewissen redete:

»Schwager, die Sache darf man nicht auf die leichte Schulter nehmen. Es liegt klar auf der Hand, daß Euer älterer Bruder das Verbrechen begangen hat. Weshalb verstrickt Ihr Euch in so unangenehme Angelegenheiten, wo doch von allen Seiten die amtlichen Haftbefehle ins Haus geschneit kommen? Das Beste wäre, Ihr schreibt in Eurem Bericht, daß Euer Bruder in Nanjing lebt, und man möchte sich mit dem Haftbefehl dorthin wenden. So werdet Ihr, Schwager, nicht mehr verdächtigt und völlig gerechtfertigt werden. Warum wollt Ihr die Schuld eines anderen auf Euch nehmen?«

»Ich habe mir in der Angelegenheit, die meinen Bruder und mich betrifft, selbst schon genug Gedanken gemacht, und Ihr braucht Euch meinethalben keine Sorgen zu machen.«

»Nun gut«, erwiderte Zhao Linshu, »wenn es sich so verhält, werde ich Euch nicht mehr behelligen. Aber Euer Bruder hat einen schlechten Charakter; er hat schon viele Leute durch sein stolzes Benehmen vor den Kopf gestoßen, wie etwa den Dritten Herrn Fang von der Pfandleihe Renchang und den Sechsten Herrn Fang von der Pfandleihe Renda, die begütertsten Leute weit und breit. Der Amtmann Wang steht mit ihnen auf vertrautestem Fuß. Warum muß Euer älterer Bruder ausgerechnet diese Leute beleidigen? In den letzten Tagen hat der Zweite Herr Fang mit der Familie des Fünften Herrn Peng den Heiratskontrakt aufgesetzt. Der Fünfte Herr Peng hat beim letzten Examen seinen Doktor in der ersten Klasse gemacht. Wie ich hörte, hat Amtmann Wang sich als Ehevermittler betätigt. Die Hochzeit ist für den vierten Tag des nächsten Monats festgesetzt. Während des Festgelages wird man bestimmt auf Eure Sache zu sprechen kommen. Der Fünfte Herr Peng wird vielleicht Euren Bruder nicht offen des Verbrechens bezichtigen, aber es genügt schon eine Andeutung seinerseits, und Amtmann Wang ist im Bilde. Wenn Amtmann Wang sich sehr darüber erzürnt, kann er sogar behaupten, Ihr hieltet Euren Bruder verborgen. Dann ist für Euch keine Rettung mehr. Darum schlagt meine Worte nicht in den Wind.«

»Ich schreibe erst einmal meinen neuen Bericht. Wenn mich die Beamten von Wuweizhou noch mehr bedrängen, kann ich ja immer noch die volle Wahrheit sagen.«

»Nein, dies genügt nicht. Geht unbedingt zum Fünften Herrn Peng.«

Yu Youzhong lachte:

»Gemach, immer nur mit der Ruhe!«

Als Zhao Linshu sah, daß er seinen Schwager nicht überzeugen konnte, verabschiedete er sich.

Yu Youzhong brachte seinen Bericht in den Yamen, und der Amtmann, sich auf Yu Youzhongs Angaben berufend, schrieb nach Wuweizhou folgendes:

›Laut Schreiben Eurer Unterpräfektur handelt es sich bei dem Hauptverbrecher Yu Chi um einen Aspiranten aus dem Kreise Wuhe, von mittlerer Körpergröße, bleicher Gesichtsfarbe und kümmerlichem Bartwuchs. Er ist über fünfzig Jahre alt. Am achten Tag des Fünften Monats empfing er in seinem Quartier im Stadtgott-Tempel in Wuweizhou einen Mann namens Feng Ying und hat sich in eine Mordsache eingemischt. Am elften Tag ging er in den Yamen und sagte für Feng Ying gut etc. etc. Gleich nachdem Euer Schreiben eingetroffen ist, habe ich den Akademiker Yu vor Gericht geladen. Er machte folgende Aussage: ‚Ich, der Akademiker Yu Youzhong, bin von mittlerer Größe, habe Pockennarben im Gesicht, habe spärlichen Bartwuchs und zähle vierundvierzig Jahre. Ich bin ein Stipendiat, aber noch kein Aspirant. Am achten Tag des Vierten Monats dieses Jahres traf der Prüfungskommissar im Kreis Fengyang ein. Am neunten Tag brachte er das Weihrauchopfer dar. Am zehnten Tag wurde die Liste mit den Prüflingen ausgehängt. Am elften Tag unterzog ich mich der Bakkalaureusprüfung. Am fünfzehnten Tag hing die Liste der Wiederholungsprüfung aus. Dieser Prüfung unterzog ich mich am nächsten Tag und bestand als Zweitbester in der ersten Klasse. Am vierundzwanzigsten Tag gab ich dem Prüfungskommissar noch eine ganze Strecke das Geleit, ehe ich in die Heimat zurückkehrte, um weiter zu studieren. Wie kann ich zu der gleichen Zeit am Examen im Kreise Fengyang teilgenommen und in Wuweizhou Bestechungsgelder eingesteckt haben?‘ Auf Grund dieser mündlichen Aussage ließ ich in den Registern des hiesigen Riten- und Erziehungsamtes nachsehen und stellte fest, daß der betreffende Akademiker tatsächlich in Fengyang geprüft wurde. Somit kann er niemals in Wuweizhou gewesen sein und dort Bestechungsgelder angenommen haben. Deshalb kann ich ihn nicht verhaften lassen und zu Euch schicken. Es muß befürchtet werden, daß besagter Verbrecher eine üble Kreatur aus einem anderen Kreis ist und sich einen falschen Namen zugelegt hat. So sende ich Euch diesen wahrheitsgetreuen Bericht, damit Ihr weitere Verhaftungen und Verhöre vornehmen könnt, um den eigentlich Schuldigen zu entdecken etc. etc.‹

Seit dem Bericht des Amtmanns von Wuhe ließ die Unterpräfektur von Wuweizhou nichts mehr von sich hören. Yu

Youzhong, dem ein Stein vom Herzen gefallen war, schrieb an seinen Bruder und bat ihn, wieder heimzukommen. Als der ältere Bruder zu Hause angekommen war, erkundigte er sich genau nach allem, was sich zugetragen hatte.

»Was habe ich dir alles zu danken!« rief er laut. »Wie viele Gelder hast du denn im Yamen ausgeben müssen?«

»Was fragst du mich nach solchen nebensächlichen Dingen? Das Geld, das du mitgebracht hast, wollen wir ausschließlich für die Beerdigung unserer Eltern verwenden.«

Einige Tage später kamen die Brüder überein, den Geomanten Zhang Yunfeng aufzusuchen. Nachdem sie mit Zhang Yunfeng alles besprochen hatten, folgten sie der Einladung eines Verwandten zu einem Weingelage. Man war ganz unter sich, denn auch die anderen Gäste gehörten zur Familie Yu. Der eine hieß Yu Fu und der andere Yu Yin. Die beiden begrüßten freudig ihre Vettern und fragten sie nach ihren Erlebnissen in der Fremde aus.

»Heute ist Kreisamtmann Wang beim Zweiten Herrn Peng eingeladen«, wußte Yu Fu zu berichten.

»Aber Herr Wang ist noch nicht im Hause Peng eingetroffen. Soeben hat erst ein Diener die Besuchskarte hingebracht«, tat sich der am untersten Platz sitzende Gastgeber wichtig.

»Der Vierte Herr Peng ist zum Prüfungskommissar ernannt worden«, teilte Yu Yin mit. »Man erzählt, er habe, als er sich vom Kaiser verabschiedete, einen unüberlegten Satz gesprochen, und der Kaiser habe ihm daraufhin einen leichten Backenstreich versetzt.«

Yu Youzhong lachte spöttisch:

»Selbst wenn er einen unüberlegten Satz gesprochen hat, so war er doch viel zu weit vom Kaiser entfernt, als daß dieser ihm einen Backenstreich hätte versetzen können.«

Yu Yins Gesicht lief vor Ärger puterrot an:

»Es stimmt gewiß. Denn der Vierte Herr Peng ist nun ein hoher Beamter und Mitglied der Hanlin-Akademie. Tag für Tag hält er sich in der Halle der Eintracht auf, da er zu den

Ratgebern gehört. Warum sollte ihm der Kaiser nicht einen Backenstreich versetzen, wenn er einmal etwas Unbedachtes sagt? Fürchtet sich der Kaiser etwa vor dem Vierten Herrn Peng?«

»Großer Bruder, habt Ihr in Nanjing etwas davon gehört, ob der Präfekt von Yingtian in die Hauptstadt gereist ist?« fragte der Gastgeber.

Bevor Yu Youda antworten konnte, ergriff Yu Fu das Wort:

»Diese Reise des Präfekten steht mit einem Vorschlag des Vierten Herrn Peng in Beziehung. Als der Kaiser ihn kürzlich fragte, ob er für Yingtian zu einer Umbesetzung rate, bejahte er dies, da er seinem Kollegen Tang Zou diesen Posten zuschieben wollte. Allerdings wollte er es auch nicht mit dem noch amtierenden Präfekten verderben, und so erwirkte er für diesen eine Audienz beim Kaiser. Aus diesem Grunde ist der Präfekt also nach Beijing gefahren.«

»Für die Versetzung hoher Beamter ist aber die Hanlin-Akademie nicht zuständig«, gab Yu Youzhong zu bedenken. »Ich glaube nicht, daß diese Nachricht stimmt.«

»Als Kreisamtmann Wang neulich im Pfandhaus Renda Wein trank, hat er dies selbst erzählt. Wie sollte es da nicht stimmen?« fragte Yu Yin empört.

Das Essen wurde aufgetragen. Es bestand aus neun Gerichten. Es gab gebratenes Fleisch mit Gemüse, gekochten Karpfen, Huhn mit Nudeln, Rührei, Krabben mit Zwiebeln, Melonenkerne, getrocknete Früchte, Granatäpfel und Bohnenquark. Sodann wurde heißer Wein in geschlossenen Krügen aufgetragen. Nach einer Weile begab sich der Gastgeber in die hinteren Räume und holte einen roten Stoffbeutel, der einige Erdklumpen enthielt. Der Beutel war mit roten Bändern zusammengebunden.

»Heute habe ich Euch, meine gelehrten Brüder, eingeladen«, wandte er sich an Yu Fu und Yu Yin, »weil ich Euch von dem als Begräbnisstätte vorgesehenen Berg eine Erdprobe zeigen wollte. Ist der Boden hierfür tauglich oder nicht?«

»Wann habt Ihr die Erde vom Berg geholt?«

»Vorgestern.«

Als Yu Fu den Beutel gerade öffnen wollte, um die Erde in Augenschein zu nehmen, wurde ihm dieser von seinem Bruder Yu Yin mit einem Griff entrissen.

»Laßt mich mal sehen!«

Mit diesen Worten entnahm er dem Beutel den Erdklumpen, hielt ihn sich dicht vors Gesicht und betrachtete ihn, bald den Kopf nach rechts, bald nach links neigend, eine ganze Weile. Dann brach er ein Stückchen Erde ab, steckte es in den Mund und kaute, die Lippen verziehend, darauf herum. Alsdann reichte er Yu Fu den Klumpen und sagte:

»Vierter Bruder, prüfe einmal, ob diese Erde etwas taugt oder nicht!«

Yu Fu nahm den Klumpen in die Hand, besah ihn sich beim Lampenlicht von allen Seiten, brach ebenfalls ein Stückchen davon ab, steckte es in den Mund und kaute andächtig mit geschlossenen Lippen und geschlossenen Augen. Dann riß er die Augen weit auf, führte den Erdklumpen an die Nase und beroch ihn eine ganze Zeit. Darauf stellte er fest: »Diese Erde taugt wirklich nichts.«

»Kann man in diesem Boden kein Grab anlegen?« fragte der Gastgeber bestürzt.

»Auf keinen Fall. Legt Ihr dort ein Grab an, wird Eure Familie verarmen«, antwortete Yu Yin.

Der Ältere Herr Yu meinte lächelnd:

»Da ich über zehn Jahre in der Fremde weilte, konnte ich nicht ahnen, daß meine beiden werten Vettern inzwischen so bodenkundig geworden sind.«

»Ja, ich will es dem großen Bruder nicht vorenthalten, daß bisher noch niemand etwas gegen einen von uns ausgesuchten Platz für eine Grabstätte hat einwenden können.«

»Und von welchem Berg stammt diese Erde hier?« fragte Yu Youda.

»Sie stammt vom Grab des Vierten Onkels, und man hat schon erwogen, eine Umbestattung vorzunehmen.«

Yu Youda rechnete an den Fingern nach:

»Der Vierte Onkel ist bereits vor zwanzig Jahren begraben worden. Der Familie ist es seither gut gegangen, und meinem Dafürhalten nach braucht man keine Veränderung vorzunehmen.«

»Großer Bruder«, sagte Yu Yin, »wie unbedacht redet Ihr daher. Der Sarg steht halb im Wasser und wird von unzähligen Ameisen zerfressen. Ein Sohn, der seinen Vater in einem feuchten Loch vermodern läßt und seine Leiche den Ameisen preisgibt, verdient kaum noch ein Mensch genannt zu werden.«

»Wo liegt denn der neue Platz?« erkundigte sich Yu Youda.

»Auf dem Gipfel der Drei Spitzen«, erwiderte Yu Yin. »Gestattet mir, großer Bruder, daß ich Euch die Lage des Ortes näher beschreibe.«

Yu Yin rückte auf dem Tisch zwei Schüsseln beiseite, tauchte seinen Finger in den Wein, beschrieb auf dem Tisch einige Kreise, wies darauf und sagte:

»Großer Bruder, nun seht mal her; dies hier ist der Gipfel der Drei Spitzen. Vom fernen Pukou-Berg her schlängelt sich der Gebirgszug heran. Dann geht es von Kuppe zu Spitze und von Spitze zu Kuppe, krumm und gerade, auf und ab bis hin zum Hügel der Sippe Zhou, der schon in unserem Kreis liegt, von wo der Gebirgsdrache in eine tiefe Schlucht abstürzt.«

In diesem Augenblick brachte der Diener fünf Schalen Nudeln herein. Der Gastgeber bat zuzugreifen, das Gericht mit Essig zu würzen und das gebratene Fleisch und das Gemüse auf die Nudeln zu häufen. Alle nahmen die Eßstäbchen zur Hand und ließen es sich schmecken. Yu Yin, der am schnellsten das Mahl beendet hatte, wählte zwei besonders lange Nudeln aus, legte sie in Windungen auf den Tisch, so daß sie zwei drachenähnliche Gebirgszüge bildeten. Dann fuhr er mit weit aufgerissenen Augen in seiner Rede fort:

»Die Grabstätte, die ich gewählt habe, wird sicher den

Aspirantentitel einbringen. Dafür will ich mit meinem Augenlicht bürgen.«

»Seid Ihr dessen auch gewiß?« fragte der Gastgeber besorgt.

»Weshalb nicht«, entgegnete Yu Fu. »Dieser Platz wird Euch bestimmt Glück bringen, und Ihr braucht nicht jahrelang darauf zu warten.«

»Als ich neulich in Nanjing weilte«, erklärte Yu Youda, »meinten einige Freunde, es sei das Allerwichtigste, wenn die Eltern in Frieden ruhen könnten. Ob aber Kinder und Enkel dadurch zu Ruhm und Reichtum gelangten, sei keineswegs erwiesen.«

»Nun, da bin ich aber anderer Auffassung«, ereiferte sich Yu Yin. »Der Berg, auf dem die Gräber der Familie Peng liegen, krallt sich wie eine Drachenklaue um den linken Arm des verstorbenen alten Herrn. Deshalb hat der Kaiser neulich dem Vierten Herrn Peng einen Backenstreich versetzt. Ist die Hand des Kaisers etwa keine Drachenklaue? Großer Bruder, wenn Ihr mir keinen Glauben schenkt, so begleitet mich morgen zum Grab der Familie Peng und überzeugt Euch selbst davon, daß ich die Wahrheit gesprochen habe.«

Nachdem man noch einige Schalen Wein geleert hatte, erhoben sich die Gäste, dankten für die Bewirtung und verabschiedeten sich. Ein Diener mit einer Laterne begleitete sie bis zur Gasse der Familie Yu, wo sich jeder in sein Haus begab.

Anderntags berieten sich die beiden Brüder Yu miteinander.

»Worauf gründen sich eigentlich die Ansichten, die unsere Vettern gestern geäußert haben?« fragte Yu Youzhong.

»Ihre Worte klingen zwar sehr überzeugend, aber letzten Endes hat es weder Hand noch Fuß. Wir wollen uns lieber mit Zhang Yunfeng beraten«, schlug der ältere Bruder vor.

»Ja, du hast recht«, erwiderte der Zweite Herr Yu.

Am nächsten Tag luden sie Zhang Yunfeng zu einem Mahl ein und besprachen sich mit ihm.

»Ich habe schon früher Wohltaten von Euch empfangen«, begann der Geomant, »und so werde ich mich auch bemühen, Euren Auftrag, einen Begräbnisplatz für den alten Gebieter zu finden, auf das beste zu erfüllen.«

»Wir sind arme Gelehrte und sind auf Eure große Güte angewiesen«, sagte der ältere Bruder. »Verzeiht uns bitte, wenn wir Euch nicht gebührend bewirten können.«

»Unser Wunsch geht nur darauf«, fügte Yu Youzhong hinzu, »unseren Eltern eine friedliche Ruhestätte zu verschaffen. Uns geht es nicht darum, durch einen günstigen Begräbnisplatz Reichtum und Ehre zu gewinnen. Hauptsache, die Erde ist trocken und warm, der Platz ist windgeschützt, und es findet sich kein Ungeziefer dort. Könnt Ihr eine solche Stätte entdecken, werden wir Euch ewig dankbar sein.«

Zhang Yunfeng versprach, alle Wünsche zu berücksichtigen. Einige Tage später hatte er einen schönen Begräbnisplatz unweit der Ahnengräber gefunden. Die Brüder gingen mit ihm auf den Berg, um auch selbst den Platz in Augenschein zu nehmen. Nachdem sie sich von der guten Beschaffenheit der Grabstelle überzeugt hatten, kauften sie diese für zwanzig Unzen Silber. Zhang Yunfeng wurde beauftragt, für die Beisetzung einen glücklichen Tag ausfindig zu machen, was aber noch einige Zeit in Anspruch nehmen sollte.

Eines Tages kaufte der Erste Herr Yu, da er gerade nichts anderes vorhatte, zwei Liter Wein, ließ sechs Platten herrichten und wollte mit seinem Bruder ein Stündchen gemütlich verplaudern. Am Nachmittag wurde eine Einladungskarte des Vierten jungen Herrn Yu aus der Großen Straße abgegeben.

›Für heute abend richtete ich ein kärgliches, nur aus Gemüsen bestehendes Mahl, um die beiden Brüder in meiner öden Klause zu bewirten. Bitte, kommt unbedingt. Es grüßt Euch Yu Liang.‹

Der Erste Herr Yu las das Billett und sagte dann zu dem Diener: »Richte deinem Herrn unsern Dank aus und melde ihm, wir werden so bald wie möglich kommen.«

Kaum daß dieser Diener gegangen war, erschien der Diener eines reichen Herrn aus Suzhou, der in Wuhe eine Schnapsbrennerei betrieb und die beiden Brüder in die dortige Badstube einlud.

»Was machen wir nun?« sagte Yu Youda. »Jetzt hat uns auch noch Freund Ling eingeladen. Bei ihm gibt es ganz bestimmt Wein. Ich bin dafür, wir gehen zuerst zu ihm und nachher zu Vetter Yu.«

Hand in Hand begaben sich die beiden Brüder zum Hause Ling. Kaum daß sie das Tor durchschritten hatten, so drang ihnen auch schon ein wüstes Geschrei entgegen. Für seinen Aufenthalt in Wuhe hatte sich Herr Ling zwei großfüßige Mädchen vom Lande gedungen, mit denen er intimen Verkehr pflegte.

In Wuhe ist es gang und gäbe, daß jeder mit den von ihm gemieteten großfüßigen Dienerinnen zusammen schläft. Selbst in rechtschaffenen Familien scheut man sich keineswegs, darüber ungeniert zu spaßen und dabei so herzhaft zu lachen, daß die Augen nurmehr dünne Schlitze bilden. Niemand sieht darin etwas Schändliches, dessen man sich schämen müßte. Herrn Lings Mägde mißtrauten aber einander. Jede beargwöhnte die andere, sie hätte vom Herrn mehr Geld bekommen oder sei mit seiner Gunst reichlicher bedacht worden als sie selbst. So gerieten sie aus Eifersucht miteinander in Streit. Sie warfen sich gegenseitig vor, heimliche Beziehungen zu den Angestellten des Geschäftes unterhalten zu haben. Hierüber empörten sich wieder die Angestellten, und so kam es zu einer handgreiflichen Auseinandersetzung. Sämtliche Schalen, Schüsseln und Teller in der Küche gingen dabei in Scherben. Außerdem stießen die Dienerinnen mit ihren großen Füßen die Eimer, die das warme Wasser für das Bad enthielten, um. Unter diesen Umständen kamen die beiden Herren Yu weder zum Weintrinken noch zum Baden, vielmehr ging fast ein halber Tag darauf, ehe sie die Wütenden einigermaßen wieder beschwichtigt hatten. Zu weiterem Verbleiben war ihnen alle

Lust vergangen, und so verabschiedeten sie sich bald von ihrem Gastgeber. Herrn Ling war die ganze Angelegenheit außerordentlich peinlich, und während er den Ersten und Zweiten Herrn Yu hinausbegleitete, entschuldigte er sich tausendmal und versprach, bei einer späteren Einladung alles wiedergutmachen zu wollen.

Nun begaben sich die beiden Brüder schleunigst zum Hause Yu. Doch dort fanden sie das Tor verschlossen, denn das Gelage war bereits zu Ende gegangen.

»Bruder«, sagte der Erste Herr Yu lachend, »am besten kehren wir nach Hause zurück und erfreuen uns dort an unserem eigenen Mahl.«

Daheim angelangt, befahlen sie, die Speisen und den Wein aufzutragen. Aber, o weh, die Frauen des Hauses hatten bereits die zwei Liter Wein und die sechs Gerichte verzehrt. Nur leere Kannen und leere Schüsseln waren übriggeblieben.

»Wie seltsam«, meinte der ältere Bruder, »an drei verschiedenen Orten standen heute Wein und Speisen für uns bereit, aber nirgendwo haben wir etwas zu essen und zu trinken bekommen.«

Die beiden Brüder lachten über ihr Mißgeschick, stillten ihren Hunger mit den kümmerlichen Resten, schlürften ein Täßchen Tee dazu und legten sich schließlich schlafen. Um die vierte Nachtwache erscholl vom Tor her plötzlich ein lautes Geschrei. Die beiden Brüder fuhren entsetzt aus dem Schlafe hoch. Da durch die Fenster ein roter Feuerschein drang, errieten sie schnell, daß ihnen gegenüber ein Brand ausgebrochen war. Eilig schlüpften sie in ihre Kleider, trommelten die Nachbarn zusammen und schafften die Särge ihrer Eltern auf die Straße. Zwei Häuser wurden durch das Feuer, das man erst gegen Morgen zu löschen vermochte, zerstört. Die Särge standen immer noch auf der Straße. Im Kreise Wuhe geht die Rede, daß eine Familie, die einen Sarg vor das Tor schafft und später wieder ins Haus trägt, unbedingt verarmen müßte. Deshalb rieten alle Verwandten und Freunde, die Särge sofort in die Berge zu schaffen und einen Tag zur Bestattung auszuwählen.

»Wenn wir die Eltern begraben«, sagte Yu Youda zu seinem jüngeren Bruder, »müssen wir es im Tempel melden, das Opfer bereiten, feierlich Abschied nehmen und alle Verwandten und Bekannten einladen. Ich schlage vor, die Särge wieder in die mittlere Halle zu tragen und baldmöglich einen Tag zur Beerdigung festzusetzen. Wenn wir verarmen sollten, werden wir unser Unglück eben ertragen.«

Ohne sich um die Mahnungen der Verwandtschaft zu scheren, riefen die Brüder Leute herbei, um die Särge in die mittlere Halle schaffen zu lassen. Zhang Yunfeng suchte einen Glückstag für das Begräbnis aus, und alles wurde genau nach den Riten vollzogen. Zur Beerdigung hatte sich aus dem ganzen Kreis ein großes Trauergefolge eingefunden. Selbst die Familie Du aus Tianchang war vertreten. Seit diesem Tag verbreitete sich in der Gegend von Wuhe das Gerücht, die beiden Brüder Yu hätten, dumm wie sie wären, ihre Eltern auf denkbar ungünstige Weise beigesetzt und sich damit sicher das Unheil auf den Hals geladen.

Wie es den Brüdern in Wahrheit erging, werden wir im folgenden Kapitel erfahren.

SECHSUNDVIERZIGSTES KAPITEL

Am Doppelneunfest kommen Gelehrte zu einem Abschiedsessen zusammen · In Wuhe trachtet man nur nach Geld und hohen Titeln

Nach dem Begräbnis beabsichtigte der Erste Herr Yu, nach Nanjing zu reisen, um Du Shaoqing einen Dankesbesuch zu machen. Überdies hoffte er, dort Unterricht geben zu können, da sein Geld nahezu aufgebraucht war. Er packte also seine Sachen, sagte seinem Bruder Lebewohl, fuhr auf dem Chang Jiang bis nach Nanjing und von dort zur Villa Du

Shaoqings am Qinhuai-Fluß. Du Shaoqing erkundigte sich, ob die schwierige Angelegenheit bereinigt worden sei. Yu Youda berichtete über alles ausführlich, und Du Shaoqing seufzte erleichtert auf.

Während die beiden noch plauderten, rief man draußen aufgeregt:

»Der hohe Herr Tang aus Yizheng naht sich dem Hause!«

Herr Yu fragte, wer denn dieser Herr Tang sei.

»Der gleiche hohe Herr, der Euch, lieber Vetter, eine Lehrerstelle angeboten hat. Nun habt Ihr Gelegenheit, ihn kennenzulernen.«

Kurz darauf trat Militärgouverneur Tang herein. Nach der Begrüßung nahm man Platz. Herr Tang begann das Gespräch:

»Herr Du Shaoqing, als ich Euch vorgestern im Studierzimmer des Herrn Doktor Yu kennenlernte, vergingen meine eitlen Wünsche wie Rauch. Leider aber traf ich Euch gestern nicht zu Hause an. So mußte ich noch einen ganzen Tag sehnsüchtig auf Euch harren. Und wie lautet der Name dieses verehrten Herrn?«

»Yu Youda, ein Vetter von mir«, stellte Du Shaoqing vor. »Ihr habt ihm im vergangenen Jahr eine Hauslehrerstelle angeboten.«

»So lerne ich heute ganz zufällig einen großen Gelehrten kennen«, rief Herr Tang erfreut. »Welch ein unverhofftes Glück!«

Herr Yu und Herr Tang erhoben sich, verbeugten sich ein zweites Mal voreinander und setzten sich wieder.

»Verehrter Herr, Ihr habt Euch um das Reich große Verdienste erworben. Nun lebt Ihr, ohne Euch Eurer Taten zu rühmen, in völliger Zurückgezogenheit. Dies ist so ganz die Art berühmter Generale alter Zeiten.«

»Ich bin nur gezwungenermaßen in mein stilles Heim zurückgekehrt, Herr Yu«, entgegnete Herr Tang. »Heute weiß ich, daß ich mich seinerzeit nur von blindem Ehrgeiz leiten ließ. Ich habe nicht nur keine Verdienste um den Kaiserhof erworben, sondern obendrein durch mein Verhalten so manchen meiner Kollegen vor den Kopf gestoßen, aber jetzt ist es zur Reue zu spät.«

»Werter Herr, seid nicht allzu bescheiden. Das Volk urteilt anders als der Hof.«

»Onkel, weshalb weilt Ihr jetzt in Nanjing, und wo habt Ihr Euer Quartier?« fragte Du Shaoqing.

»Da ich zu Hause keine rechte Beschäftigung habe, bin ich nach Nanjing gefahren und benutze die gute Gelegenheit, einige große Gelehrte kennenzulernen. Mein hiesiges Quartier ist im Tempel der Empfangenen Gnade. Ich beabsichtige noch, zu Doktor Yu zu gehen und auch Zhuang Shaoguang wie seinem verehrten Neffen einen Besuch zu machen.«

Nach dem Tee nahm der Militärgouverneur Abschied. Herr Yu und Du Shaoqing begleiteten ihn bis zur Sänfte. Yu Youda blieb vorerst in der Flußvilla Du Shaoqings wohnen.

Militärgouverneur Tang hoffte, im Kaiserlichen Kolleg mit Doktor Yu zusammenzutreffen. Dort fand er eine Mitteilung vor, daß Doktor Yu ausgegangen sei. Nun ließ er sich zu Zhuang Zhuojiang an der Nordtorbrücke tragen. Sobald der Hausherr hörte, um was für einen hohen Besucher es sich handelte, gab er seinem Hausmeister den Befehl, Herrn Tang sofort hereinzuführen. Der Militärgouverneur entstieg der Sänfte und betrat den Empfangssaal, wo er von Zhuang Zhuojiang begrüßt wurde. Nachdem man Platz genommen und einige Höflichkeiten ausgetauscht hatte, erwähnte Herr Tang, daß er auch Zhuang Shaoguang auf seiner Parkinsel einen Besuch machen möchte.

»Mein Onkel weilt zufällig hier, ich kann ihn rufen lassen.«

»Ach, das trifft sich ausgezeichnet.« Zhuang Zhuojiang schickte nach seinem Onkel, der bald darauf erschien. Man verneigte sich voreinander und nahm dann ein Täßchen Tee zu sich.

»Verehrter Herr, Ihr seid gerade noch rechtzeitig nach

Nanjing gekommen«, wandte sich Zhuang Shaoguang an den Militärgouverneur, »denn Doktor Yu hat noch nicht die Stadt verlassen, um seinen neuen Posten anzutreten. Überdies steht der neunte Tag des Neunten Monats, das Doppelneunfest, bevor. Warum sollen wir nicht dieses Herbstfest gemeinsam feiern und zugleich damit ein Abschiedsessen für Doktor Yu veranstalten? So könnten wir doch einen schönen Tag miteinander verbringen.«

»Eine großartige Idee!« stimmte Zhuang Zhuojiang begeistert zu. »An besagtem Tag versammeln wir uns hier in meinem Hause.«

Militärgouverneur Tang erhob sich:

»Also sehen wir uns beim Herbstfest wieder und können dann einen ganzen Tag miteinander plaudern.«

Onkel und Neffe begleiteten den Militärgouverneur, der auch noch Wu Shu und Chi Hengshan aufsuchen wollte, bis ans Tor.

Einige Tage später trug der Hausmeister der Familie Zhuang an all die Freunde, die am Fest teilnehmen sollten, Einladungskarten aus, wobei sie um pünktliches Erscheinen gebeten wurden. Mit großer Ungeduld sah Zhuang Zhuojiang dem Erscheinen der Gäste entgegen. Als erster kam sein Onkel an. Eine Weile später trafen Chi Hengshan, Wu Shu und Du Shaoqing ein. Zhuang Zhuojiang hatte den großen Pavillon mit den schönsten Chrysanthemenblüten geschmückt. Das Wetter war sonnig und herbstlich frisch. Die Gäste trugen wattierte Röcke und ergötzten sich bei duftendem Tee an heiteren Gesprächen. Endlich langten auch Militärgouverneur Tang, Kommandant Xiao und Doktor Yu an. Von allen Anwesenden herzlich begrüßt, nahmen sie Platz.

»Wir strömten aus verschiedenen Himmelsrichtungen und von entgegengesetzten Küsten herbei«, ließ sich Militärgouverneur Tang vernehmen, »und genießen das Glück, uns bei einem gelehrten Gastgeber zusammenfinden zu dürfen. Seit langem ist dieser Tag vom Himmel vorausbestimmt worden. Nur schade, daß Doktor Yu uns bald verlassen muß. Man weiß nicht, wann wir uns wiedersehen werden.«

Nach Herrn Tang ergriff der Gastgeber das Wort:

»Verehrte Herren, Ihr alle zählt zu den bekanntesten Persönlichkeiten der Gegenwart und beehrt heute meine Strohhütte mit Eurem Erscheinen. Man kann mit gutem Recht sagen, daß die bedeutendsten Gelehrten im Umkreis von zweihundert Meilen bei mir versammelt sind.«

Inzwischen brachte ein Diener frischen Tee herein. Als man von den Kannen die Deckel hob, entstieg der wasserklaren Flüssigkeit ein balsamischer Duft. Die Teeblätter wiegten sich, silbernen Nadeln gleich, auf dem Spiegel der Tassen. Diesem köstlichen Getränk folgte eine zweite Teesorte, die die erste noch weit übertraf, obwohl die Blätter schon ein Jahr lang lagerten.

Doktor Yu, der mit Behagen seinen Tee schlürfte, meinte lachend: »Bei einem Feldzug, meine Herren, sind Euch solche Genüsse sicher nicht geboten worden.«

»Nicht nur bei einem Feldzug mußten wir so etwas entbehren«, fiel Xiao Yunxian ein. »Während meiner sechs Jahre als Stadtkommandant von Qingfeng schätzte ich mich schon glücklich, wenn ich frisches Wasser zu trinken bekam, was bei weitem dem Pferdeurin vorzuziehen war.«

»Ja, was hätten wir ohne Wasser für Mensch und Tier in Qingfeng angefangen«, bestätigte der Militärgouverneur.

Sodann fing Wu Shu an, seinen Freund Xiao herauszustreichen, und rühmte seine große Belesenheit.

»Man kann ihn«, sagte er, »getrost mit dem ebenso auf literarischem wie auf militärischem Gebiet bewanderten Gelehrten Cui Hao aus der Nördlichen Wei-Dynastie vergleichen.«

Chi Hengshan aber warnte vor einem solchen Vergleich:

»Seither sind viele Jahrhunderte verstrichen, und zwischen der damaligen und der jetzigen Generation besteht ein gewaltiger Unterschied.«

»Nicht nur ein Minister muß akademisch gebildet sein,

von einem General und gar von einem Oberbefehlshaber kann man das gleiche verlangen«, erklärte Du Shaoqing. »Wie hätte Herr Xiao sich um das Reich solche Verdienste erwerben können, ohne vorher die Klassischen Bücher studiert zu haben?«

Inzwischen waren Musikanten hereingekommen und hatten zu spielen begonnen. Als die Musik verklungen war, bat man die Gäste zu Tisch. Die Schauspieler eilten herbei, um sich den Gästen vorzustellen. Zhuang Zhuojiang wandte sich an seine Freunde: »Verehrte Anwesende, ich habe heute die bekanntesten Schauspieler aus dem seinerzeit veranstalteten Wettbewerb hierher bestellt und bitte euch, von jedem eine Probe seines Könnens zu fordern.«

»Von was für einem Wettbewerb ist hier die Rede?« erkundigte sich Doktor Yu.

Yu Youda berichtete darauf von dem Spaß, den sich Du Shenqing geleistet hatte. Die Zuhörer quittierten diese Erzählung mit herzlichem Gelächter.

»Ist Euer Vetter inzwischen zum Ministerialsekretär für das Prüfungswesen ernannt worden, Herr Du Shaoqing?« fragte Herr Tang.

»Allerdings«, versetzte dieser.

»Du Shenqing besitzt zwar ein hervorragendes Urteilsvermögen«, warf Wu Shu ein, »nur fürchte ich, daß jetzt, wo der Hof ihn zum Höchsten Prüfungskommissar ernannt hat, sein Blick sich trüben und er unfähig werden wird, das Gute vom Schlechten zu unterscheiden.«

Die Anwesenden brachen über die bissige Bemerkung in schallendes Gelächter aus.

Einen ganzen Tag lang hatte das Fest gewährt. Als es dämmerte und die Darstellungen der Schauspieler beendet waren, verabschiedete sich ein Gast nach dem anderen.

Zhuang Zhuojiang beauftragte einen geschickten Maler damit, das ›Doppelneunfest‹ und den ›Abschied Doktor Yus‹ in einem Bilde festzuhalten. Jeder der beim Fest zugegen gewesenen Gäste verfaßte ein Gedicht dazu. Auch schickte man ins Kolleg Wein und Tee als Abschiedsgeschenke für Doktor Yu. Mehr als tausend Nanjinger Familien hatten vor, durch einen ihrer Angehörigen Doktor Yu das Abschiedsgeleit zu geben. Doch letzterer war der vielen Besucher bald müde und lehnte in höflichster Weise jede Begleitung zur Dschunke, die am Westwassertor vor Anker lag, ab. Nur Du Shaoqing hatte sich dort eingefunden.

»Nun verläßt mich mein alter Onkel«, sagte er betrübt, »und ich werde keine Stütze mehr haben.«

Auch Doktor Yu war schmerzlich bewegt. Er begab sich gemeinsam mit dem Freund aufs Boot und meinte dann:

»Du Shaoqing, offen gesagt, war ich zeit meines Lebens nichts als ein armer Gelehrter. Erst in den letzten sechs Jahren, als ich nach Bestehen des Doktorexamens an das Kaiserliche Kolleg in Nanjing berufen worden war, konnte ich mir jedes Jahr einige Unzen Silber von meinem Gehalt zurücklegen. Dafür kaufte ich mir einen Acker, der jährlich dreißig Lasten Reis einbringt. Allerhöchstens werde ich noch drei Jahre als Ministerialsekretär oder Kreisamtmann tätig sein. Wenn ich mir in dieser Zeit noch etwas ersparen kann, brauchen meine Frau und ich nicht Hunger zu leiden. Dies ist uns vollauf genug. Um unsere Nachkommen tragen wir keine Sorge. Wenn mein Sohn neben seinem Studium noch etwas Zeit erübrigen kann, werde ich ihn in der Heilkunde unterweisen; so wird er stets sein Brot verdienen können. Weshalb soll ich noch nach einer höheren Stellung streben? Ich werde öfters an Euch schreiben.«

Nach diesen Worten nahmen Doktor Yu und Du Shaoqing unter Tränen voneinander Abschied.

Du Shaoqing sah vom Ufer aus der Abfahrt der Dschunke zu. Als das Boot in der Ferne verschwand, kehrte er nach Hause zurück, wo ihn Yu Youda schon sehnlich erwartete. Du Shaoqing berichtete seinem Vetter in aller Kürze über den ergreifenden Abschied.

»Doktor Yu ist ein wahrhaft edler Mensch«, sagte Yu Youda mit einem tiefen Seufzer. »Er drängt sich nie vor, ist aber immer bereit, sich zurückzuziehen. Wenn wir einmal zu Rang und Ehren gelangen sollten, müssen wir uns diesen Mann zum Vorbild nehmen.«

Am gleichen Abend traf ein Brief von Yu Youzhong ein, worin er berichtete, daß Vetter Yu Huaxuans alter Hauslehrer weggegangen sei und er Yu Youda als Lehrer seines Sohnes anstellen möchte, und zwar sofort. Yu Youda setzte Du Shaoqing von dieser Nachricht in Kenntnis und sagte:

»Ich muß mich sofort auf die Heimreise machen.«

Am nächsten Tag setzte er über den Chiang Jiang; Du Shaoqing hatte ihn bis zur Fähre begleitet. Daheim wurde Yu Youda von seinem jüngeren Bruder herzlich begrüßt. Dieser zeigte ihm sogleich das Schreiben seines Vetters:

»Euer unwissender Vetter Yu Huaxuan bittet den großen Bruder Yu, seinen kleinen Sohn zu unterweisen. Außer einem Gehalt von vierzig Unzen Silber gibt es selbstverständlich noch Festgeschenke.«

Schon am nächsten Tag suchte Yu Youda seinen Vetter auf. Yu Huaxuan empfing ihn mit großer Freude. Ein Diener brachte sogleich Tee herein.

»Mein kleiner Sohn ist außerordentlich unbegabt und hat von klein auf nur wenig gelernt. Bereits vor einigen Jahren wollte ich Euch anstellen, aber leider weiltet Ihr damals in der Fremde. Mein Sohn kann von Glück sagen, daß Ihr wieder in die Heimat zurückgekehrt seid. Daß es in unserer Familie viele Magister und Doktoren gegeben hat, halte ich für nichts Besonderes. Mir kommt es vor allem darauf an, daß mein Sohn zu einem charaktervollen Menschen erzogen wird.«

»Ich bin alt und dumm und warte darauf, daß mir das Glück in den Schoß fällt. Unsere Familien sind eng miteinander verwandt und innig befreundet. Doch mit Euch ist es noch eine andere Sache, stimmen wir doch in unseren Urteilen und Auffassungen weitgehend überein. Ich will Euren Sohn gleich meinem eigenen erachten und ihn so gut wie möglich erziehen. Allerdings bin ich nicht der Mann, der ihn zu

Magister- und Doktorwürden führen kann, habe ich doch selbst diese Prüfungen nicht abgelegt. Und was den guten Charakter und das Schreiben guter Aufsätze betrifft, so ist dies gewissermaßen Tradition. Was bleibt mir da noch zu tun übrig?«

Die beiden Vettern mußten herzlich lachen.

Nachdem man einen Glückstag ausgewählt hatte, trat Yu Youda seine neue Stellung an. In aller Frühe erschien er bereits im Hause Yu Huaxuans. Dort empfing ihn der junge Yu, der einen sehr klugen und aufgeweckten Eindruck machte. Nach der Begrüßung geleitete Yu Huaxuan seinen Vetter in das Unterrichtszimmer, wo Yu Youda am Lehrertisch Platz nahm. Der Hausherr empfahl sich und zog sich in die Bibliothek zurück.

Kurz darauf führte der Hausmeister einen Besucher herein. Es war niemand anders als der Bruder des Dritten Herrn Tang, nämlich der Zweite Herr Tang, der bei der letzten Prüfung den Magister erworben hatte. Er hatte seinerzeit gemeinsam mit Yu Huaxuan den Bakkalaureus gemacht. Diesmal war er gekommen, um dem neuen Hauslehrer Gesellschaft zu leisten. Yu Huaxuan lud den Zweiten Herrn Tang zum Tee ein.

»Heute darf Euer werter Sohn seinen neuen Lehrer begrüßen.«

»So ist's.«

»Der neue Lehrer ist ganz vortrefflich, leider aber hat er zu wenig Sitzfleisch. Er beschäftigt sich zuviel mit schöner Literatur und vernachlässigt dadurch die so wichtige Vorbereitung auf die Prüfungslaufbahn«, gab der Zweite Herr Tang zu bedenken. »Was sein Benehmen betrifft, so muß man anerkennen, daß er den neumodischen Unarten abhold ist. Dafür ahmt er die Allüren der berühmten Gelehrten zu Beginn unserer Dynastie nach und weicht von dem allein empfehlenswerten goldenen Mittelweg ab.«

»Mein Sohn ist für die Prüfungen noch viel zu jung«, entgegnete der Hausherr. »Mir liegt vor allem daran, daß mein

Vetter seinen Charakter bildet, damit er später kein simpler Dutzendmensch wird.«

Nach einer Weile verlegenen Schweigens ergriff der Zweite Herr Tang wiederum das Wort:

»Alter Studienfreund, ich möchte an Euch, den Kenner der klassischen Literatur, eine Frage richten.«

»Ich, ein Kenner der klassischen Literatur? Ihr wollt Euch wohl über mich lustig machen?«

»Aber nein, es ist mein voller Ernst. Ich habe Euch wirklich etwas zu fragen. Ein Neffe von mir, der in Fengyang wohnt, hat gleichzeitig mit mir die Magisterprüfung bestanden. Seit dieser Prüfung kommt er nun das erste Mal wieder in unseren Kreis, um den Ahnen zu opfern. Gestern, als er mich besuchte, meldete er sich mit einer Visitenkarte an, auf der zu lesen stand: ›Euer Neffe und Prüfungskollege.‹ Soll ich mich nun als ›Euer Onkel und Prüfungskollege‹ bezeichnen, wenn ich ihm einen Gegenbesuch abstatte?«

»Was soll denn das heißen?«

»Ihr habt wohl nicht recht zugehört. Mein Neffe ist doch nicht nur mein Prüfungskollege, sondern zugleich ein jüngerer Verwandter. Wenn wir auch beim gleichen Prüfungskommissar das Examen bestanden haben, bin ich mir doch nicht gewiß, ob ich ihn ebenfalls Prüfungskollege nennen soll.«

»Jedermann weiß doch, daß man sich, wenn man beim gleichen Kommissar das Examen bestanden hat, Prüfungskollege nennt. Aber als ›Neffe und Prüfungskollege‹ zu unterzeichnen ist ein großer Unsinn.«

»Weshalb ein großer Unsinn?«

Yu Huaxuan richtete den Blick zur Decke und brach in ein schallendes Gelächter aus:

»Einen solchen Witz hat man sich seit Urgedenken nicht geleistet!«

Der Zweite Herr Tang runzelte ärgerlich die Stirn:

»Alter Freund, nehmt meine Worte nicht übel. Ihr stammt zwar aus einer alten, angesehenen Familie, doch ist ihr Glanz schon seit längerem verblichen. Da Ihr das Magisterexamen nicht abgelegt habt, so könnt Ihr nicht wissen, wie man sich in Beamtenkreisen benimmt. Mein Neffe, der in der Hauptstadt mit so viel hohen Herren Umgang pflegen durfte, wird sich nicht ohne Grund als ›Neffe und Prüfungskollege‹ bezeichnet haben.«

»Wenn Ihr meint, daß es daran nichts auszusetzen gibt, warum fragt Ihr mich dann um meinen Rat?«

»Ach, Ihr versteht nichts davon. Ich will Lehrer Yu fragen, wenn er zu Tisch kommt.«

Im selben Augenblick kam ein Diener mit der Nachricht herein:

»Der Fünfte Herr Yao ist gekommen.«

Die beiden Herren erhoben sich, um den Ankömmling zu begrüßen.

»Fünfter Vetter, warum seid Ihr gestern gleich nach dem Essen aufgebrochen? Ich hatte für den Abend ein Weingelage vorbereitet, aber Ihr habt Euch nicht mehr sehen lassen«, fragte Yu Huaxuan.

»Was, Fünfter Herr Yao, Ihr habt gestern bei Bruder Yu zu Mittag gegessen? Warum habt Ihr mir dann gestern nachmittag erzählt, Ihr kämt soeben von einem Essen bei Herrn Fang in der Pfandleihe Renchang? Da habt Ihr mich also angelogen.«

Der Diener deckte den Tisch und holte Lehrer Yu Youda herbei. Dieser nahm den Ehrenplatz ein, der Zweite Herr Tang saß ihm gegenüber, der Fünfte Herr Yao zu seiner Rechten und Yu Huaxuan als Gastgeber zu seiner Linken. Während des Essens erzählte Yu Huaxuan dem Lehrer lachend die ihm so ergötzlich dünkende Geschichte mit dem Unterschriftenproblem bei den Visitenkarten. Yu Youdas Gesicht lief puterrot an, und seine Halsadern traten hervor:

»Wie kann von so etwas überhaupt die Rede sein? Was ist von größerer Wichtigkeit im Leben, die Familienbande oder die akademischen Titel?« fragte Yu Youda erregt.

»Unbestreitbar die Familienbande«, erwiderte der Zweite Herr Tang.

»Wie kann ein Neffe, der das weiß und gerade erst die Magisterprüfung bestanden hat, die vom Himmel angeordneten Verwandtschaftsbezüge mißachten, indem er sich als Prüfungskollege seines Onkels zu bezeichnen wagt? Niemals wieder in meinem Leben möchte ich von einem solchen Verstoß gegen die konfuzianische Moral hören! Zweiter Herr Tang, Euer Neffe soll sich glücklich schätzen, daß er überhaupt den Magistertitel errungen hat. Seinem Verhalten nach zu schließen, kann er nicht die geringsten Kenntnisse besitzen. Wäre er mein Neffe, hätte ich ihn längst schon vor die Ahnentafel gezerrt und ihn tüchtig mit einem Knüppel durchgeprügelt.«

Beim Anblick des wütenden Yu Youda fürchteten der Zweite Herr Tang und der Fünfte Herr Yao, daß der dem Lehrer seit jeher eigene Jähzorn wieder einmal zum Ausbruch gekommen wäre, und so lenkten sie schleunigst mit ein paar nichtssagenden Redensarten vom Thema ab.

Nachdem sie noch eine Weile geplaudert hatten, kehrte Yu Youda ins Unterrichtszimmer zurück.

»Ich mache einen kleinen Spaziergang, komme aber bald wieder«, sagte der Fünfte Herr Yao und erhob sich.

»Wenn Ihr jetzt durch die Stadt spaziert, werdet Ihr sicher jedermann erzählen, Ihr hättet bei dem Zweiten Herrn Fang gespeist«, spottete Magister Tang.

»Nein, das darf ich heute nicht tun. Jedermann weiß bereits, daß ich heute Gast im Hause Yu Huaxuan war.«

Lachend entfernte er sich, doch schon kurz darauf kam er wieder und sagte: »Vetter Yu, in der Halle wartet ein Gast auf Euch, der sich als ein Untergebener des Präfekten ausgibt. Begebt Euch sogleich zu ihm.«

»Dort habe ich doch keinen Bekannten. Wer kann es nur sein?«

Als Yu Huaxuan sich noch darüber den Kopf zerbrach, brachte der Diener die Visitenkarte herein. Darauf stand:

›Euer Freund und Kollege Ji Weixiao entbietet Euch seinen ergebensten Gruß.‹

Yu Huaxuan ging dem Gast entgegen, der ihm mit einer Verbeugung einen Brief überreichte.

»Ich war in Beijing und reiste mit meinem Vorgesetzten nach Eurem Kreis. Euer Vetter Du Shenqing übergab mir diesen Brief. Heute werde ich des großen Glückes teilhaft, einen so bewunderungswürdigen Menschen wie Euch kennenzulernen.«

Yu Huaxuan las den Brief aufmerksam von Anfang bis zu Ende durch; dann fragte er:

»Seid Ihr etwa ein Freund unseres Präfekten Li?«

»Präfekt Li ist ein Schüler meines Onkels Xun; deshalb bat er mich um meine Mitarbeit.«

»Führt Euch ein amtlicher Auftrag in unseren Kreis?«

»Da wir hier wohl vor unberufenen Ohren sicher sind, darf ich Euch alles anvertrauen. Präfekt Li schickte mich in Euren Kreis, da hier Pfandleiher ihr Unwesen treiben sollen, die Wucherzinsen nehmen und den kleinen Mann rücksichtslos ausbeuten. Trifft dies zu, so wird das Übel ausgerottet werden.«

Yu Huaxuan rückte mit seinem Stuhl näher heran und gab seinem Gast, indem er seine Stimme zu einem Flüstern dämpfte, folgende Auskunft:

»Unser Präfekt bemüht sich wahrlich, auf eine sehr menschliche Weise seine Amtsgeschäfte zu führen. Soweit mir bekannt ist, nehmen die meisten Pfandhäuser in unserem Kreis keine Wucherzinsen. Anders jedoch ist es bei den Pfandleihen Renchang und Renda. Allerdings zählen ihre Besitzer, die beiden Herren Fang, zu den angesehensten Familien der Gegend; sie sind zudem noch reiche Salzhändler und unterhalten zu den Beamten des Kreisyamens die besten Beziehungen. So können sie sich alle Schandtaten erlauben. Das Volk ist empört, aber niemand wagt, dagegen aufzubegehren. Will man die Mißstände beseitigen, braucht man nur die beiden Pfandhäuser zu schließen. Warum sollte der Präfekt, dieser so hervorragende Beamte, gerade bei solchen Leuten Milde walten lassen? Prägt Euch meine Worte gut ein, aber schweigt über alles, was ich Euch gesagt habe.«

»Ich werde mich ganz nach Euren Wünschen richten.«

»Sehr gern würde ich Euch zu einem kleinen Weingelage bitten, doch ich kann mich Euch nicht in gebührender Weise widmen, und zum anderen gibt es hier in der Nachbarschaft zu viele neugierige Augen und Ohren. Bitte, erlaubt mir, Euch morgen etwas Wein zuzuschicken, was Ihr auf keinen Fall ablehnen dürft.«

»Ihr erweist mir viel zuviel Ehre.«

Damit empfahl sich Ji Weixiao. In der Bibliothek harrte schon voller Neugier der Fünfte Herr Yao.

»Kam der Herr wirklich vom Präfekten?«

»Selbstverständlich«, sagte Herr Yu.

»Das kann ich nicht glauben«, meinte der Fünfte Herr Yao und schüttelte lachend den Kopf.

Der Zweite Herr Tang aber murmelte:

»Alter Freund, das ist ja alles recht schön und gut. Aber glaubt Ihr wirklich, der Herr sei vom Präfekten zu Euch geschickt worden? Ihr zählt doch keineswegs zu den engen Freunden des Präfekten, wie etwa der Dritte Herr Peng und der Sechste Herr Fang. Mir scheint es sehr verdächtig, daß dieser Mann ausgerechnet zu Euch kommt. Wenn er tatsächlich in der Präfektur arbeitet, würde er zuerst den Dritten Peng und den Sechsten Fang aufgesucht haben. Da er aber zuerst Euer Haus beehrt hat, muß etwas nicht stimmen. Er ist vermutlich ein Gauner aus einem anderen Kreis, der sich als Abgesandter des Präfekten ausgibt, um bei den Leuten Geld einzuheimsen. Laßt Euch von ihm nicht übers Ohr hauen.«

»Es ist doch gut möglich, daß der Herr die betreffenden Familien vorher schon besucht hat.«

Der Fünfte Herr Yao lachte: »Wenn dies der Fall gewesen wäre, dann hätte er sich kaum bei Euch sehen lassen.«

»Wer hat denn behauptet, daß der Präfekt ihn zu mir geschickt hat? Mein Vetter Du Shenqing aus Tianchang gab ihm für mich einen Brief mit. Dieser Herr ist kein anderer als der berühmte Ji Weixiao.«

Der Zweite Herr Tang wehrte mit der Hand ab:

»Das ist noch weniger wahrscheinlich. Ji Weixiao ist doch der bekannte Gelehrte, der die Liste für den Wettbewerb der Schauspieler aufgestellt hat. Als ein weithin berühmter Gelehrter verkehrt er in der Hauptstadt sicher mit Mitgliedern der Hanlin-Akademie. Und was Du Shenqing betrifft, so ist dieser, wie allgemein bekannt, der beste Freund des Vierten Herrn Peng. Was läge darum näher, als daß er den Brief dem Vierten Herrn Peng mitgegeben hätte? Nein, dieser Mann ist gewiß nicht Ji Weixiao.«

»Nun, was macht das schon aus? Es lohnt sich nicht, darüber zu streiten. Warum steht der Wein noch nicht auf dem Tisch? He, Bursche, spute dich!«

Ein Diener trat herein und meldete:

»Die Speisen und Getränke stehen bereit!«

Ein anderer Diener brachte im selben Augenblick einen Bettsack ins Zimmer und berichtete:

»Onkel Cheng ist soeben, vom Land kommend, eingetroffen.«

Und schon betrat Onkel Cheng den Raum, auf dem Kopf eine Akademikerkappe, angetan mit einem blauen Gewand, an den Füßen dünne Stoffschuhe. Er hatte ein richtiges Säufergesicht, und sein Bart war schon ganz grau. Nachdem er alle begrüßt hatte, nahm er Platz:

»Das trifft sich ja prächtig. Ihr feiert heute den Antritt des neuen Lehrers, da bekomme ich gleich den Festwein zu kosten.«

Yu Huaxuan befahl, sofort Wasser herbeizubringen, worauf sich Onkel Cheng das Gesicht wusch, den gelben Staub von seinen Kleidern schüttelte, das Bibliothekszimmer verließ und gleich den anderen die Halle betrat. Der Lehrer wurde wieder auf den Ehrenplatz gebeten.

Da es bereits dunkelte, flammten im Hause Yu zwei große Glaslaternen auf. Diese Laternen hatte der Minister Yu, der

Urgroßvater Yu Huaxuans, in der Halle des Kriegsruhms zu Beijing als ein Geschenk des Kaisers erhalten. Dies hatte sich vor sechzig Jahren zugetragen, aber die Laternen waren noch so schön wie am ersten Tag.

»Ein altes Sprichwort sagt: ›Alte Häuser haben hohe Bäume‹. Das ist die reinste Wahrheit. Wo findet man im ganzen Kreis Wuhe noch ein zweites Laternenpaar, das sich mit dem Eurigen messen könnte?« sagte der Zweite Herr Tang.

»Großer Herr«, mischte sich Onkel Cheng ins Gespräch, »vor dreißig Jahren hatte die Macht der Familie Yu östlich und westlich des Chang Jiang ihren Höhepunkt erreicht. Jetzt aber sind die Familien Peng und Fang in unaufhaltsamem Aufstieg begriffen. Präfekt Li und Amtmann Wang zählen zu ihrem Freundeskreis. Wie sollten die Leute diese so mächtigen Familien nicht fürchten? Auch die Sekretäre der Präfektur und des Kreisamts würden keine anderen Häuser aufsuchen als die genannten.«

»Ist denn in der Zwischenzeit wieder ein Sekretär des Präfekten hier aufgetaucht?« fragte der Zweite Herr Tang.

»Ja, ein Sekretär namens Ji hat in Wuhe Erkundigungen eingezogen«, erwiderte Onkel Cheng. »Er wohnt im Tempel des Prächtigen Waldes. Heute morgen suchte er den Sechsten Herrn Fang von der Pfandleihe Renchang auf. Der Sechste Herr Fang bat den Zweiten Herrn Peng mitzukommen. Die drei sollen sich in dem Bibliothekszimmer einen ganzen Tag lang unterhalten haben. Auf wen hat es der Präfekt wohl abgesehen?«

Der Zweite Herr Tang blickte den Fünften Herrn Yao an und lächelte überheblich.

»Nun, habe ich nicht recht gehabt?«

Yu Youda waren diese Gespräche höchst zuwider, und mit unverhohlenem Spott fragte er seinen Tischnachbarn:

»Onkel Cheng, habt Ihr seit dem vergangenen Jahr die Erlaubnis bekommen, das Ehrenkleid eines Bakkalaureus zu tragen?«

»Allerdings. Da der Prüfungskommissar ein Kollege des Vierten Herrn Peng ist, erbat ich vom letzteren ein Empfehlungsschreiben und erhielt daraufhin die Erlaubnis.«

Yu Youda lachte laut auf:

»Wie kann der Kommissar Euch solch eine Erlaubnis erteilen? Hat er denn nicht Euer Säufergesicht gesehen?«

»Ich habe ihm erklärt, mein Gesicht sei heute zufälligerweise geschwollen.«

Die ganze Gesellschaft brach in ein unbändiges Gelächter aus.

Nachdem sie noch ein paar Schalen geleert hatten, ergriff Onkel Cheng wiederum das Wort:

»Herr Yu, wir beide sind alt und taugen zu nichts mehr. Ein Sprichwort sagt: ›Nur aus der Jugend gehen Helden hervor!‹ Es ist doch gut möglich, daß Bruder Yu Huaxuan die nächste Prüfung glänzend besteht und gemeinsam mit dem Zweiten Herrn Tang den Doktortitel erringt. Selbst wenn er nicht so hoch aufstiege wie der Vierte Herr Peng, so könnte er doch immerhin wie dessen Zweiter und Dritter Bruder später einmal den Posten eines Kreisamtmanns bekleiden, der den Ahnen viel Ruhm einbringt und auch auf uns Verwandte einen Glanz wirft.«

Yu Youda wurde dieser Schwätzereien immer überdrüssiger:

»Ach, hört doch auf mit diesem dummen Gerede! Wir wollen lieber ein Wetttrinken veranstalten.«

Es dauerte nicht lange, und alle waren betrunken. Onkel Cheng wurde ins Schlafzimmer getragen, und Lehrer Yu Youda, der Zweite Herr Tang und der Fünfte Herr Yao wurden von Laternen tragenden Dienern nach Hause geleitet.

Onkel Cheng verbrachte eine sehr unruhige Nacht. Erst mußte er brechen, und nachdem er gebrochen hatte, mußte er austreten. Vor Tagesanbruch befahl er einem kleinen Diener, alles aufzuwischen, und verlangte mit leiser Stimme die beiden Verwalter des Hauses Yu zu sprechen. Nachdem sie eine Weile eifrig miteinander getuschelt hatten – niemand konnte erraten, worüber –, baten sie Herrn Yu Huaxuan um eine Unterredung.

Was hier miteinander ausgeheckt wurde, wird der Leser vielleicht schon bald erfahren.

Siebenundvierzigstes Kapitel

Bakkalaureus Yu läßt die Halle der Heroischen Witwen ausbessern · Salzhändler Fang veranstaltet ein großes Gelage in der Halle der Schriftenehrung

Yu Huaxuan war ein außergewöhnlicher Mann. Seit dem siebten Lebensjahr galt er bereits als ein kleiner Gelehrter. Von den klassischen Büchern, historischen Werken, philosophischen Schriften und literarischen Sammlungen gab es kaum etwas, das er nicht studiert, kommentiert und gründlich sich zu eigen gemacht hätte. Schon mit zwanzig Jahren durfte er sich eines umfassenden Wissens rühmen. Zitierte jemand den Anfang eines Buches, wußte er sogleich dessen Ende zu nennen, mochte es sich nun um ein Werk über Strategie, Ackerbau, Ritenwesen, Musik, öffentliche Arbeiten, Jagd, Bewässerung oder Katastrophenbekämpfung handeln. Er schrieb ebenso hervorragende Aufsätze wie die großen Schriftsteller des Altertums, und seine Gedichte standen denen von Du Fu und Li Taibai nicht nach. Sein Urgroßvater war Minister, sein Großvater Hanlin-Akademiemitglied, sein Vater Präfekt gewesen. Er entstammte in der Tat einer vornehmen Familie. Obwohl er gleichsam mit Wissen vollgestopft war, wollte niemand in Wuhe auf seinen Rat hören.

In Wuhe ist es nämlich üblich, lächelnd den Mund zu verziehen, wenn man einen Menschen lobt. Spricht man jedoch von einer alten, traditionsreichen Familie, dann pflegt man durch die Nase zu prusten. Rühmt man im klassischen Stil verfaßte Gedichte und Aufsätze eines Gelehrten, dann zieht man in Wuhe bewundernd die Augenbrauen hoch. Fragt man in Wuhe nach den Schönheiten der Umgebung, so bekommt man prompt die Antwort: ›Der Hausgarten des vornehmen Herrn Peng.‹ Erkundigt man sich nach besonderen Sehenswürdigkeiten, dann erhält man unweigerlich die Auskunft: ›Geht zum Hause des vornehmen Herrn Peng und schaut Euch dort um.‹ Will man wissen, wer die bedeutendste Persönlichkeit in Wuhe ist, dann singt jedermann das Lob des vornehmen Herrn Peng. Fragt man, wer sich des tugendhaftesten Wandels befleißigt, so verweist man auf das Beispiel des vornehmen Herrn Peng. Aber noch etwas gibt es in Wuhe, was den Leuten größte Ehrfurcht einflößt, nämlich eine Heiratsverbindung mit dem Hause Fang. Und schließlich gibt es noch eine Sache, die die Einwohner von Wuhe in Begeisterung versetzt, und zwar wenn man für den Erwerb von Ackerland eine große Geldsumme ausgibt.

Yu Huaxuan, der in dieser übelbeleumdeten Gegend lebte, besaß auch etliche Morgen an Feld- und Gartenland, so daß er nicht woanders hinziehen konnte. Darüber war er oft ganz verzweifelt. Sein Vater, der Präfekt, war ein unbestechlicher Beamter gewesen. In seinem Yamen hatte er ein einfaches Leben geführt, und da Yu Huaxuan daheim sehr sparsam wirtschaftete, konnten einige Unzen Silber zurückgelegt werden. Auch als der Präfekt des Alters wegen sich zur Ruhe gesetzt hatte, kümmerte er sich kaum um die häuslichen Angelegenheiten. Yu Huaxuan hatte weiterhin für alles Sorge getragen und, wenn auch mit Mühe, weitere Unzen Silber erübrigt. Eines Tages bestellte er Grundstücksmakler ins Haus und teilte ihnen mit, daß er Felder und Liegenschaften kaufen wollte. Man war schon beinahe handelseinig, da riß Yu Huaxuan ob der unverschämten Forderungen der Makler die Geduld, und er drohte zornig, nichts von ihnen zu kaufen. Alsbald erzählte man im ganzen Kreis von ihm, daß er nicht ganz richtig im Kopfe wäre. Aber da man es auf sein Geld abgesehen hatte, konnte man nicht umhin, sich freundschaftlich mit ihm zu stellen.

Onkel Cheng betrieb ein Maklergeschäft. An dem Morgen nach dem Weingelage ließ er also, wie gesagt, durch den Verwalter Herrn Yu Huaxuan zu sich bitten. Nachdem sie im Bibliothekszimmer Platz genommen hatten, sagte er:

»Einer meiner Nachbarn will ein Stück Land verkaufen, das sowohl gegen Überschwemmungen wie gegen Dürre geschützt ist und jährlich an die sechshundert Lasten Reis einbringt. Vorgestern hatte sich bereits der Sechste Herr Fang als Käufer eingestellt, und er war mit dem Besitzer schon handelseinig geworden. Allerdings erhoben die Pächter gegen den Sechsten Herrn Fang Einspruch.«

»Weshalb denn?«

»Der Sechste Herr Fang verlangt, daß die Pächter seine Verwalter mit einem Weihrauchtisch begrüßen, sobald diese zu ihnen aufs Land herauskommen. Können sie die Pacht nicht bezahlen, haben sie Prügel zu erwarten. Darum wollen sie um keinen Preis, daß das Land an Herrn Fang verkauft wird.«

»Man will das Land also nicht an ihn, wohl aber an mich verkaufen? Ich fürchte nur, man wird mich, wenn ich aufs Land komme, mit einem Tisch voller Gestank erwarten, und statt daß ich den Pächtern Schläge versetze, werden sie mich verprügeln.«

»Redet nicht so törichtes Zeug«, brummte Onkel Cheng ärgerlich. »Ihr steht in dem Ruf, großzügig und freigebig zu sein und die Leute weit besser zu behandeln, als es alle übrigen tun. Darum will ich Euch heut auch einen Gefallen erweisen, vorausgesetzt, Ihr habt das Geld zur Hand.«

»Aber natürlich. Wenn Ihr es sehen wollt, kann es mein Diener sofort herbeischaffen.«

Der Bursche mußte dreißig mächtige Silberbarren heranschleppen; er warf sie so heftig auf den Tisch, daß sie beinahe über den Rand rollten, und auch Onkel Chengs Augen rollten gleichsam mit, als sie dem Lauf des Silbers folgten. Schließlich befahl Yu Huaxuan, die Barren wieder fortzuräumen.

»Habe ich gelogen, als ich sagte, ich hätte das Geld?« sagte er, zu Onkel Cheng gewandt. »Geht aufs Land und verhandelt mit dem Besitzer. Ich will die Felder kaufen.«

»Aber ich kann mich erst in einigen Tagen dorthin begeben.«

»Was hält Euch hier noch fest?«

»Ich muß mir noch bei Amtmann Wang das Geld für die Ehrenpforte für meine verstorbene Tante, eine Heroische Witwe, abholen. Bei dieser Gelegenheit kann ich gleich meine Steuern entrichten. Übermorgen feiert die kleine Tochter des Zweiten Herrn Peng ihren zehnten Geburtstag. Unbedingt muß ich hingehen und ihr ein langes Leben wünschen. Den Tag darauf bin ich beim Sechsten Herrn Fang zum Mittagessen eingeladen. Danach erst kann ich abreisen.«

Yu Huaxuan unterdrückte mühsam ein Lachen, dann bat er Onkel Cheng, ein kleines Mahl mit ihm einzunehmen. Nach dem Essen begab sich Onkel Cheng zum Yamen, um das Geld für die Ehrenpforte abzuholen und seine Steuern zu bezahlen.

Yu Huaxuan gab dann einem Diener den Auftrag, den Dritten Herrn Tang herbeizuholen. Da die Familie Fang zu den Banketten nur seinen älteren Bruder, aber nicht ihn einlud, war er aus Eifersucht bereit, alles auszukundschaften. Yu Huaxuan war diese Eigenschaft wohlbekannt, und als der Dritte Herr Tang eintraf, sagte er zu ihm:

»Ich benötige Eure Dienste. Ich möchte nämlich herausbekommen, ob Onkel Cheng in drei Tagen wirklich bei dem Sechsten Herrn Fang vom Pfandhaus Renchang eingeladen ist. Wenn Ihr es in Erfahrung zu bringen vermögt, lade ich Euch zu einem köstlichen Essen ein.«

Der Dritte Herr Tang erklärte sich einverstanden und machte sich sofort auf, um Erkundigungen einzuziehen. Nach einigen Stunden fand er sich wieder bei Yu Huaxuan ein und berichtete:

»Es trifft nicht zu. Der Sechste Herr Fang hat für die nächsten Tage überhaupt niemanden eingeladen.«

»Vortrefflich. Kommt in drei Tagen in aller Frühe zu mir, so könnt Ihr bis zum Abend nach Herzenslust bei mir schmausen.«

Yu Huaxuan geleitete ihn hinaus. Heimlich befahl er alsdann dem Diener, er sollte in den nächsten Räucherkerzenladen gehen und dort einen der Angestellten bitten, auf eine rote Einladungskarte folgendes zu schreiben: ›Ich erwarte Euch gegen Mittag des achtzehnten Tages zu einem kleinen Essen. Es grüßt der Sechste Herr Fang.‹ Nachdem die Karte in ein Kuvert gesteckt worden war, versah er dieses mit der Adresse und ließ es in Onkel Chengs Schlafzimmer auf den Tisch legen. Als dieser, vom Yamen zurückkommend, die Karte vorfand, freute er sich sehr und dachte bei sich: ›Das Glück verfolgt mich geradezu. Zufällig habe ich die Wahrheit gelogen und noch dazu den richtigen Tag angegeben.‹ Vergnügt begab er sich zur Ruhe.

Früh am Morgen des achtzehnten Tages erschien der Dritte Herr Tang. Yu Huaxuan bat Onkel Cheng, in die Gästehalle zu kommen. Von dort aus sah dieser mit Erstaunen, wie ein Diener nach dem andern durch das Haupttor hereinkam. Die einen brachten Wein, die anderen Hühner und Enten, die dritten kleine Fische und gepökeltes Schweinefleisch, und schließlich erschienen noch einige mit Süßigkeiten und einer Schüssel Pasteten. Alle verschwanden mit ihren Schätzen in der Küche. Onkel Cheng ersah daraus, daß Yu Huaxuan ein großes Essen gab, mochte aber nicht fragen, für wen.

»Habt Ihr schon mit den Zimmerleuten und Maurern über die Reparatur der Halle der Heroischen Witwen gesprochen?« fragte Herr Yu den Dritten Herrn Tang. »Ja«, erwiderte der Dritte Herr Tang. »Wir brauchen aber hierzu eine Menge Material, denn die äußere Mauer ist umgestürzt und muß wieder neu errichtet werden. Außerdem muß eine schadhafte Terrasse ausgebessert werden. Allein die Maurer werden drei Monate brauchen. Im Gebäude sind Balken und Säulen auszuwechseln und Dachsparren anzunageln. Ich weiß noch nicht, wieviel Zimmerleute hierzu notwendig sind. Aber Reparaturarbeiten werden ja nicht so hoch bezahlt. Ich habe erst angenommen, daß es fünfhundert Unzen kosten würde, aber ich glaube, wir werden mit dreihundert auskommen.«

»Die Halle der Heroischen Witwen haben Eure Vorfahren erbaut«, mischte sich Onkel Cheng ins Gespräch. »Es ist ein Bau, der dem ganzen Kreis bei den Prüfungen Glück bringt, aber da heute die Familie Peng die höchste Stufe der Examensleiter erklommen hat, sollte sie das Geld für die Reparaturen herausrücken. Eure Familie braucht sich nicht mehr darum zu kümmern, und so könnt Ihr Euch die Ausgaben ersparen.«

Yu Huaxuan legte die Hände zusammen:

»Nun gut, so sprecht einmal mit der Familie Peng, daß sie einige Unzen Silber beisteuert. Selbstverständlich wird Eure Mühe nicht unbelohnt bleiben.«

»Ich werde diese Sache in die Hand nehmen. Wenngleich es eine Familie mit vielen hohen Beamten ist und alle dort sehr stolz sind, so werden sie mir altem Mann doch Glauben schenken, wenn ich ihnen dieses Anliegen vortrage.«

Ein Diener der Familie Yu hatte inzwischen am Hintereingang verstohlen einen Heuhändler herbeigewinkt und ihn mittels etwas Silbergeld dazu bewogen, mit ihm durch das große Tor einzutreten und auszurichten:

»Onkel Cheng, ich komme im Auftrag des Sechsten Herrn Fang. Man bittet Euch, sofort herüberzukommen, da man schon auf Euch wartet.«

»Grüßt Euren Herrn von mir und bestellt ihm, ich werde mich sofort zum Hause Fang aufmachen.«

Der Heuhändler ging seiner Wege.

Onkel Cheng verabschiedete sich von Yu Huaxuan und eilte nach der Pfandleihe Renchang. Der Hausmeister meldete seine Ankunft. Der Sechste Herr Fang kam zur Begrüßung heraus. Sie verbeugten sich voreinander und nahmen Platz. Der Sechste Herr Fang fragte:

»Wann seid Ihr in Wuhe eingetroffen?«

Onkel Cheng antwortete etwas überrascht:

»Ich bin vorgestern hier angekommen.«

Der Sechste Herr Fang fragte weiter:

»Und wo logiert Ihr?«

Onkel Cheng wurde es ganz beklommen zumute:

»Im Hause Yu Huaxuan«, erwiderte er.

Inzwischen trug ein Diener Tee auf.

»Schönes Wetter heute«, meinte Herr Cheng.

»Ja, ja«, bestätigte der Sechste Herr Fang.

»Seid Ihr häufig mit Amtmann Wang zusammen?« wollte Onkel Cheng wissen.

»Ich bin vorgestern mit ihm zusammengewesen.«

Eine Weile saßen sie sich schweigend gegenüber und schlürften ihren Tee. Schließlich wagte Onkel Cheng, das Gespräch wieder aufzunehmen:

»Der Herr Präfekt ist lange nicht mehr in unserem Kreis gewesen. Wenn er wieder einmal hierherkommt, wird er sicher Euch zuerst besuchen. Mit keinem anderen ist der Präfekt so sehr befreundet als mit Euch; niemandem im Kreis erweist er so viel Ehre.«

»Der neue Untersuchungskommissar hat sein Amt angetreten«, berichtete der Sechste Herr Fang. »Ich vermute deshalb, daß der Präfekt bald in unseren Kreis kommen wird.«

»Das meine ich auch«, stimmte Onkel Cheng zu.

Wieder saßen sie eine Weile stumm da und tranken Tee. Da weder ein neuer Gast eintraf noch irgendwelche Vorbereitungen zu einer Mahlzeit getroffen wurden, kam Onkel Cheng die ganze Sache ein wenig seltsam vor. Allmählich wurde er hungrig, und so beschloß er, sich zu verabschieden, um zu sehen, wie sich der Sechste Herr Fang verhalten würde.

»Ich möchte von Euch Abschied nehmen«, sagte Onkel Cheng und stand auf. Der Sechste Herr Fang erhob sich ebenfalls.

»Wollt Ihr nicht noch ein bißchen bleiben?« fragte er der Höflichkeit halber.

»Nein, vielen Dank!«

Dann verabschiedete er sich und wurde hinausgeleitet.

Als er wieder vor dem großen Tor stand, kratzte er sich verlegen am Kopf. ›Bin ich etwa zu früh gekommen‹, dachte er, ›oder habe ich ihn mit irgend etwas beleidigt? Habe ich etwa die Einladungskarte nicht richtig gelesen?‹ Onkel Cheng konnte des Rätsels Lösung nicht finden. Dann fiel ihm plötzlich ein, daß Yu Huaxuan ein Essen vorbereitet hatte. ›Ich werde dorthin gehen und mir den Bauch vollschlagen. Dann werde ich weiter über alles nachdenken.‹

Onkel Cheng kehrte also ins Haus Yu zurück. Yu Huaxuan hatte soeben im Bibliothekszimmer einen Tisch dekken lassen und setzte sich gerade mit dem Dritten Herrn Tang, dem Fünften Herrn Yao und zwei Verwandten vor sechs dampfende Schüsseln mit köstlichen Speisen. Beim Eintritt Onkel Chengs erhoben sich alle von den Plätzen.

»Ihr habt uns heute früh den Rücken gekehrt, um bei dem Sechsten Herrn Fang zu speisen. Haben die Leckerbissen gemundet? Es muß doch sicher sehr vergnüglich gewesen sein«, sagte Yu Huaxuan und befahl sogleich einem Diener: »Bring schnell einen Stuhl. Onkel Cheng soll sich dort drüben niederlassen. Setz ihm eine Tasse vom besten Verdauungstee vor.«

Der Diener stellte weit von der Tafel einen Stuhl hin und bat Onkel Cheng, Platz zu nehmen. Dann brachte er ihm den Tee. Je mehr er trank, desto mehr Hunger bekam er; sein Magen mußte unsägliche Leiden erdulden. Als er sah, wie man dort am Tisch große Stücke Schweinefleisch, Ente und Fisch in den Mund stopfte, packte ihn die Wut, und die Stirnadern schwollen ihm an. Bis spät in den Abend hinein praßten Yu Huaxuan und seine Gäste, während Onkel Cheng vor Hunger fast umkam. Als Yu Huaxuan die Freunde hinausgeleitet hatte, schlich Onkel Cheng heimlich zum Hausmeister, um sich eine Schale mit geröstetem Reis zu erbetteln, die er sich einweichte und gierig hinunterschlang. Dann zog er sich auf sein Zimmer zurück und

wälzte sich die ganze Nacht wütend auf seinem Lager hin und her.

Am nächsten Tag nahm er Abschied, denn er hatte beschlossen, schleunigst heimzukehren.

»Wann werde Ihr wiederkommen?« fragte ihn Yu Huaxuan.

»Wenn wegen des Verkaufs der Ländereien alles geregelt ist. Andernfalls komme ich an dem Tag wieder, da die Seelentafel meiner verstorbenen Tante in die Halle der Heroischen Witwen überführt wird.«

Als Yu Huaxuan eines Tages müßig in seiner Bibliothek saß, meldete der Hausmeister den Besuch des Zweiten Herrn Tang.

»Alter Freund, der besagte Ji ist in der Tat ein Abgesandter des Präfekten. Er wohnt im Tempel des Prächtigen Waldes und ist bereits mit dem Sechsten Herrn Fang und dem Zweiten Herrn Peng zusammengetroffen.«

»Vor einigen Tagen habt Ihr mir dies abgestritten, und heute macht Ihr Euch damit wichtig. Ob Herr Ji vom Präfekten geschickt wurde oder nicht, ist doch völlig nebensächlich.«

Der Zweite Herr Tang lachte verlegen.

»Ich hatte bisher leider nie die Ehre, den Präfekten persönlich kennenzulernen. Ihr müßt selbstverständlich Ji Weixiao in der Präfektur einen Gegenbesuch machen. Könnt Ihr mich dann nicht mitnehmen?«

»Das ließe sich schon machen.«

Einige Tage später mieteten sie zwei Sänften und ließen sich damit nach Fengyang tragen. In der Präfektur gaben sie ihre Karten ab. Yu Huaxuan hatte noch eine zweite Karte mit, die für einen Besuch bei Ji Weixiao bestimmt war. Nachdem ein Diener die Karten im Yamen abgegeben hatte, kam er bald wieder heraus und meldete:

»Herr Ji Weixiao ist nach Yangzhou gereist, aber der Herr Präfekt läßt bitten.«

Die beiden traten ein und wurden von dem Präfekten in der Bibliothek empfangen. Nach dem Austausch einiger

Höflichkeiten verabschiedeten sie sich wieder und suchten sich ein Quartier im Osten der Stadt. Bald erhielten sie eine Karte vom Präfekten, der sie zu einem Essen einlud.

»Morgen sind wir Gäste des Präfekten. Um nicht erst große Umstände zu bereiten, wollen wir uns nicht in unserem so weitgelegenen Quartier abholen lassen, sondern in dem Longxin-Tempel vor dem der Präfektur auf die Boten warten. Wenn wir benachrichtigt werden, sind wir dann gleich am Ziel.«

Lachend erklärte Yu Huaxuan sein Einverständnis.

Am andern Tag nach dem Mittagessen gingen sie gemeinsam zum Longxin-Tempel und ließen sich in der Klause eines Mönches nieder. Von ferne klang lieblicher Gesang und Flötenspiel an ihr Ohr.

»Das klingt aber schön! Ich will einmal nachschauen, wer dort singt und spielt«, meinte der Zweite Herr Tang.

Nach einer Weile kehrte er mit hängendem Kopf zurück.

»Ihr bringt mich um die schönsten Freuden!« rief er. »Denkt einmal, wer dort dahinten im Tempel musiziert? Es ist der Sechste Herr Fang vom Pfandhaus Renchang und der Sohn des Präfekten Li. Sie sitzen vor einem reichgeschmückten Tisch und amüsieren sich mit jungen Schauspielern. Es geht sehr vertraulich untereinander zu. Für mich wäre es besser gewesen, wenn ich mich dem Sechsten Herrn Fang angeschlossen hätte, dann säße ich bereits mit dem Sohn des Präfekten an einem Tisch. Warum bin ich ausgerechnet mit Euch gereist? Den Präfekten habe ich zwar begrüßen können, aber diese Ehre entschädigt mich keineswegs für das entgangene Vergnügen.«

»Habe ich Euch etwa gezwungen mitzukommen? Ihr könnt doch immer noch zum Sechsten Herrn Fang gehen.«

»Nein, ›Reisegefährten‹, so heißt es, ›dürfen sich nicht trennen!‹ Deshalb will ich doch lieber mit Euch in der Präfektur Wein trinken.«

In diesem Augenblick trat der Bote des Präfekten herein, um sie abzuholen. Der Präfekt empfing sie auf das höflichste und beteuerte ihnen seine Wertschätzung. Dann erkundigte er sich:

»Wann werden die Seelentafeln der Heroischen Witwen in die Ehrenhalle überführt werden? Ich will zu diesem Anlaß einen Beamten hinschicken, der die Opfer darbringt.«

Yu Huaxuan antwortete:

»Gleich nach unserer Rückkehr werden wir einen Tag festsetzen und auf jeden Fall Euch eine Einladung schikken.«

Nach dem Essen begaben sie sich wieder in ihr Quartier. Anderntags sandten sie zum Abschied Karten in die Präfektur und kehrten nach Wuhe zurück.

Zwei Tage später bat Yu Youda seinen Vetter Yu Huaxuan um eine Unterredung.

»Man hat den dritten Tag des Dritten Monats für die Überführung der Seelentafeln gewählt«, begann er. »Da in unseren beiden Familien viele Tanten und Großtanten gelebt haben, die in die Halle der Heroischen Witwen aufgenommen werden, sollten unsere Familien gemeinsam ein Opfer vorbereiten und alle Mitglieder unserer Familie den Seelentafeln das Geleit geben. Wir beide werden die Einladungen verschicken.«

»Selbstverständlich tun wir das. Aus meinem Haus stammt eine Heroische Witwe, aus Eurem Haus gingen zwei hervor. Unsere Sippe zählt mehr als hundertvierzig Leute. Wir versammeln uns und ziehen gemeinsam zum Tor der Ehrenhalle. Alle wollen wir Festkleidung anlegen, um die Beamten würdig zu empfangen und den Ruhm unserer Familie sichtbar werden zu lassen.«

»Ich werde es meiner Familie mitteilen, und Ihr ladet Eure Verwandten ein«, entschied Yu Youda.

Als Yu Huaxuan zu den Angehörigen seiner Sippe ging, um sie einzuladen, machte er so bittere Erfahrungen, daß er vor Ärger eine schlaflose Nacht verbrachte. Am frühen Morgen kam Yu Youda so wütend angestürmt, daß man von seinen Augen nur das Weiße sah.

»Vetter«, rief er, »wie ist es Euch bei der Benachrichtigung Eurer Sippe ergangen?«

»Vetter, wie war's bei Euch?« fragte Yu Huaxuan zurück. »Warum macht Ihr ein so wütendes Gesicht?«

»Kein Wort mehr davon. Wenn sie der Einladung nicht hätten folgen wollen, nun gut. Aber was antworteten sie mir? Da auch die alte Dame Fang in die Ehrenhalle überführt werden sollte, möchten sie lieber ihr das Geleit geben, ja, sie besaßen sogar die Frechheit, mich zum Mitgehen überreden zu wollen. Als ich sie darob tadelte, lachten sie mich aus und meinten, ich hinke hinter der Zeit her. Kann man da nicht vor Ärger umkommen?«

Yu Huaxuan lachte bitter:

»Mir ging es um nichts besser. Die ganze Nacht konnte ich vor Wut kein Auge zutun. Morgen werde ich einen Opfertisch herrichten und allein unsere Großtante zum Tempel geleiten.«

»Ich werde es ebenso halten«, versetzte Yu Youda.

Am besagten dritten Tag des Dritten Monats legte Yu Huaxuan neue Kleider an, setzte eine neue Akademikerkappe auf, befahl einem Diener, den Opfertisch zu tragen, und suchte seinen Achten Vetter auf. Als er dort ins Tor trat, herrschte überall Totenstille. Kein Gast war zu sehen. Der Achte Vetter war ein armer Bakkalaureus mit einem zerbeulten Hut auf dem Kopf und mit einem alten schäbigen Rock angetan. Er kam heraus und verneigte sich. Dann verbeugte sich Yu Huaxuan vor der Seelentafel der Großtante und geleitete sie zu dem schadhaften Schrein, den die Familie samt zwei Schulterstangen gemietet hatte. Vier Leute vom Land nahmen ihn auf und setzten sich in Marsch, wobei der Schrein hin und her schwankte. Es gab keine Ehrenbanner. Vor dem Schrein schritten nur vier Musiker, die mit ihren Instrumenten einen fürchterlichen Lärm machten. Yu Huaxuan schritt mit seinem Vetter hinterher. Als sie vor dem Tor der Halle anlangten und etwas rasteten, erblickten sie von weitem noch zwei andere, recht schäbig aussehende

Schreine, denen nicht einmal ein einziger Musiker voranging. Ihnen folgten Yu Youda und sein Bruder Yu Youzhong.

Die vier begrüßten sich mit einer Verbeugung. Vor dem Tor der Halle hingen Lampions und bunte Seidentücher. Drinnen stand eine Festtafel bereit. Da die Halle mitten auf einem Platz errichtet war, konnte man nach allen vier Seiten Ausschau halten. Schauspieler schleppten eine Kiste nach der anderen herbei.

»Die Schauspieler des Herrn Fang sind angelangt«, riefen die Träger der Schreine.

Nach einer Weile hörten sie vom Westtor drei Böller. Und einer der Träger rief:

»Die alte Dame der Familie Fang hat ihren Weg zur Ehrenhalle angetreten.«

Bald hörte man auf der Straße das Dröhnen der Gongs und das Wirbeln der Trommeln. Zwei gelbe Schirme, acht Banner und Prunkpferde wurden vorübergeführt. Die goldenen Schriftzeichen auf den Tafeln verkündigten hohe Titel wie: Minister der Riten, Hanlin-Akademiemitglied, Prüfungskommissar, Bester der Hanlin-Prüfung. Die Tafeln waren von den Mitgliedern der Sippen Yu und Yu gespendet worden. Als die Ehrenbanner vorübergetragen wurden, umdrängten Gongschläger, Reiter mit langen Trompeten und Weihrauchfässer schwingende Männer den Seelenschrein der alten Frau Fang, der von acht großfüßigen Dienerinnen getragen wurde. Der Sechste Herr Fang folgte im Beamtenhut und im Festgewand mit rundem Kragen. Dahinter schritten in langem Zug die Vornehmen der Stadt und des Kreises, die Bakkalaurei sowie der Zweite, der Dritte, der Fünfte und Siebente Herr Peng. Diesen schlossen sich Magister, Aspiranten, Stipendiaten und Studenten aus den Sippen Yu und Yu an. Sie trugen ebenfalls Beamtenhüte und Festgewänder mit rundem Kragen und schauten alle sehr würdig drein. Den Schluß bildeten Bakkalaurei aus den Familien Yu und Yu, etwa siebzig an der Zahl, gekleidet in schäbige Röcke und zerbeulte Mützen auf dem Kopf. Ihr Gesichtsausdruck war ein scheuer und ängstlicher. Hinter der vornehmen Gesellschaft bemerkte man den Zweiten Herrn Tang mit einem Zettel in der Hand, auf den er sich eifrig Notizen machte, und am Ende der Bakkalaureischar drückte sich der Dritte Herr Tang herum, der sich ebenfalls etwas notierte.

Da die Mitglieder der Sippen Yu und Yu im Grunde gebildete und rücksichtsvolle Leute waren, kamen einige, als sie die Schreine ihrer eigenen Familie erblickten, herüber, um sich vor diesen zu verbeugen. Gleich darauf umdrängten sie wieder den Schrein der alten Frau Fang. Zu allerletzt trafen der Kreisamtmann, ein Professor der Hanlin-Akademie und der Polizeivorsteher ein. Man stellte die Ehrenbanner und die Seelentafeln auf und schlug Trommeln und Gongs. Zuerst opferten der Amtmann, der Professor und der Polizeivorsteher, darauf die Vornehmen des Kreises, die Bakkalaurei und die Mitglieder der Familie Fang. Nachdem die Feier beendet war, strömten die Vornehmen lärmend hinaus, um zum Festmahl in die Halle der Schriftenehrung zu eilen.

Erst als sich die Menge zerstreute, ließen Yu Youda und Yu Huaxuan ihre Schreine hineintragen und stellten die Seelentafeln an den vorgeschriebenen Plätzen auf. Yu Huaxuan hatte einen ganzen Opfertisch vorbereitet, während Yu Youda nur fünf Opferspeisen mitgebracht hatte. Nachdem sie geopfert hatten, wurde der Opfertisch wieder hinausgeschafft. Da in der Halle der Schriftenehrung kein Platz für ein geselliges Zusammensein mehr war, beschlossen sie, zu dem Boten des Schulinspektors zu gehen, von dessen Haus aus man das festliche Treiben der Familie Fang und ihrer Gäste beobachten konnte. Yu Youda betrachtete neugierig die Honoratioren in ihren gestickten Gewändern und roten Schuhen, wie sie sich gegenseitig mit blinkenden Pokalen und Schalen zutranken. Der Sechste Herr Fang, dem die steifen Festkleider lästig fielen, vertauschte sie mit einem bequemeren Gewand und ging dann in den Wandelgängen der Halle auf und ab. Eine großfüßige Blumenhändlerin namens Quan kletterte die Stufen zur Halle hinauf und rief lachend: »Ich wollte eigentlich auch die alte Dame in die Ehrenhalle begleiten.«

Der Sechste Herr Fang lächelte zufrieden, stellte sich neben sie und betrachtete, über das Geländer gelehnt, die Ehrenbanner. Er wies mit dem Finger auf ein jedes und erklärte seiner Nachbarin deren Herkunft. Die Blumenhändlerin hörte zu und stützte sich mit der einen Hand auf das Geländer, während sie mit der anderen die Hose öffnete, ungeniert auf Flohfang ausging und die Beute jeweils in den Mund steckte. Yu Youda wandte sich angeekelt ab und sagte zu seinem Vetter:

»Wir wollen hier keinen Wein trinken. Den Opfertisch lassen wir in Euer Haus bringen, und ich komme mit zu Euch. So brauchen wir uns dem Anblick solch empörender Dinge nicht auszusetzen.«

Sodann machten sie sich auf den Weg. Auf der Straße meinte Yu Youda:

»Vetter, Anstand und Sitte sind in unserem Kreis selten geworden. Nicht einmal die Mitglieder der Akademie geben ein gutes Beispiel. Bei Doktor Yu in Nanjing würde sich so etwas niemals ereignet haben.«

»Doktor Yu brauchte Schülern des Kaiserlichen Kollegs nicht erst etwas zu verbieten. Seine Tugenden und sein Beispiel verwehrten es den Menschen, gegen die Riten zu verstoßen«, erwiderte Yu Huaxuan.

Beide seufzten tief auf und setzten ihren Weg fort. Zu Hause angelangt, tranken sie Wein, und zwar nicht wenig.

Die Arbeiten an der Halle der Heroischen Witwen hatten zu dieser Zeit bereits begonnen. Yu Huaxuan beaufsichtigte täglich die Handwerker. Als er eines Tages nach Hause kam, saß Onkel Cheng in seiner Bibliothek. Yu Huaxuan begrüßte ihn, ließ Tee bringen und fragte:

»Weshalb seid Ihr nicht hierhergekommen, als man die Seelentafeln in die Ehrenhalle überführte?«

»Ich bin durch Krankheit davon abgehalten worden. Durch meinen Bruder erfuhr ich, wie festlich alles vonstatten gegangen ist. Die Ehrenbanner der Familie Fang sollen die halbe Straße eingenommen und Amtmann Wang und die Herren Peng der Seelentafel das Geleit gegeben haben. In der Halle der Schriftenehrung wäre tüchtig getafelt worden, und Schauspieler hätten ihre Künste dargeboten. Aus den vier Märkten und acht Dörfern der näheren Umgebung wären viele Zuschauer zusammengeströmt. Immer wieder hätte man hören können: ›Ist jemand anderes als der Sechste Herr Fang imstande, ein so glänzendes Fest zu veranstalten?‹ Zweifellos habt Ihr in der Halle der Schriftenehrung meinen Anteil Wein auch mit ausgetrunken.«

»Onkel Cheng, Ihr habt wohl ganz vergessen, daß ich an besagtem Tag meine Achte Großtante in die Ehrenhalle geleitet habe?« sagte Yu Huaxuan in vorwurfsvollem Ton.

Onkel Cheng lächelte spöttisch:

»Eure Verwandten aus der Achten Familie sind so arm, daß sie zwar Beine, aber keine Hosen dafür besitzen. Wer von der eigenen Sippe hätte unter solchen Umständen Lust gehabt, der Achten Großtante das Geleit zu geben? Macht mir doch nichts vor, Ihr habt doch gewiß auch der alten Frau Fang das Geleit gegeben?«

»Reden wir nicht mehr davon«, sagte Yu Huaxuan ziemlich verärgert.

Nach dem Abendessen rückte Onkel Cheng mit seinem eigentlichen Anliegen heraus:

»Der Besitzer des betreffenden Ackerlandes ist in Begleitung eines Maklers nach Wuhe gekommen. Er wohnt im Tempel des Prächtigen Waldes. Wenn Ihr das Land haben wollt, könnt Ihr morgen die Sache perfekt machen.«

»Ja, vorausgesetzt, daß ich will.«

»Ich habe noch etwas auf dem Herzen. Wie Ihr wißt, habe ich Euch auf dieses Ackerland aufmerksam gemacht. Für diesen Hinweis habe ich wohl gut fünfzig Unzen verdient. Bitte, wiegt mir dieses Geld in Eurem Hause ab. Auch zu dem Verkäufer werde ich gehen, damit er mich gleichfalls für meine Mühe belohnt.«

»Ihr werdet schon Euer Teil bekommen.«

Danach setzten sie die Höhe des Pachtpreises fest, kontrollierten die Waage und prüften die Qualität des Silbers. Auch unterhielten sie sich noch eingehend über die Beschaffenheit des Landes, ob es dort gutes Wasser gäbe, welche Steuern darauf erhoben würden und anderes mehr. Darauf lud Onkel Cheng den Besitzer und seinen Makler für den nächsten Morgen in das Haus Yu ein.

Als Onkel Cheng in die Bibliothek des Hausherrn trat, um ihn zu bitten, den Kaufvertrag zu unterzeichnen, sah er ihn umringt von einer Schar von Zimmerleuten und Maurern, die sich ihr Geld holten. Yu Huaxuan war damit beschäftigt, Silbergeld im Wert von fünf Unzen an die Leute zu verteilen. Im Verlauf zweier Stunden hatte er einige hundert Unzen ausgegeben. Als Yu Huaxuan mit der Verteilung des Silbers fertig war, trat Onkel Cheng mit dem Vertrag an ihn heran. Yu Huaxuan warf einen Blick darauf und zog die Augenbrauen hoch:

»Das Ackerland ist mir zu teuer. Ich nehme es nicht.«

Onkel Cheng verlor vor Entsetzen beinahe den Verstand.

»Onkel Cheng, ich nehme das Land wirklich nicht«, wiederholte Yu Huaxuan. Dann befahl er einem Diener:

»Geh in die Halle und jage sofort in meinem Namen die dreckigen Bauernlümmel fort!«

Onkel Cheng runzelte die Stirne und schnitt eine fürchterliche Grimasse. Es blieb ihm nichts anderes übrig, als selbst zu den Leuten aus dem Dorf hinauszugehen.

Damit schließt das Kapitel. Wie es weitergeht, können wir wirklich noch nicht sagen.

Achtundvierzigstes Kapitel

In der Präfektur Huizhou folgt eine treue Frau ihrem Gatten in den Tod · Ein über den Tod seiner Tochter bekümmerter Weiser besucht mit einem Freunde den Taibo-Tempel

Yu Youda war es allmählich zu einer lieben Gewohnheit geworden, früh am Morgen zum Unterricht in das Haus Yu Huaxuans zu eilen und erst spät am Abend wieder heimzukehren. Eines Morgens stand er wie immer auf, wusch sich das Gesicht, trank seinen Tee und trat durch das Haupttor auf die Straße hinaus. Da kamen drei Reiter auf ihn zugeritten; sie sprangen vom Pferd und brachten dem Erstaunten ihre Glückwünsche dar.

»Um was für eine gute Nachricht handelt es sich denn?«

Die Boten überreichten ihm einen Zettel. Yu Youda erfuhr daraus, daß er zum Schulinspektor von Huizhou ernannt worden war. Hocherfreut bewirtete er die Boten mit einem kleinen Imbiß und mit Wein; dann schickte er sie mit einem Trinkgeld wieder fort.

Die Kunde von Yu Youdas Ernennung hatte sich wie ein Lauffeuer durch ganz Wuhe verbreitet. Als erster Gratulant erschien Yu Huaxuan. Später trafen noch andere Verwandte und zahlreiche Freunde ein. Einige Tage mußte Yu Youda ausschließlich damit verbringen, Gegenbesuche zu machen. Nachdem er in Anqing seine Ernennungsurkunde abgeholt hatte, zog er mit seiner ganzen Familie nach seinem neuen Amtssitz um. Der Zweite Bruder, den er aufgefordert hatte mitzukommen, erwiderte:

»Ich bleibe lieber hier, da du beim Amtsantritt zunächst noch ein sehr bescheidenes Leben führen mußt.«

»Jeder Tag ist kostbar, den wir zusammen verbringen können. Früher haben wir in verschiedenen Gegenden als Lehrer unser Brot verdienen müssen und haben uns oft jahrelang nicht gesehen. Nun sind wir alt geworden und wollen künftighin zusammenbleiben. Ob mein Gehalt für uns beide langt, das wird sich ja herausstellen. Ein Beamtenposten ist immerhin einträglicher als eine Lehrerstellung. Bruder, du kannst ruhig mitkommen.«

Yu Youzhong ließ sich überreden; sie packten ihre Siebensachen und reisten nach Huizhou.

Die Einwohner von Huizhou, die Yu Youda ob seiner schriftstellerischen Fähigkeiten sehr bewunderten, freuten sich aufrichtig, als sie hörten, wer ihr neuer Schulinspektor geworden war. Die Leute bekamen mit Yu Youda in der Tat einen Mann von redlichem Charakter und außerordentlicher Redegewandtheit. Selbst die Bakkalaurei, die erst ein gewisses Mißtrauen gegen ihn hegten, fanden sich schließlich in großer Zahl ein. Jedermann sagte, man habe einen ausgezeichneten Schulinspektor erhalten. Als sie mehrere Gespräche mit ihm geführt und seine Gelehrsamkeit festgestellt hatten, stieg er in ihrer Achtung noch beträchtlich höher. Täglich machten einige Bakkalaurei den beiden Brüdern ihren Besuch.

Eines Tages trat ein Bakkalaureus in die Halle, gekleidet in ein blaues, schäbiges Gewand und mit einer Akademikerkappe auf dem Kopf. Sein dunkles, faltiges Gesicht und sein bereits ergrauter Bart ließen auf ein Alter von mindestens sechzig Jahren schließen. Der Fremde überreichte seine Karte eigenhändig Yu Youda. ›Euer Schüler Wang Yun‹, las der Hausherr. Sie begrüßten einander. Sodann fragte Yu Youda: »Ihr heißt doch auch noch Yuhui, Kollege Wang?«

»Ganz recht.«

»Herr Wang, seit mehr als zwanzig Jahren höre ich von Euch und Eurem Ruhm und habe mich danach gesehnt, Euch kennenzulernen. Wir wollen alle hochtönenden Phrasen lassen und uns Brüder nennen.«

Yu Youda führte den Gast in die Bibliothek und ließ seinen Bruder rufen. Yu Youzhong erschien bald darauf und tauschte mit Wang Yuhui Worte der aufrichtigsten Verehrung aus. Herr Wang ließ sich also vernehmen:

»Ich, Euer Schüler, habe es seit dreißig Jahren nicht weiter gebracht als bis zum Bakkalaureus und bin nur ein dummer, einfältiger Mensch. Früher habe ich am Leben und Treiben in der hiesigen Bezirksschule nicht teilgenommen, da aber nun so berühmte Leute wie Ihr und Euer älterer Bruder hier tätig sind, möchte ich von Euch und Eurem werten Bruder Belehrung einholen. Aber ich möchte mich nicht am allgemeinen Unterricht beteiligen, sondern Euer ganz persönlicher Schüler werden.«

»Seht uns nicht als Lehrer an, werter Bruder, sondern betrachtet uns als gute Freunde. Verdient Ihr Euer Brot als Lehrer? Wie ich weiß, habt Ihr immer in ärmlichen Verhältnissen gelebt? Wie habt Ihr Euch so lange über Wasser halten können?«

»Ich möchte Euch in aller Offenheit bekennen, Bruder Yu Youzhong, daß ich mir im Leben ein bestimmtes Ziel gesteckt habe. Um künftigen Studenten bei ihrem Studium behilflich zu sein, stelle ich drei Werke zusammen.«

»Drei Werke?«

»Ein Werk über die Riten, eines über Schriftzeichen und ein anderes über Regeln für die Landbewohner.«

»Auf welche Weise habt Ihr Euer Werk über die Riten abgefaßt?«

»Ich teile die Riten in drei Klassen ein. Erstens die Riten, die sich auf die Verehrung der Eltern und Ahnen beziehen; zweitens die Riten, die das Verhältnis zwischen alt und jung regeln; drittens die Riten, die den Umgang von Freund zu Freund betreffen. Ganz oben auf der Seite steht der klassische Text in großer Schrift; darunter folgen Kommentare alter Weiser, Philosophen und Historiker. Das Ganze stellt ein Sittenbuch für die Jugend dar.«

»Dieses Werk müßte von der Hanlin-Akademie veröffentlicht werden und im Land von Hand zu Hand gehen. Nun erklärt mir auch noch das Buch über die Schriftzeichen.«

»Es demonstriert die Methode, wie man in sieben Jahren

das Lesen und Schreiben erlernen kann. Da dieses Werk bereits abgeschlossen ist, möchte ich es Euch einmal zur Beurteilung vorlegen.«

»Die Schriftkunde wurde seit langem vernachlässigt«, meinte Yu Youzhong. »Mit dieser Arbeit habt Ihr Euch kein geringes Verdienst erworben. Und wie verhält es sich mit den Regeln für die Landbewohner?«

»Darin habe ich nur einige der wichtigsten Verhaltensregeln für das tägliche Leben zusammengestellt, um auch die ungebildeten Schichten der Bevölkerung aus ihrer Trägheit aufzurütteln. Mein Pinsel wird nicht ruhen, bis diese drei Werke vollendet sind. So fehlt mir die Zeit, den Lehrerberuf auszuüben.«

»Wieviel Söhne besitzt Ihr?«

»Ich habe nur einen Sohn, aber vier Töchter. Die älteste lebt als Witwe in meinem Haus, die anderen sind seit einem Jahr verheiratet.«

Yu Youda lud den Gast zum Essen ein. Die Karte aber, auf der sich Wang als sein Schüler tituliert hatte, gab er ihm wieder zurück.

»Wir erwarten Euch noch öfters in unserem Hause auf ein Plauderstündchen, auch wenn Euch unsere einfache Kost nicht zusagen sollte.«

Die beiden Brüder geleiteten Wang Yuhui bis vors Tor. Dieser machte sich gemächlich auf den Heimweg. Er wohnte fünf Meilen von der Stadt entfernt. Daheim angelangt, erzählte Wang seiner Frau und seinem Sohn, wie zuvorkommend er von Yu Youda behandelt worden war.

Anderntags kam Yu Youda mit der Sänfte ins Dorf und erwiderte den Besuch Wang Yuhuis. Nachdem sie eine Weile miteinander geplaudert hatten, verabschiedete sich der Besucher wieder. Den Tag darauf nahte zu Fuß Yu Youzhong in Begleitung eines Dieners, der eine Last Reis trug.

»Diese Last Reis«, sagte er, »stammt aus den Vorräten meines Bruders.« Und indem er ein Päckchen mit Silbergeld hervorzog, fuhr er fort: »Und hier eine Unze Silber aus dem Einkommen meines Bruders. Bitte, verwendet das Geld für Brennholz und Essen.«

Wang Yuhui nahm das Silber entgegen und sagte:

»Wie darf ich das Geschenk meines Lehrers annehmen, da ich es versäumte, ihm gebührende Aufmerksamkeit zu erweisen?«

»Ach, Ihr wundert Euch wohl darüber«, sagte Yu Youzhong und lächelte. »Allerdings ist die hiesige Bezirksschule arm, und zudem hat mein Bruder ja gerade erst sein Amt angetreten. Doch strebt mein älterer Bruder danach, Doktor Yu nachzueifern, der mit seinem spärlichen Gehalt berühmte Nanjinger Gelehrte unterstützt hat.«

»›Ein Geschenk vom Vorgesetzten darf man nicht ablehnen‹, heißt es von alters her. So nehme ich es also dankend an.«

Wang Yuhui bat Yu Youzhong, an seinem bescheidenen Mahl teilzunehmen, und zeigte ihm sodann die Manuskripte seiner drei Werke. Yu Youzhong stieß bei ihrem Anblick Seufzer der Bewunderung aus.

Gegen nachmittag erschien ein Fremder und berichtete folgendes:

»Herr Wang, unser junger Herr liegt krank darnieder. Die junge Frau bittet Euch, an sein Krankenlager zu kommen. Bitte, brecht sofort auf.«

Wang Yuhui wandte sich an Yu Youzhong:

»Dieser Mann kommt von meiner Dritten Tochter. Ich soll sofort meinen kranken Schwiegersohn aufsuchen.«

»Nun, dann will ich mich verabschieden. Ich nehme Eure Manuskripte mit, um sie meinem Bruder zu zeigen. Wenn er sie durchgelesen hat, bringe ich sie Euch wieder zurück.«

Yu Youzhong stand auf. Der Diener, dem man inzwischen etwas zu essen gegeben hatte, schulterte die leeren Körbe, tat in den einen Korb die Manuskripte hinein und folgte seinem Herrn in die Stadt.

Nach sieben Meilen Wegs erreichte Wang Yuhui das

Haus des Schwiegersohnes. Dieser war in der Tat sehr schwer erkrankt. Man hatte einen Arzt geholt, aber die von diesem verabreichte Medizin zeigte nicht die geringste Wirkung. Einige Tage später starb der Schwiegersohn. Wang Yuhui beklagte laut seinen Tod, und die Tochter weinte, daß der Himmel gerührt wurde und die Erde trauerte. Nachdem man ihren Mann eingesargt hatte, sprach sie zu ihren Schwiegereltern und ihrem Vater:

»Meine älteste Schwester verlor ebenfalls ihren Gatten und muß von Euch, Vater, ernährt werden. Nun starb mein Mann. Soll ich Euch auch noch zur Last fallen? Ihr, ein armer Gelehrter, könnt doch nicht all Eure Töchter ernähren.«

»Was hast du denn vor?«

»Ich nehme von Euch, Vater, und von meinen Schwiegereltern Abschied und folge meinem Gatten in den Tod.«

Die Schwiegereltern vergossen bei diesen Worten wahre Tränenbäche.

»Mein Kind, bist du denn ganz von Sinnen? Ein Sprichwort sagt, daß selbst die Ameisen ihr Leben lieben. Schlage dir diesen furchtbaren Gedanken aus dem Kopf. Während des Lebens gehörst du als Mensch und nach dem Tode als Geist unserer Familie an. Selbstverständlich werden wir dich als deine Schwiegereltern ernähren.«

»Ihr seid schon alt«, entgegnete die geborene Wang. »Eine Schwiegertochter, die ihre Schwiegereltern nicht unterstützt, sondern im Gegenteil ihnen zur Last fällt, kann sich bei ihnen nicht wohlfühlen. Hindert mich nicht an meinem Entschluß. Allerdings werden noch einige Tage vergehen. Vater, geht nach Haus und holt die Mutter hierher, damit ich von ihr noch persönlich Abschied nehmen kann. Daran liegt mir sehr viel.«

»Verwandte, wenn ich es genau überlege, muß ich meiner Tochter recht geben und es ihr erlauben, sich für ihren Gatten aufzuopfern. Was fortstrebt, kann man gegen seinen Willen nicht halten. Mein Kind«, wandte er sich sodann an die Tochter, »du wirst dir in den Annalen der Tugend einen bleibenden Namen erwerben. Ich hindere dich nicht. Tue, wie du es dir vorgenommen hast. Ich hole die Mutter, damit ihr voneinander Abschied nehmen könnt.«

Die Schwiegereltern erhoben heftigen Einspruch. Wang Yuhui aber begab sich sogleich nach Hause, um seine Frau zu verständigen. Diese rief entsetzt:

»Je älter du wirst, desto dümmer wirst du! Deine Pflicht wäre es gewesen, deine Tochter von ihrem Vorhaben abzubringen, anstatt sie darin zu bestärken.«

»Ach, ihr Frauen versteht so etwas nicht!« meinte Wang Yuhui.

Frau Wang vergoß bittere Tränen. Sie bestellte sofort eine Sänfte, da sie unbedingt mit ihrer Tochter reden wollte. Wang Yuhui aber blieb seelenruhig zu Hause, las und schrieb und wartete auf Nachrichten von seiner Tochter. Inzwischen versuchte Frau Wang alles, um ihre Tochter von ihrem Vorhaben abzubringen, doch vergeblich. Diese wusch und kämmte sich zwar wie gewöhnlich und saß neben der Mutter, rührte aber weder Reis noch Tee an. Die Mutter und die Schwiegereltern erfanden alles mögliche, um die Tochter zum Essen zu bewegen, doch ohne Erfolg. Nachdem sie sechs Tage lang nicht das geringste zu sich genommen hatte, konnte sie nicht mehr aufstehen. Der Anblick all dieses Elends zerriß der Mutter fast das Herz; sie erkrankte und mußte nach Hause geschafft werden.

Drei Tage später klopften um die zweite Nachtwache einige Fackeln tragende Männer an das Tor von Wangs Hütte.

»Heute gegen Mittag ist eure Dritte Tochter verschieden, nachdem sie acht Tage lang nichts mehr gegessen hatte.«

Frau Wang geriet vor Schmerz völlig außer sich und stürzte ohnmächtig zu Boden. Kaum daß man sie wieder ins Bewußtsein zurückgerufen hatte, brach sie erneut in lautes Weinen aus.

Wang Yuhui trat an ihr Lager und sagte:

»Alte, du stellst dich ja ganz närrisch an! Weshalb weinst du? Unsere Dritte Tochter ist doch nun unsterblich geworden. Mir wird später schwerlich die Gelegenheit geboten werden, auf so rühmliche Art zu sterben.« Und zum Himmel aufblickend, rief er lachend: »Ein herrlicher Tod! Ein herrlicher Tod!« Immer noch lachend, lief er aus dem Zimmer.

Als am nächsten Tag Yu Youda vom freiwilligen Tod der Tochter Wangs erfuhr, war er sehr erstaunt und betrübt. Er bereitete einen Opfertisch mit den drei Opferspeisen und opferte persönlich vor der Seelentafel. In seinem Yamen wieder angelangt, trug er seinem Sekretär auf, sofort einen Antrag auf Ehrung der heroischen Witwe einzureichen. Yu Youzhong verfaßte über alles einen genauen Bericht und erschien ebenfalls mit Opferspeisen im Hause Wang. Viele Doktoren, Magister, Bakkalaurei und Studenten, die alle die Großmut des Schulinspektors Yu bewunderten, bewiesen ebenfalls ihre Teilnahme. Zwei Monate später hatte die vorgesetzte Behörde zugestimmt, daß gemäß dem Antrag die Seelentafel in die Ehrenhalle gebracht und am Tor ein Ehrenbogen errichtet werden durfte. Zur Feier des Einzugs in die Ehrenhalle lud Yu Youda den Kreisamtmann ein, stellte die Ehrenbanner auf und begleitete die Seelentafel der heroischen Witwe in die Halle. Die Vornehmen des Kreises folgten in Festkleidung zu Fuß im Zuge. Endlich stand die Seelentafel auf dem vorgesehenen Platz, und nacheinander opferten der Amtmann, der Schulinspektor, die Vornehmen des Kreises, die Kollegen aus der Schule, die Verwandten der Familie Wang und die Schwiegereltern der Verstorbenen. Das Opfern dauerte fast den ganzen Tag. Schließlich wurde in der Halle der Schriftenehrung das Festmahl gerichtet. Die Schulkollegen Wangs bestanden darauf, ihm den Ehrenplatz zu überlassen, da er der Vater dieser tugendsamen Tochter sei, die ein hohes moralisches Beispiel gegeben habe. Wang Yuhui sagte jedoch ab, da er allmählich den Verlust der Tochter als sehr schmerzlich zu empfinden begann.

Am andern Tag bedankte sich Wang Yuhui im Yamen bei Yu Youda. Die beiden Brüder luden ihn zum Essen ein.

»Ich halte es nicht mehr länger zu Hause aus«, gestand Wang Yuhui, »muß ich doch Tag und Nacht meine alte Frau klagen hören. Darum möchte ich für eine Zeitlang in die Fremde ziehen, und Nanjing scheint mir der rechte Ort zu sein, um mich für länger dort aufzuhalten. In Nanjing gibt es große Buchhandlungen, mit denen ich über den Druck meiner drei Bücher verhandeln kann.«

»Leider hat Doktor Yu schon seit längerem Nanjing den Rücken gekehrt. Wenn er Eure Bücher vorher nach Gebühr gelobt hätte, würden sich die Buchhandlungen darum reißen. Mein Bruder wird Euch einige Empfehlungsschreiben an unseren Vetter Du Shaoqing und an Herrn Zhuang Shaoguang mitgeben. Das Lob dieser beiden Männer ist Goldes wert«, sagte Yu Youzhong.

Bereitwillig schrieb Yu Youda Briefe an Du Shaoqing und an Zhuang Shaoguang und außerdem noch an Chi Hengshan und Wu Shu.

Da der Landweg für den alten Wang zu beschwerlich gewesen wäre, bestieg er eine Dschunke, die über Yanzhou und über den Westsee fuhr. Seine traurigen Blicke schweiften zu den leuchtenden Bergen und über das glänzende Wasser, während seine Gedanken bei der toten Tochter weilten. In Suzhou, wo er umsteigen mußte, fiel ihm plötzlich ein, daß auf dem Dengwei-Berg ein alter Freund von ihm wohnte, der seine Bücher außerordentlich schätzte. Warum sollte er ihn nicht aufsuchen?

Gesagt – getan. Wang Yuhui schaffte sein Gepäck in ein in der Nähe des Bergteichs gelegenes Gasthaus und wollte sich mit dem Schiff zum Dengwei-Berg übersetzen lassen. Leider sollte das Schiff erst abends abfahren, dabei war es noch früh am Tage.

»Wißt Ihr in dieser Gegend einen lohnenden Ausflugsort«, fragte er den Wirt.

»Ihr braucht nur den Weg hier hinaufzugehen«, erwiderte dieser, »und nach etwa zwei Meilen erreicht Ihr den Tigerhügel; dort ist es ganz herrlich.«

Wang Yuhui befolgte den Rat. Die engen Gassen wurden allmählich breiter. Auf halber Höhe lud ein Teehaus zur Rast ein. Wang Yuhui beschloß, eine Schale Tee zu trinken. Von dort oben konnte er die großen Lustbarken bewundern, die mit ksotbaren Schnitzereien und buntbemalten Säulen geschmückt waren. Man erblickte Tafeln mit Krügen voller Wein, und hie und da stiegen kleine Weihrauchwölkchen auf. Nachdem die Lustbarken vorübergeglitten waren, folgten einige Boote mit weiblichen Passagieren. Die Vorhänge waren nicht heruntergelassen, und so sah man die festlich gekleideten Damen behaglich ihren Wein trinken.

›In Suzhou herrschen augenscheinlich lockere Sitten‹, dachte Wang Yuhui. ›Eine Frau darf doch ihre Gemächer nicht verlassen, und hier auf dem Teich vergnügen sich die Weiber vor aller Augen. Das ist ja unerhört!‹

Als er eine Weile später eine junge Frau im weißen Trauergewand erblickte, fiel ihm seine Tochter ein, und er spürte im Herzen einen heftigen Stich, so daß ihm die Tränen kamen. Wang Yuhui beherrschte seinen Schmerz, trat ins Freie und setzte seinen Aufstieg zum Tigerhügel fort. Die Straße säumten Verkaufsstände mit Sojabohnenmilch, Schilfmatten, Spielwaren und allen Arten von Blumen. Es herrschte ein großer Trubel. Auch Weinschenken und Imbißhallen fehlten nicht. Erst nach einer geraumen Weile erreichte Wang Yuhui, den seine alten Beine nur sehr langsam vorantrugen, den Tigerhügeltempel. Über eine im weiten Bogen geschwungene, nach oben führende Treppe gelangte er zum Felsen der Tausend Menschen, wo Teetische für Gäste bereitstanden. Wang Yuhui trank eine Tasse Tee und ließ seine Blicke umherwandern. Was für eine herrliche Aussicht! Der Himmel schimmerte in einem leicht verschleierten Dunst und kündigte Regen an. Aber bald mußte er an Aufbruch denken, und er verließ den Tempel. Unterwegs bekam er Hunger. So suchte er eine Imbißhalle auf und aß Schweinefleischpasteten, das Stück zu sechs Käsch. Wang Yuhui bezahlte und kehrte ins Gasthaus zurück. Inzwischen war es dunkel geworden, und die Schiffsleute drängten zur Abfahrt. Wang Yuhui schaffte sein Gepäck an Bord; da glücklicherweise nur ein leichter Regen fiel, konnte das Schiff die ganze Nacht hindurch fahren. Am Dengwei-Berg angelangt, erreichte Herr Wang bald das Haus seines Freundes, ein niedriges Gebäude, vor dessen Tor Trauerweiden mit tief herabhängenden Zweigen standen. Über dem Tor, dessen Flügel geschlossen waren, hatte man weiße Tücher angebracht. Der darüber heftig erschrockene Wang Yuhui klopfte laut an die Tür. Der Sohn seines Freundes, ganz weiß gekleidet, öffnete und begrüßte den Gast.

»Weshalb kommt Ihr erst heute? Mein Vater dachte täglich an Euch und bedauerte es noch in seiner Sterbestunde, nicht von Euch Abschied nehmen zu können. Auch betrübte es ihn sehr, daß er Eure neuen Bücher würde nicht mehr lesen können.«

Wang Yuhui, der aus diesen Worten entnehmen mußte, daß sein Freund tot sei, vergoß heiße Tränen.

»Wann ist Euer Vater heimgegangen?«

»Vor noch nicht einer Woche.«

»Der Sarg steht sicher noch im Hause?«

»Ja, er steht noch im Hause.«

»Führt mich bitte sofort hin!«

»Wascht erst Euer Gesicht und trinkt eine Tasse Tee, dann werde ich Euren Wunsch erfüllen.«

Der junge Mann führte Wang Yuhui in ein Gemach und brachte eine Schüssel mit Wasser. Doch Tee wünschte der Gast nicht zu trinken, sondern verlangte, sofort den Sarg zu sehen. Dieser stand in der Mitte der Halle, davor erblickte man einen Räuchertisch und Kerzenständer sowie das Bildnis des Verstorbenen und das Seelenbanner. Wang Yuhui warf sich viermal hintereinander auf die Erde und weinte dabei bitterlich. Der Sohn dankte ihm für seine große Anteilnahme. Nach dem Tee kaufte Wang Yuhui von seinem Reisegeld Weihrauch, Opferfleisch, Wein und Papiergeld und opferte, indem er seine Bücher vor die Seelentafel legte und heftig schluchzte. Schon am nächsten Tag setzte Wang Yuhui seine Reise fort, wiewohl ihn der Sohn des Verstorbenen gebeten hatte, noch zu bleiben. Wang Yuhui verabschiedete sich von seinem toten Freunde und bestieg schluchzend das Schiff. Der Sohn hatte ihn noch bis zur Landungsstelle begleitet.

In Suzhou bestieg Wang Yuhui eine andere Dschunke und setzte am Westwassertor seinen Fuß endlich auf Nanjinger Boden. Im Niugong-Tempel schlug er sein Quartier auf. Am nächsten Tag machte er sich mit seinen Empfehlungsbriefen auf den Weg zu den Adressaten, ohne aber auch nur einen einzigen anzutreffen. Du Shaoqing weilte gerade zu Besuch bei Doktor Yu, der nun in Zhejiang tätig war. Zhuang Shaoguang ließ in der Heimat die Gräber seiner Ahnen ausbessern. Und Chi Hengshan und Wu Shu hatten Beamtenstellen in weit entfernten Orten erhalten. Aber Herr Wang Yuhui war darüber keineswegs sehr betrübt, sondern nutzte die Zeit, um fleißig im Niugong-Tempel zu studieren.

Nach einem Monat war das mitgenommene Reisegeld verbraucht. Wang Yuhui irrte planlos durch die Straßen. An einer Ecke stieß er mit einem Mann zusammen, der sich vor ihm verneigte und mit lauter Stimme rief:

»Alter Onkel, was führt Euch denn hierher?«

Wang Yuhui blickte auf. Der Fremde entpuppte sich als ein Landsmann namens Deng Zhifu. Sein Vater hatte seinerzeit mit Wang Yuhui unter dem gleichen Prüfungskommissar die Bakkalaureusprüfung bestanden. Als sich Deng Zhifu später selbst zum Examen meldete, verbürgte sich Wang Yuhui für ihn. So war die Anrede ›Alter Onkel‹ durchaus angebracht.

»Alter Neffe, jahrelang habe ich Euch nicht gesehen. Wo seid Ihr denn inzwischen gewesen?«

»Wo wohnt Ihr hier, alter Onkel?«

»Gleich in der Nähe, im Niugong-Tempel.«

»Dann begleite ich Euch zu Eurem Quartier.«

Dort angekommen, verbeugte sich Deng Zhifu ein zweites Mal, dann begann er zu berichten.

»Ich lebte während der fünf Jahre, seit wir uns nicht sahen, in Yangzhou. Neulich wurde ich hierhergeschickt, um Speisesalz vom oberen Chang Jiang einzukaufen. Mein Quartier befindet sich im Tempel der Himmelsverehrung. Ich habe oft an Euch gedacht. Wie ist es Euch ergangen? Was führt Euch nach Nanjing?«

Wang Yuhui bat den Gast, Platz zu nehmen.

»Gelehrter Neffe, als Eure Mutter Witwe wurde, führte sie ein tugendsames, streng enthaltsames Leben. Eines Tages brach beim Nachbarn Feuer aus. Da flehte sie den Himmel um Hilfe an, worauf ein Regen einsetzte, der das Feuer löschte. Alle Welt hörte davon. Wer hätte damals gedacht, daß auch meine Tochter einmal in die Schar der Heroischen Witwen eingehen sollte!«

Wang Yuhui berichtete sodann, wie seine Tochter freiwillig dem Gatten in den Tod gefolgt war.

»Ach, hat meine Frau da gejammert! Schließlich ertrug ich es nicht mehr und bin in die Fremde gegangen. Schulinspektor Yu Youda gab mir Empfehlungsbriefe an einige Freunde mit, aber ich traf keinen einzigen an.«

»Um wen handelt es sich denn?«

Wang Yuhui zählte die Namen auf.

Deng Zhifu seufzte:

»Mir ist es diesmal nicht anders ergangen. Was waren das doch noch für Zeiten, als Doktor Yu in Nanjing lebte und den Mittelpunkt der hiesigen Gelehrtenwelt bildete, damals, als man das große Opfer im Taibo-Tempel feierte, von dem dann alle Welt sprach! Seit Doktor Yus Fortgang haben sich seine gelehrten Freunde in alle Winde zerstreut wie flüchtige Wolken. Im vergangenen Jahr traf ich hier noch Du Shaoqing an. Durch ihn wurde mir ein Besuch bei Zhuang Shaoguang auf der Parkinsel im Yuanwu-See ermöglicht. Nun ist keiner von ihnen mehr da. Ich möchte Euch einen Vorschlag machen: Zieht doch zu mir in den

Tempel der Himmelsverehrung, denn Euer Quartier ist recht armselig.«

Wang Yuhui willigte ein. Er kratzte sein letztes bißchen Silber für die Miete zusammen, nahm von dem Mönch Abschied und begab sich mit Deng Zhifu in den Tempel der Himmelsverehrung. Deng Zhifu wartete am Abend mit einem reichlichen Mahl auf. Man kam nochmals auf den Taibo-Tempel zu sprechen.

»Wo liegt denn dieser Taibo-Tempel eigentlich? Ich möchte ihn morgen besichtigen.«

»Ich werde Euch begleiten, alter Onkel.«

Am nächsten Tag gingen die beiden durch das südliche Stadttor hinaus und erreichten bald den Taibo-Tempel. Der Pförtner öffnete das Tor, nachdem Deng Zhifu einige Silbermünzen in seine Hand hatte gleiten lassen. In der Haupthalle vollzogen sie tiefe Verbeugungen. Die Zettel, auf denen Chi Hengshan die hier zu vollziehenden Opferriten vermerkt hatte, klebten noch an der Turmwand. Die beiden Freunde wischten, um besser lesen zu können, mit dem Ärmel den Staub fort. Darauf stiegen sie in den Turm hinauf und fanden acht Schränke, in denen die Musikinstrumente und die Opfergeräte aufbewahrt waren. Wang Yuhui wollte den Inhalt der Schränke besichtigen. Der Tempelhüter entgegnete jedoch, daß sich dic Schlüssel im Hause Chi Hengshans befänden. So mußte man darauf verzichten. Die Besucher durchschritten sodann die beiden Wandelhallen und gelangten zur Bibliothek. Sie warfen einen Blick in die Kammer, wo das Opferfleisch zubereitet wird. Nachdem sie sich vom Tempelhüter verabschiedet hatten, verließen sie den Taibo-Tempel durch das Haupttor. Daraufhin erfrischten sie sich im Tempel der Vergoltenen Güte, unweit der berühmten Porzellanpagode, bei einem Kännchen Tee. Den Beschluß dieses so erlebnisreichen Tages bildete ein Essen im Restaurant vor dem Tempel der Himmelsverehrung.

Während sie schmausten, wandte sich Wang Yuhui an seinen Freund:

»Offen gesagt, ich bin des Lebens in der Fremde müde und möchte gern wieder nach Hause zurückkehren. Aber mir fehlt das Geld für die Reise.«

»Ach, Onkel, was macht das! Ich treibe das Reisegeld schon auf.«

Zwei Tage später richtete Deng Zhifu ein Abschiedsessen, legte mehr als zehn Unzen Silber auf den Tisch und sagte:

»Damit ist für alle Reisekosten gesorgt.«

Es wurde beschlossen, daß Wang Yuhui in einer Sänfte nach Huizhou zurückkehren sollte.

»Onkel, übergebt mir bitte die Empfehlungsschreiben des Herrn Yu Youda. Die betreffenden Herren in Nanjing sollen durch mich erfahren, daß Ihr sie aufsuchen wolltet.«

»Das ist eine ausgezeichnete Idee.«

Wang Yuhui überreichte Deng Zhifu die Briefe, nahm von ihm Abschied und kehrte in seine Heimat zurück.

Es verging geraume Zeit, da erfuhr Deng Zhifu, daß Wu Shu wieder in Nanjing weilte. Als Deng Zhifu mit dem Briefe bei ihm erschien, war Wu Shu gerade nicht zu Hause. Zum Diener gewandt, sagte er:

»Meldet Eurem Herrn, daß ein gewisser Deng vom Tempel der Himmelsverehrung diesen Brief überbracht hat. Alles Nähere ist aus dem Schreiben ersichtlich.«

Nachdem Wu Shu den Brief bei seiner Heimkehr vorgefunden und gelesen hatte, wollte er sich sogleich zum Tempel der Himmelsverehrung aufmachen. Doch im selben Augenblick erschien ein Bote des Hanlin-Professors Gao.

Sicher hatte der Bote etwas Wichtiges auszurichten, doch darüber kann uns erst das nächste Kapitel Aufschluß geben.

Neunundvierzigstes Kapitel

Hanlin-Professor Gao spricht über Examina ·
Ein angeblicher Verwaltungsrat wird verhaftet

Als Wu Shu an jenem Tage nach Hause kam, den Brief vorfand und Deng Zhifu einen Gegenbesuch machen wollte, überbrachte ihm ein Bote eine Einladungskarte:

›Herr Gao von der Hanlin-Akademie bittet Euch, seinen Gästen heute Gesellschaft zu leisten.‹

»Ich möchte jemandem noch einen Gegenbesuch machen«, sagte er zu dem Boten. »Geht heim und berichtet Eurem Herrn, daß ich so bald wie möglich kommen werde.«

»Unser Herr läßt Euch viele Grüße bestellen. Ein Schwurbruder von ihm, ein Herr Wan aus Zhejiang, weilt nämlich bei ihm, und er möchte diesen mit Herrn Chi Hengshan und Euch bekannt machen. Außerdem ist noch ein Verwandter unseres Gebieters, Herr Qin, anwesend.«

Als Wu Shu den Namen Chi Hengshan vernahm, versicherte er dem Boten nochmals, daß er bald im Hause Gao erscheinen würde. Sodann machte er den beabsichtigten Gegenbesuch, traf aber Deng Zhifu leider nicht an. Es bedurfte noch einer zweimaligen Aufforderung, ehe er sich ohne rechte Lust am Nachmittag bei Herrn Gao einfand. Professor Gao begrüßte ihn in der Halle. Aus der Bibliothek kamen ihm Zensor Shi und Verwaltungsrat Qin entgegen, und man begrüßte einander. Während man gerade Tee trank, wurde die Ankunft von Chi Hengshan gemeldet. Professor Gao schickte sodann einen Diener zu Herrn Wan, um ihn schleunigst herbeizuholen.

»Mein Freund Wan ist ein tüchtiger Gelehrter aus der Provinz Zhejiang«, sagte Professor Gao zu Zensor Shi. »Er schreibt einen guten Stil. Vor zwanzig Jahren lernte ich – damals noch ein junger Bakkalaureus – ihn in Yangzhou kennen. Er war zu jener Zeit ebenfalls ein Bakkalaureus, unterschied sich aber durch sein Benehmen vorteilhaft von allen übrigen. Selbst die Herren von den Salzämtern wagten nicht, ihn von oben herab zu behandeln. Er fühlte sich darum in dieser Stadt weit wohler als ich. Seit ich in Beijing lebe, haben wir uns mehr und mehr aus den Augen verloren. Vorgestern kehrte er aus der Hauptstadt zurück und erzählte mir, daß er vom Minister für das Ritenwesen auf Grund seiner Verdienste zum Verwaltungsrat ernannt worden wäre und von nun an ein Kollege meines Verwandten Qin sei.«

Verwaltungsrat Qin lachte:

»Warum solltet nur Ihr meinen künftigen Kollegen bewirten? Morgen werde ich Euch alle in mein Haus bitten.«

Inzwischen befand sich Verwaltungsrat Wan bereits am Tor und gab seine Karte beim Hausmeister ab. Professor Gao eilte vor die Halle und befahl einem Diener, dem Gast aus der Sänfte zu helfen. Wenig später begrüßten sich die beiden, traten in die Halle und nahmen Platz.

»Ich zögerte, Eurer Einladung zu folgen. Nach zwanzigjähriger Trennung wollen wir beim Wein wieder einmal miteinander plaudern. Aber vielleicht erwartet Ihr heute noch Gäste von außerhalb?«

»Nein, ich erwarte niemanden mehr von außerhalb. Eingeladen sind nur Zensor Shi und mein Verwandter, der Verwaltungsrat Qin, sowie die zwei Akademiker Wu Shu und Chi Hengshan. Sie halten sich in der Westhalle auf.«

»Darf ich bitten, daß Ihr mich mit ihnen bekannt macht?«

Der Hausmeister holte die vier besagten Herren in die Empfangshalle.

Nach der Begrüßung sagte Zensor Shi:

»Herr Gao hat uns gebeten, Euch Gesellschaft zu leisten.«

»Vor zwanzig Jahren traf ich Herrn Gao in Yangzhou, und obwohl er damals noch nicht den ›Weg zu den weißen Wolken‹ angetreten hatte und zu einer hohen Stellung gelangt war, wußte ich, daß dieser ungewöhnliche Mann später einmal eine der Säulen des Reiches werden würde. Während Herr Gao immer höher emporstieg und schließlich in die Hanlin-Akademie berufen wurde, durchstreifte ich das Land nach allen Himmelsrichtungen, kam aber niemals nach Beijing, um mit meinem alten Freund so wie vordem nach Herzenslust zu plaudern. Im vergangenen Jahr mußte ich erfahren, daß Herr Gao sich zur Ruhe gesetzt hat und in seine Heimat zurückgekehrt war. Da ich gestern in Yangzhou bei einigen alten Freunden etwas zu erledigen hatte, machte ich einen Abstecher hierher, um mit Euch einmal wieder zusammen zu sein. Es ist für mich ein großes Glück, nun die Belehrungen des Herrn Gao und der anderen Herren empfangen zu dürfen.«

»Wann werdet Ihr ein Amt antreten«, wollte Verwaltungsrat Qin wissen, »und warum habt Ihr die Hauptstadt verlassen?«

»Zum Rang des Verwaltungsrats führt der eine Weg über den Doktor und der andere über das Studium an der Kaiserlichen Akademie. Was mich betrifft, so habe ich kaum Aussicht, in die Hanlin-Akademie aufgenommen zu werden. In letzter Zeit ist es sehr schwierig geworden, ein Amt zu erlangen.«

»Besser überhaupt keinen Titel als einen Titel ohne Amt«, meinte Verwaltungsrat Qin.

Nunmehr wandte sich Verwaltungsrat Wan an Wu Shu und Chi Hengshan.

»Eure großen Talente werden immer noch nicht genügend gewürdigt, aber was nicht ist, kann immer noch werden. Eigentlich ist mein Titel ohne Bedeutung; nur die guten Noten in den Examina zählen etwas.«

»Wie dürften wir unwissenden Leute uns mit Eurer Begabung messen! Wie könnt Ihr Euch glücklich schätzen, daß Herr Gao Euer Schwurbruder ist, so wird er Euch auch in Not und Elend brüderlich zur Seite stehen«, ließ sich Wu Shu vernehmen.

Ein Diener trat ein und meldete: »Die Herren möchten sich zum Essen in die Westhalle begeben.«

»Nach einem einfachen Imbiß können wir weiterplaudern«, meinte Professor Gao.

Alle begaben sich in die Westhalle. Nach der Mahlzeit ließ Gao durch einen Diener das Tor zum Blumengarten öffnen und bat seine Gäste, ihn in Augenschein zu nehmen. Sie betraten den Garten durch die Mondtür. Vor ihnen erhob sich eine lange weiße Mauer mit einem Pförtchen an ihrem einen Ende, durch das man in eine Wandelhalle gelangte. Von der Wandelhalle wendeten sie sich nach Osten und stiegen über mit Kieselsteinen belegte Stufen in ein Orchideengärtchen hinunter. Zu dieser Zeit war das Wetter warm, und die Orchideen waren gerade aufgeblüht. Im Vordergrund erhob sich ein künstlicher Berg, auf dem sich ein kleiner Pavillon befand, der drei bis vier Personen Platz bot. An einem steinernen Wandschirm befanden sich zwei Porzellansitze. Dahinter erblickte man mehr als hundert Bambusstauden; durch diese schimmerten niedrige rote Balustraden hervor, von noch nicht erblühten Päonien umrankt.

Professor Gao führte Verwaltungsrat Wan an der Hand, redete leise auf ihn ein und geleitete ihn bis zum Pavillon, wo sie sich niederließen. Zensor Shi und Verwaltungsrat Qin setzten sich hinter einen der steinernen Wandschirme. Chi Hengshan und Wu Shu begaben sich zu dem Päoniengeländer hinter dem Bambushain.

»Der Garten ist wirklich nett angelegt«, sagte Herr Chi zu Herrn Wu, »aber es gibt hier zu wenig Bäume.«

»Sagen nicht die Alten: ›Pavillons und Seen gleichen Ämtern und Würden. Man erwirbt sie, wenn es an der Zeit ist. Die Bäume gleichen dem tugendhaften Wandel; sie gedeihen nur bei sorgfältigster Pflege.‹«

Kaum hatte Wu Shu sein Zitat beendet, da kamen schon Herr Gao und Herr Wan wieder vom Pavillon herab.

»Im vergangenen Jahr las ich bei Zhuang Zhuojiang Herrn Wu Shus Gedicht über die rote Päonie. Und nun werden die Päonien bald wieder blühen«, sagte Professor Gao zu seinem Gast.

Nach diesem kurzen Spaziergang kehrten der Hausherr und seine Gäste wieder in die Westhalle zurück und ließen sich dort nieder. Frischer Tee mit Früchten wurde sogleich herumgereicht. Nachdem man sich daran gelabt hatte, wandte sich Chi Hengshan an Verwaltungsrat Wan:

»In Eurer Heimatstadt lebt einer meiner Freunde, ein aus Chuzhou gebürtiger Gelehrter. Kennt Ihr diesen Herrn?«

»Der berühmteste Mann aus Chuzhou ist Ma Chunshang. Von den übrigen Akademikern kenne ich auch einige, aber ich weiß ja gar nicht, um wen es sich handelt.«

»Um keinen anderen als besagten Herrn Ma Chunshang.«

»Der Zweite Herr Ma«, erwiderte Herr Wan, »ist mein Schwurbruder. Wie sollte ich ihn nicht kennen? Augenblicklich weilt er in der Hauptstadt und wird dort bestimmt Erfolge erringen.«

»Weshalb hat er sich nach Beijing begeben, da er doch bisher noch niemals das Magisterexamen bestanden hat?« erkundigte sich eifrig Wu Shu.

»Nach einer dreijährigen Lehrertätigkeit hat der Prüfungskommissar Herrn Ma wegen seines tugendhaften Lebenswandels für einen höheren Posten empfohlen. Seine Reise in die Hauptstadt wird ihm den Weg zu großen Ehren bereiten helfen. Ich weiß, daß er diesmal Erfolg haben wird.«

»Der Ruhm, den man auf diese Weise erringt, ist von geringem Wert«, sagte Zensor Shi in abfälligem Ton. »Auch die tugendhaften Männer haben sich den Examina zu unterziehen.«

»Als er voriges Jahr in Nanjing weilte, konnte ich mich davon überzeugen, daß er, was Prüfungsaufsätze anbelangt, tatsächlich sehr bewandert ist. Mich erstaunt es, daß er immer noch Bakkalaureus ist. Daraus kann man ersehen, wie viele Mängel das Prüfungswesen aufweist«, sagte Chi Hengshan.

»Herr Chi Hengshan, hier seid Ihr im Irrtum«, widersprach Professor Gao. »In den zweihundert Jahren unserer Dynastie besteht das Prüfungssystem in völlig unveränderter Form und hat sich bis jetzt immer bewährt. Man strebt nach dem ersten Platz, und wenn man tüchtig ist, erringt man ihn. Was Herr Ma über das Prüfungswesen redet, ist bloßes Geschwätz; in Wirklichkeit ist er in seine tieferen Geheimnisse noch nicht eingedrungen. Laßt ihn dreihundert Jahre Bakkalaureus sein und in den Zwischenprüfungen zweihundertmal den ersten Platz erringen, trotzdem wird er jedesmal durch die Magisterprüfung fallen.«

»Meint Ihr denn etwa, die Prüfungskommissare der Zwischenprüfungen und die der Magisterprüfungen urteilten nach verschiedenen Maßstäben?« warf Chi Hengshan ein.

»Aber selbstverständlich«, versetzte Professor Gao. »Diejenigen, die sich erst besonders auszeichnen, erleiden bei der Hauptprüfung meistens eine große Schlappe. Stand ich vor einer Hauptprüfung, so habe ich mich mit aller Kraft darauf vorbereitet. Bei den Zwischenprüfungen dagegen belegte ich häufig nur einen dritten Platz.«

»Eure Aufsätze, die Euch bei den Prüfungen erste Plätze einbrachten, hat jeder von uns sorgfältig studiert«, suchte sich Verwaltungsrat Wan einzuschmeicheln.

»Werter Herr, eifriges Auswendiglernen ist das beste Mittel, alle Prüfungen zu bestehen. Kein einziger Satz in den drei Aufsätzen, die ich in der Magisterprüfung verfaßte, rührt von mir selber her. Ein jedes Wort stammte aus einer klassischen Quelle. Deshalb schnitt ich so erfolgreich ab. Derjenige, der nicht genügend Texte auswendig weiß, wird durchfallen, selbst wenn er ein Heiliger wäre. Ma Chunshang lehrt schon sein halbes Leben lang, aber alles, was er lehrt, führt nicht dazu, eine Prüfung zu bestehen. Hätte er sich auf eifriges Studieren und Auswendiglernen verstanden, könnte er heute bestimmt schon eine hohe Beamtenstelle einnehmen.«

»An Euren Worten werden sich auch noch künftige Generationen erbauen«, sagte Verwaltungsrat Wan, »aber nichtsdestoweniger muß man auch Ma Chunshang zu den guten Gelehrten zählen. Bei einem Freund in Yangzhou las ich die vom Herrn Ma kommentierte Ausgabe von ›Frühling und Herbst‹, die ich nur loben kann.«

»Wir wollen lieber von etwas anderem reden«, schlug Professor Gao vor. »In unserer Stadt lebt ein Herr Zhuang Shaoguang, der vor Jahren einmal an den Hof gerufen wurde. Heute lebt er zurückgezogen in seiner Villa auf der Parkinsel und kommentiert das ›Buch der Wandlungen‹. Neulich hat ein Freund von mir, der mit ihm bei einem Fest zusammen war, ihn sagen hören: ›Ma Chunshang kennt nur ein Weiterschreiten, nicht ein Zurückgehen. So gleicht er einem winzigen Drachen, der zum Himmel steigt.‹ Ungeachtet dessen, daß man Ma Chunshang wirklich nicht mit einem zum Himmel steigenden Drachen vergleichen kann, so scheint es mir doch überaus lächerlich zu sein, sich von einem heute lebenden Bakkalaureus die Schriften der größten Weisen erklären zu lassen.«

»Werter Herr Gao«, versetzte Chi Hengshan, »das war doch nur ein Scherz, den sich Herr Zhuang Shaoguang erlaubte. Doch daß ein Gelehrter die Werke eines lange vor ihm lebenden Gelehrten kommentiert, ist immer schon Sitte gewesen. So zitierte schon Kong Fuzi aus den Schriften des Yanzi.«

»Ich bewundere Euer großes Wissen«, nahm wieder Professor Gao das Wort. »Ich bin, was die kanonischen Bücher betrifft, nur in dem ›Buch der Lieder‹ bewandert und nicht im ›Buch der Wandlungen‹. So kann ich auf diesem Gebiet nicht mitsprechen.«

In diesem Augenblick erschien der Hausmeister und rief:

»Das Essen ist aufgetragen!«

Professor Gao bat Verwaltungsrat Wan, den Ehrenplatz einzunehmen, und forderte dann auch die anderen auf, sich zu setzen. In der Westhalle waren drei Tafeln mit Wein gerichtet, und für ein ausgezeichnetes Essen war Sorge getragen worden, doch hatte man keine Schauspieler engagiert. Während des Mahles unterhielt man sich über die am Kaiserhof getriebene Politik. Nachdem dieses Thema erschöpft war, wandte sich Chi Hengshan an Wu Shu:

»Seit Doktor Yu Nanjing verlassen hat, kommen wir immer seltener zusammen.«

Eine Weile später erhob man sich und begab sich zum Weintrinken in die Westhalle, wo man schon Kerzen angezündet hatte. Nachdem man die Schalen zum zweitenmal geleert hatte, wollte Verwaltungsrat Wan aufbrechen. Verwaltungsrat Qin versuchte, ihn noch zum Bleiben zu bewegen:

»Erstens seid Ihr der Schwurbruder meines Verwandten Gao und damit gleichsam mein Vetter, und zweitens sind wir Kollegen. Später, wenn Ihr ein Amt bekommt, werden wir voraussichtlich miteinander arbeiten. Ich erwarte Euch morgen ganz bestimmt bei mir. Sobald ich heimkomme, schreibe ich eine Einladungskarte aus.« Und zu den anderen gewandt, setzte Verwaltungsrat Qin hinzu: »Wir werden morgen wieder alle zusammen sein; es darf keiner von Euch fehlen.«

Chi Hengshan und Wu Shu hüllten sich in Schweigen. Dagegen war Zensor Shi hell begeistert.

»Wundervoll«, rief er. »Allerdings hätte ich selbst die Absicht, Herrn Wan morgen einzuladen. Nun gut, dann verschiebe ich eben die Einladung auf übermorgen.«

»Erst gestern bin ich in Nanjing angelangt, und bereits heute wage ich, Herrn Professor Gao zu belästigen. Wie dürfte ich die Einladung annehmen, ohne den Herren zuvor einen Besuch abgestattet zu haben?«

»Ach, was macht das schon«, sagte Professor Gao.

»Mein Verwandter Qin ist Euer Kollege, und so steht er zu Euch in einem besonderen Verhältnis. Nur möchte ich Euch darum bitten, daß Ihr Euch morgen pünktlich einfindet.«

Verwaltungsrat Wan murmelte ein paar zustimmende Worte. Kurz darauf verabschiedeten sich alle Gäste und begaben sich nach Hause.

Daheim angelangt, schrieb Herr Qin fünf Einladungskarten, die er durch einen Amtsboten den Herren Wan, Shi, Chi, Wu und Gao überbringen ließ. Außerdem bestellte er eine Theatertruppe für den nächsten Tag. Dem Hausmeister befahl er, Tee- und Speiseköche zu engagieren, damit er seinen Gästen vornehmer aufwarten könnte.

Als sich am andern Morgen Verwaltungsrat Wan erhob, dachte er bei sich:

›Wenn ich zuerst zu Verwaltungsrat Qin gehe, werde ich sicher dort festgehalten, dann werden mir die anderen Herren böse sein, weil ich sie nicht besuchen konnte. Man wird mir nachsagen, ich ginge nur zu denjenigen, die ein Weingelage veranstalten. So besuche ich am besten erst die anderen Herren und gehe dann anschließend zu Verwaltungsrat Qin.‹

Sodann schrieb er vier Besuchskarten und ging zuerst zu Zensor Shi. Dieser kam heraus und empfing ihn, hielt ihn aber nicht lange fest, da er wußte, daß Herr Wan Gast des Hauses Qin war. Sein nächstes Ziel war Chi Hengshan.

Dessen Diener berichteten aber:

»Unser Gebieter reiste gestern nacht nach Jurong, da dort das Kolleg renoviert wird.«

Als Herr Wan bei Wu Shu erschien, sagte man ihm:

»Gestern kam unser Herr nicht nach Hause; er wird sofort seinen Gegenbesuch machen, wenn er heimgekehrt ist.«

Um die Frühstückszeit begab sich Verwaltungsrat Wan in das Haus Qin. Es war von einer langen blauen Mauer umgeben, über die man drei mit Blumenornamenten geschmückte Gebäude emporragen sah. Als die Sänfte vor dem großen Tor hielt, erblickte Herr Wan dort einen roten Zettel mit gelben Schriftzeichen, worauf zu lesen stand: ›Verwaltungsrat des Kabinetts‹. Zu beiden Seiten standen Diener und glichen mit ihren weiten Gewändern Wildgänsen mit ausgebreiteten Flügeln. Hinter ihnen befand sich ein Hutständer für die Gäste. Darüber an der Wand war die Hausordnung angebracht. Nachdem er seine Besuchskarte abgegeben hatte, kam ihm alsbald Herr Qin zur Begrüßung entgegen, nahm ihn an der Hand und führte ihn in die Empfangshalle. Man nahm Platz, und ein Diener brachte den Tee herein.

»Da ich Euer Kollege werden soll, möchte ich in allen Angelegenheiten um Eure Hilfe bitten«, nahm Herr Wan das Wort. »Mit meinem Besuch möchte ich Euch zunächst meine Aufwartung machen. Für die freundliche Einladung werde ich noch besonders danken.«

»Mein Verwandter wußte mir Eure außerordentliche Begabung nicht genug zu rühmen. Ich werde Euch mir zum Vorbild nehmen.«

»Kommt Euer Verwandter heute?«

»Ja, er ließ durch einen Boten mitteilen, daß er ganz bestimmt kommen wolle; er kann jeden Augenblick eintreffen.«

Und da wurde auch schon gemeldet, daß soeben die Sänften des Professors Gao und des Zensors Shi vor dem Tor angelangt wären. Nach der Begrüßung fragte Professor Gao:

»Verwandter Qin, müßten nicht die Herren Chi und Wu bereits hier sein?«

»Ich habe schon Boten nach ihnen ausgeschickt.«

»Herr Wu kann vielleicht noch kommen, aber mit Chi Hengshan braucht Ihr nicht mehr zu rechnen«, sagte Herr Wan.

»Woher wißt Ihr das, Herr Wan?« erkundigte sich der Gastgeber.

»Ich besuchte heute morgen die besagten Herren und erfuhr, daß Wu Shu gestern nicht nach Hause gekommen und Chi Hengshan nach Jurong abgereist sei, da das dortige Kolleg renoviert wird. Also wird Herr Chi keinesfalls kommen.«

»Komische Herren, diese beiden«, stellte Zensor Shi fest. »Man kann damit rechnen, daß sie neunmal nicht kommen, wenn wir sie zehnmal einladen. Hat ein Bakkalaureus wirklich so viel zu tun? Wenn man sagt, sie hätten eine Stellung, nun, was kann ein Bakkalaureus schon für eine Stellung einnehmen?«

»Daß sie nicht gekommen sind, braucht uns nicht zu bekümmern. Hauptsache ist, daß Ihr, Herr Shi, und mein Verwandter Gao meiner Einladung gefolgt seid«, erwiderte Herr Qin.

Herr Wan jedoch meinte: »Ich vermute, daß die beiden ein großes Wissen besitzen.«

»Von Wissen keine Spur. Wüßten sie wirklich etwas, wären sie längst keine Bakkalaurei mehr. Nur weil im vergangenen Jahr ein gewisser Doktor Yu am Kaiserlichen Kolleg lehrte und diese Leute unter seine Fittiche nahm, fanden sie zu Gelehrtenkreisen Zutritt. Nun aber spricht man immer weniger von ihnen.«

Kaum daß Professor Gao diese Worte gesprochen hatte, erscholl aus dem Zimmer zur Linken eine laute Stimme:

»Wundervoll! Wundervoll!«

Die Anwesenden waren darüber nicht wenig erstaunt, und Verwaltungsrat Qin schickte den Hausmeister in das Bibliothekszimmer, um nach der Ursache des Lärmes zu forschen.

Er kam bald wieder zurück und berichtete:

»Der Vierte Herr Feng, der Freund des Zweiten Herrn, ist angekommen.«

»Ach, der Vierte Herr Feng ist hier! Warum sollten wir ihn nicht zu uns bitten, damit er sich an unserer Unterhaltung beteiligt?« sagte Verwaltungsrat Qin. Der Hausmeister führte den Vierten Herrn Feng herein. Er war ein großer Mann in den vierziger Jahren, hatte kugelrunde Augen und waagerechte Brauen. Der lange schwarze Bart reichte ihm bis über die Brust. Auf dem Kopf hatte er eine Mütze, wie sie die Ringer zu tragen pflegen; er hatte einen engen Seidenmantel mit engen Ärmeln an; seine Füße steckten in spitzen Stiefeln; an seinem mit Phönixmuster bestickten Seidengürtel hing ein kurzes Schwert. In der Mitte der Halle vollzog er eine allen geltende Verbeugung und sagte:

»Ich wußte leider nicht, daß die Herren sich hier aufhalten und habe so bis jetzt Ihre werte Gesellschaft versäumt.«

Verwaltungsrat Qin rückte Herrn Feng einen Stuhl hin, und indem er mit dem Finger auf ihn wies, wandte er sich an Herrn Wan:

»Der ältere Bruder Feng ist ein sehr redlicher Mensch aus unserer Gegend, der viel vom Ringen versteht und das gesamte ›Buch von der Muskelkraft‹ auswendig weiß. Wenn er alle seine Muskeln gespannt hat, könnt Ihr einen tausend Pfund schweren Stein auf seinen Körper fallen lassen, ohne daß er es im geringsten spürt. Ich beherberge ihn zur Zeit in meinem Haus, um früh und spät seine Belehrungen zu empfangen und seine Kunstgriffe zu lernen.«

»Wenn es sich so mit ihm verhält, dann haben wir ja einen außerordentlichen Menschen vor uns«, versetzte Herr Wan. »Es ist also keiner, der bloß vorgibt, kräftig zu sein, und in Wahrheit niemals ein Huhn fesseln kann.«

Dann fragte Herr Qin den Athleten:

»Warum rieft Ihr soeben ›wundervoll‹?«

»Ich habe es nicht gerufen, sondern es war Euer werter Bruder. Euer Bruder behauptete gerade, daß alle menschliche Kraft angeboren sei. Daraufhin hieß ich ihn einen tiefen Atemzug tun, während jemand mit einem Knüppel auf ihn einschlagen mußte. Als er merkte, daß der Schmerz mit jedem Schlage geringer wurde, freute er sich über die Maßen und rief ›wundervoll!‹«

»Weshalb laßt Ihr Euren werten Bruder nicht holen, da er doch in Eurem Hause weilt?« fragte Verwaltungsrat Wan.

Qin gab sogleich dem Hausmeister den Befehl, seinen Bruder herbeizubitten. Aber der Zweite Herr Qin war aus dem Hintertor hinausgeritten, um einer Pfeilschießübung beizuwohnen. Ein kleiner Diener bat die Gäste in die innere Halle, um dort das Essen einzunehmen. Nach dem Mahl öffneten die Diener die zu einer anderen Halle führende linke Tür, damit die Herren dort gemütlich plaudern konnten. Der Raum war nicht allzu groß, aber sehr geschmackvoll eingerichtet. Sie ließen sich dort nieder, und der Teekoch brachte Fruchttee, auf zwölf verschiedene Arten zubereitet. Ein zwölfjähriger Junge füllte ein Becken mit Weihrauchkörnern.

›In diesem Hause herrscht eine besonders kultivierte Atmosphäre‹, dachte Verwaltungsrat Wan im stillen. ›Sollte ich sie nicht nachzuahmen versuchen, wenn ich zu Hause bin? Nur fehlen mir die Räumlichkeiten dazu, und so kann ich die Beamten nicht zu mir einladen. Auch steht mir keineswegs eine so große Dienerschar zur Verfügung.‹

Während Wan noch seinen Gedanken nachhing, trat ein recht unscheinbarer Schauspieler in buntem Kostüm herein, reichte den Theaterzettel Herrn Wan und sagte: »Werter Herr, wählt bitte als erstes zwei Darbietungen aus.«

Verwaltungsrat Wan bat auch Professor Gao und Zensor Shi, ihre Wahl zu treffen. Er selbst suchte sich folgende Stücke aus: ›Einladung zum Festmahl‹ und ›Abschiedsessen‹. Zensor Shi hatte ›Begegnung zweier Brüder auf dem Wutai Shan‹ gewählt, Professor Gao sich für das Stück ›Xiao He verfolgt Han Xin‹ entschieden. Der Schauspieler schrieb die Namen der Stücke auf seine Tafel und verschwand damit in dem Zimmer, wo sich die Schauspieler umkleideten. Inzwischen ließ Herr Qin grünen Tee bringen.

»Die Herren möchten sich bitte nach nebenan begeben«, forderte der Hausmeister die Gäste auf.

Alle folgten Verwaltungsrat Wan in die zweite Halle, wo man bereits eine Bühne aufgebaut hatte. Zu beiden Seiten standen fünf Sessel, auf denen rot und gold gemusterte Polster lagen. Die Herren ließen sich der Reihe nach darauf nieder. Der Führer der Truppe erschien mit den Schauspielern, die schon gemäß ihren Rollen kostümiert waren, und meldete den Beginn der Vorführungen. Von der Bühne her erklang laute Musik; erst als die Schauspieler sich an der Rampe aufstellten, wurde die Musik leiser. Der Schauspieler, der die Frauenrolle spielte, betrat mit trippelnden Schritten, sich immerfort hin und her wendend, die Bühne. Der Leiter der Truppe machte einen Kotau und rief sodann:

»Ich bitte um Eure Aufmerksamkeit!«

Gerade als die schöne Hongniang zum Singen ansetzen wollte, erschollen am großen Tor heftige Gongschläge, und alsogleich stürzten rotschwarz bemützte Amtsdiener mit lautem Geschrei herein.

›Was heißt denn das? Diese Szene kommt doch nicht in der ‚Einladung zum Festmahl‘ vor?‹ dachten die Gäste verwundert.

Der Hausmeister stürzte schreckensbleich in die Halle und konnte kein Wort hervorbringen. Ihm folgte auf dem Fuß ein Beamter in schwarzem Hut, nephritfarbenem Seidenmantel und in schwarzen, weißbesohlten Stiefeln, begleitet von einer zwanzigköpfigen Schar von Amtsbütteln. Zwei von ihnen stürmten nach vorne, ergriffen Verwaltungsrat Wan, schlangen ihm eine eiserne Kette um den Hals und führten ihn hinaus. Dann verließ der Beamte ohne ein aufklärendes Wort mit all seinem Gefolge die Halle. Die Gäste aber sahen einander fassungslos an.

Das Schicksal des Verwaltungsrats Wan darf noch nicht verraten werden; erst im nächsten Kapitel wird die Neugier des Lesers befriedigt werden.

Fünfzigstes Kapitel

Ein falscher Beamter wird in seiner ganzen Schande auf der Straße bloßgestellt · Ein wahrer Freund rettet Herrn Wan durch Verschaffen eines Titels die Ehre

Wie bereits berichtet, war Verwaltungsrat Wan im Hause Qin während einer Theateraufführung von einem Beamten verhaftet und von dessen Schergen gefesselt und abgeführt worden. Zensor Shi, Professor Gao und Verwaltungsrat Qin blickten einander verstört an und kratzten sich verlegen am Kopf. Wie war die Vorstellung doch so plötzlich unterbrochen worden! Nach einer Weile betretenen Schweigens wandte sich Zensor Shi an Professor Gao:

»Ihr habt sicher eine Ahnung von dem dunklen Punkt in der Lebensgeschichte Eures werten Freundes.«

»Nein, mir ist nichts bekannt. Aber dieser Kreisamtmann

Fang ist wirklich lächerlich. War es denn nötig, sich in so törichter Weise aufzuspielen?« entrüstete sich Professor Gao.

Doch Verwaltungsrat Qin sagte ärgerlich:

»Es macht wirklich einen schlechten Eindruck, wenn einer meiner Gäste vom Tisch weg verhaftet wird.«

»Alter Verwandter«, meinte Professor Gao, »beruhigt Euch. Wie konnte ich wissen, daß mein Schwurbruder etwas auf dem Kerbholz hat. Niemand hat Grund, uns etwas Übles nachzureden; er ist verhaftet worden und nicht etwa einer von uns.«

Der Hausmeister trat heran und meldete:

»Die Schauspieler möchten anfragen, ob sie weiterspielen oder fortgehen sollen.«

»Sie sollen ruhig weiterspielen. Mag der Gast auch ein Verbrechen begangen haben, wir haben damit nichts zu tun«, entschied der Hausherr.

Alle setzten sich wieder und wandten ihre Aufmerksamkeit aufs neue den Darbietungen der Schauspieler zu. Der Vierte Herr Feng saß etwas abseits und betrachtete die Gesellschaft mit spöttischem Lächeln. Verwaltungsrat Qin fiel sein sonderbares Benehmen auf.

»Vierter Bruder Feng, ist Euch vielleicht von dieser Sache etwas zu Ohren gekommen?«

»Wieso denn?«

»Aber Ihr lacht doch so merkwürdig.«

»Ich lache über Euch alle. Zerbrecht Euch über den Verhafteten nicht allzusehr den Kopf. Meiner unmaßgeblichen Ansicht nach wäre es das beste, einen fähigen Mann in das Kreisamt zu schicken, um auszukundschaften, was eigentlich vorgefallen ist. Dadurch erfahren wir erstens, wohin man Herrn Wan geschafft hat, und zweitens, ob diese Sache böse Folgen nach sich ziehen wird.«

»Er hat recht«, sagte Zensor Shi, und Verwaltungsrat Qin rief: »Ausgezeichnet, ausgezeichnet!«

Sofort wurde ein vertrauenswürdiger Bote in den Kreisyamen geschickt.

Die vier Freunde setzten sich wieder. Die Schauspieler wiederholten das Stück ›Einladung zum Festmahl‹ und spielten anschließend das Stück ›Das Abschiedsessen‹.

»Herr Wan hat eine unglückliche Wahl getroffen. Zwar ist es nicht zur Einladung zum Festessen gekommen, aber dafür ist es ein Abschiedsmahl im wahrsten Sinne des Wortes gewesen«, meinte Zensor Shi bissig.

Darauf begann die Aufführung des Stückes ›Begegnung zweier Brüder auf dem Wutai Shan‹. Als gerade das Stück ›Xiao He verfolgt Han Xin‹ gespielt wurde, meldete sich bei Herrn Qin der Hausmeister, der inzwischen Erkundigungen eingezogen hatte.

»Ich konnte leider nichts Genaueres im Yamen erfahren. Ich bat den Zweiten Onkel Xiao, den Strafbeamten, darum, den betreffenden Haftbefehl abschreiben zu lassen.«

Mit diesen Worten überreichte der Hausmeister seinem Herrn den Haftbefehl. Alle beugten sich über das Bambuspapier und lasen folgende Worte:

›Präfekt Qi von Taizhou. Betrifft den wichtigen Bereich des Küstenschutzes usw. Vom Untersuchungsrichter beim Provinzialgouvernement von Zhejiang ging folgender Befehl ein: Ein Verbrecher, der in den Prozeß gegen den Brigadegeneral Miao Erxiu von Taizhou verwickelt ist, ein Akademiker namens Wan Li alias Wan Qingyun, dem bereits all seine Würden abgesprochen wurden, hat das Weite gesucht. Personalien: mittelgroß, gelbe Hautfarbe, dünner Bart, neunundvierzig Jahre alt. Er muß sofort verhaftet werden. Gebt umgehend Bescheid, wenn er in Eurem Kreis dingfest gemacht worden ist. Der betreffende Verbrecher muß zum Verhör in die Präfektur, und zwar unverzüglich.‹

Amtsbüttel aus der Präfektur hatten das amtliche Schreiben in den Kreisyamen gebracht. Der aus der Provinz Zhejiang stammende Kreisamtmann hatte die Verhaftungsaktion persönlich geleitet, da der Haftbefehl vom Gouverneur seiner Provinz ausgeschrieben worden war. Über die näheren Umstände wußte er selbst nicht genau Bescheid.

»Die Verhaftung ist auf eine sehr seltsame Weise erfolgt«, ließ sich Professor Gao vernehmen. »Aus dem Haftbefehl ist keinesfalls ersichtlich, um was es sich eigentlich handelt. Herr Wan behauptet doch, er sei Verwaltungsrat. Warum sprechen sie da von einem Akademiker, dem man seine Würden abgesprochen hat? Und ist er auch seiner akademischen Grade verlustig gegangen, wieso ist er in den Prozeß gegen den Brigadegeneral verwickelt?«

Verwaltungsrat Qin blickte hilfesuchend auf den Vierten Herrn Feng.

»Ihr habt doch vorhin über uns gelächelt, seid Ihr etwa imstande, diese Sache aufzuklären?«

»Was versteht so ein Hausmeister vom Auskundschaften? Ich will selber mal zum Yamen gehen.«

Damit erhob er sich.

»Wollt Ihr wirklich hingehen?« fragte Herr Qin.

»Warum soll ich Euch anschwindeln?«

Vor dem Tor des Yamens angelangt, suchte der Vierte Herr Feng zwei Amtsboten auf, die ihm völlig ergeben waren. Schickte er sie nach Osten, so gingen sie nach Osten. Schickte er sie nach Westen, so gingen sie nach Westen. Nunmehr ließ er sich von ihnen zu den Bütteln aus Zhejiang führen. Sie fanden sie in der Halle der Drei Beamten.

»Kommt Ihr von der Präfektur Taizhou?« fragte sie der Vierte Herr Feng.

»Ja, wir sind Präfekturboten aus Taizhou.«

»Was hat denn der Herr Wan eigentlich verbrochen?«

»Wir wissen es auch nicht. Unser Herr schickte in alle Provinzen Häscher aus, da, wie er sagte, es sich um einen wichtigen Verbrecher handele. Habt Ihr ein bestimmtes Anliegen an uns? Wir werden uns bemühen, Eure Wünsche zu erfüllen.«

»Wo befindet sich Herr Wan jetzt?«

»Nachdem beim Verhör durch den Amtmann Fang nichts Rechtes aus ihm herauszubringen war, hat man ihn ins äußere Gefängnis gesteckt. Wenn wir morgen das amtliche

Schreiben bekommen, werden wir wahrscheinlich mit ihm nach Taizhou aufbrechen. Möchtet Ihr ihn etwa sehen?«

»Ich will ihn jetzt im äußeren Gefängnis besuchen. Brecht keinesfalls eher auf, als bis ich mich bei Euch habe sehen lassen.«

Die Büttel versprachen es.

Der Vierte Herr Feng begab sich mit den Amtsboten zum äußeren Gefängnis und besuchte Verwaltungsrat Wan.

»Man erhebt ungerechtfertigte Beschuldigungen gegen mich. Grüßt Professor Gao und Verwaltungsrat Qin von mir, denn ich weiß nicht, ob wir uns jemals wiedersehen.«

Der Vierte Herr Feng versuchte, aus Herrn Wan etwas herauszubekommen, aber er hatte damit nur wenig Erfolg.

›Nur dann werde ich etwas Genaueres erfahren, wenn ich den Häftling nach Zhejiang begleite‹, dachte der Vierte Herr Feng. Er ließ von seiner Absicht jedoch nichts verlauten, sondern verabschiedete sich von Herrn Wan, indem er sagte:

»Ich werde Euch morgen wieder besuchen.«

Schnell wie der Wind eilte der Vierte Herr Feng zum Haus des Verwaltungsrats Qin. Die Schauspieler waren inzwischen verschwunden, Zensor Shi hatte sich verabschiedet, Professor Gao aber war noch geblieben, um auf neue Nachrichten zu warten.

»Nun, was ist los?« fragte er neugierig, als er den Vierten Herrn Feng eintreten sah.

»In der Tat, eine sehr merkwürdige Geschichte. Weder die Büttel aus Zhejiang noch der Amtmann wissen den Grund für die Verhaftung. Selbst der Delinquent kann es nicht sagen. Ich muß persönlich mit nach Zhejiang, um diese dunkle Geschichte aufzuklären.«

»Warum macht Ihr Euch so viel Mühe? Laßt ihn sich doch selber um seine Angelegenheiten kümmern!«

»Mein Entschluß, morgen mitzureisen, steht fest. Da ich einmal die Bekanntschaft mit ihm gemacht habe, will ich ihm möglichst aus seiner gefährlichen Lage heraushelfen.«

Professor Gao, der für sich selber noch Schwierigkeiten

befürchtete, bestärkte den Vierten Herrn Feng in seiner Absicht, ja, er brachte am Abend sogar noch zehn Unzen Silber ins Haus.

»Nehmt das Geld bitte an, um Eure Reisekosten zu bestreiten.«

Der Vierte Herr Feng steckte das Geld ein und begab sich am frühen Morgen, gleich nachdem er aufgestanden war, zu den Bütteln in die Halle der Drei Beamten.

Nachdem sie sich begrüßt hatten, ging der Vierte Herr Feng mit den Bütteln zum Kreisyamen. Im Büro der Strafabteilung sprach er bei dem Zweiten Xiao vor und bat, das amtliche Schreiben schleunigst auszufertigen. Darauf wurde es dem Amtmann vorgelegt, der es unterschrieb und siegelte. Sodann begab sich der Amtmann in die dritte Halle und gab den Befehl, Herrn Wan vorzuführen. Währenddessen warteten die Büttel der Präfektur Taizhou draußen vor dem Tor. Verwaltungsrat Wan trug immer noch den Beamtenhut und das Amtskleid des siebenten Ranges. Höchst überrascht dachte Amtmann Fang:

›Es heißt doch, daß er ein abgesetzter Akademiker sei, weshalb erscheint er dann in diesem Aufzug?‹ Er verglich Alter, Namen und Personalbeschreibung, und alles stimmte aufs Haar.

»Seid Ihr Akademiker oder Beamter?«

»Früher lebte ich als Akademiker in der Präfektur Taizhou. Dieses Jahr verlieh man mir in der Hauptstadt den Titel eines Verwaltungsrats, da meine gute Schrift Aufsehen erregt hatte. Noch niemals hat man mir die akademischen Würden abgesprochen.«

»Ich vermute, daß die schriftliche Ernennung zum Verwaltungsrat noch nicht eingetroffen ist. Vielleicht hat Euch der Gouverneur Eure Würden abgesprochen, weil Ihr in den Prozeß gegen den Brigadegeneral verwickelt seid. Ich möchte Euch, weil wir Landsleute sind, keinerlei Schwierigkeiten bereiten. Tragt Eure Argumente beim Verhör selbst vor.«

›Die Beamten von Zhejiang werden sicher die Folter anwenden‹, ging es dem Amtmann durch den Kopf. ›Man hat ihm ja seine akademischen Würden schon abgesprochen, und so wird er wie ein gemeiner Bürger behandelt werden.‹

Deshalb fügte Amtmann Fang dem amtlichen Schreiben noch folgende Worte bei: ›Aussehen und Alter des Verbrechers Wan Li stimmen mit den Angaben Eures Schreibens genau überein. Doch erschien er vor Gericht im Beamtenhut und Amtskleid des siebenten Ranges und sagte aus, daß er in diesem Jahr in der Hauptstadt den Titel eines Verwaltungsrates erhalten habe. Ich schickte Wan Li zu Eurem Amt. Den Bütteln habe ich befohlen, den Häftling weder zu mißhandeln noch entwischen zu lassen.‹

Der überaus tüchtige Büttel Zhao Sheng wurde vom Amtmann betraut, auf den Häftling besonders achtzugeben. Dann rief er die Amtsboten von Taizhou herein und sagte zu ihnen:

»Der Häftling ist kein gemeiner Verbrecher. Es genügt deshalb, wenn ich Euch nur einen Büttel von hier mitgebe. Paßt unterwegs sorgfältig auf Herrn Wan auf.«

Nachdem die drei Büttel das amtliche Schreiben empfangen hatten, führten sie Herrn Wan aus dem Yamen. Der Vierte Herr Feng erwartete sie bereits:

»Werdet Ihr den Häftling begleiten? Geht alles in Ordnung?« Und indem er auf den Büttel Zhao Sheng wies, fragte er: »Kommt Ihr auch mit?«

»Ja, er reist auch mit. Es ist alles in Ordnung.«

Vor dem Tor des Kreisyamens hatten sich inzwischen mehr als zweihundert Menschen versammelt, da ein Häftling in Ketten, der einen Beamtenhut trug und ein Amtskleid anhatte, ein ungewöhnlicher Anblick war; an ein Durchkommen war fast nicht zu denken.

»Zhao Sheng, wo wohnt Ihr denn?« erkundigte sich der Vierte Herr Feng.

»Gleich um die Ecke.«

»Gut, dann begeben wir uns erst mal in Eure Wohnung.«

Alle – der Vierte Herr Feng, die Büttel und der Häftling – nahmen im Besuchszimmer des Zhao Sheng Platz. Der Vierte Herr Feng bat diesen, dem Verwaltungsrat Wan die Fesseln abzunehmen. Ferner zog er seinen Mantel aus und überließ ihn Verwaltungsrat Wan, den er bat, seine Amtstracht abzulegen. Den Präfekturboten aber befahl er, den Hausmeister aus Herrn Wans Quartier herbeizuholen. Die Büttel kamen jedoch mit dem Bericht zurück, daß keiner der Diener mehr im Quartier anzutreffen gewesen sei; wahrscheinlich hätten sie das Weite gesucht; das Gepäck läge allerdings noch an seinem Platz, doch der Mönch wolle es nicht herausgeben.

Als der Vierte Herr Feng dies hörte, reichte er Verwaltungsrat Wan seinen eigenen Hut, während er sich selbst mit einer Jacke und einem Kopftuch begnügte.

»Da es hier ein wenig eng ist, wollen wir uns lieber in mein Haus begeben«, schlug er vor.

Bereitwillig folgten die drei Büttel mit Herrn Wan dem Vierten Herrn Feng in die Hongwu-Straße. Sie traten durch das Haupttor und blieben in der zweiten Halle stehen. Herr Wan vollzog einen tiefen Kotau, doch der Vierte Herr Feng hob ihn sogleich wieder auf und sagte:

»Für Förmlichkeiten haben wir jetzt keine Zeit. Nehmt bitte Platz.« Dann wandte er sich an die drei Büttel: »Ihr seid alle erfahrene Leute, und so brauche ich wohl nicht viel Worte zu verlieren. Bleibt bei mir; Herr Wan ist mein Freund, und ich will ihn nach Zhejiang begleiten. Seid unbesorgt, ich werde Euch keine Schwierigkeiten bereiten.«

»Was denkt Ihr darüber?« meinte Zhao Sheng und blickte die Büttel aus Zhejiang fragend an.

»Der Vierte Onkel Feng hat befohlen, und so geht alles in Ordnung. Nur bitten wir Onkel Feng, so rasch wie möglich aufzubrechen.«

»Das versteht sich von selbst.«

Der Vierte Herr Feng schickte die Büttel in ein leeres Zimmer gegenüber der Halle.

»Hier könnt Ihr für zwei Tage Euch häuslich niederlassen. Holt nur Euer Gepäck herein.«

Die drei Büttel überließen Herrn Wan der Obhut des Vierten Herrn Feng und schafften dann mit dem Ausdruck größter Zufriedenheit ihr Gepäck herein.

Der Vierte Herr Feng forderte Herrn Wan auf, mit ihm in das Bibliothekszimmer zu kommen, und wandte sich dann an seinen Gast:

»Herr Wan, sagt mir in aller Offenheit, was Ihr auf dem Kerbholz habt. Ich will Euch helfen, selbst wenn Ihr das größte Verbrechen begangen habt, aber Ausflüchte dulde ich nicht.«

»Ich bewundere aufs tiefste Eure Großmut«, versetzte Herr Wan. »Einen ehrlichen Mann darf man nicht belügen. In Taizhou werde ich den Prozeß kaum verlieren, aber ganz sicherlich in Nanjing.«

»Was soll das heißen? Amtmann Fang in Nanjing behandelte Euch doch mit größter Zuvorkommenheit.«

»Ich möchte Euch nicht hintergehen, und so gestehe ich Euch ganz offen, daß ich kein Verwaltungsrat bin, sondern nur ein einfacher Bakkalaureus. Da ich zu Hause in den dürftigsten Verhältnissen leben mußte, blieb mir nichts anderes übrig, als in der Welt herumzuziehen. Ich gab mich als Verwaltungsrat aus. Dank diesem Titel wurde ich von den reichen Kaufleuten und den Vornehmen des Landes stets außerordentlich zuvorkommend behandelt und reich bewirtet. Hätte ich mich als Bakkalaureus zu erkennen gegeben, wäre mir nichts anderes übriggeblieben, als von der Luft zu leben. Zu meinem Unglück hat nun der Amtmann meinen Rang und meine Kleidung in dem amtlichen Schreiben ausdrücklich erwähnt. Vor einem Kaiserlichen Prozeß habe ich keine Angst, aber wie soll ich die Schande überleben, als falscher Beamter entlarvt zu werden?«

Der Vierte Herr Feng murmelte ein paar unverständliche Worte vor sich hin, dann meinte er:

»Herr Wan, aller Wahrscheinlichkeit nach werdet Ihr den

Prozeß gewinnen, wenn Ihr als echter Beamter nach Taizhou zurückkehrt.«

»Ihr mögt recht haben«, stimmte Herr Wan zu. »Mit dem Brigadegeneral Miao verbindet mich ja nur eine flüchtige Bekanntschaft. Da ich weder Bestechungsgelder angenommen noch sonstwie das Gesetz verletzt habe, befürchte ich in dieser Sache nicht das Schlimmste. Allerdings darf es auf keinen Fall ruchbar werden, daß ich ein falscher Beamter bin.«

»Geduldet Euch, es wird schon Rat werden.«

Herr Wan blieb in dem Bibliothekszimmer; die drei Büttel hatten ihr Gepäck in das leere Zimmer geschafft. Der Vierte Herr Feng bestellte bei seinen Dienern ein Festmahl und begab sich dann in das Haus des Verwaltungsrates Qin.

Verwaltungsrat Qin nahm sich nicht einmal die Zeit, einen Mantel überzuwerfen, sondern eilte sogleich dem Vierten Herrn Feng entgegen.

»Vierter Bruder Feng, nun, wie steht die Sache?«

»Wie soll sie schon stehen? ›Während man zu Hause sitzt, kommt unversehens das Unglück über einen.‹ Habt Ihr's denn noch nicht erfahren?«

Verwaltungsrat Qin begann vor Entsetzen zu zittern: »Was ist denn los?«

»Was soll schon los sein? Der Prozeß kann sich ein halbes Leben lang hinziehen.«

Verwaltungsrat Qin erbleichte und wagte keine Frage mehr vorzubringen.

»Ratet einmal, was Herr Wan in Wahrheit ist?« begann Herr Feng von neuem.

»Ich denke, er ist Verwaltungsrat.«

»Ha, ha, ha! Verwaltungsrat! Als ein solcher mag er wohl im Register des Höllenfürsten geführt werden.«

»Ihr meint, er sei kein echter Verwaltungsrat?«

»Nun, so ganz echt ist der Titel ohnehin nicht. Aber davon wollen wir jetzt nicht reden. Tatsache ist, daß der in einen Staatsprozeß verwickelte Mann sich fälschlich als Beamter ausgegeben hat und in Eurem Hause angetroffen und verhaftet wurde. Der Gouverneur von Zhejiang braucht Euch nur in seinem Bericht nebenbei zu erwähnen, und dann kann es Euch übel ergehen.«

Verwaltungsrat Qin verdrehte vor Angst seine Augen, so daß das Weiße zum Vorschein kam.

»Vierter Bruder Feng, Ihr seid ein tüchtiger Mann. Sagt, wie kann man die leidige Geschichte am besten aus der Welt schaffen?«

»Es gibt nur ein Mittel, Euch Stellung und Vermögen zu erhalten: Herr Wan darf den Prozeß nicht verlieren.«

»Und auf welche Weise kann man dies bewerkstelligen?«

»Der falsche Beamte verliert den Prozeß, der echte aber nicht.«

»Doch er ist ja ein falscher Beamter; wie wollt Ihr einen echten aus ihm machen?«

»Tragt Ihr am Ende nicht auch einen falschen Titel?«

»Nein, ich trage meinen Titel zu Recht.«

»Und wie wär's, wenn man ihm auch das Recht hierzu verschaffte?« gab der Vierte Herr Feng zu bedenken.

»Dazu ist es wohl zu spät.«

»Weshalb zu spät? Beamter wird, wer Geld hat. Könnte man nicht mit Zensor Shi über die Sache reden?«

»Das ginge schon; aber Eile tut not«, meinte Verwaltungsrat Qin.

»Wenn Zensor Shi sein Möglichstes tut, wird aus Herrn Wan ganz bestimmt ein echter Beamter.«

»Wie soll aber alles vor sich gehen?«

»Mein Rat ist folgender: Wenn Ihr keine Furcht zu haben braucht, in den Prozeß verwickelt zu werden, dann laßt ruhig den Dingen ihren Lauf. Wenn Ihr aber meint, in Mitleidenschaft gezogen zu werden, dann greift in Eure Tasche und verschafft ihm einen Titel. Später, wenn er nach gewonnenem Prozeß ein Amt erlangt hat, dann fordert Euer Geld wieder zurück, meinetwegen mit Wucherzinsen.«

Verwaltungsrat Qin seufzte tief auf:

»Da hat mir mein Verwandter Gao eine schöne Suppe eingebrockt. Weil ich aber keinen anderen Ausweg weiß, Vierter Bruder Feng, will ich die erforderlichen Geldmittel herausrücken. Allerdings müßt Ihr alles in die Wege leiten.«

»Kann ich denn ›den Mond aus dem Wasser fischen‹? Hier muß schon Professor Gao sich bemühen.«

»Weshalb gerade er?«

»Weil er mit Zensor Shi befreundet ist. Diesen muß man dazu bewegen, daß er sofort ein Gesuch an das Kaiserliche Kanzleramt richtet. Wenn das Gesuch zu den Akten genommen worden ist, so ist das schon viel wert.«

»Vierter Bruder Feng, Ihr seid wahrhaft ein erfahrener Mensch.«

Verwaltungsrat Qin schrieb sofort eine Einladungskarte für Professor Gao und bat ihn, unverzüglich zu kommen, da er eine überaus wichtige Sache mit ihm zu besprechen hätte. Es dauerte nicht lange, und Professor Gao war zur Stelle. Sogleich nachdem ihn Verwaltungsrat Qin begrüßt hatte, trug er ihm den Plan des Vierten Herrn Feng vor.

»Ich nehme die Sache sofort in Angriff«, erklärte Professor Gao geflissentlich.

»Da es große Eile hat«, sagte der Vierte Herr Feng, »bitte ich Herrn Qin, sofort mit dem nötigen Silber herauszurükken.«

Verwaltungsrat Qin verschwand in den hinteren Gemächern. Wenig später schleppte der Hausmeister zwölf Pakete Silber zu je hundert Unzen heran und übergab sie Professor Gao.

»Heutzutage muß man der Freundschaft mit Geld nachhelfen. Ich schieße das Geld gern vor, da ich weiß, daß beim Kaiserlichen Kanzleramt Unkosten entstehen werden. Bitte beauftragt Zensor Shi mit der ganzen Angelegenheit«, setzte Verwaltungsrat Qin hinzu.

Professor Gao willigte ein, da er kein ganz reines Gewissen hatte und sich seines Schwurbruders Wan schämte. Er nahm das Geld und begab sich zu Zensor Shi. Dieser schickte noch in der gleichen Nacht einen Boten in die Hauptstadt.

Der Vierte Herr Feng rannte, so schnell ihn seine Füße trugen, nach Hause. Im Bibliothekszimmer erwartete ihn Verwaltungsrat Wan schon mit großer Ungeduld. »Ich gratuliere Euch; Ihr seid jetzt ein echter Verwaltungsrat.«

Der Vierte Herr Feng erzählte der Reihe nach, was sich zugetragen hatte. Plötzlich sank Herr Wan in die Knie und dankte dem Vierten Herrn Feng mit dreißig Kotaus. Der Vierte Herr Feng konnte ihn nur mit Mühe bewegen, damit aufzuhören.

»Morgen werdet Ihr wieder Eure Amtskleidung anlegen«, sagte der Vierte Herr Feng, »und den beiden Herren Qin und Gao Dankesbesuche abstatten.«

»Selbstverständlich. Nur getraue ich mich nicht recht.«

In diesem Augenblick traten die Büttel ins Zimmer und fragten den Vierten Herrn Feng, wann man endlich aufbrechen würde.

»Morgen wird es noch nicht möglich sein, aber wahrscheinlich übermorgen.«

Am Morgen des nächsten Tages machte Verwaltungsrat Wan bei Verwaltungsrat Qin und Professor Gao einen Dankesbesuch. Die beiden Herren nahmen zwar die Besuchskarte entgegen, ließen aber bestellen, sie wären nicht zu Hause. Als Verwaltungsrat Wan von diesen erfolglosen Besuchen zurückkehrte, trug der Vierte Herr Feng ihm auf, persönlich sein im Tempel der Empfangenen Gnade befindliches Gepäck zu holen. Der Vierte Herr Feng ordnete sodann seine eigenen Angelegenheiten und machte sich mit Verwaltungsrat Wan und den Bütteln nach der Präfektur Taizhou auf.

Was sich auf der Reise zutrug, wird uns das nächste Kapitel berichten.

EINUNDFÜNFZIGSTES KAPITEL

Eine junge Frau betrügt einen jungen Kaufmann und wird selbst überlistet · Ein starker Mann unterzieht sich mit Vergnügen der Folter

Nachdem der Vierte Herr Feng Herrn Wan einen echten Verwaltungsratstitel verschafft hatte, begab er sich mit seinem Gepäck samt den drei Bütteln und dem Herrn Verwaltungsrat nach Taizhou zum Prozeß. Da man sich gerade im ersten Drittel des Vierten Monats befand und das Wetter schon recht mild war, trugen alle fünf ungefütterte Gewänder. Sie gingen zum Hanxi-Tor hinaus, um ein Boot zu mieten, das direkt nach Zhejiang fuhr. Trotz eifrigen Suchens entdeckten sie keine bis Hangzhou fahrende Dschunke; so mußten sie sich begnügen, vorläufig nur bis Suzhou zu reisen. In Suzhou angelangt, bezahlte der Vierte Herr Feng das Fahrgeld, und sie stiegen auf ein Schiff nach Hangzhou um. Dieses Schiff war beträchtlich größer als das vorherige. Darum sagte Herr Feng:

»Wir brauchen nicht so viel Platz; uns genügen zwei Kabinen.«

Der Vierte Herr Feng bezahlte dem Hafenmeister anderthalb Unzen Silber, das Fahrgeld für die mittlere und die vordere Kabine. Sodann bestiegen die fünf das Schiff. Erst nach einem Tag des Wartens gabelte der Schiffer zu aller Glück noch einen Seidenhändler auf, der die zweite Vorderkabine belegte. Er zählte nur wenig über zwanzig Jahre und machte einen recht jugendlichen Eindruck. Er trug zwar nur eine Tragstange Gepäck, aber er mußte schwer daran schleppen. Am Abend lösten die Bootsleute die Taue und stießen von der Landungsbrücke ab. Nachdem sie das Schiff mit Hilfe langer Bambusstangen zwei Meilen lang gestakt hatten, hielten sie vor einem winzigen Dorf.

»Bindet die Taue gut fest und werft den zweiten Anker aus«, befahl der Schiffer seinem Bootsmann. »Gib gut acht auf die Reisenden, ich will nur zu Hause einmal nach dem Rechten sehen.«

»Bringt eine Portion günstigen Wind mit!« riefen ihm die Büttel zu, und der Schiffer zog schmunzelnd davon.

Verwaltungsrat Wan spazierte mit dem Vierten Herrn Feng am Ufer müßig auf und ab. Die Abendnebel zerstreuten sich, und im Wasser spiegelte sich der Mond immer klarer und reiner. Nachdem sie noch eine kleine Weile gelustwandelt waren, kehrten sie wieder auf das Schiff zurück und begaben sich in ihre Kabine. Bald darauf hörten sie das Plätschern eines kleinen Bootes, das den Fluß herunterkam und am Schiff anlegte. Zu dieser Stunde hatten die Bootsleute schon ihre Decken ausgebreitet und sich schlafen gelegt, während die drei Büttel beim matten Schein einer Lampe Domino spielten. Verwaltungsrat Wan, der Vierte Herr Feng und der Seidenhändler stießen die Luken auf und lehnten sich heraus, um sich an der Mondnacht zu erfreuen. Auf dem kleinen Boot, das gerade anlegen wollte, stand ein etwa vierzigjähriger hagerer Kerl, der das Staken besorgte, während eine etwa neunzehnjährige Frau das Steuer bediente. Als sie die drei Männer auf der Dschunke gewahrte, versteckte sie sich unter dem Bastverdeck. Eine Weile später legten sich der Vierte Herr Feng und Herr Wan gleichfalls schlafen. Nur der Seidenhändler blieb noch auf.

Am nächsten Tag, noch vor Sonnenaufgang, bestieg der Schiffer mit einem Korb auf dem Rücken sein Schiff und fuhr schleunigst ab. Erst nach zehn Meilen wurde gefrühstückt. Als es inzwischen Nachmittag geworden war, saßen der Vierte Herr Feng und der Verwaltungsrat Wan müßig in der Kabine und plauderten miteinander.

»Herr Wan, zwar werdet Ihr diesmal meiner Meinung nach, was Muskeln und Knochen anbelangt, glimpflich davonkommen, aber ein Prozeß des Zensoramtes bringt genügend Verwicklungen mit sich und zieht sich bekanntlich sehr in die Länge. Wenn man Euch im Verhör gleichviel welche Dinge vorwirft, so sagt ganz einfach, daß ein in

Eurem Hause wohnender Gast Feng Mingqi es getan hat. Wenn sie mich dann festnehmen, werde ich mir zu helfen wissen.«

In diesem Augenblick bemerkten die beiden, daß der in seiner Vorderkabine sitzende junge Seidenhändler laut weinte. Der Vierte Herr Feng und die anderen fragten:

»Reisegefährte, was ist denn los?«

Der Seidenhändler brachte kein Wort heraus. Dem Vierten Herrn Feng ging plötzlich ein Licht auf; auf den jungen Mann weisend, rief er:

»Da haben wir's! Der unerfahrene Jüngling ist in die Falle gegangen.«

Der Seidenhändler schämte sich schrecklich und begann, aufs neue zu schluchzen. Nach eindringlichem Befragen erfuhr der Vierte Herr Feng schließlich, daß der Seidenhändler am vorhergehenden Abend, als alle schon schliefen, sich noch aus der Luke gelehnt und die Frau auf dem kleinen Boot beobachtet hatte. Gleich nach dem Verschwinden der beiden anderen war die junge Frau aus ihrem Versteck hervorgekrochen und hatte den Seidenhändler angelächelt. Die Schiffe lagen dicht nebeneinander, und auf einen Wink des Seidenhändlers kletterte die Frau kichernd herüber, und sie verbrachten, wie man so sagt, eine ›Nacht auf dem Berge Wu‹. Sobald der Seidenhändler eingeschlummert war, nahm sie aus seinem Gepäck vier Päckchen Silber im Wert von zweihundert Unzen und verschwand damit. Als das Schiff abfuhr, war der Seidenhändler von seinem nächtlichen Erlebnis noch ganz benommen. So entdeckte er erst spät, daß sein Bündel aufgemacht und er bestohlen worden war.

Der Vierte Herr Feng murmelte eine Weile vor sich hin, dann rief er einen Bootsmann heran und fragte:

»Würdest du das kleine Boot von gestern wiedererkennen?«

»Allerdings. Aber man kann in dieser Sache keine Anklage erheben.«

»Ich wollte nur wissen, ob du die Leute wiedererkennen

würdest. Selbstverständlich sind sie mit ihrer Beute weiter stromab gefahren.« Und zum Schiffer gewandt, setzte der Vierte Herr Feng hinzu: »Los, laßt den Mast herunterholen und eiligst zurückrudern! Wenn wir das Boot entdecken, wollen wir in einiger Entfernung davon vor Anker gehen. Gelingt es mir, das Geld zurückzuerobern, erhaltet Ihr eine anständige Belohnung.«

Der Schiffer war einverstanden, und die Bootsleute ruderten zurück.

In der Dämmerung erreichten sie die Stelle, wo sie gestern vor Anker gegangen waren, aber das kleine Boot war nirgends zu erblicken.

»Rudert noch weiter zurück!« befahl der Vierte Herr Feng.

Nicht lange darauf erblickten sie das Boot, das an einer alten Weide vertäut war. Aus der Ferne konnten sie keinen Menschen dort erkennen. Der Vierte Herr Feng ließ die Dschunke noch näher heranfahren und dann vor einer anderen alten Weide vor Anker gehen. Er schickte sodann die Bootsleute schlafen und befahl, strengstes Stillschweigen zu wahren. Er selber begab sich ans Ufer. Als er ganz nah an das Boot herangekommen war, stellte er fest, daß es sich wirklich um jenes vom vorhergehenden Abend handelte. Die Frau schwatzte mit dem mageren Kerl in der Kajüte. Der Vierte Herr Feng schlenderte gemächlich zur Dschunke zurück. Es dauerte nicht lange, da legte das Boot an der Dschunke an. Von dem mageren Kerl war keine Spur mehr zu entdecken.

In dieser Nacht strahlte der Mond noch heller als in der vergangenen. In seinem Schein konnte man genau gewahren, wie die Frau ihr Haar kämmte. Sie trug ein weißes langes Oberkleid und einen schwarzseidenen Rock und saß ganz allein an der Luke und erfreute sich an der Mondnacht.

»Wie still ist es heute nacht«, flüsterte der Vierte Herr Feng. »Fürchtet Ihr Euch nicht so allein im Boot?«

»Was kümmert Ihr Euch um mich. Ich bin es gewohnt, allein zu sein. Was sollte ich fürchten?« antwortete sie und warf ihm aus ihren dunklen Augen einen verheißungsvollen Blick zu.

Der Vierte Herr Feng sprang auf das Boot hinüber und schloß die Frau in seine Arme. Diese tat zwar, als wollte sie ihn zurückstoßen, gab aber keinen Laut von sich. Der Vierte Herr Feng zog sie auf seinen Schoß. Die Frau leistete keinen Widerstand, sondern sank an seine Brust.

»Du bist so allein; leiste mir doch Gesellschaft! Aus einem früheren Leben ist es uns vorherbestimmt.«

»Wir Bootsleute sind an sich sehr anständige Leute, aber da heute abend niemand bei mir ist und wir uns zufällig trafen, will ich mich nicht sträuben. Doch laß uns hier bleiben, auf die große Dschunke möchte ich nicht.«

»In meinem Gepäck befinden sich kostbare Gegenstände, und so hätte ich hier keine Ruhe.«

Kaum daß er dies gesagt hatte, hob der Vierte Herr Feng die Frau auf und trug sie auf die Dschunke hinüber. Alles schlief schon fest, nur in der Mittelkabine brannte noch eine Lampe. Der Vierte Herr Feng legte die Frau auf das schon vorbereitete Lager; diese entledigte sich unverzüglich ihrer Kleider und schlüpfte unter die Decke. Zu ihrem Erstaunen bemerkte die Frau, daß Herr Feng sich nicht auszog. Statt dessen hörten sie draußen mit einemmal die Ruder ächzen. Sie wollte sich erheben, um besser horchen zu können, doch der Vierte Herr Feng drückte sie mit einem Bein aufs Lager zurück, so daß sie sich nicht mehr rühren konnte. Sie spitzte die Ohren, und tatsächlich, das Schiff war in Fahrt.

Aufgeregt fragte die Frau: »Wieso fährt das Schiff?«

»Sie rudern, und du liegst hier so bequem auf meinem Lager. Ist das nicht herrlich?«

»Ich will auf mein Boot zurück!« rief die Frau voller Bestürzung.

»Du dummes Mädchen, wir sind einander ebenbürtig; du stiehlst Geld, ich stehle Menschen. Warum sich aufregen?«

Die Frau erkannte, daß sie in eine Falle geraten war und flehte inbrünstig:

»Laß mich los! Ich will alles zurückgeben.«

»Bevor ich nicht das Geld habe, kann ich dich nicht loslassen. Im übrigen will ich dir keine Schwierigkeiten bereiten.«

Die Frau hatte sich gerade erhoben, als Herr Wan und der Seidenhändler, die aus ihrer Kabine geschlüpft waren, hereinspähten. Beim Anblick der splitternackten Frau konnten sie sich des Lachens nicht erwehren. Der Vierte Herr Feng fragte sodann die Diebin nach ihrem Wohnort und dem Namen ihres Mannes. Der Schiffer mußte an einer versteckten Stelle mit der Dschunke vor Anker gehen.

Am nächsten Morgen – es begann gerade erst zu grauen – packte der Seidenhändler die Kleider der Frau in einen Beutel und wanderte am Ufer ein gutes Stück zurück, bis er den Mann fand. Dieser stand in großer Aufregung unter der Weide, da weder von der Dschunke noch von seiner Frau etwas zu sehen war. Dem Seidenhändler kam der Mann nicht ganz unbekannt vor. Er trat an ihn heran und klopfte ihm auf die Schulter.

»Guter Mann, Ihr habt zwar Eure Frau eingebüßt, könnt aber noch von Glück reden.«

Der hagere Kerl getraute sich kein Wort zu sagen. Der Seidenhändler öffnete den Beutel und zog Kleider, Wäsche und Schuhe der Frau hervor. Der Mann fiel bestürzt auf die Knie und machte einen Kotau nach dem anderen.

»Rückt Ihr sogleich die vier Päckchen Silber heraus, werde ich Euch nicht festnehmen lassen, und Ihr bekommt auch Eure Frau wieder.«

Der Mann eilte bestürzt zu seinem Boot und holte aus dem doppelten Boden der Heckkabine einen großen Sack hervor.

»Ich habe nichts davon angerührt. Laßt Gnade walten und gebt mir meine Frau zurück.«

Der Seidenhändler nahm den Sack mit dem Silber über die Schulter, der Mann folgte mit den Kleidern seiner Frau. Er wagte erst dann die Dschunke zu betreten, als die Frau nach ihm rief. Er fand sie in der Mittelkabine, von Kopf bis zu den Füßen in Decken eingehüllt. Er trat zu ihr und reichte ihr die Kleider. Alle sahen zu, wie sie sich anzog, aufstand, zwei Kotaus machte und sich mit ihrem Mann, dem abgefeimten Kuppler, davontrollte.

Der Seidenhändler übergab dem Vierten Herrn Feng zum Dank ein Päckchen mit fünfzig Unzen Silber. Der Vierte Herr Feng brummte eine Weile vor sich hin, nahm dann schließlich das Geld, teilte es in drei Teile und sagte zu den drei Bütteln:

»Ihr habt einen schwierigen Auftrag durchzuführen, drum nehmt das Geld als Belohnung.«

Die drei bedankten sich vielmals.

Nun haben wir von der Reise genug berichtet. Bald erreichte die Dschunke Hangzhou. Dort stieg man nach Taizhou um, und gemeinsam betraten die fünf die Stadt.

»Wir dürfen keinesfalls Aufsehen erregen, damit man in der Präfektur nicht über uns spricht«, meinten die Büttel voller Angst. »Sonst ist guter Rat teuer.«

»Dem kann leicht abgeholfen werden«, sagte der Vierte Herr Feng. Er bestellte vier Sänften mit heruntergelassenen Vorhängen. Dann ließ er die drei Büttel und Herrn Wan Platz nehmen. Er selber aber folgte zu Fuß nach. So gelangten sie vor das Haus des Herrn Wan, das sie durch das große Tor betraten. Im zweiten Hof befanden sich zwei kleine Hallen, die man durch eine Zwischenwand in drei Räume verwandelt hatte.

Als Herr Wan sich in die inneren Gemächer begab, hörte man Weinen und Wehklagen, das aber bald nach seinem Eintritt verstummte.

Eine Weile später wurde ein Essen aufgetragen. Nach dem Mahl sagte der Vierte Herr Feng zu den Bütteln: »Ihr dürft jetzt keinesfalls schon gehen. Zur Stunde, da die Lampen angezündet werden, geht zu dem Strafbeamten, der die Sache bearbeitet, und holt ihn hierher. Ich werde dann schon Rat schaffen.«

Die Büttel erklärten sich einverstanden. Als es zu dunkeln begann, begaben sie sich heimlich zu Sekretär Zhao Qin. Dieser erschrak sehr, als er erfuhr, daß der Vierte Herr Feng aus Nanjing auch mitgekommen war.

»Das ist ein wackerer Held! Wie kommt es, daß er mit Herrn Wan befreundet ist? Da kann Herr Wan aber wirklich von Glück sagen!«

Darauf begab sich der Sekretär mit den Bütteln sogleich in das Haus Wan. Auf den ersten Blick schloß er mit dem Vierten Herrn Feng Freundschaft.

»Meister Zhao, ich habe eine große Bitte an Euch. Wenn der Präfekt die Zeugenaussagen zu Protokoll hat nehmen lassen, so sorgt dafür, daß dann die Leute, über die ausgesagt wurde, unverzüglich in den Yamen gebracht werden. Den von Herrn Wan angegebenen Mitschuldigen müßt Ihr sofort verhaften lassen.«

Sekretär Zhao versprach es.

Am nächsten Tag ließ sich Verwaltungsrat Wan in einer Sänfte zum Chenghuang-Tempel tragen, der ganz in der Nähe der Präfektur lag. Nach wie vor trug er sein Amtskleid des siebenten Ranges, den Beamtenhut und die Stiefel. Um seinen Hals aber hing wieder die Kette. Dann brachten ihn die Büttel in die Präfektur, überreichten den Haftbefehl, und bald darauf betrat Präfekt Qi die Halle. Der von Nanjing mitgereiste Büttel Zhao Sheng händigte das amtliche Schreiben aus und führte Verwaltungsrat Wan in die Halle. Präfekt Qi traute seinen Augen nicht, als er den Häftling im Beamtenhut und rundem Kragen vor sich sah. Noch verblüffter war er, nachdem er auf dem amtlichen Schreiben die Worte entdeckt hatte: ›Befördert zum Verwaltungsrat.‹ Er blickte auf und schaute Wan an, der aufrecht stehengeblieben war und keinen Kotau gemacht hatte.

»Wann wurde Euch dieser Titel verliehen?«

»Im Ersten Monat dieses Jahres.«

»Warum habe ich noch keine Mitteilung darüber bekommen?«

»Es dauert eben eine Weile, bis die Nachricht von der Ernennung vom Kanzleramt ans Ministerium, vom Ministerium an den Provinzgouverneur gelangt ist. Aber ich denke, daß Ihr in Kürze benachrichtigt werdet.«

»Der Titel eines Verwaltungsrates wird Euch früher oder später doch wieder abgesprochen werden.«

»Seit ich im vorigen Jahr nach Beijing ging und in diesem Jahr mich nach Nanjing begab, habe ich kein Verbrechen begangen. So frage ich Euch, weshalb Ihr mich in einer fremden Provinz habt verhaften lassen.«

»Brigadegeneral Miao hat den Seeschutz vernachlässigt. Deshalb ließ ihn der Gouverneur festnehmen. Man fand in Miaos Yamen Gedichte, die von Euch stammen, samt einer schmeichlerischen Widmung, die zur Genüge dartut, daß Ihr von ihm bestochen worden seid. Außerdem wissen wir sogar, wie hoch sich die Bestechungsgelder belaufen. Wie wollt Ihr Euch verantworten?«

»Ihr erhebt gegen mich ungerechte Beschuldigungen. Während meines Aufenthaltes in meiner Heimatstadt bin ich nie mit Brigadegeneral Miao zusammengetroffen. Wie käme ich dazu, ihm Gedichte zu widmen?«

»Ich habe die Gedichte persönlich gelesen. Lange Ergüsse, die samt und sonders Euren Stempel und Eure Unterschrift tragen. Wollt Ihr immer noch leugnen oder gar die Schuld auf andere abwälzen?«

»Wenn ich auch ein Verwaltungsrat bin«, versetzte Herr Wan, »fehlt mir doch jede Begabung, Gedichte zu verfassen, auch habe ich niemals ein Namenssiegel besessen. Allerdings wohnt bei mir jemand zu Gast, der mir im vorigen Jahr eine Sammlung großer und kleiner Siegel übergab. Ich habe sie in mein Bibliothekszimmer geschafft, aber sie noch nicht angesehen. Dieser Herr versteht auch etwas vom Dichten. Ich vermute, daß er unter meinem Namen Gedichte geschrieben hat. Bitte untersucht diesen Fall eingehend.«

»Wie heißt der Betreffende? Und wo hält er sich augenblicklich auf?«

»Er heißt Feng Mingqi und hält sich jetzt in meinem Hause auf.«

Präfekt Qi schickte sofort einen Büttel zu Feng Mingqi. Nach einer Weile langte dieser in der Präfektur an.

Der Büttel meldete dem sich in der zweiten Halle befindenden Präfekten:

»Die Verhaftung von Feng Mingqi ist ausgeführt.«

Präfekt Qi ließ ihn unverzüglich vorführen und fragte: »Seid Ihr Feng Mingqi, ein Freund des Brigadegenerals Miao?«

»Ich kenne diesen Brigadegeneral überhaupt nicht.«

»Wan Li ist angeklagt, ihm Gedichte gewidmet zu haben. Nun behauptet Wan Li, Ihr hättet die fraglichen Gedichte geschrieben, und sogar das Siegel stamme von Euch. Was trieb Euch zu dieser Tat?«

»Ich verstehe überhaupt nichts von Gedichten, aber selbst wenn man Gedichte schreibt und sie anderen widmet, kann man doch nicht als Verbrecher angesehen werden.«

»Dieser Mensch will mich wohl darüber belehren, was Recht und Unrecht ist? Los, schafft das große Folterwerkzeug herbei.«

Die Büttel stießen gellende Schreie aus, während sie die Folterpresse vor den Eingang der Halle schleppten. Zwei von ihnen ergriffen den Vierten Herrn Feng und zwängten seine Beine in die Presse.

»Los, leistet ganze Arbeit, strengt euch nach Leibeskräften an«, ermahnte der Präfekt.

Die Büttel zogen mit aller Kraft die Seile an; man hörte ein lautes Krachen, und die Presse zersprang in sechs Teile.

»Läßt der Kerl etwa seine Zauberkünste spielen?« fragte der Präfekt empört.

Präfekt Qi ließ eine neue Presse herbeischaffen, auf die er einen Zettel mit roten Schriftzeichen und Amtsstempel klebte. Die Büttel hatten die Seile noch nicht richtig angezogen, da krachte es abermals, und wiederum zersprang die Presse. Man versuchte es nochmals vergeblich mit einer dritten Presse,und schließlich bedeckten die Trümmer von drei Folterwerkzeugen den Boden. Der Vierte Herr Feng lachte nur und sagte kein Wort.

Präfekt Qi bekam es mit der Angst zu tun. Er schloß die Sitzung und ließ Wan Li und Feng Mingqi ins Gefängnis bringen. Er selbst bestieg eine Sänfte, um dem Militärgouverneur Bericht zu erstatten. Als der Militärgouverneur den Bericht angehört hatte, meinte er, es müßten hier geheimnisvolle Gründe vorliegen, denn ihm sei dieser Feng als ein berühmter Ringer bekannt. Da Brigadegeneral Miao bereits im Gefängnis verstorben und ferner die Nachricht über die Ernennung Wan Lis zum Verwaltungsrat inzwischen in der Provinzialregierung eingetroffen sei, maß er der ganzen Gerichtssache keine große Wichtigkeit mehr zu. Er empfahl dem Präfekten, Milde walten zu lassen und den Prozeß niederzuschlagen. Und so wurden Wan Li und Feng Mingqi wieder auf freien Fuß gesetzt. Der Gouverneur kehrte nach Hangzhou zurück. Mit seiner Klugheit und Muskelkraft hatte der Vierte Herr Feng dem gefährlichen Prozeß den Garaus gemacht.

Verwaltungsrat Wan entlohnte die Büttel und kehrte mit dem Vierten Herrn Feng in sein Haus zurück, immer wieder beteuernd:

»Ich schulde Euch ebensoviel Dank wie Vater und Mutter, denn Ihr habt mir das Leben wiedergeschenkt. Wie kann ich Euch jemals Eure Güte vergelten?«

Der Vierte Herr Feng lachte schallend.

»Wir sind weder alte Freunde noch seid Ihr früher mein Wohltäter gewesen. Euch aus der Klemme zu helfen, hat mir nur Spaß gemacht. Ihr wärt ein rechter Einfaltspinsel, wenn Ihr mir danken wolltet. Morgen will ich nach Hangzhou fahren und einen Freund besuchen.«

Vergebens versuchte Verwaltungsrat Wan, den Vierten Herrn Feng zum Bleiben zu bewegen; es blieb ihm schließlich nichts anderes übrig, als ihn ziehen zu lassen.

Anderntags verabschiedete sich der Vierte Herr Feng von

Verwaltungsrat Wan, ohne sich von ihm auch nur einen Becher Wasser schenken zu lassen.

Den Freund, den der Vierte Herr Feng aufsuchen will, werden wir erst im nächsten Kapitel kennenlernen.

Zweiundfünfzigstes Kapitel

Bei einer Kraftprobe verletzt sich der Sohn eines Vornehmen · Ein Athlet zerstört beim Eintreiben von Schulden beinahe eine Verkaufshalle

Nachdem sich der Vierte Herr Feng von Verwaltungsrat Wan getrennt hatte, fuhr er nach Hangzhou, um dort einen Freund namens Chen Zhenggong aufzusuchen, der ihm fünfzig Unzen Silber schuldete. ›Ich muß das Geld zurückfordern‹, dachte er, ›sonst weiß ich nicht, wovon ich meine Weiterreise bestreiten soll.‹

Chen Zhenggong wohnte draußen vor dem Qiantang-Tor. Dorthin lenkte nun der Vierte Herr Feng seine Schritte. Er war noch nicht lange unterwegs, da erblickte er auf dem Su-Dongpo-Damm eine Gruppe Menschen, die zwei Reitern bei ihren Übungen zusahen. Einer der Reiter, der den Vierten Herrn Feng schon aus der Ferne erblickt hatte, rief mit lauter Stimme:

»Vierter Bruder Feng, wo kommt Ihr denn her?«

Der Vierte Herr Feng trat näher; der Reiter sprang vom Pferd und ergriff seine Hand.

»Ach, der Zweite Herr Qin! Seit wann seid Ihr hier, und was treibt Ihr in Hangzhou?«

Der Zweite Herr Qin erwiderte:

»Ihr wart aber lange fort. Warum habt Ihr Euch so sehr der Angelegenheiten des alten Herrn Wan angenommen? Was hat es Euch denn anderes eingebracht als einen Becher Wasser und eine Schüssel Reis? Ihr seid ein Narr, wenn Ihr Euch derart um anderer Leute Dinge kümmert. Übrigens kommt Ihr wie gerufen, denn der Achte Bruder Hu brennt schon lange darauf, Euch kennenzulernen.«

»Wie heißt der werte Herr?«

»Es ist Herr Hu, der achte Sohn des Ministers Hu, ein sehr interessanter junger Mann, mit dem ich sehr befreundet bin«, erwiderte der Zweite Herr Qin an Stelle des Gefragten.

Als der Achte Herr Hu hörte, daß es sich bei dem Fremden um den Vierten Herrn Feng handelte, drückte er ihm mit einigen Worten seine große Verehrung aus. »Wir wollen unsere Reitübungen abbrechen«, schlug der Zweite Herr Qin vor, »und lieber zu Hause mit dem Vierten Herrn Feng eine Schale Wein leeren.«

»Ich möchte aber hier einen Freund aufsuchen«, wandte Herr Feng ein.

»Dazu ist auch morgen noch Zeit; heute wollen wir die gute Gelegenheit nützen und beim Zweiten Herrn Qin ein paar frohe Stunden verleben«, meinte der Achte Herr Hu.

Schließlich überredeten die beiden den Vierten Herrn Feng. Ein Diener brachte für ihn ein Pferd, und sie ritten gemeinsam bis zum Tempel des Kanzlers Wu. Dort stiegen sie ab und traten durchs Tempeltor. Der Zweite Herr Qin wohnte in einem der hinteren Gebäude. Der Gastgeber ließ von seinem Diener sofort ein paar Speisen besorgen und dazu einige Krüge Wein. Dann wandte er sich an den Achten Herrn Hu:

»Der Vierte Herr Feng ist ein außergewöhnlicher Mensch. Morgen werdet Ihr hervorragende Kunststücke zu sehen bekommen, die Euch zu größtem Nutzen gereichen werden. Alsdann werden wir Euch einen Besuch abstatten und Euch gewiß sehr lästig fallen.«

»Ich rechne bestimmt mit Eurem Kommen«, erwiderte der Achte Herr Hu.

Der Vierte Herr Feng zeigte auf eine Wandrolle mit einem Gedicht und sagte:

»Dieser Hong Hanxian, der dies gedichtet hat, ist ein alter Bekannter von mir. In seinen jüngeren Jahren interessierte er sich für Kriegskünste, später aber, niemand weiß warum, für Magie, täuschte die Leute mit alchimistischen Zauberkünsten und lockte ihnen hierdurch das Geld aus der Tasche. Wer weiß, ob er noch am Leben ist.«

»Wenn ich an Hong denke, muß ich stets lachen«, warf der Achte Herr Hu ein. »Mein Dritter Bruder wäre ihm beinahe in die Falle gegangen. Hong wollte damals mit Hilfe des arglosen Ma Chunshang meinen Bruder dazu überreden, ihm für die Herstellung von Gold aus Kupfer und Zinn die Mittel zur Verfügung zu stellen. Das dafür geforderte Silber lag schon, in Päckchen gepackt, bereit. Das Schicksal aber wollte es, daß der Betrüger einige Tage darauf erkrankte und kurz darauf verstarb. Sonst hätte mein Bruder all sein Silber eingebüßt.«

»Heißt Euer Dritter Bruder mit Rufnamen Zhen?« erkundigte sich der Vierte Herr Feng.

»Allerdings. Übrigens ist er ein seltsamer Kauz. Am liebsten verkehrt er mit recht fragwürdigen Leuten, die schlechte Gedichte verfassen, aber sich dennoch für bedeutende Gelehrte halten. Im Grunde ist er noch niemals dazu gekommen, ein Stück gutes Fleisch zu essen oder einen Schluck anständigen Wein zu trinken. Sein ganzes Vermögen haben ihm Betrüger und Gauner entwendet. Er aber nahm mir meine Leidenschaft für Pferde und Reitkünste übel und behauptete, daß ich damit seinen Hof beschmutze. Schließlich ertrug ich seine Launen nicht mehr länger, überließ ihm das alte Haus und suchte mir eine neue Bleibe.«

»Das neue Haus des Achten Bruders Hu ist sehr behaglich eingerichtet«, lobte der Zweite Herr Qin. »Ihr könnt Euch selbst davon überzeugen, Vierter Bruder Feng, wenn wir ihn demnächst besuchen.«

Der Diener brachte den Wein, und die drei Freunde tranken einander zu.

»Vierter Bruder Feng«, lallte der Zweite Herr Qin, schon halb berauscht. »Ihr wolltet doch noch einen Freund aufsuchen.«

»Mein Freund Chen Zhenggong wohnt ganz in der Nähe. Ich will von ihm fünfzig Unzen Silber, die ich ihm geliehen habe, zurückfordern.«

»Handelt es sich um denselben Chen, der früher in der Bambusstangengasse wohnte und später nach dem Qiantang-Tor zog?« fragte der Achte Herr Hu.

»Ganz recht.«

»Ihr werdet ihn aber nicht antreffen, denn er reiste in Begleitung eines gewissen Mao, den man den Bärtigen nennt, nach Nanjing, um Seide zu verkaufen. Der Zweite Mao verkehrt übrigens viel bei meinem Dritten Bruder. Bruder Feng, ich lasse Chen Zhenggong durch meinen Diener eine Nachricht zugehen, er möchte Euch aufsuchen, sobald er zurückkommt.«

Nach dem Essen beschlossen die Freunde, für heute Schluß zu machen. Der Achte Herr Hu begab sich nach Hause, während der Zweite Herr Qin den Vierten Herrn Feng aufforderte, bei ihm zu übernachten. Am nächsten Tag begab er sich mit dem Freund zum Achten Herrn Hu. Dieser erwiderte den Besuch, dann schickte er einen Diener und ließ mitteilen:

»Unser Herr erwartet den Zweiten Herrn Qin und den Vierten Herrn Feng möglichst früh zu einem einfachen Mahl.«

Am nächsten Tag, gleich nach dem Frühstück, ließ der Zweite Herr Qin zwei Pferde satteln und ritt mit dem Vierten Herrn Feng zum Hause des Achten Herrn Hu. Der Gastgeber führte sie in die Halle.

»Wir möchten lieber im Bibliothekszimmer sitzen«, bat der Zweite Herr Qin.

»Nehmt doch bitte erst hier den Tee ein!«

Nach dem Tee führte der Gastgeber die beiden Herren auf einem schmalen Pfad zu dem hinteren Gebäude. Der Boden war voller Pferdeäpfel. Im Bibliothekszimmer saßen schon einige Gäste, alles Freunde des Achten Herrn Hu, Kunstreiter und Schwerttänzer, die darauf brannten, die Künste des

Vierten Herrn Feng zu bewundern. Nachdem man sich voreinander verneigt hatte, nahmen alle Platz.

»Diese Herren sind samt und sonders meine Freunde«, sagte der Achte Herr Hu. »Sie haben von der Ankunft des Vierten Bruders Feng gehört und sind gekommen, sich von ihm belehren zu lassen.«

»Zuviel der Ehre«, erwiderte der Vierte Herr Feng.

Nachdem sie Tee getrunken hatten, erhoben sich die Gäste und spazierten gemächlich umher. Allerdings waren die drei Wohnräume nicht allzu groß, und die Wandelgänge konnte man infolge der dort angebrachten Sattelständer nicht benutzen. Längs der Wand standen überall Köcher. Eine halbmondförmige Tür führte zu einem großen Hof, hinter dem sich der Pferdestall erhob.

»Zweiter Bruder Qin, ich erstand kürzlich ein neues Pferd, das mir nicht schlecht gefällt. Wollt Ihr es Euch einmal ansehen?«

Der Stallknecht führte das dattelfarbene Roß vor. Die Gäste drängten sich neugierig heran. Das Pferd war kaum zu halten. Es schlug heftig nach hinten aus und traf einen der Gäste, der sich nicht genügend vorgesehen hatte, ans Bein. Der junge Mann krümmte sich vor Schmerzen. Der Achte Herr Hu stürzte zornig herbei und zerschmetterte mit einem einzigen Fußtritt den Schenkel des Pferdes. Die Gäste erschraken, und der Zweite Herr Qin rief:

»Alle Hochachtung für solch eine Leistung! Seit wir uns das letzte Mal sahen, habt Ihr aber tüchtige Fortschritte im Kampfsport gemacht!« Der Verletzte wurde nach Hause gebracht; alsdann setzte man sich wieder an den Tisch. Der Zweite Herr Qin machte den Vorschlag: »Vierter Bruder Feng, zeigt den Gästen doch einige Eurer Künste!«

»Wir möchten gern etwas von Euch lernen!« riefen die übrigen.

»Mit welchem meiner Kunststücke soll ich mich denn blamieren?« fragte der Vierte Herr Feng. Schließlich wies er auf ein erhöhtes Blumenbeet im Hofe.

»Schafft einige von diesen Ziegeln herbei!«

Acht davon ließ er auf der Freitreppe aufschichten. Daraufhin rollte der Vierte Herr Feng den rechten Ärmel hoch und ließ seine Faust auf die acht aufeinandergeschichteten Ziegel herniedersausen, und die Steine zersprangen in tausend Stücke, der unterste Ziegel nicht ausgenommen. Die Zuschauer zollten ihm allesamt reichen Beifall.

»Für unsern Vierten Bruder Feng ist dieses Kunststück ein Kinderspiel«, behauptete der Zweite Herr Qin. »In seinem ›Lehrbuch des Kampfsports‹ heißt es: ›Mit der geballten Faust kann man den Schädel eines Tigers zertrümmern. Mit der Handkante kann man einer Kuh den Kopf abschlagen.‹ Also war das soeben gezeigte Kunststück gar nicht einmal ein so schwieriges. Kommt mal hierher, Achter Bruder Hu! Mit Eurem muskulösen Bein habt Ihr soeben den Schenkel des Pferdes zerbrochen; als wahrer Meister würdet Ihr Euch jedoch erst beweisen, wenn Ihr es fertigbringt, Bruder Feng in den Unterleib zu treten.«

Die Zuschauer brachen in ein lautes Gelächter aus.

»So etwas darf man doch nicht machen!«

»Achter Bruder Hu, versucht es ruhig«, ermunterte der Vierte Herr Feng den Zögernden. »Ihr tragt keine Schuld, wenn Ihr mich verletzt, sondern nur der Zweite Herr Qin.«

»Der Vierte Herr Feng wird schon wissen, was er tut, wenn er Euch zu diesem Versuch ermuntert«, riefen die Umstehenden.

Ein jeder redete eifrig auf den Achten Herrn Hu ein, dieser überlegte eine Weile und schaute sich immer wieder den Vierten Feng an und dachte schließlich: ›Unverletzlich wie der Gott Jingang wird er ja auch nicht sein.‹ So sagte er denn:

»Nun, Vierter Bruder Feng, ich werde es riskieren.«

Der Vierte Herr Feng hob den Rock hoch, daß die Hose sichtbar wurde. Der Achte Herr Hu aber spannte all seine Kräfte an und schnellte den rechten Fuß gegen den Unterleib des Vierten Herrn Feng, aber es war, als ob er nicht auf

Fleisch, sondern auf ein Stück Eisen gestoßen wäre. Seine fünf Zehen schienen gebrochen zu sein. Ein wilder Schmerz durchfuhr seinen Körper. Eine Zeitlang konnte er das rechte Bein überhaupt nicht bewegen.

»Entschuldigt bitte«, sagte der Vierte Herr Feng und trat zu ihm.

Die Zuschauer wußten nicht, ob sie weinen oder lachen sollten. Man nahm Abschied. Der Gastgeber gab den Gästen hinkend ein Stück das Geleit. Ins Haus zurückgekehrt, versuchte er vergeblich, den rechten Stiefel auszuziehen. Der Fuß schmerzte entsetzlich und blieb eine ganze Woche lang geschwollen.

Der Vierte Herr Feng blieb weiter beim Zweiten Herrn Qin wohnen. Sie boxten und ritten miteinander, und so kam keine Langeweile auf. Eines Tages, als er gerade Boxübungen machte, trat ein schwächlicher kleiner Mann von einigen zwanzig Jahren herein und fragte, ob hier der Vierte Herr Feng aus Nanjing wohne. Der Vierte Herr Feng trat auf den Fremden zu und erkannte in ihm den Neffen seines Freundes Chen Zhenggong und fragte, was ihn hierher führe.

»Neulich teilte uns Herr Hu in einem Briefe mit, daß der Vierte Herr Feng nach Hangzhou gekommen sei. Mein Onkel ist aber nach Nanjing gereist, um dort Seide zu verkaufen. Nun möchte ich ihn dort abholen. Soll ich ihm von Euch etwas ausrichten?«

»Ich habe ihm nichts Besonderes mitzuteilen. Ich möchte nur die fünfzig Unzen zurück haben, die ich ihm vor einiger Zeit geliehen habe. Da ich noch eine Weile hierbleibe, hat es bis zu meiner Rückreise Zeit. Bestellt Eurem Onkel viele Grüße. Einen Brief braucht Ihr nicht mitzunehmen.«

Neffe Chen kehrte heim, packte sein Bündel und fuhr mit einer Dschunke nach Nanjing. In dem nahe des Kreisyamens liegenden Geschäft des Seidenhändlers Fu entdeckte er seinen Onkel Chen Zhenggong. Dieser saß mit dem Zweiten Herrn Mao gerade beim Essen und lud seinen Neffen ein, mit daran teilzunehmen. Dann erkundigte er sich bei ihm, was sich zu Hause inzwischen ereignet hätte. Neffe Chen berichtete ihm von seinem Besuch beim Vierten Herrn Feng und was dieser ihm aufgetragen habe. Dann schaffte er sein Gepäck in die obere Kammer.

Der Zweite Herr Mao hatte früher in Hangzhou einen Seiden- und Garnladen betrieben, in den ein Kapital von zweitausend Unzen Silber hineingesteckt worden war. Später schmeichelte er sich beim Dritten Hu ein und verdiente weitere zweitausend Unzen Silber. Schließlich eröffnete er in Jiaxing ein kleines Pfandhaus. Dieser Mann hatte die Eigenschaft, überaus geizig zu sein und jeden Käsch mehr als sein Leben zu lieben. Kürzlich hatte er sich mit Chen Zhenggong zusammengetan und handelte nun mit Seide. Auch Chen Zhenggong war bereit, für einen Käsch das Leben zu lassen. Sie waren Brüder ihrer Gesinnung und ihren Zielen nach. Die Inhaber der Nanjinger Seidenweberei pflegten die Seidenhändler von außerhalb reichlich zu bewirten. Während des Mahles wandte sich der Zweite Herr Mao an Herrn Chen Zhenggong:

»Der Inhaber der Seidenweberei hat uns reichlich mit Fleisch traktiert. Dieses Fleisch gehört doch eigentlich uns. Wie wäre es, wenn wir uns statt der zugedachten Speisen lieber das Geld dafür geben ließen und uns nur mit Reis begnügen würden? Denn Fleisch und Zuspeisen können wir uns selber kaufen. Kommen wir auf diese Weise nicht besser?«

»Ja, so werden wir es künftig halten.«

Vor der nächsten Mahlzeit schickten sie den Neffen Chen zu einem fliegenden Händler, der fertige Speisen verkaufte, und ließen für wenig Geld geräucherte Würste holen. Der junge Chen litt unsägliche Qualen, da das Essen zwar noch für den Mund, aber nicht mehr für den Magen reichte.

Eines Tages wandte sich der Zweite Herr Mao wiederum an Chen Zhenggong:

»Gestern erzählte mir ein Freund, daß in der Yanzhi-Gasse ein Verwaltungsrat namens Qin wohnt, der in Beijing ein Amt antreten soll, aber das Reisegeld im Augenblick nicht aufbringen kann. Er will darum auf kurze Zeit tausend Unzen Silber leihen und siebzig Prozent Zinsen zahlen. Ich bin überzeugt, daß dieser Mann ein sicherer Kunde ist und in drei Monaten das Geld zurückgibt. Kratzt das Geld, das Euch nach Euren letzten Einkäufen übrigblieb, zusammen und borgt ihm zweihundertzehn Unzen Silber. In drei Monaten könnt Ihr über dreihundert Unzen Silber einkassieren. Nicht einmal im Seidenhandel kann man solche Gewinne erzielen. Falls Ihr mir nicht glaubt, stelle ich Euch gern eine Bürgschaft aus. Den Unterhändler des Verwaltungsrates kenne ich gut; er wird uns um keinen einzigen Käsch betrügen.«

Chen Zhenggong befolgte den Rat des Zweiten Herrn Mao. Nach drei Monaten trieb dieser für ihn die vereinbarte Summe von über dreihundert Unzen Silber ein. An der Qualität und dem Gewicht des Silbers war nicht das geringste auszusetzen. Chen Zhenggong war darüber hocherfreut.

Ein andermal wandte sich der Zweite Herr Mao erneut an seinen Kompagnon:

»Gestern besuchte ich einen Bekannten, einen Mann, der mit Ginseng handelt. Er berichtete mir, daß der Vetter des Neunten Herrn Xu aus dem Kanzlerpalast, der Vierte Herr Chen, ein Pfund Ginseng bestellt hätte. Mein Bekannter möchte bald nach Suzhou zurückkehren. Da aber der Vierte Herr Chen im Augenblick das Geld für den Ginseng nicht aufbringen kann, möchte er hundert Unzen Silber zu einem monatlichen Zinsfuß von fünfzig Prozent borgen. Nach zwei Monaten will der Vierte Herr Chen mit zweihundert Unzen den Schuldschein einlösen. Auch bei dieser Sache geht Ihr kein Risiko ein.«

Chen Zhenggong händigte dem Zweiten Herrn Mao das Geld aus. Zwei Monate später wogen sie die zweihundert Unzen Silber nach und stellten zu ihrer Zufriedenheit fest, daß es reichlich gewogen worden war. Und wieder war Chen Zhenggong vor Freude außer sich.

Neffe Chen wurde vom Zweiten Herrn Mao derartig knapp gehalten, daß er weder Fleisch noch Wein zu sehen bekam. Er fing an, ihn wie die Pest zu hassen, und sann ständig auf Rache. Bei der erstbesten Gelegenheit warnte er seinen Onkel Chen Zhenggong davor, sich mit diesem Gauner weiterhin einzulassen.

»Ich halte es für das beste, wenn Ihr Euer Geld dem Zunftvorsteher der Seidenweber übergebt, der Euch dafür Ware liefern wird. Die neueste und beste Seide, die Ihr dafür ersteht, müßt Ihr sofort ins Pfandhaus bringen. Im Pfandhaus erhaltet Ihr Geld, das Ihr unverzüglich wieder in Seide anlegen müßt, die Ihr wieder ins Pfandhaus schaffen sollt. Durch diesen Kettenhandel läßt sich ein Kapital von tausend Unzen Silber schnell verdoppeln, denn die Pfandhäuser fordern nur geringe Zinsen. Weshalb schenkt Ihr dem Zweiten Herrn Mao Euer Vertrauen? Es ist eine unsichere Sache, Geld auf Wucherzinsen auszuleihen. Man hängt dadurch fest und kann nicht nach Hause zurückkehren.«

»Ach, was macht das schon, ob wir erst etwas später wieder nach Hause kommen.«

Eines Tages erhielt der Zweite Herr Mao einen Brief aus der Heimat. Während er ihn las, rutschte er unruhig auf dem Stuhl hin und her und schnitt Grimassen.

»Hat sich etwas Unangenehmes ereignet, daß Ihr gar so sehr aus der Fassung geratet?«

»Eine unwichtige Sache, über die ich allerdings nicht mit Euch sprechen kann.«

Chen Zhenggong bestürmte den Zweiten Herrn Mao mit Fragen, was denn eigentlich los sei. Endlich ließ sich dieser erweichen: »Mein Sohn teilt mir mit, daß die Pfandleihe der Familie Tan in der Östlichen Straße bankrott gemacht habe und man das Geschäft käuflich erwerben könne. Die dort angehäuften Pfandgüter machen einen Wert von sechzehnhundert Unzen Silber aus. Da aber der Pfandleiher in der Klemme sitzt, will er sie für tausend Unzen abstoßen. Wenn ich diese Sachen in meine kleine Pfandleihe übernähme, würde mir bestimmt ein gutes Geschäft winken. Leider ist mir das Glück nicht hold, denn ich kann das Geld nicht aufbringen.«

»Warum tut Ihr Euch nicht mit ein paar anderen Kaufleuten zusammen?«

»Das habe ich schon in Erwägung gezogen. Wenn ich einen Geldgeber fände, der nur wenig Zinsen fordert, dann könnte ich etwas an der Sache verdienen. Verlangt er aber zu viel Zinsen, dann kann ich mir kein Hammelfleisch leisten, sondern muß mit dem Geruch vorliebnehmen. So muß ich leider das gute Geschäft fahren lassen.«

»Wie dumm seid Ihr doch!« schalt ihn Chen Zhenggong. »Weshalb wendet Ihr Euch nicht an mich? Ich kann Euch aushelfen. Ihr werdet mich doch bestimmt nicht um mein Geld bringen.«

»Laßt es gut sein, alter Freund. Mit Geschäften dieser Art ist nicht zu spaßen. Wie soll ich Euch gegenübertreten, wenn ich eines Tages Pleite mache?«

Chen Zhenggong wurde durch diese Aufrichtigkeit nur noch mehr in seinem Entschluß bestärkt, dem Zweiten Herrn Mao das Geld zu leihen.

»Wir wollen die Angelegenheit in aller Ruhe durchsprechen. Ich schieße Euch das Geld vor, mit dem Ihr die Pfandgüter übernehmen könnt, und begnüge mich mit dem geringen Zinssatz von zwei Prozent monatlich. Der übrige Gewinn fließt in Eure Hände. Das Geld zahlt Ihr mir ratenweise zurück, und ich will es Euch nicht verübeln, wenn Ihr mir eine Kleinigkeit schuldig bleibt.«

»Ich danke Euch für Eure Güte. Doch müssen wir nun noch nach einem Zeugen Ausschau halten, der einen gültigen Schuldschein ausschreibt, damit Ihr beruhigt sein könnt. Wie dürften wir eine geheime Abmachung miteinander treffen?«

»Ich hege gegen Euch nicht das geringste Bedenken, da Ihr ein rechter Ehrenmann seid. Weil Euer Wort mir genügt, verzichte ich nicht nur auf einen Zeugen, sondern sogar auf den Schuldschein.«

Chen Zhenggong holte aus einer Truhe tausend Unzen Silber hervor, die er teils schon länger aufbewahrt, teils erst kürzlich von Schuldnern zurückgefordert hatte. Dem jungen Chen wurde von diesem Geschäft nicht das geringste mitgeteilt.

»Eigentlich wollte ich mit diesem Geld in Huzhou einen Posten Seide kaufen, aber nun werde ich warten, bis der Zunftvorsteher die von mir mitgebrachte Seide abgesetzt hat. Nehmt das Geld an Euch und tätigt damit Euer Geschäft. In ein paar Tagen reise ich gleichfalls nach Hause.«

Der Zweite Herr Mao dankte vielmals, nahm das Silber und bestieg ein Schiff nach Jiaxing. Einige Tage später erhielt Chen Zhenggong das Geld für die verkaufte Seide und verabschiedete sich von dem Zunftvorsteher. Neffe Chen begleitete ihn. In Jiaxing unterbrachen sie die Fahrt, um dem Zweiten Herrn Mao einen Besuch abzustatten. Dieser besaß eine Pfandleihe in der Westlichen Straße. Bald standen die beiden vor einem kleinen Haus, dessen vorderer Teil drei Räume umfaßte; auch besaß es eine Seitenmauer. Nachdem sie das Tor durchschritten hatten und um die Seitenmauer lugten, erblickten sie am Ende des Hofes eine Halle mit Ladentischen, hinter denen mehrere Angestellte saßen.

»Ist dies hier das Pfandhaus des Zweiten Herrn Mao?«

»Darf ich Euren werten Namen erfahren?«

»Ich heiße Chen Zhenggong und komme aus Nanjing, um den Zweiten Herrn Mao zu besuchen.«

»Bitte, tretet näher!«

Im hinteren Gebäude waren die Pfandgüter untergebracht. Chen Zhenggong trat ein und ließ sich dort nieder. Ein Angestellter brachte eine Tasse Tee.

»Weilt der Zweite Herr Mao im Hause?«

»Der Zweite Herr Mao besaß anfänglich dieses Geschäft, mußte es aber an Herrn Wang abtreten.«

Chen Zhenggong erschrak zu Tode:

»Ist er denn kürzlich nicht hierher zurückgekehrt?«

»Was hat er hier noch zu suchen? Ihm gehört ja der Laden nicht mehr.«

»Wo mag er sich hinbegeben haben?«

»Seine unbeständigen Schritte mögen ihn nach Beijing oder auch nach Nanjing geführt haben.«

Chen Zhenggong brach der Schweiß aus; die Sache kam ihm äußerst bedenklich vor. Er eilte mit dem jungen Chen zum Schiff zurück, und sie setzten ihre Reise nach Huzhou fort. Am Morgen nach ihrer Ankunft wurde ans Tor geklopft. Chen Zhenggong öffnete und erkannte den Vierten Herrn Feng. Nachdem sie sich ihrer gegenseitigen Hochachtung versichert hatten, begann der Hausherr ein wenig verlegen:

»Eigentlich hätte ich die alte Schuld schon längst begleichen müssen, aber im Augenblick bin ich in Geldverlegenheit, denn ich bin einem Betrüger ins Garn gegangen.«

Der Vierte Herr Feng erkundigte sich nach den näheren Einzelheiten. Chen Zhenggong berichtete ausführlich von allem.

»Das ist alles nicht so schlimm, ich werde schon Rat schaffen. Morgen reise ich mit dem Zweiten Herrn Qin nach Nanjing. Ihr könnt in Jiaxing auf mich warten, und ich garantiere Euch, daß Ihr Euer Geld bis auf den letzten Heller zurückbekommt.«

»Ich würde Euch mein ganzes Leben lang dankbar sein, wenn Ihr dies fertigbringen würdet.«

»Erspart Euch diese höflichen Phrasen«, wehrte der Vierte Herr Feng ab.

Zu Hause erzählte er seinem Freunde Qin die ganze Begebenheit.

»Die Arbeit klopft wieder einmal an Euer Tor«, scherzte der Zweite Herr Qin. »Aber so eine verwickelte Angelegenheit ist doch ganz nach Eurem Sinn.«

Der Zweite Herr Qin bezahlte sogleich sein Quartier, schnürte sein Bündel und bestieg mit seinem Freund eine Dschunke. Kurz vor Jiaxing äußerte er den Wunsch, an dem Spaß teilnehmen zu dürfen. In der Stadt angekommen, erkundigten sie sich nach der Pfandleihe der Familie Mao. Dort fanden sie Chen Zhenggong, der gerade im Laden

Krach schlug. Der Vierte Herr Feng stürzte durch das Tor und um die Seitenmauer herum, indem er zwei Schritte in einem nahm. Dabei schrie er mit lauter Stimme:

»Ist ein gewisser Herr Mao zu Hause? Will er das Geld von Chen Zhenggong herausrücken oder nicht?«

Ein Angestellter eilte ihm entgegen, um ihn mit einer billigen Ausrede abzufertigen. Doch er kam zu spät, inzwischen hatte der Vierte Herr Feng schon mit beiden Händen das Tor von der Seitenmauer ergriffen und mit einem heftigen Ruck nach hinten gestoßen. Die halbe Mauer stürzte mit großem Gepolter zusammen. Der Zweite Herr Qin, der gerade durch das Tor schreiten wollte, wäre beinahe von der Wand begraben worden. Die Angestellten der Pfandleihe sperrten Mund und Nase auf.

Der Vierte Herr Feng rannte in die Halle und lehnte sich an eine Säule neben dem Ladentisch.

»Wer sein Leben liebt, suche das Weite!« rief er mit mächtiger Stimme, umklammerte die Säule mit beiden Armen, und im nächsten Augenblick stürzte das halbe Dach herab. Die Dachziegel zersplitterten auf dem Boden, und Wolken von Kalkstaub stiegen zum Himmel. Nur weil die Angestellten rechtzeitig die Flucht ergriffen hatten, kamen sie mit dem Leben davon. Draußen versammelten sich große Scharen Neugieriger, die der Lärm der einstürzenden Halle herbeigelockt hatte.

Dem Zweiten Herrn Mao wurde die Sache zu gefährlich, und er zog es vor, auf der Bildfläche zu erscheinen. Mit großem Schrecken gewahrte er, wie der Vierte Herr Feng, den ganzen Kopf voller Schutt, sich gerade an die nächste Säule lehnen wollte, um in seinem Zerstörungswerk fortzufahren. Da traten die neugierigen Gaffer bestürzt herbei und flehten um Nachsicht. Der Zweite Herr Mao bekannte sich zu seiner Schuld und versprach, die ganze Summe sofort zurückzuerstatten, nur möge der Vierte Herr Feng um Himmels willen seine furchtbare Tätigkeit einstellen.

»Euer häusliches Nest mag so groß sein, wie es will, ich

werde es trotzdem dem Erdboden gleichmachen, ehe Ihr noch eine Schüssel Reis gegessen habt!« rief der Vierte Herr Feng und lachte schallend.

Inzwischen hatten sich der Zweite Herr Qin und Chen Zhenggong in einem der hinteren Gemächer niedergelassen.

»An allem tragt allein Ihr die Schuld, Herr Mao«, sagte der Zweite Herr Qin. »Weil kein Schuldschein ausgeschrieben worden war, dachtet Ihr, man könne diese Sache nicht vor Gericht bringen und so Chen Zhenggong ungestraft betrügen. Wieder einmal bewahrheitet sich das Sprichwort: ›Die Armut eines Schuldners braucht man nicht zu fürchten, wohl aber den Mut des Gläubigers.‹ Nun, da Ihr es mit dem Vierten Bruder Feng zu tun bekommen habt, ergeht es Euch schlecht.«

Wohl oder übel mußte der Zweite Herr Mao mit dem Geld und mit den Zinsen herausrücken, um die drohende Gefahr abzuwenden.

Nachdem alles geregelt worden war, begleitete Chen Zhenggong den Zweiten Herrn Qin und den Vierten Herrn Feng auf das Schiff. Man wusch und säuberte sich erst einmal. Dann kramte Herr Chen Zhenggong zwei Silberpakete zu je fünfzig Unzen hervor, um den Vierten Herrn Feng für seine Mühe zu lohnen. Dieser aber lachte nur.

»Es war mir ein Vergnügen, Euch behilflich zu sein. Ich nehme mir die fünfzig Unzen, die Ihr mir schuldet. Das andere Geld aber mögt Ihr behalten.«

Chen Zhenggong dankte mehrmals mit einem Kotau und fuhr, nachdem er den beiden Herren Lebewohl gesagt hatte, in einem kleinen Boot davon.

Der Zweite Herr Qin und der Vierte Herr Feng unterhielten sich mit vielen Späßen, so daß die Fahrt bis Nanjing wie im Fluge verging. Ein paar Tage später sprach der Vierte Herr Feng in der Yanzhi-Gasse bei Verwaltungsrat Qin vor. Dort sagte man ihm: »Unser Gebieter amüsiert sich schon mehrere Tage im Laibin-Turm mit dem Vierten Herrn Chen aus Taipingfu. So habt Ihr Euch vergebens hierher bemüht.«

Sogleich begab sich der Vierte Herr Feng zum Laibin-Turm, um Verwaltungsrat Qin wegen seines schlechten Lebenswandels ins Gewissen zu reden. Kaum daß er dort angelangt war, überbrachte ein Bote aus der Hauptstadt die Nachricht, daß Verwaltungsrat Qin sofort sein Amt in Beijing antreten müsse. Dieser packte unverzüglich sein Gepäck und bereitete sich auf die Reise vor. Der Vierte Herr Chen mußte sich künftig allein im Laibin-Turm amüsieren.

Wir wissen noch nicht, was der Vierte Herr Chen alles noch im Laibin-Turm erleben sollte, aber sicher wird uns das nächste Kapitel darüber Aufschluß geben.

Dreiundfünfzigstes Kapitel

Im Kanzlerpalast empfängt man zu Wintersende einen Gast · Im Laibin-Turm wird ein hübsches Mädchen durch eine Kerzenschnuppe aus dem Schlaf geschreckt

Das vordere Tor der Zwölf Türme in Nanjing steht nahe der Wuding-Brücke, das hintere unweit der Chaoku-Straße am Östlichen Blumengarten und der Changban-Brücke. Seit der Kaiser Hongwu, der Begründer der Ming-Dynastie, im Reich wieder den Frieden hergestellt hatte, wurde ein Amt für Musik und Tanz unter der Leitung bewährter Beamter der Yuan-Dynastie ins Leben gerufen; es hatte dafür zu sorgen, daß bei Tanz- und Musikdarbietungen Sitten und Riten nicht verletzt wurden. Diesem Amt standen Schergen zur Verfügung, die sogar zu Gericht saßen und dann selber die Prügelstrafen vollzogen. Wenn es sich um Söhne vornehmer Familien handelte, wagten sie allerdings nicht, zu körperlichen Züchtigungen zu greifen, vielmehr durften sie jene nur mit herunterhängenden Armen ermahnen. Sobald der zweite oder dritte Frühlingsmonat herankam, stellten sich geschminkte und gepuderte Mädchen unter die Blumen und Weiden am vorderen Tor und luden sich gegenseitig zu

Lustbarkeiten ein. Auch feierte man im Frühjahr das sogenannte Kästchenfest, wozu viele Menschen eingeladen und die der Zeit entsprechenden Speisen und Getränke gereicht wurden. Ein Freudenhaus wetteiferte hier mit dem anderen. Diejenigen Mädchen, die als besonders schön galten, wollten nicht blindlings jedermann empfangen, sondern wählten sich ihre Gäste sorgfältig aus. Dann gab es auch die alten Schmarotzer, die für ein gutes Essen und etwas Geld in solchen Häusern Weihrauch abbrannten, die Öfen säuberten, Blumen in die Vasen ordneten, Tische und Stühle abwischten, Unterricht in Schach- und Lautenspiel wie in Schreiben und Malen erteilten. Außer den Kunden aus einfachem Stande empfingen die Freudenmädchen auch berühmte Gelehrte, um sich einen höheren Nimbus zu geben.

In der Gästekammer des Laibin-Turmes wohnte eine junge Frau namens Pinniang. Ihr Schwiegervater war Schauspieler für weibliche Rollen in der Linchun-Truppe gewesen und hatte in jungen Jahren einen großen Ruf besessen. Später aber, als ihm der Bart sproß, konnte er seinen Beruf nicht mehr ausüben. Dann heiratete er, um für Nachkommenschaft zu sorgen. Aber seine dicke, schwarze Frau brachte nicht einmal einen Teufel zur Welt. Schließlich blieb dem ehemaligen Schauspieler nichts anderes übrig, als einen Sohn zu adoptieren und für diesen eine Braut im noch kindlichen Alter zu suchen. Diese Braut war keine andere als Pinniang. Mit sechzehn Jahren war Pinniang ein hübsches Mädchen geworden, und seitdem rannten ihr die Liebhaber die Tür ein. Sie war sehr darauf bedacht, mit Beamten Umgang zu pflegen, obwohl sie von niederem Stande war. Ihr Onkel mütterlicherseits, ein gewisser Jin Xiuyi, ein Sohn Jin Cifus, brachte häufig zwei hohe ältere Beamte ins Haus. Eines Tages erschien er wieder einmal und sagte zu ihr:

»Morgen beabsichtigt ein Vornehmer, dich zu besuchen. Es ist der Vetter des Neunten Herrn Xu aus dem Kanzlerpalast, Herr Chen. Da er der vierte Sohn seiner Eltern ist, nennt man ihn allgemein den Vierten Herrn Chen. Gestern spielte ich im Kanzlerpalast Theater. Bei dieser Gelegenheit vertraute mir der Vierte Herr Chen an, daß er von deiner Schönheit gehört habe und dich sehen wolle. Durch diesen Herrn Chen kannst du später vielleicht den Neunten Herrn Xu kennenlernen, was für dich von großem Vorteil sein könnte.«

Pinniang war über diese Nachricht sehr erfreut. Der Onkel trank noch ein Täßchen Tee und verabschiedete sich wieder.

Am andern Tag erstattete Jin Xiuyi dem Vierten Herrn Chen Bericht. Dieser stammte aus Taipingfu und wohnte in der Flußvilla Dong am Ostwassertor. Als Jin dort anlangte, wurde er von zwei Leibdienern in funkelnagelneuen Kleidern empfangen, die ihn bei dem Vierten Herrn Chen anmeldeten. Der Vierte Herr Chen kam heraus, angetan mit einer Akademikerkappe und einem nephritfarbenen Atlasgewand, unter dem er eine Fuchspelzjacke trug. Seine Füße steckten in schwarzen, weißbesohlten Stiefeln. Er hatte eine helle Gesichtsfarbe und war etwa achtundzwanzig Jahre alt.

Kaum daß er Jin Xiuyi sah, fragte er:

»Habt Ihr mein Anliegen übermittelt? Wann finde ich mich am besten bei ihr ein?«

»Ja, ich habe alles ausgerichtet, und sie freut sich sehr auf Euer Kommen.«

»Wir wollen gemeinsam dorthin gehen«, sagte der Vierte Herr Chen und begab sich in die hinteren Gemächer, um ein neues Gewand anzulegen. Bald darauf erschien er wieder und ließ durch seine Leibdiener eine Sänfte bestellen. Inzwischen kam ein kleiner Bursche herein und gab einen Brief ab. Herr Chen erkannte in ihm den Botenjungen des Neunten Herrn Xu. Herr Chen erbrach das Siegel und las folgendes: ›Der Schnee beginnt zu schmelzen, und die roten Pflaumen im Garten der Betrachtung öffnen nach und nach ihre Knospen. Ich hoffe, daß mein Vetter mich bald einmal besucht, damit wir am Ofen einen ganzen Tag miteinander plaudern können. Erteilt mir auf keinen Fall eine Absage. Viele Grüße. Es verneigt sich Xu Ying.‹

Als Chen Munan dies gelesen hatte, sagte er:
»Ich muß mich jetzt in den Kanzlerpalast begeben, kommt bitte morgen wieder.«
Chen bestieg die Sänfte. Die beiden Leibdiener folgten. Kurz nach dem Ehrenbogen der Großen Verdienste hielt die Sänfte vor einem großen Gebäude, dem Kanzlerpalast, an. Die Leibdiener meldeten die Ankunft ihres Herrn. Erst nach geraumer Weile hörte man drinnen sagen:
»Ich lasse bitten.«
Herr Chen verließ die Sänfte und durchschritt das Haupttor, passierte den Silberpalast und trat durch eine Seitenpforte ein. Der Neunte Herr Xu stand an der Pforte des Gartens der Betrachtung. Dem Besucher entgegengehend, rief er:
»Warum erscheint Ihr in so seltsamem Aufzug?«
Chen Munan blickte auf den Neunten Herrn Xu, der in zobelverbrämtem schwarzem Hut und in gefüttertem, golddurchwirktem Atlasgewand vor ihm stand. Um seine Hüften schlang sich ein Seidengürtel, seine Füße steckten in roten Schuhen.

Die beiden ergriffen sich bei den Händen. Im Garten erblickte man viele hohe und niedrige Hügel, künstlich errichtet aus Felsgestein vom Tai-See, auf denen noch hie und da ein wenig Schnee lag. Der Neunte Herr Xu führte Herrn Chen auf gewundenen Wegen zum Pavillon. Dieser bildete den höchsten Punkt des Gartens, von dem aus man Hunderte von Pflaumenbäumen betrachten konnte, die mit winzigen roten Knospen übersät waren.

»Da in diesem Jahr das Wetter in Nanjing so ungewöhnlich mild ist, wird es nicht mehr lange dauern, und die Pflaumenbäume werden in Blüte stehen«, meinte der Neunte Herr Xu.

»Übrigens ist es schön warm bei Euch im Haus. Obwohl der Pavillon sehr geräumig ist, spürt man nicht den geringsten kühlen Luftzug. Ganz so, wie es in einem alten Gedicht heißt: ›Hier ahnt niemand, wie kalt es draußen ist.‹ Hier begreift man erst, wie schön die Alten sich auszudrücken wußten.«

Inzwischen hatte man Wein und Essen aufgetragen. Die Platten waren aus gehämmertem Silber und standen auf einem Gestell. Darunter befanden sich Schälchen mit Branntwein, den man angezündet hatte und der, ohne Rauch zu entwickeln, die Speisen warm hielt. Während des Essens sagte Herr Xu:

»Heutzutage verlangt man neuartiges Geschirr, aber man beachtet dabei nicht mehr den Geschmack der Alten. Ganz gewiß hat das Geschirr der Alten dem heutigen an Feinheit nicht nachgestanden.«

»Leider bin ich ein bißchen zu spät nach Nanjing gekommen. In jenem Jahr, als Doktor Yu noch am Kaiserlichen Kolleg tätig war, bat ihn Chi Hengshan, im Taibo-Tempel als Opferleiter zu fungieren. Sie gebrauchten hierfür nur die alten Riten und die alte Musik und wählten für die Opferspeisen altes Geschirr. Wäre ich damals schon in Nanjing gewesen, hätte ich bestimmt an der Opferfeier teilgenommen und mich mit eigenen Augen davon überzeugen können, welchem Geschmack die Alten huldigten.«

»Ach, nun lebe ich bereits an die zehn Jahre in der Hauptstadt«, meinte Herr Xu mit einem tiefen Seufzer, »und habe somit nie etwas davon erfahren, daß in meiner Heimat Nanjing so große Weise lebten und wirkten. Wie bedaure ich es doch, ihnen nicht begegnet zu sein!«

Nachdem sie eine Weile tüchtig gezecht hatten, wurde es Herrn Chen zu heiß, und er begann, sich sehr unbehaglich zu fühlen. Darum stand er auf und warf eines seiner Gewänder ab. Der Hausmeister nahm es diensteifrig an sich, faltete es zusammen und legte es über einen Kleiderständer.

»Ich hörte früher einmal davon«, sagte sodann der Vierte Herr Chen, »daß ein Herr aus der Familie Du seinerzeit am Mochou-See einen Wettstreit für Schauspieler veranstaltete. Damals gab es noch einige berühmte Mimen. Wieso sieht man heute kaum noch jemanden, der in vollkommener

Weise Männer- und Frauenrollen zu spielen vermag? Schenkt uns der Himmel denn keine guten Schauspieler mehr?«

»Es war Herrn Dus persönlicher Einfall, so etwas zu veranstalten. Zwar kennt man bei den Frauen schon seit alten Zeiten nicht hoch noch niedrig. Selbst ein zur Konkubine genommenes Freudenmädchen wird, wenn es einen Sohn gebiert und dieser später Beamter wird, durch diesen Sohn geadelt. Schauspieler dagegen bleiben ihr ganzes Leben lang geringe Leute, und mögen sie noch so berühmt werden. Doch seit dem großen Wettbewerb, den Herr Du damals veranstaltete, ladet man sie zu allen Festen der Vornehmen ein. Entspricht denn das noch den alten Sitten, wenn Schauspieler in heutiger Zeit neben Beamten und Gelehrten sitzen und sich an der Unterhaltung beteiligen? Meiner Ansicht nach hat Herr Du einen großen Fehler begangen.«

»So verhalten sich eben Emporkömmlinge. In meiner Familie wäre so etwas nicht geduldet worden.«

Eine Weile später entledigte sich Herr Chen eines weiteren Kleidungsstückes, da ihm erneut die Hitze lästig wurde.

»Wie kommt es, daß es hier drinnen so warm ist?«

»Vierter Vetter, habt Ihr nicht bemerkt, daß der Schnee sich nicht näher als zehn Fuß an den Pavillon herantraut? Der verstorbene Kanzler errichtete ihn zu seinen Lebzeiten aus reinem Zinn. Da zwischen den Wänden Kohlenfeuer brennen, ist es hier so warm.«

Nun wußte Chen Munan, woher die Wärme kam.

Die Schalen wurden wieder mit Wein gefüllt, und während sie so tranken und plauderten, brach die Dämmerung herein. An allen Pflaumenbäumen baumelten Widderhornlampen, die nach und nach immer mehr aufflammten und gleich weißen Perlen schimmerten. Darüber und darunter leuchteten die knospenden Pflaumenzweige. Nachdem er zum Schluß noch ein Täßchen Tee getrunken hatte, verabschiedete sich der Vierte Herr Chen.

Tags darauf schrieb Chen Munan einen Brief und schickte

einen seiner Diener damit zum Kanzlerpalast. Darin bat er den Neunten Herrn Xu, ihm zweihundert Unzen Silber zu borgen. Für das Geld kaufte Herr Chen ein paar Rollen Atlasseide, aus denen er Kleider als Begrüßungsgeschenke anfertigen ließ, und begab sich mit seinem Leibdiener zu Pinniang.

Vor dem Laibin-Turm empfing sie ein Hündchen mit lautem Gekläff. Alsbald erschien die Kupplerin zur Begrüßung und rief beim Anblick des vornehmen Herrn Chen ganz aufgeregt:

»Geht bitte hinein und laßt Euch drinnen nieder!«

Neben dem Schlafzimmer mit den zwei Lagern befand sich ein kleiner Umkleideraum mit einem Toilettentisch, einigen Blumenvasen und einem Öfchen. Pinniang saß dort mit einem Herrn beim Schachspiel. Beim Eintritt des Vierten Herrn Chen unterbrach sie eilig das Spiel, verbeugte sich und sagte:

»Ich wußte nicht, daß Ihr heute kommt, und bitte sehr um Verzeihung.«

»Der Vierte Herr Chen aus Taipingfu«, stellte die Kupplerin vor. »Du liest so gern seine Gedichte und wünschtest so sehr, seine Bekanntschaft zu machen.«

»Lehnt bitte diese paar ärmlichen Kleider nicht ab, Mütterchen«, bat Herr Chen.

»Das war doch gar nicht nötig, sich solche Ausgaben zu machen!«

»Wie heißt jener Herr?«

»Das ist Herr Zou Tailai von der Nordtorbrücke«, warf Pinniang ein. »Er ist ein Schachmeister aus Nanjing und gibt mir Unterricht.«

»Ich verehre Euch schon seit langem«, versicherte Chen Munan.

»Das ist also der Vierte Herr Chen. Wie ich hörte, seid Ihr der Vetter des Neunten Herrn Xu und ein vornehmer Herr. Pinniang darf sich glücklich schätzen, daß Ihr sie heute besucht«, erwiderte Zou Tailai.

»Der Vierte Herr Chen ist sicher auch ein hervorragender Schachspieler; will er nicht mit meinem Lehrer eine Partie spielen? Meister Zou unterweist mich seit zwei Jahren, aber ich habe ihm immer noch nicht seine Schliche und Kniffe abgeguckt.«

»Spielt ruhig mit Meister Zou eine Partie«, sagte die Alte. »Ich gehe inzwischen hinunter und wärme den Wein.«

»Darf ich Anfänger mich mit einem solchen Meister messen?«

»Ach, seid unbesorgt! Meister Zou ist stets zu einem Spielchen bereit«, sagte Pinniang.

Sie baute die Schachsteine auf dem Schachbrett auf und bat die Herren, Platz zu nehmen.

»Ich spiele gegen den Vierten Herrn gleich gegen gleich«, sagte Zou Tailai.

»Wie könnte ich gegen solch einen Meister wie Euch bestehen? Gebt mir ein paar von Euren Steinen ab.«

Pinniang, die daneben saß, schob dem Vierten Herrn Chen ohne weiteres sieben der schwarzen Steine des Schachmeisters zu.

»Warum nehmt Ihr so viel? Ich werde mich ja blamieren«, protestierte Herr Zou.

»Um Herrn Zou einen Anreiz zu geben, setze ich einen Gewinn aus«, bemerkte der Vierte Herr Chen und reichte Pinniang einige Unzen Silber.

Pinniang forderte Herrn Zou auf, den ersten Zug zu machen. Herr Zou schob widerwillig einen Stein. Ohne daß Herr Chen es merkte, war er in Kürze von allen vier Seiten umzingelt. Als er versuchte, einige Steine des Gegners zu schlagen, geriet er in eine noch schwierigere Situation. Er merkte, daß er kaum noch zu manövrieren vermochte. Auch der Gewinn von zwei Steinen nützte ihm so gut wie nichts.

»Der Vierte Herr spielt ausgezeichnet, er wird sicher für Pinniang einen harten Gegner abgeben«, munterte der Schachmeister seinen Gegenspieler auf.

»Meister Zou pflegt sonst absichtlich andere gewinnen zu

lassen, aber heute sieht es nicht danach aus«, schmeichelte Pinniang.

»Meister Zou hat mir offensichtlich einige Vorteile zugeschanzt, sonst wäre ich nicht gegen ihn aufgekommen. Überlaßt mir bitte bei der nächsten Partie noch zwei weitere Steine.«

Zou Tailai, der erkannte, was Chen für ein Stümper war, ging auf den Vorschlag ein und gewann trotzdem dreißigmal hintereinander. Herr Chen ärgerte sich darüber so sehr, daß er Bauchweh bekam, aber er verlangte immer wieder nach einer neuen Partie. Herr Zou räumte ihm weitere Vorteile ein, doch vergebens, Herr Chen verlor immer wieder.

»Ihr seid in der Tat ein großer Meister, Herr Zou«, sagte Pinniang. »Nun schlage ich eine neue Spielart vor: Ihr dürft anfangs überhaupt nicht ziehen, sondern müßt alles mir überlassen. Ich rücke nach Belieben einen Stein, und wohin er gelangt, so ist es gut. Der Himmel mag dann entscheiden, wem er das Glück zuteilt.«

Zou Tailai lachte das junge Mädchen aus:

»Was für ein närrischer Vorschlag! Wo verfährt man nach solchen Spielregeln?«

Dennoch verfuhr man nun auf diese Art und Weise, und anfänglich büßte Meister Zou in der Tat fünf Steine ein. Chen Munan triumphierte schon insgeheim, aber zu früh, denn im nächsten Augenblick büßte er selbst eine Unmenge Steine ein. Da sprang aber die schwarzweiß gefleckte Katze, die bisher ruhig auf Pinniangs Schoß gelegen hatte, mit einem Satz mitten auf das Schachbrett, so daß alle Steine durcheinandergerieten. Die Spieler mußten laut lachen und erhoben sich. Mittlerweile trat auch die Alte herein und sagte:

»Der Wein steht bereit!«

Pinniang rollte ihre grünen Ärmel auf und kredenzte dem Vierten Herrn Chen die erste Schale Wein, während sie Meister Zou die zweite anbot. Der Krug mit dem Wein wurde auf den Tisch gestellt. Auch die Alte setzte sich hinzu.

Nachdem Herr Chen die erste Schale geleert hatte, schenkte ihm die Alte eine zweite ein und sagte:

»Im Kanzlerpalast seid Ihr an beste Speisen und Getränke gewöhnt. Schwerlich wird Euch das bescheidene Mahl in unserem geringen Hause munden.«

»Unsere Mutter schwatzt törichtes Zeug«, tadelte sie Pinniang. »Meint Ihr, der Vierte Herr Chen hätte zu Hause nichts Gutes zu trinken und zu essen und müßte deshalb immer in den Kanzlerpalast laufen?«

Die Alte lachte:

»Das Fräulein hat recht. Zur Strafe muß ich nun eine Schale Wein trinken.«

Mit diesen Worten füllte sie sich eine besonders große Schale und leerte sie bis zur Neige.

Chen Munan lächelte:

»Mir mundet hier alles ganz vortrefflich.«

»Vierter Herr«, begann die Alte wieder. »Ich lebe schon über fünfzig Jahre in Nanjing und höre täglich die Leute Wunderdinge vom Kanzlerpalast berichten. Leider bin ich noch nie dort drinnen gewesen. Es muß dort wie im Himmelspalast aussehen. Ich habe gehört, man zündet im Kanzlerpalast keine Kerzen an.«

»Ach, was schwatzt da die Mutter wieder«, rügte Zou Tailai. »Verwendet man im Kanzlerpalast keine Kerzen, nun gut, dann steckt man eben Öllampen an.«

Die Alte streckte beschwörend ihren Arm aus:

»Hört einmal, Herr Zou. Ihr sagt, daß sie im Kanzlerpalast Öllampen statt Kerzen brennen. Wie aber verhält es sich wirklich? In jedem der Frauengemächer hängt für jede Frau eine mächtige Perle, die zur Nacht das ganze Gemach erhellt. Nur deshalb verwenden sie keine Kerzen. Vierter Herr Chen, trifft das etwa nicht zu?«

»Perlen besitzen sie zwar in großen Mengen, aber sie werden nicht zur Beleuchtung verwendet. Meines Vetters Frau ist eine äußerst liebenswürdige Dame. Wenn ich einmal später mit Pinniang zu ihr gehe, so verkleidet Ihr Euch als Dienerin und folgt uns in ihr Zimmer, um es Euch anzusehen.«

Die Alte schlug die Hände über dem Kopf zusammen: »Erhabener Buddha! ›Der Anblick solch herrlicher Dinge ist kostbarer als ein langes Leben.‹ Immer habe ich zu Buddha gebetet und Weihrauch abgebrannt. Nun hat er mich erhört und einen lichten Stern gesandt, der mich im Himmelspalast spazierenführen wird. Wenn ich abermals auf die Erde komme, werde ich bestimmt nicht als Esel oder Pferd, sondern als Mensch wiedergeboren werden.«

Nach zwei weiteren Schalen Wein war die Alte völlig berauscht, blickte mit glasigen Augen um sich und lallte mit schwerer Zunge:

»Die Frauen im Kanzlerpalast sollen ebenso schön sein wie jene, die man auf Bildern findet. Mit ihnen kann sich Pinniang bestimmt nicht messen.«

Pinniang warf ihr einen wütenden Blick zu und meinte spöttisch:

»Das Wichtigste ist ein schöner Körper. Wer fragt da viel nach hoher oder niedriger Herkunft? Kann man etwa behaupten, daß die Frauen hoher Beamter und reicher Leute samt und sonders schön sind? Keineswegs! Einmal brannte ich Weihrauch im Tempel der Steinernen Göttin der Barmherzigkeit und begegnete dort etwa einem Dutzend Damen aus dem Kanzlerpalast, die gerade den Sänften entstiegen. Sie hatten alle runde Gesichter und runde Köpfe, und es war an ihnen wirklich nichts Besonderes zu finden.«

»Also habe ich wieder unrecht«, gestand die Alte ein. »Ich leere zur Strafe noch eine Schale.«

Die Alte, die dem Wein allzu reichlich zugesprochen hatte, wankte nach Osten und schwankte nach Westen. Schließlich räumte sie den Tisch ab. Ein Diener mußte Herrn Zou mit einer Laterne nach Hause begleiten. Der Vierte Herr Chen aber sollte sich im Schlafzimmer zur Ruhe begeben.

Chen Munan stieg ein paar Stufen hinab und betrat das Zimmer. Ein starker Duft schlug ihm entgegen. Am Fenster, auf einem bunten Tisch aus Birnenholz, stand ein Spiegelkasten. Auf einem Wandtisch befand sich eine aus Jade geschnitzte Göttin der Barmherzigkeit. An den Wänden standen rechts und links acht polierte Stühle aus Zedernholz. In der Mitte erblickte man ein Bett mit Intarsien aus Perlmutter und mit rotseidenen Vorhängen. Die Decken waren drei Fuß hoch aufgeschichtet. Neben dem Kopfkissen lag ein Körbchen mit duftenden Kräutern. Vor dem Bett auf einem Ständer lagen, zu einer Pyramide aufgebaut, mehr als ein Dutzend Zitronen. In einer großen kupfernen Pfanne glühten rote Holzkohlen. Über dem Feuer kochte in einem Kupferkessel Regenwasser.

Pinniang nahm mit ihren zierlichen Fingern aus einer Büchse Silbernadelteeblätter und tat sie in eine Kanne aus Yixing, goß heißes Wasser darüber, reichte dem Vierten Herrn Chen eine Tasse und setzte sich zu ihm, ihre Schulter an die seine lehnend. Dann schickte sie eine Dienerin nach Wasser. Sie breitete ein großes rotes Tuch über die Knie ihres Gastes und fragte:

»Vierter Herr, wann werdet Ihr, der Ihr doch mit der Familie des Kanzlers verwandt seid, ein Beamter werden?«

»Darüber pflege ich sonst mit keinem Menschen zu sprechen, dir aber will ich es nicht verheimlichen. Mein ältester Vetter hat mich bereits in die Hauptstadt empfohlen. In einem Jahr wird man mich sicher zum Präfekten ernennen. Solltest du mich liebgewinnen, dann spreche ich später mit deiner Mutter, kaufe dich mit einigen hundert Unzen Silber los und nehme dich mit in meinen Yamen.«

Als Pinniang diese Worte hörte, ergriff sie die Hände des Vierten Herrn Chen und sank an seine Brust. Dann sagte sie feierlich:

»Der Bodhisattwa des Lampenlichts ist Zeuge dessen, was Ihr soeben gesprochen habt. Wenn Ihr es je wagt, mich zu verlassen und eine andere zu heiraten, wird meine Göttin der Barmherzigkeit dies nicht ungestraft geschehen lassen. Ich brauche nur ihr Gesicht gegen die Wand zu drehen, und

Euch wird immer der Kopf schmerzen, sobald Ihr mit einer anderen schlafen wollt und Euch neben sie legt. Erst wenn Ihr Euch erhebt, wird der Schmerz wieder aufhören. Ich bin aus gutem Hause, trachte nicht nach Euch um Eurer Beamtenstellung wegen, sondern liebe Euch um Eurer selbst willen. Ihr dürft mich keinesfalls enttäuschen.«

Die Dienerin stieß die Tür auf und schleppte einen Eimer mit heißem Wasser herein. Pinniang stand eilig auf und kramte aus einer Schublade ein Bündel Sandelholzsplitter hervor, die sie in eine Schüssel warf. Sie goß das heiße Wasser darauf und bat den Vierten Herrn Chen, sich die Füße zu waschen. Als er sich gerade wusch, erschien eine zweite Dienerin mit einer Laterne. Wenig später kam eine Gruppe von vier, fünf jungen Mädchen mit Ohrenwärmern aus Zobelpelz und Umhängen aus Hermelin- und Eichhörnchenfell kichernd ins Zimmer. Sie ließen sich auf den Stühlen zu beiden Seiten nieder und sagten:

»Da Pinniang einen so hohen Herrn empfängt, muß sie allein die Kosten des Kästchenfestes bestreiten, das wir morgen in ihrer Wohnung feiern wollen.«

»Selbstverständlich werde ich für alles aufkommen.«

Die jungen Mädchen scherzten noch eine Weile, ehe sie sich wieder zurückzogen.

Pinniang entkleidete sich und legte sich ins Bett. Als Herr Chen sah, wie wohlgepolstert ihr Körper war, so daß es schien, sie besäße gar keine Knochen, war er hocherfreut. Sie schlummerte sogleich ein, fuhr aber plötzlich wieder hoch, weil eine Kerzenschnuppe aufzischte. Sie drehte sich um: Der Vierte Herr Chen schlief bereits ganz fest. Draußen wurde die dritte Nachtwache verkündet. Pinniang strich die Bettdecke glatt, deckte Herrn Chen zu und schlummerte wieder ein. Eine Weile später klang vom Tor her Gonggedröhn. Pinniang wurde es ängstlich zumute. ›Was sollen die Gongs zwischen der dritten und vierten Nachtwache vor meinem Tor bedeuten?‹ Der Lärm wurde immer lauter. Schließlich rief draußen jemand:

»Die werte Dame möchte zum Yamen kommen!«

Pinniang zog ihre gestickte Jacke an, ließ die Pantoffeln fallen und schlüpfte in Schuhe mit hohen Absätzen. Als sie das Zimmer verließ, erblickte sie vier Dienerinnen, die vor ihr niederknieten und sodann berichteten:

»Der Vierte Herr Chen ist zum Präfekten von Hangzhou ernannt worden. Wir kommen eigens, Euch zu bitten, mit uns in den Yamen zu gehen, um dort den Glanz des hohen Amtes mit ihm zu teilen.«

Pinniang eilte ins Zimmer zurück, kämmte sich und kleidete sich sorgfältig an. Die Dienerinnen reichten ihr den Kopfschmuck hoher Beamtenfrauen, die Phönixkrone sowie einen kostbaren Umhang. Vor der Halle stand eine große Sänfte bereit. Pinniang stieg ein, und man trug sie durch das große Tor. Dort waren in Reihen hintereinander Gongschläger, Fahnen- und Schirmträger, Musiker und Wächter aufgestellt. Sie hörte sagen: »Wir tragen die Sänfte zuerst zum Kanzlerpalast.«

Die Sänftenträger trabten los. Da lief ihr eine gelbgesichtige kahlköpfige Nonne über den Weg, mit einer Hand griff sie nach Pinniang in der Sänfte und fuhr sodann auf die Träger los:

»Wohin wollt Ihr mit meiner Schülerin?«

»Ich bin die Gattin des Präfekten von Hangzhou. Wie wagt Ihr, glatzköpfige Nonne, mich zu belästigen?«

Eben wollte sie dem Yamendiener gebieten, die Nonne in Ketten zu legen, da schrak sie empor, schlug die Augen auf, und von all den Leuten war keine Spur mehr zu entdecken. Mit einem Angstschrei sank sie dem Vierten Herrn Chen an die Brust. Ach, es war nur ein flüchtiger Traum gewesen!

Und was erwartet Pinniang in Wirklichkeit? Darüber kann erst das folgende Kapitel uns Aufschluß geben.

Vierundfünfzigstes Kapitel

Einer erkrankten Schönen wird im Freudenhaus geweissagt · Ein einfältiger Poet versucht im Laibin-Turm seine Gedichte vorzulesen

Als Pinniang erwachte, schien durch das Fenster der helle Morgen herein. Sie kämmte und wusch sich; auch Chen Munan erhob sich. Die Alte kam ins Zimmer und begrüßte den Gast. Nach dem Frühstück erschien Jin Xiuyi und forderte mit lauter Stimme vom Vierten Herrn Chen sein Kupplergeld.

»Ich werde heute zum Kanzlerpalast gehen und dich morgen entlohnen.«

Jin Xiuyi begab sich dann zu Pinniang, die ihr Haar hochhielt, denn sie war noch immer beim Kämmen. Ihr langes schwarzes Haar floß ihr über Schultern und Rücken.

»Ich gratuliere«, sagte ihr Adoptivvater spöttisch, »daß Pinniang diesen hohen Herrn empfangen durfte. Schaut nur, wie faul sie geworden ist! Zu dieser späten Stunde ist sie mit ihrer Toilette noch nicht fertig. Wann werdet Ihr morgen kommen, Vierter Herr? Ich werde die Querflöte blasen, und Pinniang wird Euch ein Lied vorsingen. Kein Mädchen aus den sechzehn Freudenhäusern vermag mit ihr zu wetteifern, wenn sie ein Lied von Li Taibai zum besten gibt.«

Pinniang nahm ihr Taschentuch und rieb damit den Hut des Vierten Herrn ab.

»Ihr müßt schon heute abend wiederkommen, damit ich nicht so lange auf Euch warten muß«, schärfte sie Chen Munan ein. Dieser versprach es und kehrte mit seinen beiden Leibdienern heim. Da es ihm an Geld gebrach, schrieb er wieder einen Brief und schickte einen seiner Diener zum Neunten Herrn Xu in den Kanzlerpalast, um sich von ihm erneut zweihundert Unzen Silber zu borgen. Der Diener blieb ziemlich lange aus. Endlich zurückgekehrt, berichtete er folgendes:

»Der Neunte Herr Xu läßt Euch grüßen. Sein Dritter Bruder sei aus Beijing angekommen und beabsichtige, in diesen Tagen zu seinem neuen Amtssitz in Zhangzhou in der Provinz Fujian zu reisen. Der Neunte Herr will seinen Bruder dorthin begleiten, das Geld aber würde er mitbringen, wenn er sich morgen von Euch verabschiedet.«

»Da der Dritte Herr hier eingetroffen ist, muß ich ihm unbedingt meine Aufwartung machen.«

Herr Chen bestieg seine Sänfte und ließ sich zum Kanzlerpalast tragen. Der Hausmeister erschien und teilte ihm mit:

»Der Dritte und der Neunte Gebieter weilen bei einem Gelage im Hause Mu. Was soll ich ausrichten?«

»Ich habe kein besonderes Anliegen, ich wollte nur den Dritten Herrn begrüßen.«

Herr Chen kehrte wieder in seine Wohnung zurück. Am nächsten Tag sprachen der Dritte und der Neunte Herr Xu in der Flußvilla vor, um sich zu verabschieden. Sie verließen vor dem Tor ihre Sänfte, und Herr Chen führte sie in die Halle.

»Ich habe Euch lange nicht zu Gesicht bekommen, Vetter«, begann der Dritte Herr Xu. »Eure Manieren sind inzwischen recht frei geworden. Leider konnte ich nicht am Begräbnis meiner verstorbenen Tante teilnehmen, da ich damals in der Hauptstadt weilte. Eure Kenntnisse haben sich hoffentlich in der Zwischenzeit vertieft.«

»Meine Mutter starb vor mehr als drei Jahren. Da mich mit dem Neunten Vetter seit langem eine literarische Freundschaft verbindet, bin ich nach Nanjing übergesiedelt, um früh und spät seine Belehrungen einholen zu können. Ich werde mir ganz verlassen vorkommen, wenn Ihr in Begleitung Eures Bruders in die Provinz Fujian reist, um dort das hohe Amt anzutreten.«

»Warum reist Ihr denn nicht mit?« fragte der Neunte Herr Xu. »Wir könnten uns doch zu dritt auf der langen Reise noch besser die Langeweile vertreiben.«

»Ich würde schon sehr gerne mitreisen«, erwiderte Chen Munan, »aber mich bindet hier noch eine kleine Angelegenheit. In etwa drei Monaten hoffe ich, dem Vetter in seinem neuen Amt einen Besuch abstatten zu können.«

Der Neunte Herr Xu befahl seinem Diener, die Geschenkschachtel zu bringen. Sie enthielt zweihundert Unzen Silber.

»Ich warte sehnsüchtig auf Euer Kommen«, sagte er, indem er seinem Vetter das Geld überreichte. »Denn wir brauchen dort Eure Hilfe.«

»Ich will mich unbedingt bei Euch nützlich machen«, versicherte Herr Chen.

Die beiden Herren Xu tranken noch ein Täßchen Tee und nahmen dann Abschied. Herr Chen brachte sie bis zum Tor und begleitete sie in einer Sänfte zum Kanzlerpalast. Von dort aus gab er den Vettern das Abschiedsgeleit bis zum Schiff. Als Chen Munan heimkehrte, wartete bereits Jin Xiuyi auf ihn, um ihn zum Laibin-Turm zu schleppen. Dort angelangt, traten sie durch das Haupttor und begaben sich zum Schlafzimmer. Mit wachsbleichem Gesicht erwartete sie Pinniang.

»Weil sie Euch so lange entbehren mußte, bekam sie wieder Herzbeschwerden«, erklärte Jin Xiuyi, und die Alte fügte hinzu:

»Sie leidet an dieser Krankheit, weil sie von klein auf verwöhnt wurde. Jedesmal, wenn sie sich aufregt, kehren diese Beschwerden wieder. Da Ihr so lange nicht erschienen seid, fürchtete sie, Ihr wäret ihr untreu geworden.«

Pinniang blickte Herrn Chen nur schweigend mit tränenerfüllten Augen an.

»Wo hast du Schmerzen? Welche Medizin hast du sonst immer genommen?«

»Wenn sie früher einen solchen Herzanfall bekam, konnte sie niemals einen Schluck Tee zu sich nehmen«, sagte die Alte. »Die ihr von den Ärzten verordnete Medizin verschmähte sie, weil sie ihr zu bitter schmeckte. Wir müssen ihr behutsam ein paar Löffel Ginsengsuppe einflößen, damit sie nicht zu sehr von Kräften kommt.«

»Hier ist Geld. Besorgt für diese fünfzig Unzen Ginseng. Ich werde selber noch eine besonders gute Sorte besorgen und morgen mitbringen.«

Pinniang ließ sich auf dem Bett nieder und lehnte sich gegen das gestickte Kissen. Um ihre Schultern hing ein rotes Tuch. Sie stieß einen tiefen Seufzer aus und sagte:

»Ich weiß nicht, warum mich bei dieser Krankheit eine so große Bangigkeit ergreift. Die Ärzte behaupten, wenn ich nur Ginseng einnähme, so würde dies mein Leiden noch verstärken. So verordneten sie mir stets eine Mischung von Ginseng und Enzian, damit ich nachts schlafen kann.«

»Dem ist leicht abzuhelfen. Morgen werde ich dir Enzian beschaffen.«

»Versteht sich«, sagte Jin Xiuyi. »Was macht schon für jemanden, der im Kanzlerpalast verkehrt, ein bißchen mehr oder weniger Ginseng und Enzian aus? Pinniang wird mehr Medizin bekommen, als sie schlucken kann.«

»Ich weiß nicht, was mit mir los ist«, seufzte Pinniang. »Ich bin so unruhig und habe schwere Träume, die wirren Ästen und zerzausten Blättern gleichen. Selbst am hellichten Tage werde ich die Furcht nicht los.«

»Dein schwacher Körper verträgt eben weder Anstrengungen noch Aufregungen«, erklärte Jin Xiuyi.

»Vielleicht wirst du von bösen Geistern heimgesucht«, meinte die Alte. »Am besten holt man wohl eine Nonne, um sie auszutreiben.«

Während sie das noch sagte, hörte man von draußen den Ton von Klingsteinen ins Zimmer dringen. Die Alte zog Erkundigungen ein. Man teilte ihr mit, daß draußen die Äbtissin Benhui vom Kloster der Lebensverlängerung stand, um die monatliche Reisspende einzusammeln.

»Ei, Meisterin Benhui, Ihr wart wohl zu sehr mit Gebeten und Zeremonien beschäftigt, denn ich sah Euch zwei Monate nicht.«

»Offen gesagt, bin ich in diesem Jahr vom Pech verfolgt. Im vorigen Jahr starb eine meiner Novizinnen, kaum zwanzig Jahre alt, und aus der letzten großen Opferfeier wurde nichts. Wie geht es dem jungen Fräulein?«

»Dreimal gut und zweimal schlecht. Zum Glück hat sie einen neuen Gönner, den Vierten Herrn Chen aus Taipingfu, der jetzt in unserem Hause verkehrt. Er ist ein Vetter des Neunten Herrn Xu aus dem Kanzlerpalast. Doch ausgerechnet jetzt hat sie wieder ihre alten Herzbeschwerden. Schaut doch einmal nach ihr!«

Die Äbtissin Benhui folgte der Alten ins Schlafzimmer.

»Das hier also ist der Vierte Herr Chen.«

Die Äbtissin trat vor und vollzog einen Kotau.

»Herr Chen, darf ich Euch unsere Meisterin Benhui vorstellen«, sagte Jin Xiuyi. »Sie führt ein tugendhaftes Leben.«

Die Äbtissin trat nunmehr an Pinniangs Bett.

»Wäre es nicht das beste, wir bäten die Meisterin sogleich darum, die bösen Geister zu vertreiben?« fragte Jin Xiuyi.

»Darauf verstehe ich mich nicht«, antwortete die Äbtissin. »Ich kann nur feststellen, was dem jungen Fräulein fehlt.«

Meisterin Benhui ließ sich am Bettrand nieder. Pinniang kannte die Äbtissin schon seit langem, doch als sie nun den kahlen Kopf und vor sich das gelbe Gesicht erblickte, entdeckte sie, daß die Äbtissin aufs Haar der Nonne glich, die sie neulich im Traum erschreckt hatte. Darum stieß sie nur ein »Danke für die Mühe« hervor und versteckte den Kopf zornig unter der Bettdecke.

»Ich werde lieber gehen«, versetzte die Äbtissin. »Allem Anschein nach fühlt sie sich gar nicht wohl.«

Mit einem Gruß verließ Meisterin Benhui das Zimmer. Draußen überreichte ihr die Alte die monatliche Reisspende. In der einen Hand die Klingsteine und in der anderen Hand den Beutel, zog die Äbtissin unter vielen Danksagungen davon.

Herr Chen machte sich ebenfalls auf den Heimweg. Er wollte gerade seinen Diener mit dem nötigen Geld auf die

Suche nach Ginseng und Enzian schicken, da kam seine Wirtin, die alte Frau Dong, an einer Krücke herbeigehumpelt.

»Vierter junger Herr, was schickt Ihr nach Ginseng und Enzian, wenn Ihr doch gesund seid? Ich hörte, daß Ihr allerlei Dummheiten treibt. Als Eure Wirtin möchte ich Euch warnen, obwohl es mir schwerfällt. Ein altes Sprichwort sagt: ›Ganze Schiffsladungen von Gold und Silber reichen nicht für Liebesschulden.‹ Diese Leute haben kein Gewissen. Sie werden Euch nicht einmal den Hintern zeigen, wenn Ihr kein Geld mehr habt. Ich bin schon über siebzig Jahre alt und habe viel in buddhistischen Schriften gelesen, wie könnte ich da tatenlos zusehen und schweigen, wenn Ihr in die Falle böser Menschen geratet?«

»Die alte Dame hat ganz recht«, bestätigte der Diener.

Da Herr Chen befürchtete, die Alte würde ihm mit ihrem Geschwätz noch länger lästig fallen, rief er:

»Mein Diener wird sicher nicht das Richtige bringen; ich gehe lieber selber.«

Mit diesen Worten enteilte er und kaufte im Ginsengladen ein halbes Pfund Ginseng und ein halbes Pfund Enzian. Die Arzneien und das restliche Geld wie einen Schatz mit beiden Händen umfassend, eilte er zum Laibin-Turm. Als er durchs Tor schritt, vernahm er die Klänge einer dreisaitigen Laute. Die Alte hatte einen blinden Wahrsager herbeigeholt. Herr Chen überreichte die Arzneien und setzte sich nieder.

Der blinde Wahrsager hob an:

»Das Fräulein zählt jetzt siebzehn Lenze. Das große Schicksal wird vom Tiger bestimmt. Der Tiger steht mit einem Schwein in Verbindung. Dieses weist wiederum auf einen vornehmen Mann hin. Also gibt es einen edlen Stern, der ihr im Leben ständig leuchtet. Leider bedroht sie ein Leopardenschweifstern aus allen vier Himmelsrichtungen. Das ruft innere Beklommenheit hervor, ohne aber Schaden zufügen zu können. Verübelt mir nicht meine Offenheit: Das Fräulein verletzte einen obersten Himmelsstern. Aber es wird für sie keine unangenehmen Folgen haben, wenn sie sich einem Bodhisattwa anvertraut. Später wird sie einen Vornehmen heiraten und als vornehme Dame mit Phönixkrone und Wolkenumhang einhergehen.«

Der Blinde klimperte noch ein wenig auf der Laute und trug ein paar Liedchen vor. Dann machte er Miene aufzubrechen. Die Alte aber forderte ihn auf, ein Täßchen Tee zu trinken, und brachte eine Platte mit Kuchen und eine andere mit schwarzen Datteln herbei.

»Floriert denn in Nanjing Euer Geschäft?« fragte ihn Chen Munan.

»Nein, das kann man wirklich nicht sagen; früher war es viel besser, da gab es nur blinde Wahrsager. In letzter Zeit beschäftigen sich aber auch Sehende mit Wahrsagen und ruinieren uns völlig das Geschäft. Vor zwanzig Jahren war aus einer anderen Provinz ein Wahrsager namens Chen Hefu nach Nanjing gekommen, der für sich das Recht in Anspruch nahm, allein den hohen Beamten zu wahrsagen. Nun ist er tot, aber er hinterließ einen Sohn, der in die Familie meines Nachbarn einheiratete. Er streitet sich täglich mit seinem Schwiegervater, und die Nachbarn finden keine rechte Ruhe mehr. Ich fürchte, wenn ich nach Hause komme, werde ich wieder ihr lautes Geschimpfe hören müssen.«

Der Blinde erhob sich, dankte und ging von dannen. Als er in eine kleine Gasse in der Nähe des Östlichen Blumengartens einbog, vernahm er in der Tat den üblichen Krach aus seinem Nachbarhaus.

»Für die paar Käsch, die du dir durch Wahrsagen verdienst«, hörte er eine rauhe Stimme poltern, »kaufst du dir Schweinsköpfe und Suppen, auf denen geröstetes Brot schwimmt. So füllst du dir nur deinen eigenen Magen und bringst nicht einen lumpigen Käsch nach Hause. Soll ich etwa ganz allein deine Frau ernähren? Nun gut, sie ist meine Tochter. Aber wenn nun gar noch die Leute, denen du das Geld für die Schweinsköpfe schuldest, zu mir kommen und es von mir verlangen? Das ist doch die Höhe! Ach, womit habe ich nur dieses Unglück verdient?«

»Schwiegervater, wenn Ihr die Schweinsköpfe selber gegessen hättet, müßtet Ihr sie ja auch bezahlen.«

»Rede nicht so einen Unsinn. Selbstverständlich würde ich sie in diesem Fall bezahlen, aber schließlich bist du es doch, der sie aufgegessen hat.«

»Angenommen, Ihr würdet das Geld, das ich Euch gegeben hätte, verbraucht haben, müßtet Ihr es dann nicht aus eigener Tasche zurückgeben?«

»Da kann man ja gleich einen fahren lassen! Du schuldest anderen Leuten Geld und behauptest, ich hätte es verbraucht.«

»Würde der Metzger etwa Geld von mir verlangen, wenn die Schweine keine Köpfe hätten?«

Der Schwiegervater konnte dieses sinnlose Geschwätz nicht länger ertragen, ergriff eine Mistgabel und trieb den Schwiegersohn vor sich her. Der Blinde tastete sich an die beiden heran, um die Kampfhähne auseinanderzubringen. Der Alte aber rief mit einer vor Wut zitternden Stimme:

»Herr Lehrer, findet Ihr es nicht abscheulich, wenn dieser ungeratene Bengel auf meine Vorhaltungen mit unzüchtigen Reden antwortet? Soll man da nicht in Zorn geraten?«

Der Sohn des Chen Hefu widersprach abermals:

»Ich bin nicht im mindesten unzüchtig, Schwiegervater. Ich spiele nicht, ich trinke nicht und gehe nicht zu Dirnen. Stets liegt auf meinem Wahrsagetisch ein Band mit Gedichten. Kann man das etwa unzüchtig nennen?«

»So habe ich es auch nicht gemeint. Du müßtest aber deine Frau selber ernähren, anstatt diese Sorge dem Schwiegervater aufzubürden.«

»Nun, wenn Ihr es bereut, mir Eure Tochter zur Frau gegeben zu haben, so nehmt sie doch wieder zurück.«

»Du Aas verdienst den Tod«, schimpfte der Alte. »Ich soll meine Tochter zurücknehmen?«

»Verheiratet sie doch an einen anderen Mann.«

»Elender Kerl«, schrie der Schwiegervater erzürnt, »so etwas ist nur möglich, wenn du stirbst oder ein Mönch wirst.«

»Das Sterben geht nicht so schnell. Also werde ich morgen ein Mönch.«

»Gut, dann werde morgen ein Mönch«, wiederholte der Schwiegervater gereizt.

Der Blinde gab es auf, die beiden zu beschwichtigen, denn die Schimpfworte, die nun gebraucht wurden, glichen ›schmutzigen Strohmatten, die man nicht mehr in der Gästehalle anbringen kann‹. Langsam tastete er sich nach seinem Häuschen. Am nächsten Tag schor sich der Sohn des Chen Hefu den Kopf, verkaufte seine ziegelförmige Mütze und verschaffte sich eine Mönchskappe. In diesem Aufzug trat er vor den Schwiegervater und begrüßte ihn mit zusammengelegten Händen.

»Schwiegervater, der arme Mönch möchte sich hiermit verabschieden.«

Der aufs höchste erschrockene Schwiegervater vergoß heiße Tränen und redete eine ganze Weile mit großem Ernst auf seinen Schwiegersohn ein. Als er merkte, daß jedes Wort vergeblich war, ließ er den Sohn des Chen Hefu eine Scheidungserklärung ausstellen und nahm seine Tochter wieder unter seine Obhut. Von seiner Frau befreit, konnte der Mönch sich jetzt so viel Fleisch leisten, wie er nur haben wollte. Für das mit Wahrsagen verdiente Geld kaufte er sich täglich Schweinskopf und verspeiste ihn mit größtem Vergnügen. Hatte er sich satt gegessen, so hockte er an der Wende-Brücke und war mit sich und der Welt zufrieden.

Ein halbes Jahr war inzwischen vergangen. Wieder einmal saß er mit einem Gedichtband an seinem Wahrsagetisch, als sein Berufskollege Ding Yanzhi daherkam und fragte:

»Wann habt Ihr das Buch gekauft?«

»Etwa vor drei, vier Tagen«, antwortete Chen Siruan.

»Das sind alles Gedichte über den Pirolsee. Damals lud der Dritte Herr Hu die Herren Zhao Xuezhai, Jing Lanjiang, Yang Zhizhong, Kuang Chaoren und Ma Chunshang zu einem großen Fest auf den Pirolsee, wo man auf bestimmte Reimendungen Gedichte verfaßte. Mir fällt gerade eben die Verszeile von Zhao Xuezhai ein:

›Der See gleicht dem Hals eines Pirols;
die Abendsonne wird gleich versinken.‹

Diese Zeile schlägt bereits das Thema an. Auch die folgenden Zeilen lassen keinen anderen Schluß zu, als daß dieses Fest auf dem Pirolsee gefeiert wurde.«

»Gut, daß Ihr darauf zu sprechen kommt. Aber was wißt denn Ihr davon? Der Gastgeber des Festes auf dem Pirolsee war keinesfalls der Dritte Hu, vielmehr hatten es der Dritte und Vierte Sohn des Kanzlers Lou veranstaltet. Mein Vater Chen Hefu zählte damals zu den besten Freunden der Brüder Lou. Und was die Teilnehmer des großen Festes betrifft, so waren sie mein Vater, Yang Zhizhong, Quan Wuyong, Niu Buyi, Qu Shenfu, Zhang Junmin, natürlich die beiden Gastgeber und schließlich der Sohn des Yang Zhizhong, insgesamt also neun Personen. Das weiß ich ganz genau, da es mir mein Vater persönlich erzählt hat. Woher solltet Ihr es aber wissen?«

»Wollt Ihr etwa behaupten, es hätten andere die Gedichte des Zhao Xuezhai und des Jing Lanjiang geschrieben? Traut Ihr Euch etwa zu, solche Gedichte zu verfassen?«

»Ihr redet noch dümmeres Zeug als vorher. Zhao Xuezhai schrieb Gedichte über den Westsee und nicht über den Pirolsee«, sagte der Sohn des Chen Hefu.

»Aber es steht doch in seinem Gedicht klar und deutlich: ›Der See gleicht dem Hals eines Pirols.‹ Kann es sich denn da um ein anderes Fest als das auf dem Pirolsee gefeierte handeln?«

»In diesem Band sind Gedichte vieler berühmter Gelehrter gesammelt. Und was Ma Chunshang betrifft, so hat dieser nie ein Gedicht geschrieben. Wie wäre er dazu gekommen, plötzlich Verse zu machen?«

»Ihr redet wie ein Irrer«, fuhr ihn Ding Yanzhi an. »Ma Chunshang und Qu Shenfu schrieben viele Gedichte, die Ihr nie zu Gesicht bekommen habt.«

»Aber Ihr habt sie wohl gesehen? Ihr wißt eben nicht, daß anläßlich des Festes auf dem Pirolsee kein einziges Gedicht geschrieben worden ist. Statt dessen aber streitet Ihr Euch mit mir herum. Wer weiß, wo Euch dieses dumme Gerücht zu Ohren gekommen ist.«

»Das glaub ich Euch einfach nicht. Wann feierten berühmte Gelehrte jemals ein Fest, ohne Gedichte darüber zu schreiben? Vermutlich war Euer werter Vater überhaupt nicht dabei, denn sonst müßte er ein berühmter Gelehrter gewesen sein, oder vielleicht seid Ihr auch gar nicht sein Sohn.«

Wahrsager Chen riß die Geduld:

»Was redet Ihr für Unsinn? Wo gibt es so etwas in der Welt, daß einer einen falschen Vater angibt?«

»Chen Siruan«, rief Ding Yanzhi aufgebracht, »wenn Ihr auch Gedichte schreibt, braucht Ihr Euch noch lange nicht als Sohn des Chen Hefu auszugeben!«

»Und Ihr, Ding Yanzhi, glaubt Ihr etwa mit dem so jämmerlichen Vers ›Wie lange blüht ein Pfirsich? Wie lange blüht ein Mensch?‹ Staat machen zu können? Ihr habt ein paar Strophen von Zhao Xuezhai auswendig gelernt und gebt Euch daraufhin frech als berühmter Gelehrter aus.«

Ding Yanzhi sprang wütend auf:

»Wenn ich kein berühmter Gelehrter bin, seid Ihr es erst recht nicht.«

Die beiden gingen zu tätlichen Angriffen über, indem sie sich gegenseitig am Kragen packten und wie die Wilden aufeinander einschlugen. Ding Yanzhi trommelte mit seinen Knöcheln auf dem kahlgeschorenen Kopf des neuen Mönches herum und zerrte ihn auf die Brücke. Chen Hefus Sohn kniff die Augen zusammen und versuchte mit aller Gewalt, seinen Gegner in den Fluß zu stürzen, wurde aber von diesem umgeworfen und rollte die Brücke hinab. Unten angelangt, begann er laut zu schreien.

In diesem Augenblick kam Chen Munan vorüber. Als er den auf dem Rücken liegenden Mönch, der einen lächerlichen Anblick bot, entdeckte, trat er näher und richtete ihn auf. Der Mönch erkannte Chen Munan und zeigte die Brücke hinauf:

»Dieser ungebildete Ding Yanzhi kommt zu mir gelaufen und behauptet, der Gastgeber des Festes auf dem Pirolsee sei der Dritte Herr Hu gewesen. Trotzdem ich ihm den wahren Sachverhalt auseinandersetzte, bestand er hartnäckig auf seiner Meinung. Ja, er beschuldigte mich sogar, ich gäbe mich fälschlich als Sohn des Chen Hefu aus. Was sagt Ihr dazu?«

»Über was für unwichtige Dinge streitet Ihr Euch doch beide wie zwei Teufel! Allerdings hätte Ding Yanzhi das mit dem falschen Vater nicht sagen sollen.«

»Vierter Herr«, verteidigte sich Ding Yanzhi, der inzwischen näher getreten war. »Selbstverständlich weiß ich, daß er der Sohn des Chen Hefu ist. Mich hat es nur aufgebracht, daß er sich so mit seinen Kenntnissen brüstete.«

Chen Munan lachte:

»Ihr seid doch sonst so gute Freunde! Was ist nur in Euch gefahren? Laßt uns gemeinsam eine Tasse Tee trinken und den Streit vergessen!«

Mit diesen Worten zog Chen Munan die beiden in eine kleine Teestube in der Nähe der Brücke.

»Wie ich hörte, wollte Euer Vetter, der Neunte Herr Xu, Euch in die Provinz Fujian mitnehmen? Warum seid Ihr noch nicht aufgebrochen?« fragte Ding Yanzhi.

»Gerade diese bevorstehende Reise führte mich zu Euch. Ihr solltet mir nämlich wahrsagen und einen günstigen Tag für die Abreise nennen.«

»Werter Herr«, erwiderte Ding Yanzhi, »die Lose lassen alle möglichen Deutungen zu. Wählt einen beliebigen Tag. Es bedarf hierzu keiner Wahrsagerei.«

»Vierter Herr«, fiel Chen Siruan ein. »Vor etwa einem halben Jahr haben wir Euch vergeblich einen Besuch gemacht. Zwei Tage nachdem ich Mönch geworden war, besang ich in einem Gedicht, wie man sich die Haare schert und der Welt entsagt. Ich wollte Euch gern diese Verse zeigen, aber Eure Wirtin, die alte Frau Dong, berichtete uns, daß Ihr Euch fortwährend draußen herumtreibt. Wo steckt Ihr denn immer? Weshalb begleitet Euch heute keiner Eurer Diener?«

»Ich hielt mich meistens im Laibin-Turm auf, weil Fräulein Pinniang meine Gedichte liebt.«

»Wie fein! Selbst die Damen aus den Freudenhäusern wissen begabte Leute zu schätzen!« rief Ding Yanzhi, und an Chen Siruan gewandt, setzte er triumphierend hinzu: »Seht, sie ist nur ein Frauenzimmer und versteht dennoch etwas von Gedichten. Behauptet Ihr immer noch, daß auf dem großen Fest auf dem Pirolsee keine Gedichte geschrieben wurden?«

»Herr Chen Siruan hat recht«, widersprach Chen Munan. »Mein Onkel Lou Yuting nannte damals Yang Zhizhong und Quan Wuyong seine besten Freunde. Diese beiden Herren sind aber alle beide keine Dichter.«

»Quan Wuyong wurde doch seinerzeit eines Verbrechens bezichtigt. Wie ist sein Prozeß eigentlich ausgegangen?«

»Einige Bakkalaurei aus seinem Kolleg hatten ihn verleumdet. Später aber konnte er sich wieder rehabilitieren.«

Nachdem sie noch eine Weile geplaudert hatten, verabschiedeten sich Chen Siruan und Ding Yanzhi vom Vierten Herrn Chen. Dieser bezahlte die Zeche und begab sich zum Laibin-Turm. Dort saß die Alte und reihte mit einer Blumenhändlerin Kassiablüten auf einer Schnur auf.

»Ach, der Vierte Herr! Bitte nehmt Platz!«

»Ich möchte nur einmal schnell hinaufgehen und schauen, was Pinniang macht.«

»Sie ist nicht zu Hause, denn sie nimmt am Kästchenfest im Turm des Leichten Nebels teil.«

»Ich möchte mich heute von ihr verabschieden, weil ich in die Provinz Fujian reise.«

»Ach, Ihr wollt verreisen? Man darf wohl hoffen, daß Ihr wieder einmal hierherkommt?«

Eine Dienerin brachte eine Tasse Tee; Herr Chen nahm einen Schluck und stellte sie schleunigst beiseite, denn der Tee war nicht heiß genug.

»Könnt ihr niemals guten Tee aufbrühen?« schalt die Alte, legte die Kassiablüten aus der Hand, ging nach hinten und zankte sich mit dem Kuppler herum. Chen Munan aber suchte das Weite, da er merkte, daß er hier nicht mehr sehr erwünscht war. Nach wenigen Schritten begegnete er einem Mann, der ihn ansprach:

»Vierter Herr Chen, seid doch in Zukunft etwas zuverlässiger, damit man Euch nicht immer hinterherrennen muß!«

»Euer großer Ginsengladen ist doch wirklich nicht auf meine paar Dutzend Unzen Silber angewiesen. Selbstverständlich werde ich Euch das Geld so bald wie möglich zuschicken.«

»Nicht einmal Eure beiden Diener habe ich zu Gesicht bekommen«, versetzte der Mann ärgerlich. »In Eurer Wohnung fand ich nur Eure Wirtin, die alte Frau Dong, vor. Von ihr konnte ich doch das Geld nicht fordern.«

»Habt doch ein bißchen Geduld! ›Den Mönch kann man verstecken, aber den Tempel nicht.‹ Kommt morgen in mein Quartier.«

»Ich hoffe, daß Ihr morgen da seid, damit ich nicht wieder vergeblich herumrennen muß.«

In seiner Wohnung angelangt, dachte Herr Chen: ›Eine peinliche Geschichte. Die Diener sind fort. Die Alte gewährt mir keinen Kredit. Das geliehene Geld ist restlos verbraucht. Was mir bleibt, ist nichts als ein Gesäß und die Rippen voll Schulden. Ich packe am besten meine Sachen und verdufte in Richtung Fujian.‹

Ohne Frau Dong Lebewohl zu sagen, verschwand Chen Munan auf Nimmerwiedersehen.

Am nächsten Tag in aller Frühe erschien der Ginsenghändler in der Flußvilla. Er wartete einen halben Tag, aber es kam ihm nicht einmal ein Geist zu Gesicht. Auf einmal knarrte die Tür, und es erschien ein zweiter Besucher, der einen weißen Fächer mit Gedichten darauf schwenkte und sich bemühte, recht vornehm auszusehen. Der Ginsenghändler erhob sich und fragte:

»Darf ich Euren werten Namen erfahren?«

»Ich heiße Ding Yanzhi und möchte dem Vierten Herrn Chen mein neuestes Gedicht vorlesen.«

»Ich warte ebenfalls auf ihn.«

Die beiden saßen noch eine ganze Weile da, aber niemand erschien. Schließlich pochte der Ginsenghändler ungeduldig an eine Holztür. Da kam die alte Frau Dong an einer Krücke herausgehumpelt.

»Wen sucht Ihr?«

»Ich möchte mir vom Vierten Herrn Chen das Geld, das er mir schuldet, holen.«

»Ach, der wird jetzt schon über alle Berge sein«, meinte Frau Dong.

Der Ginsenghändler erschrak:

»Hat er nicht vielleicht bei Euch, alte Dame, das Geld hinterlassen?«

»Was redet Ihr da? Auch mir ist er die Miete schuldig geblieben. Überall hat er falsche Versprechungen gemacht, seitdem er in die Netze der Teufelin aus dem Laibin-Turm geraten ist. Sollte er, der über und über mit Schulden beladen ist, sich noch viel um Eure paar Unzen scheren?«

Der Ginsenghändler hüpfte aufgeregt von einem Bein auf das andere, wie ein Stummer, der im Traum seine tote Mutter sieht und unendliche Qualen aussteht, weil er ihr sein Leid nicht klagen kann. Ding Yanzhi redete ihm gut zu:

»Was nützt es, sich so aufzuregen? Geht lieber wieder in Euer Geschäft. Der Vierte Herr Chen ist ein gebildeter Mann und wird Euch sicher nicht um Euer Geld bringen, sondern es Euch nach seiner Rückkehr zurückzahlen.«

Nachdem der Händler noch eine Weile getobt hatte, zog

er schließlich ab. Ding Yanzhi begab sich gemächlich hinaus und schwenkte den Fächer hin und her.

»Ein Freudenmädchen, das etwas von Gedichten versteht?« murmelte er immer wieder vor sich hin. »Ich bin zwar bisher noch nie in einem Freudenhaus gewesen. Wie aber wär's, wenn ich mit den paar Unzen, die ich mir durch Wahrsagen verdient habe, einmal dorthin ginge?«

Gesagt, getan. Ding Yanzhi holte von zu Hause eine Rolle Gedichte, legte sein bestes Gewand an, setzte eine Akademikerkappe auf und machte sich zum Laibin-Turm auf.

Der Kuppler, der den Ankömmling als einen rechten Narren einschätzte, fragte nach dem Zweck seines Kommens.

»Ich möchte mit Eurem Fräulein über Gedichte plaudern.«

»Nun, dann entrichtet zuerst das Eintrittsgeld.«

Der Kuppler holte eine gelbe Waage. Ding Yanzhi kramte aus der Hüfttasche ein kleines Päckchen hervor. Es enthielt zwei Unzen Silber und etwas Kleingeld.

»Es fehlen noch fünf Käsch.«

»Ich möchte erst das Fräulein sprechen, alles übrige wird sich später finden.«

Ding Yanzhi stieg die Treppe hinauf. Pinniang saß in ihrem Zimmer und übte sich im Schachspiel. Der Besucher verbeugte sich tief vor ihr. Pinniang bot ihm belustigt Platz an und fragte nach seinen Wünschen.

»Ich habe gehört, daß Ihr Gedichte liebt. Ich möchte Euch mit einigen meiner kläglichen Werke bekannt machen.«

»In unserem Hause ist es üblich, daß Gedichte nicht umsonst gelesen werden. Entrichtet sofort das Freudengeld.«

Ding Yanzhi kramte in seiner Hüfttasche herum und brachte endlich an die zwanzig Käsch hervor und legte sie auf den Tisch aus Rosen- und Palisanderholz. Pinniang brach in ein lautes Gelächter aus:

»Diese paar schäbigen Münzen könnt Ihr höchstens dem Kuppler in der Gasse der Familie Feng aus Yizheng anbieten, aber nicht mir. Beschmutzt nicht meinen kostbaren Tisch damit, sondern verschwindet schleunigst und kauft Euch dafür einen gebackenen Fladen.«

Ding Yanzhi wurde abwechselnd rot und blaß, senkte beschämt den Kopf, barg die Gedichte im Busen und schlich leise die Treppe hinunter.

Kurz darauf erschien die Alte, um einen Teil des Freudengeldes zu fordern, dachte sie doch, Pinniang habe einen Dummen gefunden.

»Wieviel Geld hast du dem Tölpel abgenommen? Rück damit heraus; ich will Atlasseide dafür kaufen.«

»Dieser Tölpel besaß überhaupt nichts. Sollte ich mich etwa mit zwanzig Käsch zufriedengeben? Ich habe ihn ausgelacht, und er ist so schnell, wie er konnte, verschwunden.«

»Wie schlau du es anstellst! Du empfängst einen solchen Narren und willst mir weismachen, du hättest ihn ungeschoren laufen lassen. Wann hast du mir je von dem Freudengeld, das du von den Gästen erhältst, auch nur die Hälfte abgelassen?«

»Bin ich es nicht, die für Euch alles Geld verdient? Was scheltet Ihr mich aus und werft mir so unsinnige Dinge vor? Wenn ich mich später einmal verheirate, werde ich die große Dame spielen. Ihr solltet froh sein, daß ich Euch nicht ausschimpfe, weil Ihr diesen Tölpel zu mir heraufgeschickt habt. Statt dessen zankt Ihr mit mir herum.«

Aufs höchste erbost, stürzte die Alte auf sie zu und versetzte ihr eine so heftige Ohrfeige, daß Pinniang zu Boden stürzte. Diese wälzte sich von einer Seite auf die andere, zerzauste sich das Haar und heulte laut:

»Habe ich denn eine solche Behandlung verdient? Ihr habt Geld genug und könnt Euch ein anderes Fräulein leisten. Laßt mich meinen eigenen Lebensweg gehen!«

Pinniang weinte heftig, überschüttete die Alte mit einer Flut von Schimpfworten, machte Miene, sich die Kehle durchzuschneiden oder sich mit einem Strick aufzuhängen. Haarnadeln und Armreifen lagen auf dem Boden verstreut.

Die Alte rief erschrocken nach dem Kuppler, damit dieser Pinniang beschwichtige. Das Mädchen aber ließ nicht mit sich reden, sondern tobte weiter. Schließlich mußten sie Pinniang erlauben, sich bei der Äbtissin Benhui vom Kloster der Lebensverlängerung als Novizin anzumelden, das Haupthaar zu scheren, den Laibin-Turm zu verlassen und Nonne zu werden.

Wenn auch Pinniang ins Kloster geht, so ist doch damit unsere Geschichte noch nicht zu Ende. Erst im nächsten Kapitel werden wir zum Schluß gelangen.

Fünfundfünfzigstes Kapitel

Vier neu hinzugekommene Personen sprechen von der Vergangenheit und sind um die Zukunft besorgt · Auf einer Laute spielt jemand eine wehmütige Melodie

Um das dreiundzwanzigste Jahr der Regierung des Ming-Kaisers Wanli waren nach und nach alle berühmten Gelehrten aus Nanjing verschwunden. Männer wie Doktor Yu waren entweder Greise geworden, verstorben oder in alle Winde zerstreut. Andere wiederum hatten sich völlig zurückgezogen und fragten nicht mehr nach dem Tun und Treiben der Welt. Auf den Blumenterrassen und in den Weinstuben fand man keine hervorragenden Menschen mehr. Man begegnete kaum noch einem Weisen, der in Riten, Literatur und Musik richtig bewandert war. Und wie war es um die hohen Beamten bestellt? Dem Erfolgreichen schrieb man Talente zu, während der Pechvogel für unbegabt gehalten wurde. Und was die Freigebigkeit anbelangte? Die Reichen überboten einander im Luxus und ließen die Armen darben. Du magst Werke schreiben wie Li Taibai und Du Fu und tugendhaft sein wie die Kong-Fuzi-Schüler Yan Hui und Zengzi, aber dennoch wird kein einziger

Mensch nach dir fragen. So sprach man in den vornehmen städtischen Familien, wenn man anläßlich von Hochzeiten, Mannbarkeitsfeiern, Begräbnissen oder Totenfesten zusammenkam, wie auch in den Häusern des Landadels von nichts anderem als von Beförderungen, Versetzungen, Ernennungen und Degradierungen innerhalb der Beamtenschaft. Die armen Gelehrten aber verfaßten nur Prüfungsaufsätze, die sich dem herrschenden Geschmack willfährig anpaßten.

Aber siehe da, in den Städten wuchsen wieder einige hervorragende Menschen heran. Einer dieser Männer verstand besonders schön zu schreiben. Er hieß Ji Xianian. Von klein an verwaist, hatte er weder ein Elternhaus, noch nannte er irgendwelchen Besitz sein eigen. So wohnte er meistens in einem Tempel. Jedesmal wenn an das Brett geschlagen wurde und die Mönche zum Essen gingen, ergriff auch er einen Napf und stellte sich an, um seine Portion zu empfangen. Die Mönche verwehrten es ihm nicht.

Ji Xianian schrieb eine wunderbare Schrift, aber lehnte sich nicht an alte Vorbilder an, sondern schuf sich einen ganz neuen, eigenen Stil. Sooft jemand ihm einen Auftrag erteilte, fastete er einen Tag. Der zweite Tag war mit dem Anreiben der Tusche ausgefüllt. Er gestattete niemandem, diese Tätigkeit für ihn auszuführen. Allein für ein paar Wandrollen mit fünfzehn Zeichen darauf benötigte er eine halbe Schale voll Tusche. Er gebrauchte nur abgenutzte Pinsel, die kein Mensch mehr wollte. Drei oder vier Personen mußten für ihn das Papier halten, dann erst begann er mit dem Schreiben; aber wehe, wenn sie nicht achtsam genug waren, dann gab es Schimpfe und Schläge. Wartete man, bis er zum Schreiben Lust bekam, war er weit verträglicher. War er aber gar nicht dazu aufgelegt, hätte man Kaiser, Fürst, General oder Minister sein und ihm große Summen Silber bieten können, er würde einen dennoch recht respektlos behandelt haben. Er legte auf sein Äußeres nicht den geringsten Wert, sondern trug einen schäbigen Rock und ein Paar jämmerliche Strohsandalen. Für das Geld, das er durch Schreiben verdiente, kaufte er sich nur das nötige Essen; den Rest verschmähte er und verschenkte ihn nach Belieben.

Eines Tages stapfte Ji Xianian durch den hohen Schnee zum Haus eines Bekannten. Seine zerrissenen Strohsandalen hinterließen im Bibliothekszimmer viele Schmutzspuren. Der Hausherr, der seines Gastes Eigentümlichkeiten kannte und sich schon oft über ihn geärgert hatte, vermied jedoch, darauf anzuspielen, sondern fragte ihn:

»Herr Ji, Eure werten Schuhe sind schon recht schadhaft. Wie wär's, wenn Ihr Euch ein Paar neue kaufen würdet?«

»Dazu fehlt mir das Geld.«

Der Gastgeber meinte:

»Wenn Ihr mir eine neue Spruchrolle schreibt, schenke ich Euch ein Paar neue Schuhe.«

»Ich brauche keine neuen Schuhe.«

Den Gastgeber störte aber der Schmutz, und so ging er nach hinten und holte ein Paar Schuhe.

»Ich bitte Euch«, sagte er, wie er wieder hereintrat, »zieht einstweilen diese Schuhe an, ich fürchte, Ihr werdet sonst kalte Füße bekommen.«

Ji Xianian bekam es mit der Wut, stürzte, ohne sich zu verabschieden, zum Tor und rief:

»Ist Euer Haus wirklich eine so erlauchte Stätte, daß ich mit meinen Schuhen nicht Euer Haus betreten darf? Ihr solltet es Euch als Ehre anrechnen, wenn ich zu Euch komme. Bin ich etwa auf Eure Schuhe angewiesen?«

Der erzürnte Ji Xianian eilte schnurstracks zum Tempel der Himmlischen Welt zurück und nahm, immer noch höchst erregt, am klösterlichen Mahle teil. Nach dem Essen entdeckte er in der Zelle eines Mönchs eine Schachtel mit echter Dufttusche.

Er fragte:

»Braucht Ihr die Tusche zum Schreiben?«

»Nein. Der werte Enkel des Zensors Shi schenkte mir gestern die Tusche. Ich möchte sie aufheben und sie später an einen Wohltäter weiterverschenken.«

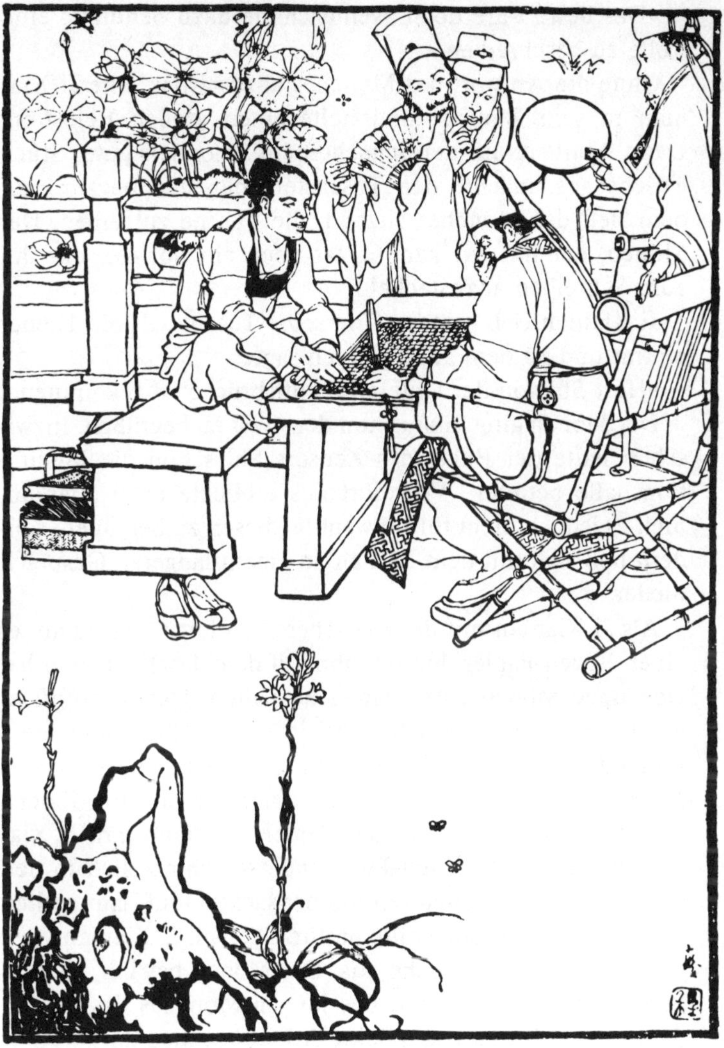

»Das beste wäre doch, wenn ich sie dazu benutzte, eine Rolle zu beschreiben.«

Ohne die Antwort des Mönches abzuwarten, eilte Ji Xianian in sein Zimmer und holte einen großen Reibstein. Dann wählte er aus der Schachtel ein besonders gutes Stück Tusche aus, machte den Tuschstein naß und begann, auf dem Bett des Mönches sitzend, die Tusche zu reiben. Der Mönch, der ihn gut kannte, tat noch ein übriges, um ihn zum Schreiben anzustacheln.

Ji Xianian rieb gerade eifrig seine Tusche, als ein Diener eintrat und zu dem alten Mönch sagte:

»Herr Shi von der Unteren Schiffsbrücke ist gekommen.«

Der Mönch ging hinaus, um den Gast zu begrüßen. Inzwischen hatte der Enkel des Zensors Shi schon die Meditationshalle betreten. Von dort aus erblickte er Ji Xianian, hielt es jedoch nicht für notwendig, diesen zu begrüßen, sondern ließ sich mit dem Mönch zu einem längeren Gespräch nieder.

Als Ji Xianian mit dem Tuschereiben fertig war, nahm er einen Bogen Papier, breitete ihn auf dem Tisch aus und bat vier junge Mönche, das Papier zu halten. Darauf ergriff er einen alten Pinsel, tauchte ihn in die Tusche, betrachtete prüfend das Papier und schrieb in einem Zug eine Zeile herunter. Mit einem Male bewegte einer der jungen Mönche aus Unachtsamkeit etwas das Papier. Da stach ihm Ji Xianian mit dem hölzernen Pinselende so schmerzlich in den Leib, daß der Mönch zusammensackte und jämmerlich schrie. Der alte Mönch eilte bestürzt herbei. Ji Xianian stieß immer noch wilde Flüche aus. Der Mönch bat ihn, sich zu beruhigen, und hielt statt des jungen Mönches das Papier, damit der Schriftkünstler seine Arbeit beenden konnte. Der Enkel des Zensors Shi war ebenfalls näher getreten, schaute eine Weile zu und verabschiedete sich dann von dem alten Mönch.

Am nächsten Tag erschien ein kleiner Bote aus dem Hause Shi im Tempel der Himmlischen Welt. Als er Ji Xianian erblickte, fragte er: »Wohnt hier ein Schriftkünstler namens Ji?«

»Was willst du von ihm?«

»Er soll sich morgen bei meinem Gebieter einfinden, um etwas für ihn zu schreiben.«

Ji Xianian, der sich nicht zu erkennen geben wollte, sagte nur:

»Schon gut. Er ist heute nicht zu Hause. Ich werde ihm Bescheid sagen.«

Am nächsten Morgen ging Ji Xianian zum Haus der Familie Shi und begehrte Einlaß. Der Hausmeister verwehrte ihm aber den Eintritt.

»Wer seid Ihr denn, daß Ihr so mir nichts, dir nichts das Haus betreten wollt?«

»Ich soll hier etwas schreiben.«

In diesem Augenblick trat der kleine Bote aus der Pförtnerloge, erkannte Ji und sagte:

»Ach, Ihr seid es. Ihr könnt also auch schreiben.«

Sogleich führte er ihn in die Halle und meldete den Gast an. Der Enkel des Zensors Shi trat hinter einem Wandschirm hervor. Als Ji ihn erblickte, begann er wütend zu schimpfen:

»Was seid Ihr für ein unverschämter Mensch, da Ihr es gewagt habt, mich so ohne weiteres zum Schreibeu zu bcstellen? Ich trachte weder nach Eurem Silber noch nach Eurem Rang. Was gibt Euch das Recht, mich zum Schreiben zu bestellen?«

Er schric so laut, daß der vornehme Herr Shi kein Wort zu erwidern wagte und gesenkten Hauptes in die hinteren Gemächer verschwand. Ji Xianian stieß noch einige wilde Verwünschungen aus und kehrte sodann in den Tempel der Himmlischen Welt zurück.

Ein anderer hervorragender Mann war ein Verkäufer von Fidibussen. Er hieß Wang Tai. Seine Vorfahren hatten an den Drei Ehrenbogen mit Gemüse gehandelt. Sein Vater war verarmt und mußte den Gemüsegarten verkaufen. Von klein auf liebte Wang Tai das Schachspiel über alles. Später starb der Vater, und um das Leben zu fristen, verkaufte der Sohn auf den Straßen Fidibusse.

Eines Tages feierte man in dem Nonnenkloster zur Wunderbaren Meinung ein großes Fest. Das Kloster grenzte an den Teich des Schwarzen Drachen. Man befand sich im Frühsommer, und auf dem Teich schwammen frische grüne Lotosblätter. Rings um das Kloster zogen sich viele gewundene Pfade an manch schönem Pavillon vorüber. Dort lustwandelten die Leute. Wang Tai hielt sich an den lieblichsten Stellen überall ein Weilchen auf. Schließlich gelangte er zu einem in den Schatten von Weiden gelegenen Steintisch mit vier Sitzen auf beiden Seiten. Ein paar höhere Beamte drängten sich um zwei Schachspieler. Einer von ihnen, in einen dunkelblauen Rock gekleidet, bemerkte:

»Herr Ma spielte neulich in Yangzhou beim Salzkommissar Schach um einen Einsatz von hundertzehn Unzen Silber und gewann im ganzen über zweitausend Unzen Silber.«

»Unser Herr Ma ist einer der größten Schachmeister der Welt«, bestätigte ein Jüngling, der ein nephritfarbenes Gewand trug. »Selbst wenn er zwei Steine zugesprochen bekommt, kann Herr Bian kaum gegen ihn aufkommen. Aber unsereiner muß sich schon gewaltig anstrengen, um gegen Herrn Bian zu bestehen.«

Wang Tai streckte neugierig den Kopf nach vorn, um einen Blick auf das Schachbrett werfen zu können. Als sie seine schäbige Kleidung bemerkten, stießen ihn die Zuschauer zurück und erlaubten nicht, daß er näher trat.

»Was versteht denn schon ein Strolch wie du vom Schachspiel?« fragte der am Ende des Tisches sitzende Gastgeber.

»Ich verstehe wirklich etwas davon.«

Wang stellte sich auf die Zehenspitzen und schaute dem Spiele zu. Schließlich mußte er kichern.

»Du lachst über uns? Spielst du etwa besser als wir?« fragte Herr Ma.

»Ja, das möchte ich annehmen.«

»Du unverschämter Bursche, du meinst wohl, du könntest es mit Herrn Ma aufnehmen?« fuhr ihn der Gastgeber an.

»Da er so keck ist, soll er sich ruhig blamieren«, meinte Herr Bian. »Dann merkt er sich auch, daß man nicht dazwischenreden darf, wenn hohe Beamte miteinander Schach spielen.«

Wang Tai nahm die Herausforderung an, baute die Steine auf und bat Herrn Ma, mit dem Spiel zu beginnen. Die Zuschauer amüsierten sich köstlich. Nach einigen Zügen bemerkte jedoch Herr Ma, daß der Fremde ein ungewöhnlicher Gegner war. Mitten im Spiel stand er plötzlich auf und sagte: »Ich habe diese Partie um einen halben Zug verloren.«

Die Zuschauer blickten ungläubig drein. Herr Bian jedoch sagte:

»Wenn man das Spiel überblickt, muß man tatsächlich feststellen, daß Herr Ma sich etwas im Nachteil befindet.«

Alle waren aufs höchste erstaunt und luden Wang Tai zum Wein ein. Dieser aber sagte lachend:

»Wo gibt es in der Welt noch eine ähnliche Freude als jene, einen ungeschickten Gegner zu besiegen? Ich habe einen ungeschickten Spieler geschlagen, was mich ungemein fröhlich stimmt. So brauche ich keinen Wein mehr zu trinken.« Sprach's und zog unter lautem Gelächter davon, ohne sich noch einmal umzuwenden.

Der dritte im Bunde dieser hervorragenden Männer unterhielt eine Teestube. Er hieß Gai Kuan und besaß ursprünglich eine Pfandleihe. Als er zwanzig Jahre alt war, kam seine Familie zu Geld und eröffnete das Geschäft. An Silber hatte er damals keinen Mangel, außerdem gehörten ihm noch Äcker und Flußwiesen. Auch seine Verwandtschaft bestand fast ausnahmslos aus vermögenden Leuten. Gai Kuan aber verachtete sie wegen ihres ungebildeten Benehmens. Er selber saß täglich in seinem Bibliothekszimmer, dichtete und las. Ebensosehr liebte er aber das Malen. Später erlangte er im Malen eine solche Meisterschaft, daß viele Dichter und Maler freundschaftlich mit ihm verkehrten. Obwohl die meisten ihm weder im Dichten noch im Malen ebenbürtig waren, brachte er auch dem bescheidensten Talent warme Sympathie entgegen. Suchten ihn solche Leute auf, behielt er sie stets zum Essen und Wein bei sich, um mit ihnen zu plaudern und zu scherzen. Wenn es diesen Dichtern und Malern bei irgendeinem Familienfest oder einem Trauerfall an Geld mangelte, kamen sie stets zu ihm. Er schlug ihnen niemals eine Bitte ab, sondern half ihnen bereitwilligst. Zu dutzenden, ja zu hunderten Unzen verschenkte er sein Silber. Die Angestellten der Pfandleihe hielten ihren Herrn für einen leichtsinnigen Narren und betrogen ihn auf alle erdenkliche Weise, so daß sein Vermögen sich immer mehr verringerte. Die Äcker wurden einige Jahre hintereinander überschwemmt; er mußte neues Saatgut beschaffen. Schließlich rieten ihm höchst zweifelhafte Freunde, die Äcker zu verkaufen. Da die Käufer argwöhnten, daß die Erträge des Landes nur sehr gering sein würden, zahlten sie für einen Acker von mindestens tausend Unzen Wert nur fünf- bis sechshundert Unzen. Aber Gai Kuan blieb keine andere Wahl: Er mußte seinen Besitz verschleudern. Statt den Erlös nutzbringend anzuwenden, verbrauchte er ihn für tägliche Ausgaben. Lange konnte er nicht davon zehren, und so mußte er, um weiter leben zu können, bald einige Flußwiesen veräußern.

Zu alledem kam noch hinzu, daß die Angestellten so niederträchtig waren, das Schilf- und Holzlager ihres Herrn mutwillig in Brand zu stecken. Und da Gai Kuan das Glück nicht hold war, brannte das Lager völlig nieder. Die verkohlten Überreste glichen in ihren bizarren Formen der Felsenlandschaft am Tai-See. Die bösartigen Angestellten machten sich noch einen Spaß daraus, ihrem Herrn die bizarrsten Stücke herbeizuschleppen, und dieser fand tatsächlich Gefallen daran, so daß er sie aufhob.

Seine Diener sagten:

»Solche Dinge bringen Unglück. Man darf sie nicht behalten.«

Aber Gai Kuan schlug diese Ratschläge in den Wind und ergötzte sich weiterhin in seinem Bibliothekszimmer an dem Anblick dieser seltsamen Relikte. Als auch die letzte Flußwiese verkauft war, kehrten ihm die Angestellten den Rücken.

Ein halbes Jahr später verschleuderte Gai Kuan das große Haus, da es ihm jetzt sogar am täglichen Brot gebrach, und siedelte in eine kleine Hütte über. Wiederum nach einem halben Jahr starb seine Frau. Die Trauerfeierlichkeiten und das Begräbnis verschlangen so viel Geld, daß er sich auch der Hütte entäußern mußte. So blieb dem bedauernswerten Gai Kuan nichts anderes übrig, als mit Sohn und Tochter in eine abgelegene Gasse zu ziehen, dort zwei Zimmer zu mieten und eine Teestube zu eröffnen. In dem hinteren Zimmer wohnte er mit seinen Kindern, in dem vorderen Raum stellte er einige Teetische auf. In einem Winkel befand sich der Holzkohleofen zum Teekochen. Auf der rechten Seite war der Schanktisch; dahinter standen zwei Fässer mit Regenwasser. Gai Kuan erhob sich stets am frühen Morgen, steckte das Feuer an und goß das Wasser in den Kessel. Sodann setzte er sich an den Tisch und schrieb wie früher Gedichte oder malte Bilder. Vor ihm stand eine Vase, gefüllt mit frischen, der Jahreszeit entsprechenden Blumen. Daneben lagen viele alte Bücher. Wenn auch Gai Kuan alle seine Besitztümer veräußert hatte, auf seine heißgeliebten Bücher hatte er um keinen Preis verzichten wollen. Sobald ein Gast erschien, legte er die Bücher beiseite und brachte die Teekanne und eine Tasse herbei. Die Teestube warf nur wenig Verdienst ab. So reichte das vereinnahmte Geld gerade für Brennholz und Reis.

Eines Tages saß Gai Kuan gerade am Schanktisch, als ein alter Nachbar hereinkam, um ein bißchen mit ihm zu plaudern. Mit Verwunderung entdeckte dieser, daß Gai Kuan, wiewohl es schon im Zehnten Monat war, immer noch seine Sommerkleidung, einen dünnen Leinenkittel, trug.

»Wie schlecht muß es Euch gehen! Ehedem haben so viele Leute von Euch Wohltaten empfangen, nun, da Ihr im Elend seid, halten sie es nicht für notwendig, mit Euch zu verkehren. Eure Verwandten befinden sich doch immer noch in guten Verhältnissen; warum sucht Ihr sie nicht auf und beratet Euch mit ihnen? Leiht Euch eine größere Geldsumme, dann könnt Ihr ein einträglicheres Geschäft betreiben und Euch besser durchs Leben bringen.«

»Onkel, ein alter Weiser hat einmal gesagt: ›Die Empfindungen der Menschen werden durch Kälte und Wärme bestimmt, und das menschliche Antlitz wird entweder von Edelmut oder Niedrigkeit geprägt.‹ Damals, als ich noch reich war, trug ich vornehme Kleider und gebot über eine stattliche Dienerschaft. Ich brauchte mich vor meinen Verwandten keinesfalls zu verstecken. Wenn ich heute in meiner schlimmen Lage zu ihnen ginge, würde ich mich, selbst wenn sie mich willkommen hießen, bedrückt fühlen. Sodann sagt Ihr, bestimmte Leute hätten von mir Wohltaten empfangen. Nun, hier handelt es sich ausnahmslos um arme Menschen, die mir nichts zurückerstatten können. Diese suchen längst andere Häuser auf, wo es mehr zu holen gibt, und denken nicht daran, mich aufzusuchen.«

Als der Nachbar diese traurigen Worte hörte, wollte er Gai Kuan auf andere Gedanken bringen.

»Onkel, in Eurer Teestube ist es so leer. Heute ist schwerlich noch ein Gast zu erwarten. Nutzen wir das schöne Wetter, und machen wir einen kleinen Spaziergang vor das Südtor.«

»Mit Freuden würde ich mitgehen. Doch wer soll den Gastgeber machen?«

»Ich habe ein paar Käsch; wir brauchen ja nur eine ganz einfache Mahlzeit zu uns zu nehmen.«

»So muß ich Euch zur Last fallen.«

Gai Kuan befahl seinem Sohn, auf die Teestube achtzugeben, und wanderte mit dem alten Nachbarn zum Südtor hinaus. In einem mohammedanischen Lokal begnügten sie sich mit einem einfachen Essen, das nicht mehr als fünf Käsch kostete. Der Nachbar bezahlte die Zeche und gab ein kleines Trinkgeld. Dann machten sie sich beide zum Tempel der Vergoltenen Güte auf. Dort besichtigten sie den südlichen Wandelgang der Haupthalle und das Kloster der Drei Schätze mit dem großen Weihwasserkessel. Schließlich erstanden sie am Tor ein Päckchen mit Süßigkeiten und kehrten in einem Teehaus hinter der Pagode ein.

»Die Welt hat sich sehr gewandelt«, sagte der alte Nachbar mit einem tiefen Seufzer. »Den Tempel der Vergoltenen Güte besuchen jetzt weit weniger Spaziergänger als früher. Selbst Süßigkeiten finden nicht den gleichen Absatz wie vor zwanzig Jahren.«

»Ihr zählt über siebzig Jahre, Onkel, und habt viel erlebt«, sagte Gai Kuan. »Das Heute kann man nicht mit dem Gestern vergleichen. Hätte ich zur Zeit der berühmten Gelehrten, die sich um Doktor Yu scharten, gelebt, würde es mir, der sich aufs Malen versteht, nicht so schlecht ergangen sein wie jetzt, wo ich kaum eine Schale Reis zu essen habe. Wer hätte gedacht, daß ich einmal so tief ins Elend geraten könnte?«

»Eure Worte haben eine Erinnerung in mir wachgerufen. Links von der Regenblütenterrasse steht ein Taibo-Tempel, den seinerzeit ein gewisser Herr Chi Hengshan aus Jurong erbaute. Man hat damals bei der Einweihung Doktor Yu gebeten, als Hauptopferleiter zu fungieren. Es war eine herrliche Feier. Ich war damals erst zwanzig Jahre alt und drängte mich durch die Zuschauer ganz nach vorn, um möglichst alles zu sehen. Selbst der Hut ging mir im Gedränge verloren. Leider kümmert sich heute niemand mehr um den Tempel; die Hallen sind eingestürzt. Nach dem Tee wollen wir einmal hingehen und einen Blick darauf werfen.«

Die beiden verspeisten eine Portion Sojabohnenkäse mit Schweinskopf. Nachdem sie die Zeche beglichen hatten, stiegen sie den Hügel hinauf bis hinter die Regenblütenterrasse. Dort sahen sie, daß der Dachfirst der Haupthalle vom Taibo-Tempel fast völlig eingestürzt war. Vor dem Tor spielten einige Kinder Ball. Der eine Torflügel lag auf der Erde. Die beiden betraten das Innere. Dort suchten einige Bauersfrauen die steinernen Stufen nach Hirtentäschelkraut ab. Die Zwischenwände der Haupthalle waren verschwunden. In den fünf hinteren Gebäuden gähnte ihnen eine große Leere entgegen. Vom Fußboden hatte man auch nicht ein einziges Brett gelassen. Bei diesem Anblick seufzte Gai Kuan tief auf:

»Wie schmerzlich, eine so berühmte Stätte völlig vernachlässigt vorzufinden! Und keinem Menschen kommt es in den Sinn, sich dieses Tempels zu erbarmen und ihn wiederherstellen zu lassen! Wie viele reiche Leute gibt es, die tausend Unzen Silber für den Bau buddhistischer Klöster und daoistischer Tempel hergeben, niemand will aber die Gedenkstätten der Heiligen und Weisen vergangener Zeiten instand halten.«

»Herr Chi Hengshan kaufte damals eine Menge Geräte, die alten Mustern nachgebildet waren«, wußte der Nachbar zu berichten. »Sie wurden im Turm in riesigen Schränken aufbewahrt. Aber auch von diesen Schränken ist nichts mehr zu entdecken.«

»Wenn man solche alten Dinge aufrührt, wird einem nur traurig zumute. Wollen wir uns lieber auf den Heimweg begeben.«

Doch der Nachbar schlug vor, noch einen kleinen Abstecher bis zum höchsten Punkt der Regenblütenterrasse zu machen. Von oben sahen sie die Berge jenseits des Chang Jiang im hellen Grün schimmern. Man konnte die Segel und Masten der den Strom auf und ab gleitenden Schiffe deutlich erkennen. Der rote Abendsonnenball versank allmählich hinter den Gipfeln. Gemächlich schritten die beiden Freunde den Hügel hinab und strebten der Stadt zu.

Nach wie vor schenkte Gai Kuan an seine paar Kunden Tee aus. Im Dritten Monat des nächsten Jahres fand er eine Stelle als Hauslehrer mit einem Gehalt von acht Unzen Silber.

Der vierte in der Reihe dieser Ehrenmänner war ein Schneider namens Jing Yuan. Er zählte über fünfzig Jahre und unterhielt eine Werkstatt in der Straße der Drei Berge. Tag für Tag mußte er hart arbeiten. In der wenigen Zeit, die ihm noch verblieb, spielte er Laute oder übte sich im Schreiben. Außerdem dichtete er gern. Freunde und Bekannte fragten ihn des öfteren:

»Warum gebt Ihr nicht Euern Beruf auf, da Ihr doch ein gebildeter Mann seid, und pflegt mit Akademikern Umgang?«

»Ich bin doch kein gebildeter Mann, sondern bemühe mich, Kenntnisse zu erwerben, einfach, weil es mir Spaß macht. Meinen Beruf habe ich vom Großvater geerbt. Meint Ihr etwa, daß ich durch mein Handwerk die Dichtkunst und die Kalligraphie entehre? Übrigens haben die Akademiker ganz andere Anschauungen als ich; wie sollten sie mit mir Freundschaft schließen! Zur Zeit verdiene ich sechs bis sieben Fen Silber, so habe ich stets genug Reis. Ist mein Hunger gestillt, so hole ich meine Laute zum Spielen und meinen Pinsel zum Schreiben. Ich tue, was mir beliebt, und trachte weder nach Reichtum noch nach einer hohen Stellung. Der Himmel fordert nichts von mir, die Erde versklavt mich nicht. Wie glücklich bin ich!«

Als die Akademiker ihn so reden hörten, verzichteten sie lieber auf eine nähere Bekanntschaft mit dem Schneider.

Eines Tages – Jing Yuan hatte gerade gegessen und nichts Besonderes zu tun – wanderte er zum Qingliang-Berg. Dieser Berg ist der friedlichste Ort westlich der Stadt. Der Schneider hatte einen älteren Freund, der Yu hieß und hinter dem Berg wohnte. Der alte Yu las weder Bücher, noch betrieb er ein Geschäft. Er hatte fünf Söhne aufgezogen. Der Älteste war bereits über vierzig Jahre alt, der Jüngste vor kurzem zwanzig geworden. Der alte Yu war gerade dabei, seine fünf Söhne zu beaufsichtigen, die den viele Hektar großen Garten gossen. In der Mitte hatten sie viele Blumen angepflanzt und Feldsteine aufgehäuft. Der Alte hatte sich neben dem Garten eine Schilfhütte errichtet und einige Kaiserbäume gepflanzt, die schon zu stattlicher Höhe und Dicke herangewachsen waren. Als der Alte den Söhnen eine Weile zugeschaut hatte, begab er sich in die Hütte, um Feuer zu machen und Tee aufzubrühen. Während er behaglich den Tee schlürfte, erfreute er sich an dem frischen Grün seiner Umgebung.

Als Jing Yuan sich der Hütte näherte, kam der alte Yu auf ihn zu und begrüßte ihn.

»Ich habe den werten Bruder seit längerem nicht gesehen. Läßt Euch Euer Beruf so wenig Zeit?«

»Allerdings. Doch weil ich heute früher als sonst fertig geworden bin, wollte ich den werten Onkel einmal besuchen.«

»Eben habe ich frischen Tee aufgebrüht. Nehmt mit einer Tasse vorlieb.«

Jing Yuan setzte sich und kostete davon.

»Farbe, Aroma und Geschmack dieses Tees sind vorzüglich. Onkel, woher habt Ihr das gute Wasser?«

»Wir wohnen eben nicht im Süden, sondern im Westen der Stadt, wo es überall Quellen mit gutem Wasser gibt.«

»Bei einem alten Dichter liest man: ›Beglückt von der Pfirsichblütenquelle, fern dem Getriebe der Welt.‹ Ihr aber braucht gar keine Pfirsichblütenquelle, lebt Ihr doch ruhig und zufrieden außerhalb der Stadt zwischen Bergen und Wäldern. Das ist schon das Leben eines Unsterblichen.«

»Leider verstehe ich dummer, alter Mann nichts von hohen Dingen; könnte ich wie Ihr die Laute schlagen, so wäre dies ein schöner Zeitvertreib. Sicher beherrscht Ihr die Laute noch besser als früher. Wann darf ich einmal Eurem Spiel lauschen?«

一九五五年 程十髮

»Nichts ist einfacher als das. Wenn der Onkel mein Spiel nicht verschmäht, bringe ich morgen die Laute mit.«

Nachdem sie noch ein Weilchen miteinander geplaudert hatten, kehrte Jing Yuan nach Hause zurück.

Am nächsten Tag stellte sich Jing Yuan mit der Laute unterm Arm wieder im Garten des alten Yu ein. Der Hausherr hatte bereits guten Weihrauch angezündet und erwartete mit Ungeduld seinen Gast. Sie begrüßten sich und wechselten ein paar Worte miteinander. Der alte Yu legte die Laute auf einen steinernen Sitz, und Jing Yuan ließ sich neben dem Alten auf die Erde nieder. Der Schneider stimmte bedächtig die Saiten und begann sie zu schlagen. Die metallischen Töne der Laute drangen tief in den Wald, die Vögel im Gezweig lauschten stumm. Eine Weile später ging er auf den hohen Ton Zhi über. Es klang wehmütig und sehnsüchtig. Beim Klang dieser Musik strömten Tränen aus des Alten Augen. Bald darauf verabschiedete sich Jing Yuan. Seit diesem Tage pflegten die beiden des öfteren zusammenzukommen.

Werter Leser, sicher gäbe es noch den oder jenen weisen Mann, den man in unser Buch ›Der Weg zu den weißen Wolken‹ hätte aufnehmen können, aber wir müssen zum Ende kommen und wollen mit folgendem Gedicht schließen:

An alte Zeiten denk ich zurück.
Aus Sehnsucht nach dem Qinhuai-Fluß
verließ ich die Heimat.
Hinter der Pflaumenwurzelschmiede
erklang mein Lied.
Im Dorf der Duftenden Blüten
bin ich nächtelang herumgeschwärmt.
Der Phönix läßt sich
auf dem hohen Kaiserbaume nieder.
Die Grille zirpt im Gebüsch.

Mit den Dichtern meiner Zeit
verglich ich mich,
prüfte streng
das Maß meiner Verse.
Nun ist alles vorbei.
Festgewand und Beamtenhut
legte ich ab,
bade die Füße im Canglang.
Verzweifelt fülle ich
die Wolkenschale mit Wein,
rufe neue Freunde zu mir,
um mich mit ihnen zu berauschen.
Hundert Jahre vergehen wie im Flug.
Wie töricht wär's,
dem Kummer nachzuhängen!
Was tausend Herbste angehäuft,
will gut bewahrt
und wohl bedacht sein.
Nebel steigen vom Chang Jiang auf;
alte Leute stehen
am südlichen Ufer des Huai.
Schreib ich dies nieder,
füllt mein Herz sich mit Trauer.
Von nun an schüre ich das Feuer
unterm Kräuterkessel.
Allein die klassischen Bücher
leisten mir Gesellschaft.
Gleich Buddha entsage ich
aller Lust der Welt.

Nachwort

Satire, die ironisch-geistreich, sarkastisch-zugespitzt oder grotesk-übersteigert Widersprüche zwischen Ideal und Wirklichkeit aufdeckt, ist in China schon aus ältester Zeit bekannt. Wir finden sie Jahrhunderte vor der Zeitrechnung in den Parabeln historischer oder philosophischer Schriften. Sie ist Bestandteil der Novelle des 8. und 9. Jahrhunderts. Die professionellen Geschichtenerzähler der Song-Zeit (960–1279) bedienen sich ihrer, und sie begegnet uns schließlich in Romanen wie Erzählungen der Ming- (1368–1644) und der Qing-Zeit (1644–1911). In der ›Pilgerfahrt nach dem Westen‹ (Xiyouji) übt Wu Cheng'en (etwa 1500–1582) auf eigenwillige Weise, mystisch verbrämt, scharfe Kritik vor allem an der herrschenden Oberschicht. Im Volksbuch vom Teufelsbezwinger Zhong Kui (Zhuoguizhuan, deutsch unter dem Titel ›Zhong Kui – Bezwinger der Teufel‹), das aus dem 17. Jahrhundert überliefert ist, sind die Starken und Mächtigen als Teufel personifiziert, gegen die ein mit übermenschlichen Kräften ausgestatteter Held zu Felde zieht, und Pu Songling (1640–1715) stellt in den brillanten Erzählungen der Sammlung ›Seltsame Geschichten aus einem einsamen Studierzimmer‹ (Liaozhai Zhiyi) erbarmungslos Beamte und Gutsbesitzer, Kaiser und Mönche, Pseudogelehrte und unwissende Prüfungsbeamte bloß. In allen diesen Werken ist Satire ein wesentliches Mittel kritischer Weltbetrachtung, aber sie bleibt der grundsätzlichen Absicht des Erzählers, mit einer phantastischen, einer gruseligen oder ganz einfach seltsamen Begebenheit spannend zu unterhalten, ein- oder untergeordnet. Sie entzündet sich an einzelnen Erscheinungen oder Personen und erscheint im Rahmen der insgesamt phantastisch-verfremdeten Widerspiegelung von Wirklichkeit in mythologischer, religiöser oder mystischer Verkleidung. Wu Jingzi (1701–1754) ist der erste chinesische Prosaautor, der in seiner ›Inoffiziellen Geschichte des Gelehrtenwaldes‹ (Rulin Waishi), in der deutschen Übersetzung trägt der Roman den Titel ›Der Weg zu den weißen Wolken‹, Satire zu einer direkten und umfassenden Kritik an den gesellschaftlichen Verhältnissen der damaligen Zeit nutzt.

Der chinesische Roman, der als volkstümliches Genre, meist in der Umgangssprache verfaßt, offiziell nicht zur Literatur gezählt wurde, entstand in der Ming-Zeit und erhielt in der Qing-Zeit eine eigenständige Ausprägung, indem er sich zunehmend von seiner ursprünglichen Bindung an Stoffe und Techniken der hochentwickelten mündlichen Erzähltradition emanzipierte. Im 18. Jahrhundert kam es mit Werken wie Wu Jingzis ›Weg zu den weißen Wolken‹ oder dem ›Traum der Roten Kammer‹ (Hongloumeng) von Cao Xueqin (1715–1763 oder 1764) zu einem später nicht wieder erreichten Höhepunkt. Während Cao Xueqin Auflösungserscheinungen der Aristokratie und der Feudalgesellschaft in einer beinahe enzyklopädisch zu nennenden Schilderung der Blüte und des Verfalls einer adligen Familie andeutet, ist Wu Jingzi in erster Linie Ankläger, der den Finger auf eine Wunde legt, an der Grundprobleme des bestehenden feudalistischen Systems erkennbar werden.

›Der Weg zu den weißen Wolken‹ ist eine Satire auf das skrupellose Gieren nach Erfolg, Reichtum und Rang, ein Roman, der eine Vielzahl von Episoden zu einer großen Fabel vom Trachten des Menschen nach wahrer oder falscher Gelehrsamkeit verknüpft. Einem Mosaik vergleichbar setzt der Autor das Bild einer Gesellschaft zusammen, die unter dem Deckmantel der Gelehrsamkeit einen unfähigen, korrupten und heuchlerischen Machtapparat zeugt. Er enthüllt an einer Fülle von Beispielen die verheerenden Folgen eines Prüfungssystems, das nur den mit Ämtern und Würden, Reichtum und Macht belohnt, der die geltenden Wahrheiten stupide auswendig lernt und wiederkäut.

Ein System von Prüfungen, das den Weg zu einer Beamtenkarriere eröffnete, die gesellschaftliches Prestige und

Wohlhabenheit garantierte, bestand in China seit dem 2.Jahrhundert v.u.Z. bis zum Jahre 1905. Ihm lag die konfuzianische Idee zugrunde, daß auf diesem Weg die Weisesten, Gebildetsten, an ethischen Normen Geschulten für die Lenkung des Staatswesens bestimmt werden sollten, eine Intention, der die Praxis wohl nie zu entsprechen vermochte. Formal gesehen war jeder, auch der Ärmste, zu diesem Wettstreit zugelassen, und in Europa wurde das darauf gegründete chinesische Machtsystem daher bisweilen als demokratisch mißverstanden. In Wirklichkeit aber setzte das Bildungsprivileg der Wohlhabenden einer Beteiligung von Vertretern aus den unteren Schichten deutliche Schranken, denn die erfolgreiche Teilnahme an den Prüfungen erforderte lange und intensive Vorbereitung unter Anleitung eines Lehrers, und das konnten sich in der Regel eigentlich nur Begüterte leisten.

Das Auswahlsystem für Beamte war dreifach gestaffelt. Ein Bestehen der Examina in der Präfektur, in denen man den Grad eines Bakkalaureus (Shengyuan, volkstümlich auch Xiucai, ›Hervorragendes Talent‹, genannt) erwarb, berechtigte noch nicht zur Übernahme eines Beamtenpostens, doch gehörte der Betreffende von nun an zur privilegierten Schicht der Gebildeten, die allerlei Vorteile genoß. Er durfte als Lehrer tätig sein und hatte auch künftig das Recht, an Prüfungen teilzunehmen. Im Abstand von drei Jahren fanden in jeder Provinzhauptstadt die Provinzialprüfungen statt, in denen man mit dem Titel eines Magisters (Juren) das Anrecht auf einen Beamtenposten erhielt. Ein erfolgreiches Examen hier war Voraussetzung für die Zulassung zu den Prüfungen in der Hauptstadt, die vom Ritenministerium, von einem kaiserlichen Beamten und, in der Palastprüfung, vom Kaiser selbst abgehalten wurden. Der hier zu erlangende Doktortitel (Jinshi) ersten, zweiten oder dritten Grades war verbunden mit der Berechtigung, ein hohes Regierungsamt zu bekleiden, beziehungsweise mit dem Anrecht auf Mitgliedschaft in der Kaiserlichen Akademie, der die wichtigsten Beamten in der Umgebung des Kaisers entstammten. Darüber hinaus wurden in bestimmten Abständen Sonderprüfungen veranstaltet.

In den Beamtenprüfungen der Ming- und der Qing-Zeit wurde im sogenannten achtgliedrigen Aufsatz (Baguwen) eine Auslegung der Vier Klassischen Schriften (Sishu) verlangt, wobei es keinesfalls um eine schöpferische Anwendung und Entwicklung von Ideen der Klassiker des Altertums ging, sondern um die Wiedergabe dieser Schriften in der Kommentierung durch den Neokonfuzianer Zhu Xi (1130–1200), und zwar in der Schablone des Baguwen, die Zahl, Inhalt und Länge der einzelnen Absätze ebenso reglementierte wie die Anzahl der Schriftzeichen. Jahrzehntelange Anstrengungen gipfelten in einer unfruchtbaren, dogmatischen Interpretation und Imitation. Daß von Prüfungen dieser Art niemals eine Auslese unter den Besten zu erwarten war, ist offenkundig. Die Verkehrung der ursprünglichen Idee in ihr Gegenteil wurde noch gefördert durch das besondere Verhältnis, das zwischen Lehrern, deren Unterstützung man sich während der langen Prüfungsvorbereitung versicherte, und Schülern, unter den Schülern eines Lehrers, unter den Prüflingen des gleichen Jahrgangs und der gleichen Gegend bestand. Aus diesem Geflecht von Bindungen und Abhängigkeiten hatten sich nach und nach jene für das China der späten Feudalzeit so charakteristischen Beziehungsnetze entwickelt, Machtklüngel, denen jedes Mittel recht war, wenn es galt, die eigene Position zu verbessern. Zur Zeit Wu Jingzis war das gesamte Prüfungssystem weitgehend korrumpiert, aber es blieb nicht nur unangefochten, vielmehr nahm der besonders von den Qing-Kaisern betonte Neokonfuzianismus, der einer Konservierung bestehender Herrschaftsverhältnisse diente, im 18. Jahrhundert noch an Einfluß zu.

Die Herrschaft der Mandschuren, die 1644 den chinesischen Thron erobert und die Qing-Dynastie gegründet hatten, war im 18. Jahrhundert durch die Kaiser Kangxi

(1672–1723) und Yongzhen (1724–1733) bereits gefestigt, und die Qing-Kaiser befanden sich mit Qianlong (1736–1796) auf dem Höhepunkt ihrer Macht. Dennoch gab es Krisen, Unruhen, Konflikte: Machtkämpfe innerhalb der herrschenden Mandschurenfamilien, so mußte unter Yongzhen eine Verschwörung in der kaiserlichen Familie mit harten Maßnahmen bezwungen werden, Bauernunruhen, die verstärkt unter Qianlong auftraten, und an den Grenzen, in Turkestan, der Mongolei, in Süd- und Südwestchina, kam es immer wieder zu Auseinandersetzungen mit unterworfenen oder in China einfallenden Völkerschaften. Durch die Beteiligung chinesischer Gelehrter an bedeutenden wissenschaftlichen Vorhaben wie der Erarbeitung des 1717 herausgegebenen Kangxi-Wörterbuches oder der großen Enzyklopädie ›Tushu Jicheng‹, die im Jahre 1725 in 5044 Bänden gedruckt wurde, gelang es, die chinesische Gelehrten- und Beamtenschicht für die Qing-Dynastie zu gewinnen. Sie endgültig einzubeziehen, wurde durch die Wiedereinführung und Erweiterung des überkommenen chinesischen Prüfungssystems erreicht, das den Aufbau einer funktionierenden Beamtenhierarchie aus Chinesen zur Folge hatte und so die chinesische intellektuelle Oberschicht wieder an der Macht beteiligte.

Anfangs, als die Mandschuren versucht hatten, den hartnäckigen Widerstand der chinesischen Beamten und Gelehrten vor allem mit Verfolgung, literarischer Inquisition, harten Strafen und dem 1625 erlassenen Verbot intellektueller Vereinigungen zu brechen, waren auch bedeutende Denker und Kritiker der feudalen Machtverhältnisse wie Gu Yanwu (1613–1682), Huang Zongxi (1610–1695) und der große materialistische Philosoph Wang Fuzhi (1619–1692) gegen die fremden Herrscher aufgetreten und hatten selbst am militärischen Widerstand teilgenommen. Gemeinsam ist diesen Denkern aus dem 17. Jahrhundert, daß die abschätzige Beurteilung des Prüfungssystems einen wesentlichen Gegenstand ihrer Kritik an den bestehenden Verhältnissen und der damit verbundenen Forderung nach aufgeklärteren Herrschaftsmethoden bildet. Gu Yanwu betrachtete das in den Prüfungen geforderte Buchwissen, das keinen Bezug zum realen Leben hatte, als ›Krankheit des Denkens‹. Auch Yan Yuan (1635–1704) und Li Gong (1659–1733) verurteilten später den realitätsfernen Idealismus der Neokonfuzianer, betonten den Wert praktischer Kenntnisse und verspotteten lebensfremde Buchgelehrte wegen ihrer Unfähigkeit zu einer objektiven Beurteilung der sozialen und politischen Lage, ihrem Unvermögen, wirtschaftliche Probleme zu lösen. Einen Ausweg allerdings konnte keiner von ihnen weisen, die meisten erschöpften sich in der Forderung nach einer Rückkehr zu den von ihnen idealisierten Zuständen des Altertums. Dem ›Weg zu den weißen Wolken‹ liegt eine vergleichbare geistige Haltung zugrunde.

Wu Jingzi, der mit großer Wahrscheinlichkeit aus dem Kreis Quanjiao in der Provinz Anhui am Nordufer des Chang Jiang stammt, wuchs in einer Familie auf, die Generationen hindurch hohe Gelehrte und Beamte hervorgebracht hatte. In seinem Elternhaus erhielt er eine sorgfältige Bildung auf konfuzianischer Grundlage, und er ist zeit seines Lebens ein Idealist des Konfuzianismus geblieben, der überzeugt war, daß allein die Wiederherstellung der ›wahren konfuzianischen Lehre‹ des Altertums dem von ihm beobachteten moralischen Verfall der Gesellschaft Einhalt gebieten könne. Im Jahre 1714, Wu Jingzi war dreizehn Jahre alt, starb seine Mutter. Der Vater, der nur einen unbedeutenden Beamtenposten bekleidet hatte, verkörperte für Wu Jingzi den wahren Gelehrten von hoher moralischer Integrität, dem das Gerangel um Reichtum und eine gesellschaftliche Stellung zuwider war. Im gleichen Jahr, in dem der Sohn die Shengyuan-Prüfung auf Präfekturebene erfolgreich ablegte, verlor er den Vater. Wenige Jahre später, 1728, starb Wu Jingzis Frau, Tao, mit der ihn ein herzliches Verständnis verbunden hatte. Von nun an kam es zu einschneidenden Veränderungen seiner Lebenssituation, die schließlich zur

Trennung vom Sitz seiner Ahnen, von der Familie, führten. Onkel und Vettern brachten ihn um einen großen Teil seines Erbes. Andererseits aber gab er selbst sein Geld mit vollen Händen im gesellschaftlichen Leben Nanjings und zur Unterstützung von Bittstellern aus. Obwohl Wu Jingzi zunächst noch an einigen Prüfungen teilnahm, wurde er zunehmend als das schwarze Schaf der Familie betrachtet. Seit 1733 lebte er, gemeinsam mit seiner zweiten Frau, der Tochter eines Arztes, gänzlich in Nanjing und lehnte es ab, sich künftig an Prüfungen zu beteiligen, die ihm ein Amt und damit ein regelmäßiges Einkommen gesichert hätten. Auch an einer Sonderprüfung in der Hauptstadt, für die er 1736 vorgeschlagen worden war, nahm er nicht mehr teil. Gleich vielen Söhnen aus reichem Hause führte er ein verschwenderisches Leben, und so hatte er zehn Jahre nach dem Tod seines Vaters das ererbte Vermögen verbraucht, Grundbesitz und Häuser waren verkauft. Aber im Unterschied zu den bloßen Verschwendern war er literarisch tätig. Von Wu Jingzi, der sich auch Mingxuan nannte und andere Beinamen führte wie Limin oder im Alter Wenmu laoren, bzw. Wenmu shanfang, nach seinem Studierzimmer, sind außer dem vorliegenden Roman ein nur sehr bruchstückhaft erhaltener Kommentar zum ›Buch der Lieder‹ (Shijing) bekannt sowie zwölf Bände mit Essays und Gedichten. Nach dem Verlust seines Vermögens mußte Wu Jingzi ein Leben in bitterer Armut führen. Er fristete sein Dasein mit dem Verkauf von Bildern oder Kalligraphien, und oft brachte nur die Hilfe von Freunden Rettung aus einer Notlage. Verfügte er aber einmal über Geld, ging er großzügig damit um. Beispielsweise spendete er für ein Opferritual, das 1753 zu Ehren des legendären Erfinders der chinesischen Schrift, Cang Jie, in einem Tempel auf der ›Regenblumenterrasse‹ in Nanjing veranstaltet wurde, eine beträchtliche Summe. Dies erinnert an die Spende, die Du Shaoqing, eine seiner Romangestalten, für die Instandsetzung des Taibo-Tempels leistet. Mit Nanjinger Literaten und Gelehrten verband Wu Jingzi eine herzliche

Freundschaft. Gemeinsam verfaßten sie Gedichte und unternahmen im kalten Winter lange Spaziergänge. Sie nannten das ›Füße wärmen‹. Am 11. Dezember 1754 verstarb Wu Jingzi überraschend im Haus eines Freundes in Yangzhou.

Es wird angenommen, daß der Autor im Jahre 1736 mit der Arbeit am ›Weg zu den weißen Wolken‹ begann und den Roman zwischen 1748 und 1750 fertigstellte. In einem Gedicht seines Freundes Cheng Jinfang, das in dieser Zeit entstand und den Titel ›Gedenken an einen Menschen‹ trägt, wird das Buch erwähnt. Doch erst viele Jahre nach dem Tod des Autors, zwischen 1768 und 1779, konnte Jin Zhaoyan in Yangzhou das Werk herausgeben. Diese erste Ausgabe, sie soll fünfzig Kapitel gehabt haben, existiert nicht mehr. Der Roman ist heute in Fassungen von fünfundfünfzig oder sechsundfünfzig Kapiteln verbreitet. Das sechsundfünfzigste Kapitel gilt auf Grund stilistischer Merkmale als eine spätere Hinzufügung, es wurde in der vorliegenden Übersetzung weggelassen.

›Der Weg zu den weißen Wolken‹ hat weder eine durchgehende Handlung noch einen zentralen Helden, keine der zahlreichen Gestalten ist vom Beginn bis zum Ende am Geschehen beteiligt. Dennoch entsteht der Eindruck von Geschlossenheit, weil allen Episoden letztlich der gleiche Gegensatz zugrunde liegt, der Gegensatz zwischen dem wahren Gelehrten und wahren Menschen, der die althergebrachten ethischen Werte verkörpert, und jenen karrierehungrigen, auf Reichtum und Macht versessenen Kreaturen, die das herrschende Prüfungssystem hervorbringt. Dieser Gegensatz wird von unterschiedlichsten Seiten beleuchtet, nimmt in immer neuen Varianten Gestalt an. Die einzelnen Episoden ergänzen und spiegeln einander, eine Gestalt ruft gewissermaßen die nächste hervor, so daß sich am Ende ein gleichermaßen umfassendes wie differenziertes Bild der Zeit zusammenfügt.

Im ersten Kapitel wird die Geschichte des Dichters und Malers Wang Mian (1287–1359) erzählt. Allerdings offenbaren die Biographien dieses Mannes, die aus der Feder namhafter Autoren wie Song Lian (1310–1381) oder Zhu Yizun (1629–1709) stammen, daß Wu Jingzi das Überlieferte zu einem exemplarischen Fall verdichtet hat. Wang Mian wird bei ihm zur Idealgestalt des unbeirrbar nach Wissen und sittlicher Vervollkommnung strebenden Menschen, der dem Gerangel um weltliche Güter und Ehren nur mit Verachtung begegnen kann. Wie sehr er sich darin von seiner Umgebung unterscheidet, zeigt die Gegenüberstellung mit Personen, deren Durchschnittlichkeit für sich selbst spricht. Erinnert sei nur an jene Szene am Beginn, in der Wang Mians edle Gedanken vom hohlen Geschwätz und ordinären Gehabe einiger Amtsinhaber kontrastiert werden, die in seiner Nähe ein Picknick veranstalten. Die Flucht ins Gebirge, mit der Wang Mian sich endgültig dem Einfluß all jener entzieht, die auf dem üblichen Wege zu Amt und Würden gelangt sind, erscheint daher nicht als daoistische Weltflucht, sondern als unvermeidliche Konsequenz, um den von ihm vertretenen moralischen Werten treu bleiben zu können. Das Schicksal dieses Gelehrten, der bewußt auf äußere Anerkennung verzichtet, der sich verweigert, weil er sich nicht mitschuldig machen will, ist dem folgenden Geschehen als Prolog gewissermaßen modellhaft vorangestellt.

Die Handlung in den anschließenden Kapiteln spielt zwei Jahrhunderte später, in der Zeit von 1487 bis 1595. Man kann in der Vielzahl aneinandergefügter Episoden drei kontrastierende Zyklen unterscheiden. Zunächst eine Folge von Episoden, in denen vorwiegend vom Autor kritisierte Gestalten auftreten, deren Schwächen oder Fehlverhalten mit sanfter Ironie, mitleidigem Bedauern bis hin zu beißendem Spott vorgeführt werden. Zu den wohl eindrucksvollsten gehören die beiden alten, schon weißhaarigen Schüler Zhou Jin und Fan Jin, die nach zahlreichen Demütigungen und quälenden Anstrengungen an der Schwelle zum Greisenalter doch noch die erste Stufe der Prüfungen erklimmen. Erinnert sei auch an den unfähigen Geizhals Yan Zhihe und seinen skrupellosen und aggressiven Bruder Yan Zhizhong, an Kuang Chaoren, den pietätvollen Sohn, aus dem nach und nach ein bedenkenloser Schurke wird, oder schließlich an den Betrüger Niu Pu, der sich für einen berühmten Dichter ausgibt, um Vorteile zu erlangen. Die Reihe der Beispiele, in denen einander ähnliche oder gegensätzliche Gestalten und Vorgänge neben- und gegeneinandergestellt werden, ließe sich mühelos fortsetzen. Im Unterschied dazu begegnen wir in den dreizehn Kapiteln, in denen von Du Shaoqing, Zhuang Shaoguang, Chi Hengshan oder Doktor Yu die Rede ist, vor allem den vom Autor bejahten oder sogar idealisierten Gelehrten. An ihrem Verhalten wird das im Einleitungskapitel an Wang Mian demonstrierte Ideal mehr oder weniger variiert und im wesentlichen in seiner Gültigkeit bestätigt. Den Höhepunkt in diesem Zyklus und eigentlich des ganzen Romans bilden die Bemühungen der befreundeten Gelehrten um die Instandsetzung des Taibo-Tempels, die sie mit großer innerer Anteilnahme und hohem Aufwand betreiben. Wu Taibo soll im 13. Jahrhundert v. u. Z. gelebt haben. Von ihm heißt es, daß er als ältester Sohn des Fürsten von Wu zusammen mit seinem Bruder die Heimat verließ, um dem Wunsch seines Vaters nicht im Wege zu stehen, der den jüngsten Sohn als Nachfolger auf dem Thron sehen wollte. Er gilt daher als Vorbild für Sohnesliebe und wird ob seines selbstlosen Verzichts verehrt. Das Gewicht, das Wu Jingzi auf die Episoden um den Taibo-Tempel legt – es wird auch an dem ernsten, moderaten Ton erkennbar, den er hier anschlägt –, bringt noch einmal konzentriert zum Ausdruck, welches Verhalten der Autor angesichts der herrschenden Misere für einzig sinnvoll erachtet. Im letzten, loser komponierten Teil des Romans werden Stoffe und Motive aus populären Erzählwerken verarbeitet. So sind die Begegnungen, die Guo Tieshan auf der Suche nach seinem Vater mit Tigern und Wegelagerern zu bestehen hat, Abenteuer- und Rittergeschichten geschuldet, während bei der Schilderung des Milieus reicher Salzhändler Darstellungen in bekannten Sittengeschichten verwendet werden. Mit dieser Anlehnung an Bekanntes ist die Absicht verbunden, die bisher beinahe ausschließliche Konzentration auf die Welt der Gelehrten und Beamten durch die Schilderung einer Reihe von Volksfiguren zu erweitern. Das letzte Kapitel des Buches stellt vier hochbegabte Exzentriker vor, die ebenfalls jeder Karriere entsagen. Sie schlagen sich kärglich mit verschiedenen Handwerken durchs Leben und beschäftigen sich im übrigen zur eigenen Vervollkommnung mit den wichtigsten Liebhabereien gebildeter Chinesen, mit Musik, Go-Spiel, Kalligraphie und Malerei. Noch einmal beschwört der Autor, vielleicht etwas wehmütig, das im Prolog formulierte Ideal, noch einmal bekräftigt er die Notwendigkeit, auf äußere Anerkennung zu verzichten, um dieses Ideal zu verwirklichen, und so bildet das letzte Kapitel sozusagen als Epilog das Gegenstück zur Einleitung.

Wu Jingzi hat das Geschehen, um die Zensur zu umgehen, aus der unmittelbaren Gegenwart in die Ming-Zeit zurückverlegt. Sein kritisches Gesellschaftsbild verliert dadurch aber keinesfalls an Brisanz. Zum einen sind die historischen Fakten durchaus vergleichbar, zum anderen entsprechen die Situationen und Gestalten auch in einem sehr direkten Sinn der Zeit, in der er lebte. Nicht nur die autobiographischen Züge, die er Du Shaoqing verleiht, sind unumstritten. Ohne einen Schlüsselroman geschrieben zu haben, gibt er Verhaltensweisen und Eigenschaften wieder, die er nachweislich an Personen in seiner unmittelbaren Umgebung beobachtet hat, zuweilen sind die Namen derjenigen, die ihm als Vorbild für seine Romangestalten gedient haben, nur unwesentlich geändert oder verschlüsselt. Er beschreibt Ereignisse, von denen bekannt ist, daß sie sich ähnlich in seiner Heimat Quanjiao abgespielt haben. Wu Jingzi besaß neben der Fähigkeit zu genauer Beobachtung einen durch die Vertrautheit mit dem Milieu der Intellektuellen geschulten Blick für das Charakteristische und Wesentliche ihrer Lage, dessen kritische Schärfe möglicherweise mit dem zunehmenden Abstand, in den er zu seiner angestammten Umgebung geriet, noch zunahm.

An einigen Details ist erkennbar, daß Wu Jingzi bei aller Verehrung für das Althergebrachte eine sklavische Anbetung oder verlogene Interpretation des Überlieferten verachtet und auch bereit ist, Abweichungen von bisher gültigen Normen zu akzeptieren. So läßt er Du Shaoqing dem Spott der Leute zum Trotz mit seiner Frau in Nanjing Spaziergänge unternehmen, obwohl es ganz und gar unüblich ist, daß sich ein Mann mit seiner Frau in der Öffentlichkeit zeigt. Daß Fräulein Shen sich von eigener Hände Arbeit am Leben erhalten will, toleriert er ebenfalls. Zum Aberglauben, insbesondere zur Geomantie, beweist er eine nüchterne Einstellung, wenn er die Ansicht lächerlich macht, daß die Wahl der richtigen Grabstelle Folgen für das Schicksal der ganzen Familie habe. Auch gegen übertriebene Beerdigungszeremonien wendet er sich, und er kritisiert Wang Yuhuis Vater, weil er seine Tochter im Namen einer heuchlerischen Moral nach dem Tod ihres Mannes nicht vor dem Selbstmord bewahrt.

Zuweilen wird der ›Weg zu den weißen Wolken‹ auch als Ausdruck nationalen Protests gegen die Herrschaft der Mandschuren interpretiert. Die Verfechter dieser Auffassung führen zum Beispiel an, daß der Prolog in der Yuan-Zeit (1271–1368) angesiedelt ist, in der China ebenfalls von fremden Herrschern, von den Mongolen, regiert wurde. Daß sich Wang Mian den Beamten verweigert, kann daher durchaus auch als Verweigerung gegenüber der Fremdherrschaft ausgelegt werden. Außerdem wird im Prolog wie im späteren Geschehen mit unverhohlener Sympathie Zhu Yuanzhang erwähnt, der als Anführer der Aufständischen China von den Mongolen befreite und die chinesische Ming-Dynastie gründete. Darüber hinaus aber ist die Problematik Chinesen – fremde Herrscher für den Roman nicht von Bedeutung, so daß eine Interpretation vordringlich unter diesem Aspekt wenig sinnvoll erscheint.

Wu Jingzi hat für sein Werk eine eigenständige Komposition und Erzählweise entwickelt, wobei er die chinesischen Traditionen schöpferisch weiterführt. Er behält Formelemente bei, die aus der mündlichen Erzähltradition stammen. Dazu gehören die Einteilung in Kapitel, die aus Parallelsätzen bestehenden Überschriften, in denen der Inhalt des jeweils folgenden Abschnitts lapidar zusammengefaßt ist, dazu gehören die formelhaften Wendungen am Beginn und am Schluß der Kapitel, und die beiden Sätze, mit denen sich der Erzähler am Ende jedes Kapitels von der Handlung distanziert. Auf die gleichfalls der mündlichen Erzähltechnik verpflichteten, in die Handlung eingestreuten Verse verzichtet er. Der traditionelle, das Geschehen überblickende Erzähler tritt auch hier in Aktion, doch bleibt er auffällig zurückhaltend, objektiv-betrachtend. Eine Ausnahme bildet die Schilderung der Zustände in Wuhe, hier ist seine emotionale Anteilnahme unverkennbar.

Vom traditionellen chinesischen Roman übernimmt Wu Jingzi die episodische Struktur, handhabt diese Technik aber auf eine neue Weise. Die einzelnen Episoden sind zu den oben beschriebenen Zyklen zusammengefaßt. Aber auch innerhalb der einzelnen Zyklen sind in den Episoden entweder ähnliche oder kontrastierende Vorgänge, Figuren bzw. Figurengruppen nebeneinander- oder gegeneinandergestellt. Prolog und Epilog bilden die Klammer des Ganzen. Die sprachlichen Mittel, die Art der Figurenzeichnung, der Einsatz von Natur- und Landschaftsschilderungen entsprechen diesem gleichermaßen auf Parallelismus wie Antithese beruhenden Aufbau und unterstützen ihn. Es entsteht ein dichtes Gefüge aufeinander bezogener, einander spiegelnder oder den Gegensatz zwischen Ideal und Wirklichkeit hervorhebender Varianten, das eine umfassende und zugleich differenzierte Gestaltung des dem Roman zugrundeliegenden Gegensatzes ermöglicht.

Im Unterschied zu anderen klassischen Romanen, deren Figuren überwiegend statisch angelegt sind, erfahren manche Gestalten bei Wu Jingzi eine Wandlung. Sie werden nach und nach durch das Streben nach Erfolg und Macht korrumpiert, oder sie läutern sich durch die Besinnung auf ethische Werte. Ihre Charakterisierung erfolgt im übrigen nach herkömmlicher Weise, in der Hauptsache durch Handlung und Dialog, selten durch die Darstellung seelischer Vorgänge. Bemerkenswert ist eine präzise sprachliche Individualisierung und die exakte Hervorhebung typischer Details. Letztere stellen die Voraussetzung für den Einsatz eines zur Zeit Wu Jingzis ganz und gar ungewöhnlichen Verfahrens dar, das auch heute noch modern anmutet. Er stellt seine Gestalten in knapp umrissene Situationen, die dann von verschiedenen Seiten beleuchtet werden, und überläßt es dem Leser, sich ein Urteil zu bilden bzw. die in der betreffenden Episode enthaltene Wertung zu erkennen. Vor allem im zweiten Kapitel wendet er diese Methode an. Als erster chinesischer Romanautor bezieht Wu Jingzi prägnante, ausdrucksvolle Natur- und Ortsschilderungen in die Handlung ein und verarbeitet dabei Traditionen, die bis dahin nur in der klassischen Prosa gepflegt worden waren. Auch in dieser Beziehung wirkt er weiter bis ins 20. Jahrhundert. Relativ selten setzt der Autor stark übertreibende Gestaltungsmittel ein wie in der Todesszene des alten Geizkragens Yan Zhihe oder bei der Schilderung des ob seines Prüfungserfolges wahnsinnig werdenden Fan Jin. Er zieht die leiseren Töne vor und stellt häufig das Komische an einer Person oder Situation heraus. Oft dienen scheinbar geringfügige aber treffende Details der Entlarvung, wenn beispielsweise der eben erfolgreich geprüfte Fan Jin den bedeutenden Poeten Su Dongpo nicht kennt oder Ma Chunshang, der die Kunst des Aufsatzschreibens perfekt beherrscht, nichts mit Li Qingzhao anzufangen weiß, der berühmtesten klassischen Dichterin Chinas. Der im letzten Teil unternommene Versuch, den Roman thematisch dadurch zu erweitern, daß er Stoffe und Motive aus populären Erzählwerken verwendet, und dabei interessanterweise übrigens, für den chinesischen Roman ganz untypisch, auf die Übernahme einer Liebesgeschichte verzichtet, dieser Versuch ist gestalterisch nicht so überzeugend. Um so mehr besticht dagegen, was der Autor an eigenem Erleben zu einem Bild seiner Zeit verdichtet hat, und es bleibt Wu Jingzis großes Verdienst, die komplizierte Welt der Gelehrten und Beamten in den chinesischen Roman eingeführt zu haben.

›Wie schade für ihn, daß er nur eine inoffizielle Geschichte (einen Roman) geschrieben hat‹, bedauert Cheng Jinfang aufrichtig den Freund ob dessen ›Verschwendung‹ von Wissen und Talent an einen nach traditioneller Auffassung so niederen Gegenstand wie einen Roman. Tatsächlich ist das Werk lange nicht gedruckt worden und fand nach seinem Erscheinen nur ungenügende Beachtung, es wurde auch nicht wie die Stoffe anderer bedeutender Romane durch Dramatik und mündliche Erzählkunst verbreitet. Wohl erst das 20. Jahrhundert brachte dem Roman Wu Jingzis die verdiente Anerkennung, nachdem Forscher wie Lu Xun und Hu Shi sich seiner angenommen hatten. Schon der sozialkritische Roman der bürgerlichen Reformer vom Anfang unseres Jahrhunderts schuldet Wu Jingzi viel. So greifen Li Boyuan (1867–1906) in Romanen wie ›Aufzeichnungen aus dem Beamtenapparat‹, er wurde in deutscher Sprache unter dem Titel ›Das Haus zum gemeinsamen Glück‹ bekannt, und Wu Woyao (1866–1910) in seinen zahlreichen Erzählwerken ebenfalls am Beispiel der Beamtenhierarchie Zustände ihrer Zeit satirisch an, und auch auf die modernen Erzähler hat der ›Weg zu den weißen Wolken‹ seinen Einfluß nicht verfehlt.

Eva Müller

Anmerkungen

Die Stichworte *Drache*, *Namensgebung*, *Totenkult* sind nicht unmittelbar dem Text entnommen, sie informieren grundsätzlich über Zusammenhänge, auf die im Roman an verschiedenen Stellen Bezug genommen wird.

Aufstand gegen die Mongolenherrschaft: Vgl. *Zhu Yuanzhang.*

Ban Dingyuan: General aus der Zeit der Han-Dynastie (206 v. u. Z.–220 u. Z.), der viel für die Neulandgewinnung in den westlichen Grenzgebieten tat.

Bannerleute: Angehörige der Kerntruppe der Armee in der Qing-Dynastie (1644–1911), vorwiegend Mandschuren, Mongolen und einige Chinesen; auch Bezeichnung für die Qing-Armee überhaupt. Der Name rührt von den acht Bannern her, nach denen die Einteilung des Heeres erfolgte.

Bodhisattwa: buddhistischer Heiliger, der aus eigenem Entschluß darauf verzichtet, Buddha zu werden, und damit der Wiedergeburt unterworfen bleibt, um die Menschheit zu retten.

Buch der Heilkräuter: Leitfaden über Wurzeln und Kräuter (Bencao gangmu) von Li Shizhen, Hauptwerk der traditionellen chinesischen Heilmittelkunde, das 1578 vollendet wurde und seit 1590 immer wieder erschien.

Buch der Kinderliebe, besser: Buch der Kindespflicht (Xiaojing), eine aus dem 2. Jh. v. u. Z. stammende kanonische Schrift des Konfuzianismus (vgl. *Kong Fuzi*), deren Autor nicht feststeht. In 18 Abschnitten wird die Doktrin kindlicher Pietät als Kern feudalen patriarchalischen Denkens behandelt. Seit der Han-Zeit (206 v. u. Z.–220 u. Z.) wurde sie zu den ›Sieben kanonischen Schriften des Konfuzianismus‹ gezählt.

Buch der Lieder (Shijing): älteste Sammlung chinesischer Poesie, die Lob- und Opfergesänge sowie Volkslieder aus dem 11.–6. Jh. v. u. Z. enthält. Vgl. *Fünf Kanonische Bücher.*

Buch der Muskelkraft (Yijinjing): Kompendium für das Körpertraining. Es wird Boddidharma (gest. 528 oder 536) zugeschrieben, dem aus Indien stammenden Begründer einer Chan (japanisch: Zen) genannten Meditationsschule des chinesischen Buddhismus. Es diente vor allem den Faustkämpfern aus dem Shaolin-Kloster, der Hauptwirkungsstätte Bodhidharmas, als Übungsbuch.

Buch der Wandlungen (Yijing, auch Zhouyi): ein archaisches Orakelbuch, das zu den kanonischen Schriften des Konfuzianismus zählt. Die frühesten Teile reichen zurück bis in die späte Yin- und die frühe Zhou-Zeit (ca. 11. Jh. v. u. Z.). Der aus 64 Hexagrammen (gua) und Kommentaren bestehende Wahrsagetext birgt in religiös-mystischem Gewand naiv-dialektische Anschauungen.

Chenghua: von 1465–1487 Kaiser in der Zeit der Ming-Dynastie (1368–1644).

Chen Youliang (1320–1363): Sohn eines Fischers, Kreisbeamter, er schloß sich den ›Roten Turbanen‹ unter Xu Shouhui an, die sich gegen die Herrschaft der Mongolen erhoben, machte sich dann aber unabhängig und ernannte sich 1358 nach der Eroberung von Anjing zum Fürsten von Han, 1360 zum Kaiser des Han-Reiches. Er fiel 1363 in einer kriegerischen Auseinandersetzung mit *Zhu Yuanzhang.*

Cui Hao (gest. 450): Staatsmann und Gelehrter, der als hoher Beamter unter mehreren Herrschern der Nördlichen Wei-Dynastie (386–534) militärische und zivile Verdienste erwarb. Als Daoist verfügte er die Tötung buddhistischer Priester und das zeitweilige Verbot der buddhistischen Lehre. Wegen seines Eintretens für die Stärkung reicher Grundbesitzer- und einflußreicher Gelehrtensippen wurde er hingerichtet, seine Sippe wurde ausgerottet.

Daoisten: Anhänger der Lehre vom Dao (Weg, Weltgesetz), als deren Begründer der legendäre Philosoph Laozi gilt, der während der Frühlings- und Herbstperiode (770–476 v.u.Z.) gelebt haben soll. Ihm wird das Buch ›Laozi‹, auch ›Daodejing‹, zugeschrieben, das vermutlich während der Periode der Streitenden Reiche (475–221 v.u.Z.) aufgezeichnet wurde. In der Han-Zeit (206 v.u.Z.–220 u.Z.) wurden die religiösen Züge des Daoismus stärker betont, es entstanden ein daoistischer Wunder- und Zauberglaube und ein daoistisches Mönchstum.

Ding Lingwei: Gestalt aus der Legende. Er soll sich im 2. Jh. v.u.Z. auf dem Lingxu-Berg der Zauberei gewidmet haben und dann, verwandelt in einen Kranich, in seine Heimat Liaodong zurückgekehrt sein.

Doppelneunfest: ein Herbstfest, das am neunten Tag des Neunten Monats (nach dem Mondkalender) gefeiert wurde.

Drache: eines der vielschichtigsten chinesischen Symbole, in dem unterschiedliche mythologische und kosmologische Vorstellungen zum Ausdruck kommen. So verkörpert er die höchste himmlische und geistige Macht, die männliche, zeugende Naturkraft. Seit der Han-Zeit (206 v.u.Z. bis 220 u.Z.) gilt er zugleich als Zeichen des Kaisers, des Himmelssohnes. – Die zeremoniellen Kleider der Oberklasse unterschieden sich auch durch die Anzahl der Klauen der auf ihnen dargestellten Drachen. Während das Gewand des Kaisers Drachen mit fünf Klauen zeigen durfte, das von Prinzen Drachen mit vier Klauen, durfte das Gewand anderer Beamter nur Drachen mit drei Klauen aufweisen. – Drache und Phönix verkörpern die männliche und die weibliche Natur, stehen symbolisch für Kaiser und Kaiserin und allgemein für das Ehepaar.

Drachenbootfest: Es wird am fünften Tag des Fünften Monats (nach dem Mondkalender) begangen. Der Überlieferung nach feiert es das Andenken des Dichters und Staatsmannes Qu Yuan (340–278 v.u.Z.), der sich aus Verzweiflung darüber, seine politischen Ideale nicht verwirklichen zu können, in den Miluo-Fluß gestürzt haben soll. Es werden Bootsrennen veranstaltet und in Blätter gewickelte Reiskuchen als Opfergaben für den Poeten in den Fluß geworfen. Vgl. *Elegien von Chu.*

Duan Ganmu: ein weiser Mann, der zu Beginn der Zeit der Streitenden Reiche (475–221 v. u. Z.) im Staate Wei gelebt haben soll. Von ihm heißt es, daß er Amt und Reichtum, die Fürst Wen von Wei ihm verleihen wollte, ablehnte. Fürst Wen soll daraufhin jedesmal, wenn er bei Duan Ganmu vorbeikam, dem Weisen seinen Respekt erwiesen haben.

Du Fu (Du Shaoling, Du Zimei, Du Gongbu, 712–770): einer der bedeutendsten chinesischen Lyriker, dessen Werk die Geschichte der Tang-Dynastie (618–907) spiegelt und daher oft ›Geschichte in Versen‹ genannt wird.

Ehrensohn: Es war ein alter chinesischer Brauch, den Sohn eines Freundes als eigenen Sohn anzusehen und zu behandeln. Der betreffende junge Mann nannte diesen Freund seiner Familie ›Ehrenvater‹.

Elegien von Chu (Chuci): Sie wurden im 4. Jahrhundert v.u.Z. von verschiedenen Dichtern verfaßt, deren berühmtester, Qu Yuan, ist der erste namentlich bekannte chinesische Lyriker und gilt als Schöpfer des Elegienstils in der chinesischen Dichtkunst. Vgl. *Drachenbootfest.*

Fang Guozhen (1319–1374): ehemaliger Salzhändler und Pirat aus der heutigen Provinz Zhejiang. Er stellte sich an die Spitze Aufständischer, die sich der Mongolenherrschaft widersetzten. 1348 erhielt er einen hohen Beamtenposten und unterwarf sich 1367 *Zhu Yuanzhang.*

Friedenskönig (Ningwang): seit 1391 erblicher Titel des Fürstenhauses Zhu. Hier ist Zhu Chenhao gemeint, der 1519 eine Verschwörung anzettelte, um sich des Kaiserthrones zu bemächtigen. Er unterlag jedoch und wurde 1520 hingerichtet.

Frühling und Herbst; ›Frühlings- und Herbstannalen‹ (Chunqiu): Chronik des Staates Lu für die Jahre 722–481 v. u. Z. Vgl. *Fünf Kanonische Bücher.*

Fünf Kanonische Bücher: Unter Kaiser Wudi (141–86 v. u. Z.) wurden außer den ›Frühlings- und Herbstannalen‹ (Chunqiu) das ›Buch der Lieder‹ (Shijing), das ›Buch der Wandlungen‹ (Yijing), das ›Buch der Urkunden‹ (Shujing) und die ›Aufzeichnungen über die Riten‹ (Liji) zu kanonischen Büchern des Konfuzianismus erklärt.

Gao Qingqiu (1336–1374): einer der bedeutendsten Lyriker während der Ming-Zeit (1368–1644). Er hatte sich aus nicht genau bekannten Gründen die Ungnade des Kaisers Hongwu zugezogen und war auf dessen Befehl öffentlich hingerichtet worden.

Gaozong: Kaiser der Tang-Zeit von 650–684.

Geomantik (Fengshui; Wind und Wasser): ein auf abergläubischen Vorstellungen vom Einfluß der Natur (Wind, Wasser, Berge) auf das menschliche Schicksal beruhendes System von Verfahren, die vor allem bei der Suche nach Grabstätten, aber auch bei sonstigen baulichen oder in die natürliche Umgebung eingreifenden Vorhaben beachtet werden mußten, um günstige Einflüsse zu erzielen oder verderbliche Wirkungen fernzuhalten.

Guandi, eigtl. Guan Yu, auch Guangong (gest. 219): berühmter Kriegsheld und Feldherr, Schwurbruder und Gefolgsmann von Liu Bei, dem Herrscher von Shu, gilt als Verkörperung von Tapferkeit und Treue, wurde daher zum Schutzgeist und Gott erhoben und seit der Ming-Zeit (1368–1644) offiziell als Kriegsgott verehrt. Guan Yu ist auch ein bekannter Roman- und Dramenheld.

Guanyin: ursprünglich die indische männliche Gottheit Avalokita, in China eine weibliche Gottheit, deren Kult weite Verbreitung fand; ›Göttin‹ der Barmherzigkeit. Sie wird oft mit einem Kind im Arm dargestellt.

Guan Yu: Vgl. *Guandi.*

Guo Pu (276–324): Dichter, gelehrter Kritiker klassischer Texte, Wahrsager und Astronom der Östlichen Jin (316–420). Er gilt als Begründer der Geomantie. Sein Vorgesetzter, Wang Dun, ließ ihn töten, weil er dessen späteren Verrat weissagte. Sein bekanntestes Werk, der aus vierzehn Gedichten bestehende Zyklus ›Pilgerfahrt zu den Unsterblichen‹ (Youxianshi), gibt dem Gedanken der Weltabkehr Ausdruck, aus Verachtung gegenüber den großen Geschlechtern, den Reichen und Mächtigen und aus Unzufriedenheit mit dem Bestehenden.

Hanlin-Akademie, auch Kaiserliche Akademie: im 8. Jahrhundert gegründete höchste akademische Institution im alten China.

Han- und Tang-Stil: Gemeint ist der für die Han-Zeit (206 v. u. Z.–220 u. Z.) charakteristische Fu-Stil – Fu, ein langes, rhythmisches Prosagedicht – und der Shi-Stil während der Tang-Zeit (618–907) – Shi, eine durch äußerst strenge Regeln gekennzeichnete Form der Lyrik.

Heroische Witwen: tugendhafte, streng nach den Regeln der konfuzianischen Moral lebende Frauen. Seit der Han-Zeit (206 v. u. Z.–220 u. Z.) gab es Biographien, die ihr Leben beschrieben, und Ehrenhallen, in denen auf Tafeln ihre Verdienste genannt wurden.

Hongwu: Vgl. *Zhu Yuanzhang.*

Hongzi: Ming-Kaiser von 1488–1505.

Jiajing: Ming-Kaiser von 1522–1566.

Jianwen: Ming-Kaiser von 1399–1402.

Jingang: Bezeichnung für die vier Himmelskönige, außerdem volkstümliche Bezeichnung für die beiden Türgötter Heng und Ha.

Kästchenfest: während der Ming-Zeit (1368–1644) in den Freudenhäusern Nanjings gefeiertes Fest, bei dem Wettbewerbe im Päckchenpacken veranstaltet wurden.

kahler Esel: Schimpfwort für buddhistische Mönche.

Kong Fuzi (Kongzi, Kong Qiu, lat. Confucius = Konfuzius, 551–479 v. u. Z.): Begründer der ethico-politischen Lehre des Konfuzianismus, die – zu unterschiedlichen Zeiten in unterschiedlicher Weise – auch religiöse Elemente einschloß und bei einer Wirkungsgeschichte von zweieinhalb Jahrtausenden das politische sowie soziale Verhalten im traditionellen China in erheblichem Maße geprägt hat. Seine Gedanken zu Moral und gesellschaftlicher Ordnung finden wir in den ›Gesprächen‹ (Lunyu), die zwischen 5. und 3. Jh. v. u. Z. von Anhängern seiner Lehre zusammengestellt worden sind. Besondere Bedeutung gewinnen die ›Gespräche‹ in der Zeit des Neo-Konfuzianismus; hier wurden sie mit 3 anderen Werken zu den *Vier Büchern* zusammengefaßt, deren Kenntnis Voraussetzung jedweder Beamtenkarriere war.

Der Konfuzianismus entstand im Prozeß des Zerfalls der ersten Klassengesellschaft altorientalischen Typs auf dem Boden der unteren, in Kult und Ritenwesen bewanderten, Schicht der alten Erbaristokratie. Diese Schicht reflektierte die Auflösung der alten patriarchalischen Gesellschaft auf zwiespältige Weise, einmal als Bedrohung durch aufkommende Herrscherdespotie, andererseits als Chance des sozialen Aufstiegs zu hohen Staatsbeamten und Ratgebern der Herrscher. Aus dieser Zwiespältigkeit folgte die innere Widersprüchlichkeit des frühen Konfuzianismus. Einerseits sollten die Hierarchie und die damit verbundene patriarchalische Ein- und Unterordnung erhalten bleiben; andererseits sollte sich die Position des Individuums nicht mehr von den Umständen seiner Geburt, sondern von seiner – durch Lernen und Üben – erworbenen Moralqualität ableiten, was unter den damals gegebenen historischen Bedingungen ein großer geistiger Fortschritt war.

Der Konfuzianismus betonte die Harmonie-Balance der Gesellschaft und gesamtgesellschaftlichen Konsens durch unbedingte Einfügung des einzelnen in das soziale Gefüge, das Leben nach Maß und Grenze von Rang und Platz (*li*). Die Toleranz gegenüber dem Platz des anderen in diesem Gefüge war ›Mitmenschlichkeit‹ (*ren*), deren Wurzel die ›pietätvolle Fügsamkeit‹ (*xiao*), was den Konfuzianismus mit dem Ahnenkult verband.

Nach der Schaffung des bürokratischen Zentralstaats in der Han-Zeit (206 v. u. Z.–220 u. Z.) wurde der Konfuzianismus Staatsideologie. Dazu eignete er sich, weil er einerseits Hierarchie als Macht von Oben über Unten betonte und andererseits diese Macht als Herrschaft durch Moral erscheinen ließ, was seine manipulative Wirkung begründete. Die konfuzianische Sozialethik verband sich mit kosmologischen Spekulationen zu einem synkretistischen System, welches die Idee einer allumfassenden soziokosmischen Ordnung ausdrückt. Der Kaiser erscheint als Mittler zwischen Himmel (als ›Ort‹ der rechten Moral) und Erde, was seine exzellente Machtstellung begründet (die ideologisch-zentrierende Wirkung des Konfuzianismus). Zugleich wurde mit den ›5 grundlegenden Beziehungen‹ (*wu lun*) (Vater – Sohn, älterer Bruder – jüngerer Bruder, Ehemann – Ehefrau, Herrscher – Untertan, Freund – Freund) die Übereinstimmung der Ordnungsprinzipien von Familie und Staat betont. Um das 9. Jh. trat eine Veränderung des gesellschaftlichen Klimas in China ein – die Entwicklung einer prämodernen Gesellschaft verband sich mit zunehmender Zentralisierung des politischen und geistigen Lebens. Ideologischer Ausdruck dessen war die Entstehung des Neokonfuzianismus (Hauptvertreter: Zhu Xi, 1130–1200). Ausgehend von der Frage nach der Integration des Individuums in den Kosmos und der Übereinstimmung von menschlicher Natur und Weltordnung entwickelte sich jetzt eine Moral-Metaphysik (Panmoralismus = konfuzianische Moral als Essenz des ganzen Kosmos). Es bildete sich eine konfuzianische Orthodoxie heraus, die alles öffentliche Leben beherrschte und die in der Tendenz sich über die Jahrhunderte immer mehr verhärtete. Bereits im 17. Jh. hatte sich – in Zusammenhang mit der Eroberung Chinas durch die Mandschuren (Gründung der mandschurischen Qing-Dynastie) – eine kritische Geisteshaltung gegenüber dem Absolutismus artikuliert, die eine Befreiung des Konfuzianismus von neokonfuzianisch-orthodoxen Interpretationen forderte (shixue = Schule der ›praktischen Studien‹). Im 18. Jh. – zur Lebenszeit Wu Jingzis – entwickelte sich erneut eine intellektuelle Kritikbewegung, welche die Tatsache reflektierte, daß die Mängel des überkommenen politischen Systems immer offener zutagetraten. Sie war eine Reaktion auf autoritäre Regierungsweise, wachsende Korruption und zunehmenden Hang der Oberschicht zum Luxus; sie wurde gespeist durch das enzyklopädische Denken des Jahrhunderts und artikulierte sich als Antitraditionalismus. Hauptvertreter waren Dai Zhen (1723–1777) und Zhang Xuecheng (1736–1796). Der vorliegende Roman widerspiegelt diese geistige Situation auf seine Weise.

Kormoran: Schwimmvogel aus der Familie der Pelikane, der gezähmt zum Fischfang eingesetzt wird.

Kuixing: erster bzw. erster bis vierter Stern im Sternbild des Großen Bären, seit der Han-Zeit (206 v. u. Z.–220 u. Z.) auch Gott des Schrifttums (besonders der Aufsätze). Er wird mit einem Dämonenhaupt dargestellt und hält in der Hand einen Schreibpinsel, mit dem er die Namen der erfolgreichen Prüflinge notiert.

Laozi-Jünger: Vgl. *Daoisten.*

Laternenfest: Vgl. *Neujahrsfest.*

Li Taibai (Li Bai, Li Qinglian, 701–762): genialer Lyriker, von entscheidendem Einfluß auf die chinesische Poesie, zugleich einer der großen Lyriker der Weltliteratur; als Stern der Literatur vergöttlicht.

Litaneien des Kaisers von Liang: Bußgebete, die auf Xiao Yan (464–549), den Kaiser Wudi der Liang-Dynastie (502–557), zurückgehen, der ein großer Förderer des Buddhismus war. Sie werden bei Begräbniszeremonien von buddhistischen Priestern gebetet.

Li Qingzhao (1084–1151): Lyrikerin und Prosaschriftstellerin. Sie gilt als größte klassische Dichterin Chinas.

Mengzi (Meng Fuzi, eigtl. Meng Ke, lat. Mencius, 372 bis 289 v. u. Z.): Philosoph, galt als ›zweiter Heiliger‹ der konfuzianischen Lehre, versuchte die Lehre des Kong Fuzi den praktischen politischen Gegebenheiten seiner Zeit anzupassen. Das von seinen Schülern zusammengestellte Buch ›Mengzi‹ enthält seine Vorstellungen von einer Idealherrschaft durch Güte und Rechtschaffenheit.

Miao-Barbaren: ethnische Minderheit im Süden und Südwesten Chinas, die früher, wie andere Fremdvölker auf chinesischem Territorium, als Barbaren bezeichnet wurden.

Militärkolonie: entlegene, oft unwirtliche Gebiete, in denen die Armee siedelte.

Mittherbstfest: Nach dem Mondkalender Freudenfest zum Herbstvollmond, auch Mondgeburtstag genannt. Es wurde am 15. Tag des 8. Monats gefeiert.

Namensgebung: Die Familiennamen werden den Rufnamen vorangestellt. Während Rufnamen unbegrenzt gebildet werden können, gibt es von den meist einsilbigen Familiennamen nur eine begrenzte Zahl. Früher gaben die Eltern dem Kind bald nach der Geburt einen ›Milchnamen‹, beim Eintritt in die Schule bekam es vom Vater, seinem Lehrer oder Verwandten einen ›Buchnamen‹, und in privilegierten Kreisen erhielt es, als eine Art Großjährigsprechung, einen literarischen Ehrennamen. Als Erwachsener konnte man sich zusätzliche Namen zulegen (Gelehrtennamen, Literatennamen). Zuweilen wählte man als Rufnamen Zahlen, und zwar in der Reihenfolge der chinesischen Großfamilie. Innerhalb der Familie bezeichnen sich Verwandte mit dem dieser Reihenfolge entsprechenden Zahlwort und dem Verwandtschaftsgrad, zum Beispiel als ›Dritter Onkel‹, bzw., abhängig vom Alter des Sprechenden, als ›Dritter jüngerer –‹ oder ›Dritter älterer Onkel‹.

Neujahrsfest: Die Festlichkeiten zu Beginn eines neuen Jahres, die nach dem Mondkalender mit dem zweiten Neumond nach der Wintersonnenwende beginnen, dauerten zwei Wochen und fanden mit dem *Laternenfest* am Abend des ersten Vollmonds ihren Abschluß. Neujahr ist ein Fest der Familie; die Söhne kommen aus der Ferne, neuverheiratete Töchter besuchen ihre Eltern. Vor dem

Fest statten der Vater und der älteste Sohn den Familiengräbern einen Besuch ab, um die Ahnengeister ins Haus einzuladen. Man hängt dort Bilder der Verstorbenen auf, zündet Kerzen und Räucherwerk an. – Auch heute ist Neujahr das größte chinesische Jahresfest.

Qu Yuan: Vgl. *Drachenbootfest*; *Elegien von Chu.*

Renwu: das 19. Jahr des Sechzigerzyklus, ein Jahr des Pferdes.

Renzong: von 1023–1064 Kaiser in der Song-Dynastie (960–1279).

Ries: Papiermaß (nach dem Papiergewicht verschieden).

Schachsteine: Das Brettspiel Schach war in China schon früh und in verschiedenen Varianten bekannt. Hier handelt es sich um das Go-Spiel, das als ›Umzingelungsschach‹ bezeichnet wird.

Stil der Nord- und Süddynastien: Während dieser Zeit (3.–6. Jh.) bildete sich in China ein verfeinerter literarischer Stil heraus.

Sun Chuo (314–371): Lyriker der Jin-Zeit (265–420), der in seiner Jugend zeitweilig als Einsiedler lebte. Er war ein Anhänger der seit dem 3. Jahrhundert verbreiteten dunklen daoistischen Strömung der Xuanxue und gilt als bekanntester Lyriker, der sich um die Umsetzung dieser Lehre in seiner – recht faden – Dichtung bemühte.

Su Dongpo (eigtl. Su Shi, 1037–1101): Lyriker, Prosaschriftsteller, Philosoph, Staatsmann, Maler und Kalligraph; einer der größten Dichter Chinas.

Su Ruolan (eigtl. Su Hui): Lyrikerin der frühen Qin-Zeit während der Periode der Sechzehn Reiche (304–439). Ihre Lebensdaten sind unbekannt. Sie stammte aus Shiping in der heutigen Provinz Shaanxi. Von ihrem Mann verlassen, verfaßte sie ein berühmtes Gedicht von 841 Schriftzeichen über das Familien- und Eheleben, das sich vor- und rückwärts, auf- und abwärts und diagonal lesen ließ, das zugleich ein Gemälde darstellte und als eine Art Gesellschaftsspiel angesehen wurde.

Taizu (eigtl. Zhao Kuangyin): General, gründete die Nördliche Song-Dynastie und nahm als deren erster Kaiser den Namen Taizu an. Er regierte von 960–975.

Tausendschaftsführer: im alten China kein Offizier im üblichen Sinne, sondern Inhaber eines vererbbaren Aushebungs- und Besteuerungsamtes.

Totenkult: Den Geistern der Verstorbenen brachte man religiöse Verehrung entgegen. Man dachte sie sich als gestaltlose Hauchseelen, die im Gegensatz zu den Körperseelen, die mit dem verwesenden Leichnam zugrunde gingen, so lange weiterleben, wie die Nachkommen ihnen opfern. Aus dieser Vorstellung ergeben sich die zum Teil mehrmonatige Aufbewahrung der Toten sowie die Bemühungen um eine Konservierung des Leichnams. Die Beisetzung der Toten erfolgte im Süden in steinernen Grabkammern, in Nordchina unter einem runden Grabhügel aus Erde, wobei hochgelegene trockene Plätze gesucht wurden, von wo man eine gute Aussicht, möglichst auf ein Gewässer, hatte. Bei der Wahl des Begräbnisplatzes zog man den Geomanten zu Rate (vgl. *Geomantik*). Die Zahl sieben spielt im Totenkult eine besondere Rolle. In Perioden von je sieben Tagen nach dem Tod eines Menschen trennt sich die Seele des Verstorbenen allmählich von dieser Welt. An jedem siebenten Tag werden bestimmte Opfer gebracht und Rituale vollzogen, häufig unter Beteiligung daoistischer oder buddhistischer Mönche. Nach 49 Tagen sind die Opfer beendet. Die Trauerzeit betrug, gestaffelt nach dem Verwandtschaftsgrad, bis zu drei Jahren. Während dieser Zeit hatten die nächsten Angehörigen des Verstorbenen eine spezielle Trauerkleidung von weißer Farbe (eigentlich das Weiß-Grau ungefärbter und ungebleichter Hanffasern oder der Baumwolle) zu tragen; den Frauen war es untersagt, sich zu schmücken. Zeitlich abgestufte Vorschriften regelten Anzahl und Bestandteile der Mahlzeiten sowie die Art der Körperpflege. Festlichkeiten mußten abgesagt, Hochzeiten verschoben werden.

Bis zur Bestattung war es nicht erlaubt, den gewohnten Beschäftigungen nachzugehen. Im Leichenzug führte man unter anderem Nachbildungen von Menschen, Tieren, Gebrauchsgegenständen aus Papier oder Keramik mit, sie wurden am Grabe verbrannt oder mit bestattet, um dem Toten im Jenseits ein Weiterleben in gewohnter Weise zu ermöglichen. Die Verehrung der Ahnen geschah vor der ›Seelen-‹ oder ›Ahnentafel‹, einer kleinen rechtekkigen Holzplatte, auf der die Namen und Angaben der verstorbenen Person vermerkt wurden. Sie wird bei Wohlhabenden in den Ahnenhallen, sonst im besten Raum der Wohnstätte aufgestellt. Am dritten Tag des Dritten Monats nach dem Mondkalender, dem Totengedenkfest (Gräberfest), verbrannte man an den Gräbern der Vorfahren papierene Opfergaben und gedachte der Toten.

Verwaltungsrat: keine sehr hohe Stellung, die oft nicht über den Weg der Prüfungen erlangt, sondern käuflich erworben wurde. Die Beschäftigung bestand in Bücherabschreiben und ähnlichen Arbeiten.

Vier Klassische Bücher (Sishu): Dazu zählen ›Die große Lehre‹ (Daxue), ›Die rechte Mitte‹ (Zhongyong), in denen jeweils ausgewählte Kapitel aus den ›Aufzeichnungen über die Riten‹ (Liji) enthalten sind, außerdem die ›Gespräche‹ (Lunyu) des *Kong Fuzi* und das Buch des *Meng Zi* (Mengzi). Sie wurden durch einen 1174–1183 verfaßten Kommentar des *Zhu Xi* zusammengefaßt und galten seit dem 12. Jahrhundert als elementare Standardwerke bei den Staatsprüfungen.

Wang Shouren (1472–1528): bedeutender Staatsmann, Heerführer und Philosoph während der Ming-Zeit (1368–1644).

Wanli: 1573–1619 Kaiser während der Ming-Dynastie.

Weituo, Sanskrit: Skanda, buddhistischer Schutzgott. Als Kriegsmann gekleidet, steht er in buddhistischen Tempeln hinter der Statue des Maitreya, der Statue des Buddha Shakyamuni zugewandt.

Wenchang: der Gott des Schrifttums, zuständig für Ruhm und Ränge, vor allem Gelehrte beteten ihn an.

Wuchen: das fünfte Jahr im Sechzigerzyklus, ein Jahr des Drachens.

Xia-Herrscher: Bezeichnung für die erste Dynastie Chinas, deren Geschichte historisch zum Teil noch nicht belegt ist. Je weiter die Geschlechter in sagenhafte Zeiten zurückreichten, um so höheres Ansehen genossen sie.

Xuanzang (602–664): buddhistischer Mönch, der nach Indien reiste, um den Buddhismus in seinen Quellen zu studieren. Er beschrieb die Reise in seinen berühmten ›Aufzeichnungen über die westlichen Gebiete während der Tang-Zeit‹ (Da-Tang Xiyuji).

Yan Hui (Yan Yuan): Er gilt allgemein als Lieblingsschüler des *Kong Fuzi*.

Yanluo: Der chinesische Höllenfürst ist der mit dem Buddhismus aus Indien übernommene ursprüngliche vedische Totengott Yamarāja. Er gebietet über die Diyu, unterirdisches Gefängnis, genannten zehn Höllen. Jede Hölle hat 16 Unterhöllen, einen eigenen Richter und einen Stab von Schergen. Die erste Hölle ist die Gerichtshalle, die letzte der Ort, an dem die für ihre Sünden bestraften Menschen je nach Verdienst als Menschen oder Tiere wiedergeboren werden.

Yamen: Amtsgebäude oder Gericht im alten China.

Yanzi: Staatsmann und Philosoph aus dem 7. Jh. v. u. Z., berühmt wegen seiner ›Memoiren‹, die eine wichtige Geschichtsquelle aus Chinas alter Zeit darstellen.

Yanzi (um 350 v. u. Z.): Politiker aus der Zeit der Streitenden Reiche (475–221)

Yongle: 1403–1424 zweiter großer Kaiser während der Ming-Dynastie (1368–1644). Er entthronte den minderjährigen Enkel des Kaisers Hongwu, der nach dem Tod seines Großvaters 1399 Kaiser geworden war. Während seiner Regierungszeit entstand 1403–1409 die ›Große Enzyklopädie der Yongle-Epoche‹ (Yongle Dadian), die 22 877 Bände umfaßte.

Zengzi (eigtl. Zeng Shen): Schüler des *Kong Fuzi.*

Zensor: hoher Beamter, dem die Kontrolle über die Amtsführung in einem begrenzten Bereich oblag. Das Zensorat wurde zu Beginn der Zeitrechnung eingeführt. Ursprünglich gab es nur einen Zensor, der den Kaiser auf Mißstände aufmerksam zu machen hatte.

Zhang Shicheng (1321–1367): ehemaliger Salzhändler aus der Provinz Jiangsu. Gemeinsam mit seinen Brüdern begann er 1353 einen Aufstand gegen die mongolische Fremdherrschaft. Ab 1354 nannte er sich König von Zhou. Nach der Eroberung einer Reihe wichtiger Städte erklärte er 1356 Pingjiang, das heutige Suzhou, zu seiner Hauptstadt, dehnte sein Gebiet weiter aus und machte sich 1363 in Anhui zum Fürsten von Wu. Von *Zhu Yuanzhang* angegriffen, wurde er nach dem Fall seiner Hauptstadt gefangengenommen und beging 1367 in Jinling, dem heutigen Nanjing, Selbstmord.

Zhi: der vierte Ton in der chinesischen Fünftonreihe.

Zhu Xi: Vgl. *Kong Fuzi.*

Zhu Yuanzhang (1328-1398): Führer der ›Roten Turbane‹, die sich gegen Ende der Yuan-Zeit (1271–1368) gegen die herrschenden Mongolen erhoben. Er vermochte die verschiedenen, allmählich nationalen Charakter annehmenden Bauernerhebungen zusammenzufassen, die schließlich zum Sieg über die mongolische Fremdherrschaft führten. Er wurde erster Kaiser der Ming-Dynastie und regierte seit 1368 unter dem Namen Hongwu.

Inhalt